朱鎔基

上海講話實錄

朱鎔基

上海講話實錄

責任編輯　羅冰英

書籍設計　鍾文君

書　　　名　**朱鎔基上海講話實錄**

編　　　者　《朱鎔基上海講話實錄》編輯組

出　　　版　三聯書店（香港）有限公司

　　　　　　香港北角英皇道 499 號北角工業大廈 20 樓

香港發行　香港聯合書刊物流有限公司

　　　　　　香港新界大埔汀麗路 36 號 3 字樓

印　　　刷　中華商務彩色印刷有限公司

　　　　　　香港新界大埔汀麗路 36 號 14 字樓

版　　　次　2013 年 8 月香港第一版第一次印刷

規　　　格　16 開（170 × 238 mm）592 面

國際書號　ISBN 978-962-04-3288-0

1989 年 2 月 5 日，江澤民、朱鎔基陪同鄧小平與上海市黨政軍負責同志和各界人士共迎新春佳節。右三為鄧小平夫人卓琳。

1988 年 4 月 19 日至 30 日，上海市九屆人大一次會議舉行。圖為江澤民和朱鎔基在主席台上親切交談。

1988年4月18日，江澤民、朱鎔基與上海市政府成員合影。左一為副市長謝麗娟，左二為副市長倪天增，左三為副市長李肇基，左四為市政府顧問汪道涵，右一為副市長錢學中，右二為副市長葉公琦，右三為副市長劉振元，右四為副市長黃菊。

1990 年 3 月 3 日，朱鎔基考察上海市嘉定縣農副產品交易中心。

1990 年 4 月 14 日，朱鎔基與幹部職工一起參加上海「愛國衛生月」活動。圖為朱鎔基與大家親切交談。左二為副市長謝麗娟。

1988 年 7 月 9 日，朱鎔基考察上鋼三廠並慰問戰高溫工人。右一為平爐分廠廠長倪鼎興，左二為平爐分廠黨委書記馬國興。

目　錄

把「桑塔納」轎車國產化搞上去 *

（1987 年 12 月 24 日）

　　我受呂東[1]、寶華[2]同志委託，代表國家經委來參加這次「桑塔納」國產化會議，並且向參加這次會議的代表表示熱烈的祝賀！

　　這次會議是由中汽聯和上海市政府，在做了大量準備工作和深入細緻調查研究的基礎上聯合召開的。上海市江澤民市長，黃菊、李肇基副市長親自抓這個工作，使我們能夠順利召開這樣一次周密準備的會議。我們要特別指出，「桑塔納」國產化工作是在國務院領導同志的直接關懷下進行的，特別是今年以來，國務院領導同志多次過問，中央各部委也很支持。我想，有中央和各部委的支持，上海的同志又激發起了幹勁，這個工作是一定會成功的。

　　下面講幾個問題：

　　一、「桑塔納」轎車國產化的意義。

　　從一般意義上講，「桑塔納」國產化工作，是引進技術消化吸收最重

＊這是朱鎔基同志在中國汽車工業聯合會和上海市政府共同主持召開的「上海—桑塔納」轎車國產化工作會議上講話的主要部分。朱鎔基同志當時任國家經濟委員會副主任。1987 年 12 月 22 日，中共中央決定，朱鎔基同志任上海市委副書記，並提名為上海市市長人選。

〔1〕呂東，當時任國家經濟委員會主任。

〔2〕寶華，即袁寶華，當時任國家經濟委員會副主任。

要的項目之一。從 1983 年開始，根據國務院的部署，我們引進了 1.6 萬項
關鍵技術和設備，花了 100 多億美元，其中，國家經委用 37 億美元引進了
3900 項，改變了一批企業的技術面貌，對於繁榮國內市場、增加出口，起
了很大的作用。但是，這些項目還沒有完全發揮作用，只有 60％ 投產，明
年是投產的高峰，後年才能充分發揮效益。這次引進技術一個很大的問題
是還沒有消化吸收和國產化，有的引進了技術、進口了設備，但缺少原材
料和配套技術，因此很難發揮效益。要真正發揮效益，就要抓好消化吸收
工作。

　　從 1985 年起，國家經委的工作重點開始轉向引進技術的消化吸收。今
年 8 月，國家經委在大連召開了全國引進技術消化吸收和國產化工作會議，

1991 年 2 月 6 日，朱鎔基陪同鄧小平考察上海大眾汽車有限公司。前排左二為鄧小平夫人卓
琳，右一為上海大眾汽車有限公司董事長陸吉安，右二為鄧小平女兒鄧榕。

制定了五條優惠政策[1]，已經國務院批准以國發〔1987〕99 號文件[2]轉發了。會上根據引進技術的狀況及其在國民經濟中的作用，確定了「三百條龍」[3]的安排。第一批的「一百五十條龍」已經下達，第二批的「一百五十條龍」正在積極準備。我們相信，如果這「三百條龍」三年內實現了國產化，我們的企業面貌就會大大改觀，企業的技術水平就會真正上一個台階。「三百條龍」中，有的一條龍就有好幾十、幾百個項目。目前最大的項目是彩電，三年內要實現國產化。我國現在每年進口彩電散件 6 億美元，隨着引進技術項目的投產和生產規模的擴大，每年可以節省外滙不止 6 億美元。

　　轎車的國產化是一個非常重大的項目，現在每年我們得花幾億美元來進口轎車及散件，如果不加快國產化，這種進口有擴大的趨勢。所以，「桑塔納」國產化是「三百條龍」中非常重要的一條。明年要貫徹穩定國民經濟的方針，財政、信貸要收緊，投資規模要壓縮，投資結構要調整，新的項目不能上。在這種情況下，搞國產化有一定的困難。但是，國務院支持我們的國產化工作，在緊縮財政、信貸的情況下還是允許我們上一點新項目。最近國家經委加強充實了中國新技術開發公司，調入了十幾個局長，給這個公司的主要任務是實現「三百條龍」和引進技術的消化吸收。這次他們都到會了，就是要和上海市、中汽聯，在銀行、財政部門的支持下，把國產化搞上去。

---

〔1〕五條優惠政策，指對列入國家重點支持的引進技術消化吸收和國產化項目採取的優惠政策：第一，減免產品稅；第二，產品內銷可以收取部分外滙；第三，減免進口關稅、產品稅；第四，各部門、各地區在安排外滙、貸款、科技開發費用和分配物資時，對國家重點支持的消化吸收和國產化一條龍項目，要重點照顧，優先安排；第五，承擔國家重點支持的消化吸收和國產化一條龍項目的企業、事業單位，按期完成工作目標、成績優異的，應給予表彰和獎勵，可發給一次性獎金。

〔2〕國發〔1987〕99 號文件，指 1987 年 11 月 12 日發佈的《國務院批轉國家經委關於推動引進技術消化吸收和國產化工作報告的通知》。

〔3〕「三百條龍」，指列入國家重點支持的三百個引進技術消化吸收和國產化一條龍項目。

從中國轎車工業發展形勢和需要來看，以「桑塔納」國產化為基礎來建立中國轎車工業的零部件生產體系是當務之急。今年 8 月 12 日，國務院在北戴河召開會議，決定要發展中國的轎車工業，成立了振興汽車工業協調小組，姚依林同志擔任組長。中國汽車工業是有很大發展前途的。在載重汽車方面，中型汽車滿足有餘；「缺重少輕」的情況也在逐步改善，我們已經引進了「斯太爾」技術[1]和其他重型汽車，發展起來是可以滿足國內需要的；輕型的和微型的卡車也發展得很快。最缺的是轎車，轎車現在是靠吃老本。1984 年、1985 年進口汽車有些失控，1985 年一季度以後加強了控制，國務院改變了審批辦法，凡是進口汽車須集中報國務院審批。今年 6 月，李鵬、啟立[2]同志囑咐甘子玉[3]同志和我起草一個停止進口小轎車的通知，這樣進口小轎車停止了，國產的又沒有，怎麼辦？日子現在還能混兩年，因為我們前些年進口了許多小轎車，但是對我的壓力越來越大。我主管這個工作，許多部門來問我要小轎車，說北京吉普速度慢，上海「桑塔納」標準低、數量不夠，要求進口量很大。國務院領導同志已經意識到，需要大力發展國產小轎車。現在看來，發展轎車已成為振興我國汽車工業的一個重要方面。

上海「桑塔納」轎車國產化工作的意義有兩個方面：第一個是引進技術需要消化吸收，第二個是發展轎車工業特別是建立零部件生產體系已成為當務之急。發展轎車工業應建立在我們自己生產的零部件基礎上，不能靠散件組裝，因為我們花不起外滙。這不是上海一地的問題，而是全國性

---

[1]「斯太爾」技術，指 1983 年 12 月 17 日，中國重型汽車工業聯營公司與奧地利斯太爾—戴姆勒—普赫股份公司簽訂重型汽車製造技術轉讓合同，引進的「斯太爾 91」系列重型卡車以及配套轉向器和變速器等技術。

[2] 啟立，即胡啟立。

[3] 甘子玉，當時任國家計劃委員會副主任。

的問題。

二、「桑塔納」國產化工作的進展情況和這項工作的迫切性。

　　對「桑塔納」國產化，上海市、中汽聯已做了許多工作，特別是今年，這是不容易的。但這個工作還是遠遠落後於需要，我們抓得晚了。這個工作我們應自己做，不能只靠德國人，因為靠CKD[1]他們照樣賺錢，他們不會比我們着急。「桑塔納」國產化工作取得了不少進展，但又存在不小難度，比廣州「標致」、北京「切諾基」、天津「大發」難得多。儘管存在難度，可我們應承認，這個工作還是慢了。在今年以前，喇叭、天線、輪胎等的國產化率只有 2.7%，今年雖已達到 12.6%，但總的看來還是低。北京吉普國產化率是 17.8%，不僅經過鑒定，而且已停止向美國採購，這是扎扎實實的國產化。而上海 12.6% 的國產化率還沒有完全採用到汽車上去，只停止採購 6%，還須努一把力。我感到上海的同志要有危機感，我們沒時間了，只有三年，三年內如果達不到 85% 的國產化率，就有關門的可能。我不是危言聳聽，因為「桑塔納」車型有弱點，高不高、低不低，公務用車標準太低，私人用車標準太高。價格也沒有競爭力，每輛 CKD 進口要花 9500 美元，賣出去要 1.69 萬美元，太貴了。現在完全是靠行政干預，停止進口其他小轎車來維持「桑塔納」，這樣才供不應求。這次我和陳祖濤[2]同志去美國底特律，我看「桑塔納」沒有競爭力，比不上美國的，更不能和日本、南朝鮮的比。「桑塔納」這個狀況擋不住進口，對上海來說，喘息時間也只有三年了。上海同志在三年內必須奮發圖強，實現「桑塔納」的國產化，把成本降下來，不要外滙，這樣才有競爭力，那時就是「一汽」和上海競爭了。所以現在國務院給上海兩個框框：第一，進口 8.9 萬輛散件是合同中定下來的，買完這 8.9 萬輛就不再買了，因為我們

---

〔1〕CKD，是英文 Completely Knock Down 的縮寫，指以全散件形式進口整車。

〔2〕陳祖濤，當時任中國汽車工業聯合會理事長。

沒有外滙；第二，每年准許上海生產轎車的數量按國產化率遞增，不能無限制地搞 CKD。現在搞 CKD 可能賺錢，但國家沒有外滙，不能這麼搞。所以對上海同志來說，搞國產化只有破釜沉舟，背水一戰。上海同志在全國的支持下，認真地搞，一定能搞得好。

我們搞「桑塔納」國產化不只是為了一個「桑塔納」，我們是以「桑塔納」為基礎，統籌安排中國轎車工業零部件生產體系。要把這個問題放在全國的位置上考慮，這是完全必要的，也是完全可能的。這次我到美國考察，有這麼幾點感想。我一到紐約，幾個大銀行都請我去，他們把美國轎車工業的發展以及同世界各國合作的情況都收集起來給我。他們為什麼這麼做？因為今後中國發展轎車工業需要籌資就會去找他們。他們不光懂銀行，也懂技術，有一批專業性強、懂經濟的人才。我舉一個例子：聯邦德國大眾汽車公司在美國的廠關門了，我問德國人是什麼原因，他們只告訴我是由於滙率的變化，他們也不太清楚。但美國的銀行家能詳細地告訴我各種各樣的原因，除了滙率變化外，還有成本高、車型不適應美國需要等，分析得清清楚楚。我們到了底特律以後，得到這麼一個信息：現在世界轎車工業的市場競爭越來越激烈。福特汽車公司告訴我們，到 1992 年將有 700 萬輛小轎車的剩餘生產能力。他們的戰略是：高質量、多品種、低成本。高質量是指提高技術水平；多品種是指看準市場需要，選準汽車品種；低成本的最主要辦法是國際化，把廠子搬到國外去。所以，我們發展汽車工業具備很多條件，要和他們合作。我們把生產轎車零部件的體系建立起來後，雖然現在不能出口整車，但可以大量出口零部件，它成本低。原來「二汽」認為以出口為主恐怕不行，但到美國看後，美國的市場是比較開放的，另外同美國汽車公司合資經營出口美國，他也有一半利益在內。上海「桑塔納」的技術標準不低，如果我們首先通過上海「桑塔納」的國產化，把零部件生產點定下來，引進一些技術，配套改造，使之達到國際標準，這樣，「一汽」、「二汽」及全國的汽車廠都向我們靠攏，並且可

1987 年 12 月 25 日，中共中央政治局常委、國務院副總理姚依林，中共中央政治局委員、上海市委書記兼市長江澤民和朱鎔基出席「上海—桑塔納」轎車國產化工作會議。

以出口。建立一個這樣的零部件生產體系，我想至少有三點要求：

一是一定要高標準、高質量，絕不能搞「瓜菜代」。我們搞轎車一定要搞國際水平的轎車，否則不能與進口汽車競爭。我國現在是個開放的國家，再搞老「上海」牌，有人要嗎？不能搞行政命令。因此，這個體系必須配套引進技術，不能把它看得太簡單。聽說「二汽」化油器廠已從日本引進了技術，但為了給上海大眾生產化油器配套，還必須引進一些軟件，還要幾十萬美元。看來將來有必要組成共同體，看看缺什麼工藝、技術，或自己開發，或引進。靠手工不行，那不是現代化轎車工業。

二是要專業化、大批量。沒有大批量，成本降不下來。成本降不到進口價格，國產化還有什麼意義？

三是必須考慮國內外市場，不能只考慮「桑塔納」，還要考慮「一汽」、「二汽」，因為國務院已決定「一汽」、「二汽」、上海大眾為轎車生產基地，同時還要考慮出口。所以，我們最近一直重視與德國大眾談判出口零部件。最近大眾汽車公司來了一位董事，我們談了這個問題，提出一批可以出口的清單，但他的價錢出得太低。有一樣東西我們覺得還可以，叫機油濾清器，要 500 萬個，每個出價 2.7 馬克，也就是 1 塊多美元，這麼一筆，就是幾百萬美元。上海可以做，我們做他一大批，這對零部件批量生產大有好處。大家需要從長遠利益來看這個問題。

建立這樣一個體系，應有一些原則：

第一，儘量利用我們現有企業的生產能力，特別是我們的國防工業能力，在現有企業內搞，盡可能不要佈新點。我們一定要搞一個「國家隊」，搞一個「中華」牌。江澤民同志一再強調不要搞「上海」牌，要搞「中華」牌。不是光在上海搞，而是要放眼全國。我想中汽聯的同志可以統籌全國，和上海的同志妥善安排，把各方面的力量集中起來，又快又省地建立這個體系。

第二，全國招標，擇優選點，需要競爭。你說你能做，但要價高，我們又沒那麼多錢，那就允許重新在全國招標，然後擇優選點。所以我們想，這一次能談得下來就談下來，包括成本、資金的投入，國家補助多少和自己投入多少，你能夠提供多大批量，質量是否符合要求，今後的進度是否能符合我們的需要等，符合條件，那就簽訂協議、合同。在這裡定下來，那就進了「一條龍」，享受國家給你的五條優惠政策了。如果做不到，會後就全國招標。但是我要講，定點不是終身制。當然，我們既然定了點，買賣雙方必須承擔義務。如果我試製出來，你又不要了，那不行。但合同不能定得很長，也不能定死，也就是說，總得有些競爭，如果別人不要國

家一分錢，做出來的比你的還便宜，那你也不能禁止我去採購他的產品。

第三，價格要合理。大家要有戰略眼光，從長遠角度來考慮這個問題。價格是個很大的問題，而且大家心裡還沒有底。批量小、價格低，有些廠家的確有些困難，但我想這個價格一定要定下來，否則簽訂的協議就成了一紙空文，到時候都可以推翻。從雙方來講，上海大眾要把散裝件的入庫價換算成人民幣，一定要如實報，也不能再高了，否則上海大眾的成本也下不來。我知道就是這樣的價格，許多廠家還是承受不了，特別是考慮到投入資金，國家雖然能給你補助一點，但你還得還貸款、付利息，成本也會加高。我希望各位廠長要有戰略眼光，要考慮到將來發展的遠大前途。建立這樣一個中國轎車工業零部件生產體系是光榮的歷史使命，進了這條龍、這個體系，將來是會發財的。將來整個經營戰略會有一個很大的轉變，你的廠就會跨進世界水平的行列。要克服暫時的困難，否則價格談不下來。我要求把明年國產化部分的價格都談下來。

第四，要集資來建設，共擔風險，共同發展。就是剛才講的，你要真正生產出高水平、國際水平的零部件，如果不投入，就靠你現在的設備、工藝，我估計你做不到。國防工業部門已經引進了一些技術的工廠可能有一部分能做到，但相當大一部分也做不到，還要投入。投入的資金，我們採取集資的辦法，也就是說，你自己要拿出一部分錢來，國家也拿出一部分。國家已下決心在這方面花錢，但財政、信貸緊縮，沒那麼多錢，只能補助一點，特別是外滙很困難。上海能解決一些，上海之外的地區解決不了。我希望同志們回去以後向你們的負責同志彙報，請他們把這個任務列入優先地位，把你們的留存外滙花在這方面。外滙有沒有呢？我看多得很。現在各地引進冰箱、洗衣機生產線成風，外滙哪裡來的？你們別搞那些東西了，再搞就是積壓。希望大家把外滙資金用在轎車工業上，這個是中國將來真正的工業支柱，是支柱產業。希望同志們採取集資的辦法來共擔風險，共同發展。

　　第五，要簽訂合同，組成一個共同體，承擔經濟責任，實行獎懲措施。我是希望這次所有到會的兄弟企業組成一個中國轎車工業零部件生產的共同體，不限於「桑塔納」。這個共同體不改變現有的隸屬關係，這也是一個企業結構改革。組成一個集團，可以鬆散一些，也可以緊密一些。在這個共同體中，大家承擔一些共同的命運，這對於大家都有好處。北京吉普就有這麼一個共同體，美國、日本也都是這麼搞的。共同體經常開會，交流經驗，進行合作。合同一定要有約束條款：一是要有明確的質量標準和技術認證條件；二是要有明確的價格條款和金額；三是要有對配套進度和配套數量的明確要求，對試製和認可、批量供貨和技術改造的進度都要有明確的規定；四是要有資金和外滙的保證條款，並落實到責任單位；五是要有明確的獎懲條款，和企業的經濟利益掛起鈎來。只有這樣，才能真正做到獎優罰劣、各負其責，我們才能說「桑塔納」的國產化真正落到了實處。如果我們的合同條款中沒有這些東西，我看是靠不住的。當然，我們也不可能要求這次會議把這些東西都做到。我們只是提出一個要求，至少將明年要實現的國產化項目按這個要求把合同協議簽訂下來。

　　我們想提出這樣的目標：今年「桑塔納」的國產化率是 12.7％，明年力爭達到 30％，再使一把勁，後年達到 50％。我希望不要等到 1991 年，1990 年就達到 85％以上。要快點，要趕快改變「桑塔納」在大家心目中都是進口的形象。為了實現這個目標，有兩個問題要注意：一是組織推動監督檢查。誰來做這件事情？讓國家計委、經委、機械委及中汽聯幾個部門和上海共同組成一個聯合組織，監督這個計劃的實施，協調解決這個工作過程中的困難和關係。特別是國家經委，因為他主管引進技術的消化吸收。這是一個很大的系統工程，需要密切注意進度要求。我認為這個問題很重要，不能一開完會全散了，上面沒人來抓，這樣不行。如果我們是認真踏實地把這個工作抓下去，那就得一個月一個月地檢查進度，及時協調解決問題。二是開展競爭，在橫向配套和縱向配套之間開展競爭。什麼是縱向

配套？就是整個「桑塔納」汽車零部件的 35％ 是由上海大眾自己來解決的，比如發動機、車身。其他 65％ 是由上海大眾以外的協作廠來生產配套的，屬橫向配套。現在看起來，縱向配套落後於橫向配套。初步計算已落後於合同的進度一到兩年了。美國通用汽車公司建立一個廠只要三年，而我們這裡已過了兩年，縱向配套還什麼也沒有，當然工作還是做了許多。上海大眾的同志們要爭氣，否則你們自己上不去，國產化是完不成的。前一段喪失了許多時間，原因很複雜，不要責怪哪一方，大家都有責任。那天聽劉炎生[1]同志彙報：德國人不瞭解上海實際情況，進度拖慢了。針對這個問題，我們要做工作。這次我與他們的一個董事說：橫向配套不行，找我；縱向配套不行，找你。在責任方面要相互承擔、相互支持，但德國大眾、上海大眾的責任也要劃清楚。

總而言之，只要齊心協力地把這件事抓到底，我們是可以把「桑塔納」國產化工作順利完成的，也是可以把中國轎車工業零部件生產體系順利建立起來的。

---

〔1〕劉炎生，當時任上海大眾汽車有限公司生產規劃部中方經理。

把解決市民副食品供應
作為工作的突破口 *

（1988 年 2 月 10 日）

　　這次來上海工作前，我向李瑞環同志請教了兩次。李瑞環同志認為，幹好工作很重要的一條是要振奮人的精神，增強人民的信心。人民的信心鼓起來了，相信你了，願意與你合作了，那事情就好辦了。否則，幹什麼都沒人響應。他的經驗是要選好突破口。上海要從城市建設入手作突破口，難度太大，欠賬太多。我想來想去，還是田紀雲同志講的首先抓「菜籃子」可行。我看，除了豬肉，其他副食品上海搞到 80％至 90％自給並不是很難的事。北京的雞、雞蛋供應搞得好，現在限量供應主要是制止外地搶購。養魚是天津搞得好，李瑞環同志提出「苦幹三年，吃魚不難」，500 畝一個大魚塘，搞了 10 萬畝，現在人均 30 多斤魚，既保證了供應，又使農民得到了好處。上海苦戰幾年，吃魚也是不難解決的。豬的問題還要做一下對比和研究，是從外省市調入合算還是上海自己養合算，其他副食品都可以較快地搞上去。

　　第一，抓好副食品生產基地所需設備的生產。建設副食品生產基地需要一些設備，這對上海來說，在資金、技術上都是可以辦得到的。一部分

＊這是朱鎔基同志在聽取上海市農業委員會負責同志工作彙報後講話的要點。

1989 年 3 月 21 日，朱鎔基與出席七屆全國人大二次會議的中共中央政治局委員、天津市委書記兼市長李瑞環在大會休息室交談。

可以進口，一部分可以自己搞。搞好了，還可以供應全國。但是，現在金山縣農牧設備製造廠的產品技術水平太低，工業部門要把這件事抓一抓。

　　第二，改進副食品供應體制。解決副食品供應，除了抓好副食品生產基地的建設之外，還有一個供應體制的問題。我向來主張要從生產抓起，出口也是這樣，不抓生產，沒有東西，出口還是空話。當然，上海有其特點，財貿系統的組織比較嚴密有效，但是，也應該學習天津和北京的經驗，對流通體制加以改革，劃分職能，明確責任。這是一個大題目，要認真加以研究。

　　第三，抓好副食品加工和儲藏。要搞好副食品的供應，還要設幾道防線：搞好農田基礎設施建設，增強抗災能力；抓好對副食品的加工和儲藏工作，在淡季、旺季以及災年、豐年之間調劑餘缺；多品種、多渠道，保證副食品均衡上市、均衡供應。不能菜一受凍，市場供應就驟減，價格就暴漲。要穩定市場，你手裡得有點東西。要搞一點加工廠，東西多了就開工，少了就停工，算總賬還是合算的。以後還可以發展成食品工業，出口創滙。

關於利用外資和發展外貿的意見 *

（1988 年 2 月 12 日）

一、要大膽放權。

現在我們的一些政府機構管了許多不該管的事，既牽制了自己的精力，又往往由於對情況不明而誤事。現在搞承包，項目的效益怎麼樣、有沒有承受能力，承包人自己最清楚，搞壞了他自己負責任，我們不要去過多地干預。市紡織局梅壽椿[1]同志給我開了個單子，上面列了 27 個合資經營項目，已和外商談好，但市有關部門卻遲遲不批准，外商都到廣東去了。這多可惜！我的意見是，可以放手讓他幹，如果幹壞了他自己要負責。我認為，上海幹部的思想素質和管理水平是好的，應該肯定，他們是不會亂來的。市農委彙報時提出，要求把 500 萬美元和 1000 萬元人民幣以下規模項目的審批權下放給區縣，綜合部門要放權。中央領導同志要求，上海要有 100 億至 200 億美元的外商直接投資，現在只有 18 億美元，要達到這個水平，不放權不行。尤其是審批權，放下去嘛，讓他們自己定，但要上報備案，綜合部門實施監督。

二、要以法治代替人治。

現在基層搞一個項目確實很難，有人統計過，要蓋 109 個圖章。有的

---

* 這是朱鎔基同志在聽取上海市對外經濟貿易委員會負責同志工作彙報後講話的要點。

〔1〕梅壽椿，當時任上海市紡織工業局局長。

1990 年 8 月 23 日，朱鎔基視察上海商品交易會預展。左二為市政府財政貿易辦公室主任張俊傑。（吳文驥攝）

事，一會兒說行，一會兒又說不行；這個人說行，到那個人又說不行了，沒個依據。要用法來管理。你先把項目的情況和有關法律法規對照，依法辦事，不要蓋那麼多圖章。但是有一條，如果事後有關部門在檢查時發現項目情況不符合法律法規，就重重地罰你。我們要搞法治，不要搞人治。現在是人治，官的權力太大了，想卡就卡，提高效率就是一句空話。

　　三、要把政策放得更寬一點，調動各方面搞「三來一補」[1]的積極性。

　　為了促進「三來一補」、大進大出，政策上要優惠一點。有些方面不能照搬廣東的做法，因為廣東搞「三來一補」已經有了一定的基礎，他在

[1]「三來一補」，指來料加工、來樣加工、來件裝配和補償貿易。

外滙分成比例上對企業可以緊一點，而我們才剛剛開始，所以比廣東的現行政策要更優惠。一開始就要給企業以足夠的刺激，給以重利。要一針下去讓他跳起來，否則沒人願意幹。在「三來一補」的外滙分成比例上，除上繳中央的外，頭兩三年地方政府可以一點不留，全部給企業。區縣局可以留一點，但比例不要高。

四、要抓緊搞好外貿承包。

外貿包乾很重要，要儘快落實到基層。光包到外貿公司還不行，還要包到工業企業。工業企業的承包要把上繳利潤和出口創滙結合起來。我看這裡有三種情況：第一種是工業企業直接對外。對那些有權直接對外的工業企業，包括企業集團，要把出口創滙指標分解出來，由他們承包。第二種是工貿結合。這裡又分三類情況：一是已有的工貿公司和正在組建的工貿公司，創滙指標和補貼指標等也都要明確下達給他們。有些產品出口，不搞工貿結合不行，要抓緊組建新的工貿公司，外貿方面要調些懂行的人到這些新的工貿公司中去支持他們開展工作。二是工業企業或企業集團自負盈虧，委託外貿公司代理，創滙和補貼指標也下到工業企業。三是工業企業（集團或行業）和外貿公司合併、聯合，可以搞試點。第三種是外貿公司承包，收購工業企業的產品。這也要工貿雙方簽訂合同予以落實，外貿公司承擔創滙任務，工業企業承擔撥交量任務，雙方簽訂包括品種、質量、數量、價格的合同，共同承包。

轉變思想觀念，上海就大有希望 *

（1988 年 2 月 27 日）

　　我在國家計委、經委工作時，對上海就很關心。可能旁觀者清吧，我覺得，如果不轉變思想，不提高認識，上海要振興很難。但光着急，思想問題不解決不行。我看有三個問題要解決：

　　一是滿足，有點沾沾自喜。平時一講，就是我這個企業比過去如何、在全國如何。情況可能確實是這樣，但這種地位已岌岌可危了，有的已被別人超過了。貴州過去銷上海貨，現在被廣東貨取代了。企業年獎金已發到七八個月工資，有的獎金、工資各佔收入一半，這是其他地方沒有的。總的感覺是上海獎金不低，日子過得挺舒服。

　　二是埋怨，怨天尤人。企業不積極搞技術改造，後勁堪憂，廠長不着急。「給我廣東政策，我會搞得更好」，這種情緒很普遍。

　　三是保守，故步自封。跟他講，不正面頂，回去後又說行不通。我具體說的是市農委，三年解決副食品供應問題，不錯的，工作也做得不錯。但根據上海條件，加上包乾，力量動員起來，是否可以提前完成？可以研究。我到縣裡去調研時，一些同志在路上講得很好，非常贊成，說可以提前，但昨天的彙報反映不出來。各縣都反映搞得上去，只是怕菜多了不收。

＊這是朱鎔基同志在中共上海市委常委會議上講話的主要部分。

解決城市供應問題，「大路菜」就是要保證供應，價格要保證，品種要多樣化。當前城市菜價完全放開是不行的，「大路菜」還是要計劃生產，安排面積，簽訂合同，保證上市，好像市農委的同志不太聽得進去。

上面這三個問題要解決，否則將阻礙上海實施沿海地區經濟發展戰略。上海人很可愛，管理水平高，講話邏輯性也強，但是思想觀念需要轉變。

第一，一定要從產品經濟觀念轉到商品經濟觀念。江蘇一個採購員可提成 1% 至 1.5%；上海太低，提到 1%，不超過江蘇，也可以嘛。

第二，一定要把內向型經營思想轉到外向型經營思想。現在有些幹部的思想總是搞內向型經營，覺得保險。我一來，就抓了外貿，搞了三個集團，否則不解決問題。

第三，一定要把過去吃中央財政的思想轉到包乾思想。包乾後會發生巨大變化，大家尚無體會。區縣包乾會有很大潛力。只要上面少干預一點，讓他包死，他可以大有作為，辦法有的是。

從這三方面轉變思想觀念，上海就大有希望。

工作中有不同意見，要展開討論，我歡迎反駁我的意見。當面同意，有意見也不反駁，事後又不執行，這就不好了嘛！有的單位對我講的，根本不當一回事，把我交代的事當作耳邊風，說到底，就是「你說你的，我們工作做得不錯了，你總來指手畫腳，挑毛病」。這不行！遇事我要問到底的，你不給我辦的事，我是沒有完的，每次開會我都要提。

搞活上海金融，支持經濟振興 *

（1988 年 3 月 2 日）

　　沒有銀行的配合和支持，是很難辦成事的，將來的趨勢是小財政、大銀行。金融不搞活，上海就沒有希望。市長能調度的資金是有限的，銀行是大老闆。各地一般都是銀行的樓最高，過去上海也是這樣，現在的市政府辦公樓就是以前的滙豐銀行。事實上，國外的大資本家沒有幾個是完全靠自己的資本起家的，他們靠的是銀行貸款。上海目前困難很多，希望銀行的同志積極支持和幫助上海克服困難。

　　一、周轉外滙要趕快放下去，讓它發揮效益。

　　手裡的外滙要儘快放出去，儘快投入使用。現在，一搞大進大出，誰都到國際市場上去進口原材料，價格必然上漲，我們要看到這一點。原材料進不來，上海還搞什麼大進大出？我們和李嵐清[1]同志已經談妥了，對外經貿部從國家統一經營的九種商品中切一塊給上海，由上海自行進口。我們要抓緊落實。此外，企業用於周轉外滙進口原材料的配套人民幣資金，銀行方面也要儘早安排。

　　聽說每年中國銀行總行下達給上海的外滙貸款指標往往用不完，其實

＊這是朱鎔基同志在聽取上海市銀行系統工作彙報後講話的要點。

〔1〕李嵐清，當時任對外經濟貿易部副部長。

1988 年 10 月 20 日，朱鎔基在中國工商銀行上海市分行靜安寺儲蓄所考察工作時看望職工。
右一為市政府副秘書長、辦公廳副主任兼研究室副主任施惠群。

上海的生產是有潛力的，外滙用不出去的關鍵是思想不解放，項目審批手
續太複雜，企業也缺乏積極性，坐在那兒乾等。上海不缺乏綜合經濟的能
力，可是就是搞不活。要下決心改變這種情況。

　　**二、銀行在信貸政策的掌握上要靈活一點，要有一點戰略眼光，來支持上
海經濟振興。**

　　現在在銀行貸款的投放上有些提法值得研究：一是要重點投向基礎工
業，壓縮加工工業；二是要支持短線產品，壓縮長線產品。這些方針當然
是正確的，但是在執行過程中也要有所區別，要靈活點。比如，基礎工業
和加工工業的問題，我看上海不能不發展加工工業，當然是發展深加工。
在長線產品和短線產品問題上，我們也要看到有些產品從全國看是長線，

但是上海的產品有競爭力、有潛力，能進入國際市場，別的地方肯定搞不過上海，那麼這種長線產品上海就不一定要壓縮。當然，主要是搞產品質量、品種，更新換代，而不是上基本建設。從長遠看，這對整個國家的經濟發展和產業結構調整也是有好處的。

三、要壓縮流動資金，提高資金使用效率，更要注意使企業保持活力。

由於各種原因，過去上海主要是原材料靠分配，產品靠調撥，佔用資金少。現在轉向商品經濟，企業流動資金佔用額逐年上升，因此，有必要規定企業壓縮流動資金的任務，加速資金周轉，以促進企業提高資金使用效率。但是，我們更要注意使企業保持活力。現在，企業普遍搞了承包，生產積極性很高。生產上去了，企業留利也會增加。在這種情況下，銀行方面可能馬上會從企業抽走流動資金貸款，要企業完全以自有資金抵補。我看，這不是個辦法，還是要讓企業緩一口氣。企業真正搞活了，生產發展了，銀行資金的潛力會更大。要從長遠的、辯證的角度看問題、做工作。

加快實現大規模集成電路國產化 *

（1988 年 3 月 11 日）

　　上海貝爾公司 S-1240 程控交換機的國產化既符合中國的國家利益，也符合上海貝爾公司的利益，雙方的利益是一致的。上海貝爾公司在發展過程中，曾經遇到過兩個困難。第一個是技術上的困難，開始時只開通了合肥、青島局，這種狀況使上海貝爾公司聲譽一度不怎麼好。也由於這第一個困難，引起了第二個困難，即上海貝爾公司的訂貨很少，大量的外國交換機趁機打入中國市場。訂貨不足又造成了產品成本高，缺乏競爭力。應當指出，在你們最困難的時候，中國政府盡了最大的努力採取一系列措施來幫助你們。你們現在仍很困難，要做到在技術上、價格上佔有優勢還有很長的一段路要走，所以中國政府仍然要幫助你們。但是，光有中國政府的努力是不夠的。我們今後要共同合作，解決所有的技術問題，讓用戶踴躍訂貨。同時，你們還必須降低成本，這裡就有個很大的問題，即國產化。只有實現了國產化，才可以減少使用外滙，降低成本。中國的市場是很大的，只要我們真誠合作，共同努力，上海貝爾公司還是能佔領市場的。

＊這是朱鎔基同志在中國與比利時合資創辦的上海貝爾電話設備製造有限公司國產化現場會上講話的主要部分。

　　我完全同意艾伯樂[1]先生的意見，就是國產化的元器件必須是高質量的。你們要把標準毫無保留地告訴我們，我們就按這個標準國產化。「桑塔納」轎車的國產化就是這麼搞的，最後國產化了的零部件質量都超過了聯邦德國方面要求的標準。

　　國產化的核心是專用大規模集成電路，所以雙方要對貝嶺公司[2]的成立盡最大的努力。張勁夫同志1月份召集國務院有關部門負責同志開會，對這個問題進行了協調，確定了對上海貝爾公司在財務上給予支持。現在的問題是盡快落實。今天市裡所有的權威人士都在場，既然大家一致同意，就得加快建設。貝嶺公司的進程這樣慢，怎麼行呢？我們光在嘴裡說要改善投資環境而不採取切實措施是不行的，關鍵還是要辦好現有的合資企業。現在上海比較有影響的合資企業無非是上海大眾、上海貝爾這兩家，因此必須辦好！這裡，我也要告訴比利時朋友：第一，上海貝爾公司是中國和比利時友好合作的象徵，比利時前首相和中國領導人都曾關心過這個企業。這個項目也是以大規模集成電路的技術轉讓為前提的，這一點希望你們能保證做到。第二，在初期，國產化元器件的批量小，一下子做到與國際市場價格相同是不可能的，應有一個價格曲線。但是我相信，前景是很好的。你們肯定能從國產化中得到好處，即使價格暫時和國際市場價格一樣，也可以省下運輸費、手續費等，算總賬還是合算的。貝嶺公司的合資合同4月底無論如何要簽約，希望你們能做一點友好的讓步。

　　除了佔總成本47％的專用大規模集成電路外，其他零部件也要盡可能地實現國產化。上海貝爾公司要負責提出要求標準，幫助我們來實現國產化。中方要成立一個國產化領導小組來推動，並由儀錶局負全責來解決這

---

〔1〕艾伯樂，當時任上海貝爾電話設備製造有限公司總經理。

〔2〕貝嶺公司，指由上海貝爾電話設備製造有限公司同上海無線電十四廠合資設立的上海貝嶺微電子製造有限公司，於1988年9月正式成立，生產供應上海貝爾公司使用的集成電路。

個問題，直到最後。對儀錶局來說，你們不要想賺錢，就是賠錢，你們也得幹。我給你們的國產化期限不是五年而是三年。要動員上海所有的科技力量來攻關，一旦上海貝爾公司佔領了中國的程控電話市場，你們就可以賺錢了，眼光一定要放遠一點。

團結一致，齊心協力抓好經濟工作 *
（1988 年 3 月 21 日）

　　當前上海的經濟形勢，同全國一樣是好的。經濟發展基本上實現了「既要穩定，又要增長」，儘管速度比較慢一點。由於種種原因，上海目前還處於比較困難的時期，還沒有能達到「既要有較好的效益，又要有較好的速度」，但是我們還是應該相信自己的力量，有信心來扭轉困難的局面，利用中央給予我們財政包乾〔1〕的有利條件，走出困難的谷底。這個條件不可多得，全國僅廣東、上海兩家。上海財政包乾以後，好多省市要求包乾，中央都沒有同意。這對上海是個有轉折意義的變化。現在許多同志的思想還沒有轉過來，還是停留在吃中央「大鍋飯」的水平上，要趕快轉變觀念。我們還未走出困難的谷底，但走出谷底、進入「柳暗花明又一村」的局面，相信不會太遠了。

　　當前困擾我們最急迫的是兩個問題。一個是肝炎〔2〕。屋漏偏逢連夜雨，本來已經很困難了，又加上甲肝流行。但是經過全市人民團結一致的拼搏，

＊這是朱鎔基同志在上海市黨員負責幹部會議上的講話。

〔1〕財政包乾，1988 年 2 月 21 日，國務院原則批准上海市《關於深化改革，擴大開放，加快上海經濟向外向型轉變的報告》，同意上海市從 1988 年起實行財政「基數包乾，一定五年」的財政管理體制，包乾上繳基數為 105 億元。

〔2〕肝炎，1988 年 1 月，上海因部分市民食用帶肝炎病毒的毛蚶，出現甲型肝炎的暴發流行。至 3 月中旬，上海全市甲肝流行得到控制，累計甲肝患者達 29.2 萬人。

現在已經取得了基本的勝利。這是很不容易的。澤民同志為此花了許多心血，在北京開會時，天天給謝麗娟[1]同志掛電話、做指示。謝麗娟同志與有關部門同志也都認真負責地做了很多工作。儘管這次肝炎流行有許多教訓可以吸取，但處理好這件事本身說明上海人民有着高度的組織性和管理素質，具有應對突發事件和臨危不亂的能力。

另一個問題是物價上漲，剛才黃菊[2]同志已做了說明。我想市委、市政府有決心，會盡一切努力，實現今年物價的基本穩定。3月底以前，非調價不可的幾種商品的調價方案都將出台完畢。這對上海全局還是有利的，可以扭轉企業虧損。但是，對於那些未經市物價局批准，違反物價管理權限，趁機亂漲價的單位，要由市物價局、經委、財貿辦、工商局嚴肅查處。4月份準備實行按人均定量的副食品補貼，由暗補改成明補。測算要搞細，辦法要周全，做好一切準備工作，4月2日澤民同志回國後，由他來主持決定。希望這個措施能產生積極的效果。

當然，今年物價能不能穩定、形勢能否繼續好轉，關鍵還在我們自己的工作。我今天想提出當前需要團結一致、齊心協力去辦好的幾件經濟工作。抓好了，今年上海的經濟形勢，就會既有較好的效益，又有較好的速度，物價也一定會基本穩定。如果不是這樣，而是怨天尤人，互相指責，精神渙散，號令不行，我看即使神仙來了，上海也無法扭轉困難局面。

下面，我想講八件具體工作：

第一，迅速把生產抓上去，變下降為增長。

現在生產情況不好，這比什麼都使人着急。生產上不去，上海經濟無法振興。今年一二月份看起來工業生產增長5％，實際上是鄉鎮企業增長，而國營企業是負增長，預算內地方工業產值下降0.7％，利稅下降11.5％。

---

〔1〕謝麗娟，當時任上海市副市長。

〔2〕黃菊，當時任中共上海市委副書記、副市長。

3月上旬仍然沒有好轉，仍在下降，其中主要是市冶金局、化工局、紡織局、二輕局的下屬企業下降。我們看看別的省市，1至2月，廣州增長23.6％，北京增長14％，天津增長8.8％。為什麼別人能快我們不能快？確實應找找主觀原因。1至2月，我市財政收入下降4.9％。今年是財政包乾第一年，這個下降趨勢很值得我們警惕。現在包乾了，增產增收，都是我們自己的，你垮下去了，大家都沒有好處。希望市經委與各工業局無論如何要振作精神，狠抓生產。

首先，要把拳頭產品生產抓上去，3月份不能再下降，二季度開始要把一季度丟掉的補回來。無非是一個原材料問題嘛，但現在應該說不能完全歸結於原材料。春節期間，好多部門的同志加班，把原材料問題搞清楚了，去北京彙報，國家把儲備都拿出來借給上海了，使我們的生產可以維持到四五月份。有的由我們拿外匯去國家物資儲備局買，這比我們自己去買好多了。我們自己買不到，現在拿外匯可以買到了，包括冷軋薄板、馬口鐵、矽鋼片、橡膠、紙漿等等，這是國家對我們極大的照顧，是依林[1]同志親自交辦的。但我們自己不能老是吃「皇糧」，還得靠自己想辦法。市紡織局現在組織五路大軍外出找原料，我說方向對頭。現在要趕快進口，趕快搞協作，趕快把採購人員動員起來，自己去找食吃。如果生產能力放空，我就找你們局長、廠長，客觀原因不要多講了。我一來就抓「桑塔納」轎車。這次李鵬、依林同志親自過問，同意我們今年生產1.5萬輛，比原來多生產5000輛，財政收入可以多增加3個億。希望市經委、搞工業的同志要有點緊迫感，要抓住類似的產品不放，出現問題要下去協調。市計委確定抓16種拳頭產品，市經委抓60種拳頭產品，你們得認真抓，要狠狠抓，這是解決當前困難最重要的一招。其次是要加強勞動紀律。現在勞動紀律

---

[1] 依林，即姚依林。

有些鬆弛，當然物價、肝炎問題有很大影響，但還是要多做些思想工作，不要老議論物價問題。把副食品生產抓上去，菜就有了，物價就穩定了。抓一抓勞動紀律，把積極性調動起來，無論如何要把生產抓上去。

　　需要指出的是，外貿出口情況比較好，1至2月，外貿出口總值增長18％，出口商品進貨總值增長11.6％。但是也要提出要求，出口是增長了，大進的問題還沒有解決。現在我們有外滙，但進不來原材料。要向外貿部門同志提要求，趕快進口原材料，行動要快，簽證我們想一切辦法去解決。原來有九種原材料是中央統一進口的，現在進口權下放了，上海可自行進口，還不趕快動作？除了廣東以外，全國誰有這樣的條件？市外經貿委的同志要趕快動作，特別是紡織原材料，市紡織局原計劃進口3.3萬噸，現在計算需要進口8萬噸，不出一身汗進不來。市紡織局與外貿部門無論如何要銜接好，上海出口的三分之一靠紡織，這是我們的生命線。我們5月準備開「雙增雙節」[1]動員大會，動員企業把生產搞上去，把節約抓起來。現在各個企業潛力很大，經濟效益要靠管理，不是靠漲價。

　　第二，認真控制消費基金的增長，嚴厲壓縮機關事業單位的社會集團購買力。

　　這個問題很值得注意。1至2月，工資性支出包括發獎金，增長18.6％，社會商品零售總額增長21.6％，而社會集團零售額增長31.6％，雖然有些客觀原因，如受肝炎影響增加了藥品補貼、加班費、各種臨時開支等，但終究增長幅度太大了。公琦[2]同志開了會，做了部署，要加強督促檢查。發獎金一定要促進生產、提高效益，而且要防止平均主義。濫發獎金是浪費，有害無益，並不調動積極性，只會促使市場供應緊張。

　　第三，狠抓副食品生產基地建設和蔬菜禽蛋購銷體制改革。

───────────────

〔1〕「雙增雙節」，指增產節約、增收節支。

〔2〕公琦，即葉公琦，當時任上海市副市長。

剛才講過，如果我們不抓緊副食品生產基地的建設，現在暗補改明補，搞不好明補又要回到暗補。最近我們開了市農村工作會議，已經提出來要加速、提前實現副食品生產基地建設的三年計劃。等三年，上海人民等不及了。區縣同志的積極性很高，他們都認為生產有希望，擔心的是流通體制，怕生產多了又出現「賣菜難」、「賣豬難」。所以，對上海的副食品購銷體制一定要進行改革。

第四，層層落實承包經營責任制和基數包乾。

呂東同志來幫助我們搞承包，他回去以後，《人民日報》3 月 1 日頭版發了一個消息，把我們的承包說得很好。實際上，我們沒有那麼好。這件事無論如何要落實。最近，市經委、財政局抓得很緊，1000 多個企業已簽了合同。要繼續抓落實，要注意三點：

一是要落實「三包一掛」〔1〕。全國都是「雙包一掛」〔2〕，我們加了「一包」，包出口。生產企業要定出口的撥交量，工業企業與外貿公司簽訂出口合同，這件事無論如何要下決心實現。工貿結合的幾個試點一定要抓好。誰在這件事上不積極貫徹，要追究誰的責任。工貿結合不搞好，上海怎麼大進大出？

二是要引入競爭機制。一定要把 101 廠抓好。我希望市經委和葉龍蜚〔3〕同志一定要好好把這個點抓好。這一炮打不響，今後引進競爭機制的文章就做不好，要下點功夫研究這個問題。

三是區縣財政包乾也要層層分解，不能就到區政府、縣政府為止。鮑

---

〔1〕「三包一掛」，指 1988 年 2 月 16 日上海市政府批轉的市經委、財政局、勞動局《關於完善全民所有制工業企業承包經營責任制的意見》中提出的：包上繳利潤、包技術進步、包出口創匯，工資總額與經濟效益掛鉤。

〔2〕「雙包一掛」，指 1988 年 2 月 27 日國務院發佈的《全民所有制工業企業承包經營責任制暫行條例》規定的：包上繳國家利潤、包完成技術改造任務，實行工資總額與經濟效益掛鉤。

〔3〕葉龍蜚，當時任上海市儀錶電訊工業局局長。

友德〔1〕同志工作深入，一個區、一個縣地去對話，對話完了一兩天內就要趕快下達這個基數，要求他們層層落實到基層。

第五，切實貫徹沿海地區對外開放工作會議的精神，改善投資環境，下放審批權限，實現「一個機構、一個窗口、一個圖章」對外。

上次在北京開會，是李肇基同志去的，田紀雲、谷牧同志主持的沿海地區對外開放工作會議，對上海寄予很大的希望。谷牧同志講，今後上海一定要成為太平洋西岸最大的城市和最大的金融、信息中心。今年2月份，谷牧同志對我交代，上海一定要改善投資環境，簡化審批手續，「一個機構、一個圖章」對外。但現在看起來阻力重重。我看到一些簡報，有些部門總覺得一放權，天下就大亂了，有無窮的憂慮。上海現在吸引外資只有18億美元，遠遠落後於廣東。中央領導同志要求我們吸收100億到200億美元的外商直接投資，現在這種狀況能行嗎？我接到幾封人民來信，反映這兩年已經有多家外商，包括原來培羅蒙西裝店的老闆，都要求和我們合資經營，幫助我們在香港搞一個門市部，擴大出口，但是我們有關委辦卡了兩年也沒給人家答覆。幾十萬美元的事，你卡他幹什麼？奉賢縣一封人民來信反映，去年報了五個項目搞「三來一補」〔2〕，我們有關委辦一年多也不給人家答覆，按照規定你20天就應該答覆人家。「三來一補」你怕什麼？我和澤民同志在市農村工作會議上已宣佈了放權，「三來一補」項目完全由縣政府審批，500萬美元以下的利用外資項目完全由縣政府去審批，但是如果城建、環保、規劃部門卡在那裡，那我們講的就都是空話。我一直講，城市現在有總體規劃，有分區規劃，詳細規劃由區縣為主去搞嘛！他會同你規劃局搞，你幫助他搞嘛！最後報給你規劃局審批，你批准了由區縣自己去執行嘛！不要每蓋一幢房子都要你規劃局來批。有什麼可怕

〔1〕鮑友德，當時任上海市財政局局長。

〔2〕見本書第16頁注〔1〕。

的？亂不了，都在你眼皮子底下。對這件事，我們應該改變工作方式，要採取到你那裡備案、由你來實施監督的辦法。不要怕亂，當然，我也不希望亂。防亂的辦法是監督，你拿出法規，實行法治，就不會亂。有些同志有無窮的憂慮，為什麼不憂慮上海的開放？上海這個狀況能吸引外資嗎？最近，小平同志指出，實施沿海地區發展戰略，要放膽地幹，加速步伐，千萬不要貽誤時機。我們上海已經貽誤了很多時機，現在已經財政包乾了，我們不能再貽誤下去了。大家為什麼不着急呢？這個國際市場還能等嗎？你不趕快抓緊幹就進不去了。小平同志總是鼓勵我們要勇於改革，勇於開拓，不要怕擔風險。他擔心的是我們猶猶豫豫，過於謹慎，貽誤時機。當經濟振興的重大機遇到來的時候，很需要有馬克思主義的膽識和勇氣，很需要緊迫感。

我希望同志們認真考慮這個問題，希望市計委、經委、外經貿委、建委、規劃局、環保局，你們應該趕快放權，今天下午就要討論這個事。放權，「三來一補」項目、500 萬美元以下的合資經營項目、1000 萬元人民幣以下的基建項目，統統下放給區縣和各工業局自行審批。限額以上的項目，成立一個機構，可以叫「外國投資局」，對外國人叫「外國投資服務中心」，把有關委辦局主管這方面的得力幹部抽出來搞一個窗口，一致對外，就是一個圖章，不能再蓋 126 個圖章了，再蓋 126 個圖章就永遠不會有大量外資進來。所以，大家不要老是在那裡憂慮。你把權放下去，同時要考慮怎麼加強宏觀管理，想出個辦法來。這件事由肇基〔1〕、天增〔2〕同志負責，把實施細則很快搞出來。

第六，科技與生產相結合。

科技是上海最大的一個優勢。中央要求上海把科技力量組織起來，

---

〔1〕肇基，即李肇基。

〔2〕天增，即倪天增，當時任上海市副市長。

1988 年 10 月 27 日，朱鎔基出席蘇州河吳淞路閘橋工程開工典禮。左一為長江口及太湖流域綜合治理領導小組組長王林，左二為水利部部長楊振懷，左三為市水利局局長朱家璽，右一為交通部三航局二公司經理劉懷遠。

圍繞出口這個目標，幫助企業使產品上檔次、上水平，而且要同外貿部門組織在一起。澤民同志多次講過：「技術進步是上海經濟新格局的一個支柱。」一定要抓好這件事情。我們要瞄準國際水平，一個產品一個產品、一個技術問題一個技術問題攻關，要落實到一個一個項目上去。選擇重點主攻項目，要以出口為目的，以國際先進技術標準為目標，以產品的更新換代為龍頭，把技術開發、技術攻關、技術引進、技術改造等一條龍地抓起來。最後的結果不能只是抓出一個樣品，而是要抓出大批量的工業化的

生產能力。

第七，城市建設要加快利用外資步伐。

國家允許我們利用外資 32 億美元，現在我們用得還不多，裡面一部分就是搞五大工程。今年，三大工程要開工：蘇州河合流污水治理、黃浦江大橋、上海地鐵一號線。現在已經成立指揮部了，天增同志抓得很緊。三大工程開工，才能給上海人民一個希望，上海的形象才能改變，城市建設才有點出路。另外，為了配合城市建設，就得趕快把另一部分外資用於能賺外滙的技術改造項目，現在還有 6 億多美元的項目沒有批可行性研究報告，要迅速地批下去，5 月份以內一定要批完，並力爭儘快談判簽約。一方面促進企業技術進步，一方面使我們的外滙能平衡。最近國際機場候機樓建設項目已經和荷蘭簽約了，可以加快建設。地下鐵道建設項目，對外經貿部在幫助我們爭取聯邦德國的優惠貸款，另外，加拿大也有比較好的優惠條件。希望肇基、天增同志抓緊研究、比較，和哪個國家合作，趕快決定。

第八，改善市容，狠抓環境衛生。

天增、麗娟[1]同志已經採取措施，開了會，要趕快落實。現在上海的髒、亂、差實在是看不過去了。在路上走，到處是垃圾。這個事情就這麼難抓？無非是包乾，企業搞包乾，我看這個事也得包乾。天津就是這個辦法，一段一段，分段包乾，每個單位自己負責；掃街的人也是包乾，都得有人檢查，你掃得不乾淨，馬上換人。我就不相信上海的髒亂都解決不了，短時期內要很大改變交通狀況不行，很大改變住房狀況不行，欠了幾十年的賬一下子還不清，但是髒和亂總還是可以解決的。我真擔心春天一來馬上又要發生傳染病，請天增、麗娟同志無論如何負責把這個事抓一抓。

---

〔1〕麗娟，即謝麗娟。

在上海市九屆人大一次會議上的講話*

(1988 年 4 月 25 日)

同志們：

根據大會的安排，現在我向大家做一個自我介紹，也許要超過大會規定的時間，因為如果我不講的話，也許過不了這個關，一會兒還得提問題，還不如我主動「交代」為好。

第一，我的簡歷。我參加革命的時間比較晚，經歷比較簡單。我 1928 年 10 月出生於長沙，中學都是在湖南省念的，1947 年畢業於湖南省立一中，同年在上海考取清華大學，念電機系。入大學後就參加了學生運動，1948 年冬天參加中共地下黨領導的中國新民主主義青年聯盟，1949 年加入中國共產黨。1951 年從清華大學畢業分配到東北人民政府工業部計劃處，擔任生產計劃室副主任。當時的計劃處處長先是柴樹藩同志，後是袁寶華同志。1952 年東北人民政府撤銷後，我隨馬洪[1]、安志文[2]等同志到了國家計委，這時是 1952 年 11 月。在國家計委一開始是管電，1954 年到工

＊ 1988 年 4 月 25 日，上海市第九屆人民代表大會第一次會議第四次全體會議選舉產生上海市國家機關領導人員。選舉前，朱鎔基同志作為市長候選人同市人大代表見面，介紹自己的簡歷、政績和施政綱領。

〔1〕馬洪，1952 年任中央人民政府國家計劃委員會秘書長。

〔2〕安志文，1952 年任中央人民政府國家計劃委員會委員。

1988 年 4 月 25 日，朱鎔基在上海市九屆人大一次會議第四次全體會議上講話。

業綜合局負責綜合處工作，之後我擔任國家計委副主任張璽同志的秘書。後來由於張璽同志患癌症，我同時就兼任了國家計委機械工業計劃局綜合處負責人，直到 1957 年，趕上了「大鳴大放」、反右派。在「大鳴大放」的時候，同志們說，你是黨組領導的秘書，你不跟黨組提意見那誰提啊？一定要我提。我就在局裡面講了 3 分鐘，但出言不慎。在 10 月份以前大家都覺得我的意見提得不錯，到 10 月份以後就說你這個意見要重新考慮，到 1958 年 1 月就把我劃為右派了。但是對我的處理還是非常寬的，我想是因為國家計委的領導和同志們對我都十分瞭解吧。因此，我被撤銷副處長職務、行政降兩級、開除黨籍之後，還繼續留在國家計委工作。在開始的一兩年，我擔任國家計委老幹部的業餘教員，教數理化，後來恢復我的工作，在國家計委國民經濟綜合局工業處工作。我非常感謝國家計委黨組織對我的關懷，始終沒有把我下放，使我有繼續為黨工作的機會。「文化大革命」時期，我在國家計委農場勞動了五年，這五年對我是極大的教育。儘管我們還是國家計委的幹部，在一個集體農場，但終究是在農村，所以對農村的瞭解、對勞動的體會還是不少的。這五年，我什麼都幹過，種過小麥、水稻、棉花，放過牛、放過羊、養過豬，當過炊事員。1975 年後，我回到了北京，當時我的關係還在國家計委，但被分配到石化部管道局電力通信工程公司工作。我就帶了一支徒工隊伍，從爬電線杆開始培訓，一直到能安裝 22 萬伏的高壓線和 11 萬伏的變電站。這一段有兩年多一點的時間，對我也是極大的教育，使我有一點基層工作的經驗。到 1978 年，馬洪[1]同志要我到中國社會科學院工業經濟研究所擔任研究室主任。不久，在黨的十一屆三中全會前夕，糾正了錯劃我右派的問題，同時恢復了我的黨籍，恢復了我的職務。這個時候是袁寶華同志擔任國家經委副主任，康世恩同

---

[1] 馬洪，1978 年任中國社會科學院工業經濟研究所所長。

志擔任主任，要我回國家經委，因為國家經委實際上是從國家計委分出去的。1982年新的國家經委成立後，我開始擔任經委委員兼技術改造局局長，1983年擔任經委副主任，1985年擔任黨組副書記、常務副主任，一直到今年年初，就到上海來了。這就是我簡單的經歷。

第二，**同志們要求我說說政績**。這個是難以啟齒，不好說啊！當然，在我30多年的工作期間，儘管在1957年以後遭受很多挫折，但在工作方面組織上對我的評價還是不錯的。我自己的特點、我的信條就是獨立思考，我心裡是怎麼想的，我認為就應該怎麼講。我是一個孤兒，我的父母很早就死了，我沒有見過我的父親，我也沒有兄弟姐妹。我1947年找到了黨，覺得黨就是我的母親，我是全心全意地把黨當作我的母親的。所以我講什麼話都沒有顧忌，只要是認為有利於黨的事情我就要講，即使錯誤地處理了我，我也不計較。黨的十一屆三中全會前夕恢復了我的政治生命，同時也可以說是煥發了我的政治青春，我始終相信我會得到我們黨的正確對待。我就是有這麼一個特點，或者說我是力求這麼做的。

第三，**自我評價**。我覺得作為上海市長我不是最佳人選，我有很多缺點，在很多方面比我的幾位前任，特別是比江澤民同志差得很遠。我講三條：

第一條，我只有領導機關的工作經驗，沒有基層工作的經驗。剛才講了我25年在國家計委、10年在國家經委工作，基層工作經驗就是在管道局很短的一段時間，既沒有當過廠長，也沒有當過區縣的領導。江澤民同志很早就當廠長，而且是大廠的廠長。我也不是從農村基層上來的，對人民的疾苦瞭解不多。這是我很大的一個弱點，今後恐怕在這些方面還要犯一些決策的錯誤。

第二條，我只有中央工作的經驗，沒有地方工作的經驗。我沒有在地方工作過，一直坐在北京，所以到上海來了後，這三個月的白頭髮比什麼時候都多。江澤民同志預言一年之內我的頭髮全部變白，這是他的體會，

我已經感受到了。工作確實是複雜，確實是難做，所以江澤民同志經常講他的神經處於緊張狀態，我現在也體會到了。

第三條，我性情很急躁，缺乏領導者的涵養，幹工作急於求成，對下面幹部要求過急、批評過嚴。這一點我應該向江澤民同志好好學習。宋平同志在我來上海工作之前和我談話，他說你要求幹部嚴格不是你的缺點，但是你批評人家的時候不要傷人，說話不要太尖刻。這些都是語重心長的話。說到我的缺點時，他說你應該學習周總理，批評同志後讓人感到你應該批評，覺得是你對人家的關心。我確實是缺少領導者這樣的一種品質，但我希望同志們監督我改正。說老實話，江山易改，稟性難移啊，不是很容易的，但是我一定要很好地改正自己的缺點。

第四，施政綱領。這個很難講，施政綱領在江澤民同志的工作報告[1]裡明確闡明了，要求非常明確，我的任務是創造性地去完成、去實現，所以就不可能再講出更多的東西了。如果要具體化，那也應等到全體市政府領導班子當選後認真地討論，來研究具體實施步驟，現在讓我一個人來講這個事情確實很難。但好像不講一點又過不了關，我也沒有跟江澤民同志商量，就是在通知我以後，昨天晚上加了一個夜班想了這個問題，所以我就講一些個人的意見。

我認為，上海最重要的還是要扎扎實實地去落實，要說到做到，而不是提出很多的綱領、很多的要求。我覺得江澤民同志報告提出的任務和要求是實事求是的，我們是有可能實現或者是提前實現的。有一個老同志打電話跟我講，你說三年改變上海的面貌，如若不然，引咎辭職。我說我不會狂妄到這個程度，我沒有說過這個話，這是個誤會。我講了一句什麼話呢？那是關於上海大眾「桑塔納」的。現在「桑塔納」是非常賺錢的，一

---

〔1〕工作報告，指江澤民在上海市第九屆人民代表大會第一次會議上所做的《政府工作報告》。

輛汽車要賺好多萬，但今年計劃只能生產 1 萬輛，為什麼？因為現在國產化的程度很低，你大量生產等於買人家的散件來裝配，花費大量的外滙，所以國務院的政策是卡住上海不讓多生產。但是我考慮，上海現在這麼困難，如果不再多生產一點「桑塔納」賺一點錢的話，日子過不下去。因此我就給李鵬同志寫了一個「陳情表」[1]，這個「陳情表」是江澤民同志簽發的。我在裡面講，第一，關於「桑塔納」的國產化去年已經開過會、訂了計劃，國產化率去年年底達到 12.7％，今年要達到 25％，到 1990 年認證的國產化率可以達到 80％以上，三年就基本國產化了。我說多生產一點、多裝配一點並不影響國產化，計劃都做了，正在認真實行。第二，上海現在有生產能力，國內市場也很需要，儘管國產化率低一點，但總比進口整車好。另外，現在上海的原材料非常困難，就得靠「桑塔納」去換原材料，不然就要停產了，因此無論如何請求生產 1.5 萬輛。多這 5000 輛汽車，財政收入就可以增加好幾個億啊！現在我們的處境很困難，但是我認為，生產 1.5 萬輛「桑塔納」還是完全正確的，也確實得到了李鵬等中央領導同志的支持，允許我們生產 1.5 萬輛。但如果三年我們不能實現國產化，那我怎麼向中央交代啊？所以我就在給中央的「陳情表」上寫了這樣一句話，如果三年不實現國產化，我就向中央引咎自責，還沒敢說辭職。我這個話是說給上海大眾汽車公司聽的，說給市經委、計委聽的，你們要不好好抓國產化，那我就得辭職了，我的命運跟你們拴在一起了。我說這個話就想起到這個作用。但這話傳到外面，就變成了我三年不改變上海面貌就引咎辭職。這個事情我可不敢這麼說，也絕對沒有說過這個話。三年、五年解決上海幾十年積累的問題很難，我想同志們也會諒解這一點的。

　　聲明一下，我只來了三個月，我既不是諸葛亮，也出不了「隆中對」。

---

〔1〕「陳情表」，指朱鎔基同志於 1988 年 2 月 28 日就「桑塔納」轎車增產問題致李鵬、姚依林同志的信。

1988 年 4 月 30 日，上海市九屆人大一次會議閉幕，新當選的上海市市長朱鎔基舉行第一次中外記者招待會。右二為市委宣傳部副部長龔心瀚，右三為副市長顧傳訓，右四為副市長倪鴻福。

如果我當選為市長的話，這個話有必要說明一下，因為在簡報裡有一個同志對我提意見：還沒有選你當市長呢，你在北京中外記者招待會[1]上怎麼就說如果你當選為市長的話呢？太不謙虛了。我能體會這位市人大代表的意思，我也接受你的意見。但是我也要向這位代表做一個說明，這個話不是我要講的。在北京開中外記者招待會之前，大會副秘書長曾濤同志幫助

〔1〕中外記者招待會，1988 年 3 月 30 日，第七屆全國人民代表大會第一次會議舉行第二次記者招待會，邀請上海市、福建省代表團負責人回答中外記者提問。

上海為這次記者招待會做了大量的工作。因為我不能用上海市委副書記的名義舉行記者招待會，所以曾濤同志說，你可以在記者招待會上說：「如果我當選為市長的話」，這樣大家就都清楚了。我就是這麼講的。（江澤民同志插話：朱鎔基同志啊，你舉行記者招待會是以中央提名候選人名義的，所以我認為朱鎔基同志講這句話從原則上講沒有錯，特別是招待外國記者。而且我跟你有點默契，當你舉行記者招待會的時候，我並沒有跟你通電話，因為我人在機場接受BBC專訪。記者問，現在黨政不是要分開嗎？那你現在又是市委書記又是市長，怎麼回事啊？我立即就講，很快將要召開市人民代表大會，現在中央已經確定朱鎔基同志到上海來參加市委領導工作，今後他就在下一次的市人民代表大會裡選舉成為市長，那當然要通過選舉了。）

下面我就講幾條：

第一，如果我當選為市長的話，我決心讓下一屆市政府成為全心全意為人民服務的、廉潔的、高效率的政府，這是我的決心。首先，從小事情做起，一定要堅決地剎住吃喝風和受禮風。這不但是節約，而且是樹立一個勤儉建國的風氣。江澤民同志提倡的「四菜一湯」在全國都出名了，國務院已經是這樣做了，但在我們上海有時候還附加了很多名目，八個碟子那是算冷盤不算菜，後面一個大火鍋只算是湯，再來十個點心也不算菜，還是搞得很浪費。所以我想先從我做起，從市政府做起，我們市政府的人員下基層、到工廠，無論如何要做到「一菜一湯」。當然一個菜裡也可以多放幾樣，但搞得太厲害了也不行，反正不要上什麼海味、大蝦，上點雞蛋、肉、小菜就可以了，平常在家裡請客也就是這個水平嘛。「一菜一湯」就不會浪費。1985年我到上海電視機一廠，當時我是國家經委副主任，在那裡召開現場會，就是關於電視機出口的事情。當時招待我們的就是一個菜，裡面分四樣，我覺得很好。關鍵不是你如何招待我，關鍵是要出口，真正把生產搞上去嘛！當然我們在接待外賓、接待中央和其他地方來的同

志時還是要執行「四菜一湯」，搞得太過分，那也不好。

　　成為一個廉潔的政府還有一點很重要，就是關於送禮問題。這次會議上有一位香港的陸先生，向我提了一個很好的意見。他說開政治協商會議、開人民代表大會都要發一個包，這個包一點用處也沒有，誰也不用這個包。是不是可以把它簡化了，那不是可以節省一筆錢嗎？我想這個意見是非常正確的。我在北京出席全國人民代表大會，發了一個包，我用這個包就足夠了。回上海之後，市人代會又給我發了一個，市政協也給我發了一個，實際上都是沒有多大用處的。像在這種小的方面，我們一些黨外人士都看出了問題，這是我們應該做到的。今後我們市政府任何會議嚴禁發包，這是一個象徵，就是說以後不要搞送禮、發東西這種風氣，能夠節省很多錢。首先由我們市政府帶頭，希望區縣政府也都這樣做，我想這個風氣完全是可以改變的。

　　還有，就是現在黨政領導參加的剪綵、禮慶活動實在是太多，電視上成天都在播這些東西，實際上大家都忙得要死，何必在這個方面花那麼多時間呢？所以我想，以後這種活動除了國家規定必須參加的以外，盡可能減少。我們可以請一些德高望重的老同志參加，他們對上海的建設做出了很大的貢獻，讓他們多出出面，上海人民不會忘記他們，何必老讓我們出面呢？耽誤很多事情。這些活動是不是可以分散到一些同志特別是老同志的身上，讓我們扎扎實實地去做一點落實的工作。當然我知道，市委書記或者市長不出席，電視台就不去拍電視。無非就是把我們當個廣告、當個宣傳。所以，以後我就敬請各界諒解、支持。特別是新聞界，如果你要看級別的話，還是看看這些老同志過去的級別。我看最好還是不要看級別，你看會議重要不，重要的儘量報道、拍電視。不要一定是市領導出場，你才拍這個電視。這樣我想我們互相諒解、互相支持，就可以把政府的效率提得更高一點。

　　當然，要使政府成為高效率的政府，最重要的一點是要下放權力。這

在江澤民同志的報告裡面也講了。我過去說了一句話，像上海這樣 1200 多萬人口的城市，靠一個市長、幾個副市長是幹不好的。全世界這樣的城市也不多，那是不好管的。所以我希望 12 個區的區長就成為 12 個「市長」，這樣的話，上海的工作才能做好，10 個縣長也要擔負起責任。當然，江澤民同志的報告裡也講了，還是要保持政令的統一，不能各行其是。你們 12 個「市長」還得聽這個大市長的，不然的話就亂套了。就是說，你們自己應該發揮主人翁的責任感來把工作做好。市委、市政府有決心實現這一點，下放權力，而我們市政府的各個委辦局也應該轉變自己的職能，多把精力放在宏觀管理和監督方面，能夠讓區政府、縣政府辦的事情盡可能讓他們去辦，他們會辦得更好。說老實話，條條不容易辦事，還是要靠塊塊。為什麼要搞包乾？好多事情，中央條條是難以貫徹的，還得靠塊塊擴大自主權。市政府也是這樣的，條條很多事情難辦，包括環境衛生，還是塊塊辦效率比較高。所以各個委辦局要加強宏觀管理、調節，然後監督，哪裡出了毛病就去制止，我看我們應該轉變這個職能。

我這裡要講一個事。我昨天看簡報，嘉定縣代表提意見，說嘉定縣已經實行了「一個圖章」，但是在江澤民同志的報告裡沒有提，害怕我們又縮回去了，是不是碰到困難又不敢實行「一個圖章」了？我在這裡代表江澤民同志鄭重聲明，江澤民同志是完全支持「一個圖章」的。這一點我們是有決心做的，報告裡雖然沒有提，但是在黃菊同志的報告[1]裡還是提了，因為在江澤民同志那個報告裡不需要把每一件事情都講得那麼具體嘛。我考慮這件事情要經過周密的準備，因為真正實現「一個圖章」必須成立一個新的機構，靠老的機構是不行的。要把各個部門主管項目審批的人都調到這個新機構裡來，這樣才有權威，而且不能是個聯合辦公室，聯合辦

---

〔1〕報告，指黃菊在上海市第九屆人民代表大會第一次會議上所做的《關於上海市 1988 年國民經濟和社會發展計劃（草案）的報告》。

公室不解決問題，什麼事情也辦不成。必須把這些人調來，他才有足夠的經驗、知識和權威，在這個機構裡面就蓋這一個章。對這樣一個機構的要求是效率非常高，工作非常累，24 小時都要辦公，天天都要準備加班。我這一次在北京就向宋平同志報告了，我說我要成立這麼一個機構，這個機構工作人員的工資我看應該提高一點，為什麼？因為這個工作太累。宋平同志說：我贊成啊，你就搞啊。因為我怕稍微提高一點工資，有人就去告狀。我想，這應該成為改革我們政府機構的一個開始。現在政府機關盤子大得不得了，裡面人浮於事，好多人是不幹活的，都大幅度提高工資，那怎麼受得了？財政負擔不起，而且也不能夠起到獎勤罰懶的作用。必須首先轉變政府工作的職能，少管一些你管不了的事情，完了以後再精減人員，提高他的工作效率，最後多給他點錢，那就可以了，這樣工資總額就不會增加了，我們消費基金就控制得住了。我就是準備以這個機構為開始，作為改造我們政府機關的樣板。根據江澤民同志的意見，也是中央的意見，我們決定今年政府機構不動，明年再考慮。今年是要穩定幹部隊伍，穩定人心，把生產、出口搞上去，不能夠搞得人心惶惶。但是我今年就是要做這一件事情，成立這麼個「一個圖章」的機構，完全是以一種新的模式來搞，裡面的工作人員既要是各個機構的骨幹，而且要實行公開招聘考試，從現有機關人員中選拔，要選拔一批有志於振興上海，全心全意為人民服務，懂技術、懂業務、懂管理的人到這個機構裡面來。

現在上海是非常困難，我們在轉向商品經濟的過程裡缺乏經驗，這方面我們不如廣東、江浙，因為我們吃「皇糧」已經吃慣了，一下子改過來不容易。但現在每個省區市都想搞上去，都想大進大出，基本上對上海形成一個「封鎖」了，原材料進不來，上海又沒有原材料優勢，都是議價買進來，你怎麼搞得過人家？現在，我們首先還是要轉變到商品經濟，搞國內的大循環，加強橫向協作，跟其他省區市搞好關係，這方面對我們還是主要的，儘管有困難還是要這樣做，但是形勢也逼着我們要下太平洋了。

你不跳下去是沒有辦法的，不對外是不行了。對外很不容易，「三來一補」〔1〕你搞不過廣東，他跟港澳很近。雖然搞不過他，但是我們還是想和他比一比。最近我們把「三來一補」的審批權下放給區縣，得到的好處基本上都給了區縣，所以他們的積極性非常高，第一季度「三來一補」的項目有大幅度上升，這是一個非常好的苗頭。我希望區縣的同志和廣東好好賽一賽。我們雖然天時、地利不如廣東，但是我們的科技人才比他強，這方面我們還是有我們的特點的，江澤民同志講有上海的特色。我們不光可以搞勞動力密集的，還可以搞知識密集一點的，甚至有點技術密集的東西。這樣上海的「三來一補」還是帶有上海的特點，我相信還是可以和廣東賽一賽。二是產品馬上大幅度地出口。打到國際市場上去，不是那麼容易，這個問題我下面再講。此外，很重要的一點，就是現在趕快把外國直接投資吸引過來，這是建設上海城市的一個很重要的手段。用大量的投資來改造我們現在的企業，和我們的企業全部合營或者部分合營。把合資、合營企業搬到浦東、搬到閔行去，這樣整個城市建設也會跟着上去，可以解決我們資金、管理、技術缺乏等問題。去年國務院要求我們吸引100億到200億美元的直接投資，我們一定要努力實現，這樣可以大大地加快上海振興的步伐。但是審批項目如果像現在這個狀況，一個項目審上幾年，那就沒有人來了，所以首先必須簡化審批的手續，這個機構必須搞起來，使所有的外國人認為上海項目審批的手續是完全符合國際慣例的，是效率最高的。我想，如果這個聲譽出去以後，上海就有希望了。

第二，一定要把市政府置於上海市人民代表大會及其常委會和上海市人民的監督之下。這一次市人民代表大會和市政協會議的簡報，我不敢說都看得很仔細，但是每一份我都看了，同志們提了很多很好的意見，我覺

---

〔1〕見本書第16頁注〔1〕。

得這是振興上海的一個很好的群眾基礎。有很多問題概括得非常好，對很多問題都提出了很多明確的可行的建議。我想這是今後市政府工作的一個很重要的思想寶庫。希望以後我們上海市人大常委會能夠把這些意見加以分類整理，當然市政府也應該派負責的工作人員來參加整理，作為將來市政府施政的依據。這個工作我希望能夠很快地完成，然後市政府根據歸納的意見研究實施。當然，對這裡面的很多意見不一定馬上能夠做到，但是也要有一個交代，今後逐步實行。

第三，我想上海市政府今年一個首要的工作是把生產和出口搞上去，這是當前最迫切的任務。如果我們搞不上去，一切就都成為空話。僅僅完成財政包乾任務，沒有超額，那我們很多事情也辦不成。所以，我們當前的任務是把生產、出口搞上去。簡報上有同志講，應該認識到目前上海的困難還沒有到谷底，應該有一種危機感，然後從危機感裡面激發起奮發圖強的精神，哀兵必勝啊。這個話講得很好，但是現在有另外一種情況，就是信心不足。由於目前存在的種種困難，特別是物價上漲，有些同志的生活水平下降，對各種問題，大家有很多牢騷，這些都是可以理解的。但是，有些工廠的工人由於對自己的福利待遇或是其他問題不滿意，破壞生產設備。這種情況，我昨天已經向江澤民同志彙報了。江澤民同志講這個事情應該嚴肅處理，他們這樣做已經過線了，你發牢騷可以理解，但破壞設備是絕對不允許的，你違法就應該依法嚴肅處理。這樣做對解決上海的困難、振興上海沒有絲毫好處。我希望有關部門的同志、廠長同志應該十分注意這個問題。現在是要振奮人心啊，不能夠再洩氣了。

把生產和出口抓上去，首先是要把拳頭產品抓上去。最近已經讓市計委、經委確定了幾十種拳頭產品，一定要把它們搞上去。另外，我們花了一千幾百萬美元幹了工業縫紉機這個項目，這是我在國家經委就經手的，現在是遠東第一，比日本還先進，國內外市場供不應求。去年生產 1 萬台，出口了 4000 台。它的生產能力是 9 萬台，我是要求它生產 3 萬台，最好統

統出口，這樣可以佔領國際市場。但是最近看簡報，它第一季度生產不但沒有增加，反而在下降。這個廠長你得好好地幹啊，你對上海人民是有責任的呀。今天不知道市輕工業局局長吳承璘同志來了沒有，如果沒有來，我希望轉告他，務必第二季度把它抓上去，如果抓不上去，我建議他去這個廠子裡當代理廠長。花了這麼多錢，你不好好幹，那上海人民怎麼吃飯啊？現在一季度我們地方國營工業的生產是下降的，財政減收了8%，我們應該有危機感，應該奮起直追，趕快扭轉這個局面。我們請示江澤民同志以後，準備要在最近召開一次「雙增雙節」[1]的全市大會，要動員全市人民把勁往這方面使，把生產、出口趕快搞上去。這一着棋搞好了，全局都活了。

第四，新一屆市政府要選擇「菜籃子」作為工作的突破口。為什麼？我從物價問題說起。要穩定物價，首先是要加強對物價的管理，就是說我們不能夠隨便漲價。屬於國家控制的、國家定價的產品或者由上海市定價的產品，調價要非常慎重。前一時期調整了一些產品價格，那確實是迫不得已的，如果不調整，企業就無法生產，沒有利潤。現在上海是物價的谷底，如果不調的話，對上海市的全局沒有好處。今後對於這些產品的調價要十分慎重，我們要求企業在將來幾年以內，無論原材料如何漲價，你要通過「雙增雙節」運動增產節約、發揮潛力把它消化掉，不能靠漲價。但是漲價最多的還是副食品。去年我們消費品物價指數是8.8%，其中6.6%是由於副食品漲價，別的東西漲價所佔的比重很小。對小商品，我們採取了價格放開的辦法，如果你不放開，就沒人生產了。現在外面來的原材料都漲價了，你不讓他相應提高價格，他沒有生產積極性啊。如果你採取控制小商品價格的辦法，最終結果是你連針頭線腦都找不到了。現在，上海

---

〔1〕見本書第 29 頁注〔1〕。

已經大不如前了。上海的小商品不但不如江浙、廣東，連北京、天津都不如了，好多東西買不到了，因為原材料困難，沒有生產積極性。但是，這種小商品放開對大家的生活並沒有很大的影響，看起來漲價面那麼廣，好像上千種產品都漲價了，實際上在生活中佔的比重是很小很小的。最重要的就是副食品，所以一定要把副食品搞上去。

　　同志們，上海現在的幾個爆炸性問題都是難以在短期內解決的，交通問題、住房問題、環境污染問題都不是短期能夠解決的，群眾罵我們還得罵上幾年，這是沒有辦法的。但是「菜籃子」問題可以解決吧？上海的氣候條件、工業基礎難道不如天津、北京？只要我們使一把勁，努一把力，完全可以把它搞上去。只有把這項工作做好了，才能夠動員起上海人民的勁頭。因為這個「菜籃子」是天天要買的啊，他一感到價格漲了、買不到了，他就罵啊。

　　所以，我們要選擇這件事情作為一個突破口。這件事情，江澤民同志和我委託裴先白〔1〕同志，帶領市財貿辦和市農委的人在春節前考察了北京、天津的經驗，之後花了兩個月時間做了大量的調查、研究，和市財貿辦、農委的同志一起制定了一個發展郊區副業生產和改革購銷體制的辦法。市委成立了一個領導小組負責副食品生產和供應，要我當組長，葉公琦同志是副組長。我跟葉公琦同志講，不管你以後幹什麼，這件事情沒有完成不能卸任。另外請裴先白同志當顧問，他搞財貿工作幾十年，他這兩個月的工作如果讓我來做，我一年也做不出來。現在制訂了一個初步聽起來是非常好的計劃，肉、禽、蛋、菜一條龍，都找市農委負責，從生產一直到批發管起來，將來上海沒有菜吃，你就找市農委主任，搞責任制。實際上這個工作現在已經在做了，市農委的同志還是抓得很緊的。當然，這要求

---

〔1〕裴先白，當時任上海市人大常委會副主任。

我們市農委和市財貿辦很好地合作，不依靠這兩個部門共同努力，這個工作還是做不好的，但同志們也不要期望過高。我向同志們保證，今年下半年主要的精力是抓副食品生產。

第五，狠抓科技同生產的結合，發揮科技的優勢。剛才陳沂[1]同志寫了個條子，要我表態把上海已經失去的優勢給奪回來。科技優勢還沒失去，還在上海，現在是怎麼樣把它發揮出來。江澤民同志和我委託一位老同志顧訓方[2]，他在「文化大革命」前就是市「趕超辦」[3]的，我們就用那一套辦法來搞這個事情。現在經過他召集各路科技大軍，開了好多次座談會，寫了好幾稿，最後確定要抓23個重點科技項目，通過各路科技大軍把它們拿下來，這樣的話，就把整個上海的科技和生產帶動起來了。我的初步意見，不要23項，太多了，市政府抓10項就夠了，其他可以由各委辦局、各區縣自己抓。比如說，把「桑塔納」的國產化搞出來，1990年達到年產6萬輛，過幾年達到年產15萬輛，這個就不得了啦。再比如，36萬台程控電話，上海貝爾公司的國產化全部實現了，我們集成電路的技術也掌握了，上海整個水平就提高一步了。還比如，我們把30萬噸合成氨、30萬噸乙烯成套設備，60萬千瓦的發電設備攻關出來以後，那一年就是很大的產值和利潤。市政府就集中力量把這10項攻出來。我建議組織10個領導小組，請10位老同志出來分別負責這10個領導小組。

第六，要把發展教育事業放在首要位置。江澤民同志已經講了，這也是黨的十三大的精神，我們要貫徹。我想根據代表們的意見講一講。一是大家要求增加經費，江澤民同志已經做了原則性的表態，我們一定根據這

---

〔1〕陳沂，曾任中共上海市委副書記、市委宣傳部部長、市人大常委會副主任等職。

〔2〕顧訓方，曾任上海市計劃委員會副主任、工業生產委員會副主任、經濟委員會副主任、生產技術局局長等職，當時任中共上海市顧問委員會常務委員。

〔3〕市「趕超辦」，指二十世紀六十年代成立的上海市趕超國際先進水平辦公室。

個原則去做。但是也有代表提出怕我們說話不算，這次市長候選人就要承諾加 1500 萬元，否則的話，對你投棄權票。這一點請同志們諒解，我們暫時還不能承諾，因為困難很大，誰也難以預言生產、出口能不能搞上去，財政收入能不能完成包乾任務。我現在就許諾的話，等於是說空話。我能夠保證的是什麼呢？如果我們完成得好，首先增加教育經費；如果我們完成得不好，我們首先砍行政經費、基本建設經費，也絕不砍教育經費。我只能說到這個程度了，同志們是不是能諒解啊？二是應該加強中小學教育，這是基礎性的東西。根據我的體會，中小學教育是非常重要的，我學的東西印象最深、記得最牢的是中學的時候。現在回憶我在中學學的代數，比我在大學學的微積分印象深刻得多，上大學以後很多東西都記不住了。所以我對中學的老師懷着深深的敬意，中學老師、小學老師的形象始終是難

1988 年 5 月 20 日，朱鎔基在中國福利會少年宮與上海市紅領巾理事會、市第二屆少先隊代表大會的部分代表親切交談。（周先鐸攝）

以忘記的。我覺得上海最重要的是加強中小學教育，提高這方面的水平，然後在這個基礎上加強職業培訓，這樣上海的振興指日可待。我並不是說不要加強大學教育，沒有這個意思。大學主要是質量而不是數量，對中小學教育應該給予更大的關注。職業培訓是非常重要的。前段時間與德國大眾汽車公司的領導人談話，他們說德國振興的秘密很簡單，就是職業教育。我專門去德國考察過職業培訓，到過好幾個州，確實了不起，每個工廠都有職業學校，拿最好的設備培訓學徒工，而學徒工並不一定在他的工廠工作，可以到別的工廠去，私營企業做到這一點是很不容易的。他有這麼強大的培訓網，所以能做出世界上質量最高的產品。我們現在這些學徒工未經培訓就上崗，好多設備不搞壞才怪！現在急需加強中小學教育，然後搞職業培訓，不要大家都往大學跑，這樣上海才能真正振興起來。三是要加強管理教育。最近有些外國人到上海考察，寫了個報告，說他們跟一些廠長談話以後非常失望，中國搞大進大出、搞商品經濟的人才都不夠水平。確實，對我們的廠長、經理的培訓非常重要，上海好多廠長還不夠外國的一個車間主任的水平。有些廠長說，你不給我原材料，我就沒法生產啊，產品沒有銷路，那我也不管啊，虧損你來補啊，你給我免稅、優惠啊。這樣的廠長、經理根本不夠格，要對他們進行現代化管理教育。我想上海有這麼多的管理學院，應該把上海市的廠長、經理培訓系統地抓起來，特別是搞大進大出，現在能說外語，又懂技術、懂法律、懂業務，能跟外國人談判的人才不是很多，要抓緊培訓。如果我們沒有上萬個這樣的人，整個國家怎麼大進大出啊？怎麼能夠把上海搞好啊？這個龐大隊伍的準備工作現在就要開始。

　　教育問題不是增加經費就能解決的。現在有個問題，對人才的重視沒有引起注意。人才外流在上海非常嚴重，我發表了三條意見，上海的報紙沒有登，但是北京的報紙登了。怎麼保住上海的人才？我想，第一，我們的科研人員要到大中型企業裡面去，要消除門戶之見，你跟他結合了，你

的價值才能體現出來，在外國都是這樣的。我到日本、美國去的時候看到，他們那裡科研人員也是要到企業裡面去。我們的大中型企業有困難，搞不活，自己沒多少錢，但是這個情況即將改變，上海財政包乾、企業承包以後，他的錢會越來越多。另外，競爭也逼迫企業要越來越重視科學技術。現在重視不夠，老產品可以銷，將來就不行了，有遠見的廠長現在就應該重視人才、重視技術。我想把兩方面的積極性調動起來，就能夠把科技和生產搞好，又可以逐步提高知識分子的收入。第二，科技人才可以到「三資」企業裡面去，「三資」企業的工資總是高一點。第三，你至少還能去鄉鎮企業，郊區有很多鄉鎮企業，他們的體制可以搞得更活點，這樣可以改善一下知識分子的待遇。但是也不光是一個錢的問題，最重要的是提高中小學教師的社會地位，我們應該尊敬他們，以各種形式提高他們的地位。我想這也是我們留住人才的一個辦法，採取各種靈活的形式，比如說更加重視教師節，雖然物質條件一時難以改善，但是精神上我們應該給他們更多的溫暖。當然要做這件事情也不容易，在目前這個階段、在很多措施沒有見效以前，我希望各級領導同志能夠對要外流的技術人員多做一些思想工作，請他們照顧一下全局。我相信他們也是想振興上海的，希望他們暫時克服一點困難，不要再往外流了，存在的問題我們會逐步加以解決的。

第七，城市交通建設和住房問題。這是一個爆炸性的問題，大家對這個問題的期望也是最高的，我收到的人民來信大量的都是講這個問題，確實做不到有求必應，這個問題我想哪一屆市政府都很難在很短的時間內解決。這裡面是不是有個先後次序的問題？首先是把上海的交通搞上去，交通不改善，房子往哪裡蓋？目前我們的希望是開發浦東，黃浦江上面多建幾座大橋，把工廠、人口向浦東疏散，這樣舊市區才便於改造。這件事情是非常重要的。浦東是上海未來的希望，那邊要建設一個「新上海」，以減輕「老上海」的壓力。所以對開發浦東，江澤民同志很重視，最近要主持討論這個問題。這個建設是一個宏偉的計劃，不可能在短期實現，但是

我們總是要扎扎實實地去工作，先苦後甜。當前最主要的是加強現有基礎設施管理，可以採取一些辦法，比如人車分流，不能大改變，總可以改善。市環境衛生局被我批評兩次後，把垃圾問題解決了，我很高興。我想只要我們大家努力，環境衛生問題大家齊動手，包乾，各區、縣長負責，這個事情是可以搞好的。另外還有環境污染，希望工業方面的同志特別是廠長要注意，我們現在治理很困難，你至少不要增加新的污染。現在好多工廠的廠長不顧大局，在水源上游蓋工廠，什麼東西都往裡面排，對這些廠長要進行警告，再這樣對上海製造污染，我想在座的人民代表是不會答應的。在環境的污染方面一定要嚴格，一定要預防，不能繼續污染下去。

今天我只能講到這裡。簡報我已經看到了，對我的信任我很感動，同志們對我的支持，我是非常感謝的，但是同志們的期望確實使我感到任務艱巨。我今後一定在黨中央、國務院、上海市委和江澤民同志的領導下，依靠在座的人大代表和全市 1200 多萬人民，兢兢業業，努力工作，鞠躬盡瘁，死而後已。

以改革和求實精神抓好
副食品生產供應工作*
（1988 年 5 月 3 日）

我贊成先白[1]同志的講話和在他主持下制定的改革方案。我講三點意見。

第一點意見，把改善副食品生產和供應作為今年市政府工作的突破口，這是市委、市政府、澤民同志和我的一致意見。市政府工作能否做好的關鍵是能不能把大家的士氣振奮起來，振興上海必先振奮士氣，這次市「兩會」都提到了這個問題。但是，說老實話，我們現在沒有「資本」啊，城建、交通、住房都不是短期內能見效的。說來說去，只有副食品工作多少具有一定的基礎，有可能在短時期內改善。這件事關係到千家萬戶，如果我們把這件事辦好了，就可以振奮上海的士氣，讓市民看到市政府還能幹點實事，其他的事情才比較好辦。同志們，我們現在困難得很呀，一直到 4 月份，生產還在下降，財政收入還在滑坡，第一季度地方財政收入下降 16％，整個財政收入下滑 8％，4 月份還未扭轉這個趨勢，所以希望就在於把這一仗打好。現在很多市民給我來信，說你講得很好，我們拭目以

＊這是朱鎔基同志在上海市副食品生產工作會議上的講話。

〔1〕先白，即裴先白，1988 年 8 月至 1992 年 2 月為上海市政府市政工作諮詢小組召集人之一。

待。這不是我個人的問題，而是對市委、市政府的信心問題。如果我們不能做一兩件實事，大家看不到希望，士氣上不來，我們就不能從困境中走出去。所以，我到上海工作後，就把裴老請出來。我們對這個改革是寄託了很大希望的，無論如何要下決心把這件事抓好。

第二點意見，要勇於改革，以改革來總攬全局。剛才先白同志的講話都是用改革精神來做文章的。為什麼要這樣提出問題呢？因為現在不是講上海副食品工作多麼差，目前總的情況還不錯，過去做了大量的工作，是有基礎的，並不見得比北京、天津差多少，但是，市民還是很不滿，罵得很厲害。總的來說，副食品供應要真正做到品種多樣、數量充足、價格便宜，還是有相當難度的。它是一個系統，從生產一直到批發、零售，不建設一個現代化的、規模經營的、高效率的系統，就做不到這一點。所以，建議這個討論稿的題目是不是改一改，不光是提建設副食品生產基地的問題，文章要做在產供銷一條龍上。相對而言，建設副食品生產基地還是比較容易的，上海有這個力量。我認為最難的是產供銷一條龍的改革，文章要在這方面做足，形成一個現代化的副食品生產、管理系統，一定要靠改革。我2月份就提出這個問題。很快請先白同志「出山」，到處學習、調查研究，現在方案的討論稿出來了。這次改革的出發點，就是要按照中央的精神和其他城市的經驗，把責任制落實好。確定市農委從生產向批發延伸一下，一條龍管到底，也就是為了加強責任制。要研究與市財貿辦如何銜接好，這方面改革的經驗不多，要冒一點風險。但是，如果還是光考慮建設副食品生產基地，不能達到穩定、均衡供應的目標，稍有災害就出問題，我們還要挨罵。通過改革，把責任分清楚，層層落實，一抓到底，工作就有希望。改革總是有風險的，任何一個改革方案總有利有弊，這個方案當然也有不足，但是「兩害相權取其輕，兩利相權取其重」，如果這個方案有利於建立和健全責任制，有利於調動各方面的積極性，那麼我們完全可以在實踐中去不斷改進和完善它。在這一點上，

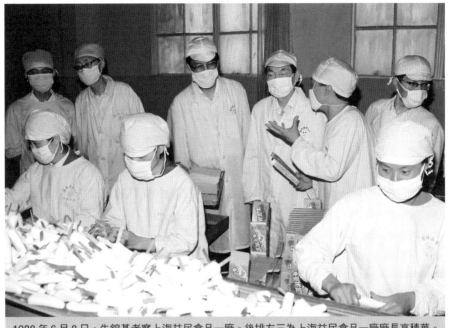

1988 年 6 月 8 日，朱鎔基考察上海益民食品一廠。後排左三為上海益民食品一廠廠長高積華。

我們要統一認識。可以說，今年上海的工作都是帶有改革性質的，實行財政、外貿包乾，建立「一個圖章」的機構，還有副食品產供銷一條龍，都是很大的改革。每一項都是一環扣一環的，不能失敗。我們是下定決心改革的，準備承擔點風險。

第三點意見，這次改革一定要以求實的精神，講求實效，不要搞一窩蜂，一擁而上，辦沒有效益的事。我們主觀上希望上海市場副食品供應狀況能早日改善，但我們也要量力而行，不能搞短期行為，有多大力量就辦多少事情。改革要改出實效，不能為改革而改革。建設副食品生產基地不能急於求成，要做好周密的可行性研究，講究經濟效益。如果市裡拿出大量資金補貼給你，你生產出來的副食品仍然貴得驚人，還要靠政府補貼，

這個路子不行。

方案還應考慮的一點就是，將來副食品多了怎麼辦？要開展加工、貯藏、保鮮，還要組織出口創滙，應動員農業科技力量研究攻關。這個改革方案的討論稿是農商兩家搞的，其他部門也要參加意見。比如，工業如何支援農業，像農膜問題，上海有 30 萬噸乙烯的原料基礎。此外，還有農藥供應、農副產品運輸等都應有一個科學的規劃，逐步實施，這樣才能大大提高經濟效益。如果上海郊區能夠建成全國集約化程度最高的農業經濟，城市副食品問題就可以解決了。上海人民的積極性調動起來，上海的振興才有希望。

對這次改革，各單位都要統一思想。改革只能成功，不能失敗。方案定稿前，大家都可以暢所欲言、品頭論足，但應該是積極的，而不是消極的，拿出切實可行的改進意見，不能就說個「不行」，這樣事情肯定幹不成。我是相信先白同志幾十年的經驗和判斷的，但我也要虛心地充分聽取大家的意見。我們寧可多花些時間，力求使方案盡可能完善。先白同志建議搞一個月，我很贊成，這比集中在一起開幾天會好得多。改革方案確定後，就要全力以赴去實施。

同志們，剛才說了，今年市政府的工作部署是一環緊扣一環的。第一環是工業生產，儘管有困難，但我認為還是有希望的；第二環是引進外資，「一個圖章」的機構搞起來後，引進外資要比去年增加；第三環就是副食品產供銷一條龍的改革，要對生產和市場有所改進，當然改進很多也難。這三件事都是全市具有戰略意義的，必須慎重實施，不能失誤。

外經貿系統是上海
發展外向型經濟的先鋒隊 *
（1988 年 5 月 4 日）

　　市外經貿委的領導同志讓我到這個會上來與同志們見見面，給同志們打打氣。首先，我認為今年第一季度外貿的形勢是好的，一季度出口的增長速度達到 21％，不算低。這個指標使我心裡有一點安慰，向同志們表示感謝。

　　現在看起來，如果今年不完成創滙 43 億美元的任務，困難解決不了啊！我不是壓指標，現在吃大米都要外滙。重油沒有了，停電了，也要用外滙去換重油。現在就是看有沒有本事賺到外滙，把 105 億元財政包乾任務完成了，把 15 億美元外滙交了，我們上海人說話腰杆子才硬，現在腰杆子不硬。我希望同志們再接再厲，把這個好的形勢保持下去。另一方面，我看同志們取得這個成績是不容易的。比如說今年的「小交會」〔1〕，那個時候肝炎〔2〕很嚴重，是上海最困難的時期，我們到北京去都成為「不受歡迎的人」，在這種情況下，成交額還超過了去年。過去也表揚過，我認為

＊ 這是朱鎔基同志在上海市外經貿系統處以上幹部會議上的講話。

〔1〕「小交會」，指 1988 年 3 月 1 日至 10 日在上海展覽中心舉行的第六屆上海對外貿易洽談會。

〔2〕見本書第 26 頁注〔2〕。

這很不容易，上海人還是有辦法。最近看到廣交會，上海又名列前茅，這很好。我想，同志們鼓鼓勁，特別是我們再進行一些改革，把權力下放，把區縣的積極性調動起來，我們在「三來一補」[1]方面跟廣東賽一賽。然後我們把「一個圖章」的機構搞起來，簡化審批手續，改善投資環境，讓吸引外資有比較大幅度的增長，今年的困難就可以緩解。

市外經貿系統開辦了很多學習班，幫助區縣培養外貿方面的人才，這個做法好。現在不是批判「全民經商」的口號嗎？但是我看上海倒是全民都要懂一點外貿，上海是一個外向型的城市，要跟外國人打交道，要賺外國人的錢，要學會這個本事。所以市外經貿系統的同志們大力培訓各行各業、區縣、基層的幹部，為他們開辦訓練班，讓他們學習對外經濟技術合作、對外經貿的一些規定、辦法、國際慣例和對外金融，給他們灌輸一點知識，讓他們學會跟外國人打交道別吃虧，我看這個作用非常大。單靠我們外經貿系統 3.4 萬人的隊伍是不夠的，我看你們其中相當一部分人將來都要派到國外去。我們要有一支很宏大的隊伍，能夠常駐世界各國，熟悉他們的行情、關係、渠道。沒有這樣一套本事，你想在國際市場上找碗飯吃不大容易。市外經貿系統開始在做這個工作，我感到很高興。希望同志們再接再厲，把這個工作抓下去，我們的日子就好過了。這是我講的第一點。

第二，我希望市外經貿系統的同志們認識到自己所擔負的歷史重任。現在上海正處於一個歷史的轉折點，這個轉折點就是中央的沿海地區經濟發展戰略給上海指出了一條振興的道路，另一方面也給我們自主權，給我們財政包乾。我們現在活動能力大得多了。最近，李嵐清同志又批了一份文件，重新肯定我們進口權力的擴大，就是我們上海可以自行進口國家統一經營的物資，對外經貿部駐滬特派員可以發許可證，這是又

---

[1] 見本書第 16 頁注〔1〕。

繼續給我們放權嘛。所以我們現在具備了這個條件，來振興上海。現在是一個時機，如果我們工作做得好，上海的振興可以加速；如果我們這一屆 5 年的工作沒有做好，振興上海的事業可能耽誤 10 年到 20 年，錯過這個時機就不行了。

今年沒有問題，明年看起來也沒有什麼問題，後年就難講了，誰知道會發生什麼情況啊。那天我跟香港申新紗廠陸先生談話，他的企業現在有 7 萬工人，4 萬在香港，3 萬在廣東。如果市場一有風吹草動，他首先就關廣東那 3 萬人的廠。所以他說，上海搞對外開放，要有點上海的特點。我們還是要看準國際市場，還是要有一些拳頭產品打到國際市場去，還是要認認真真地吸引一些外國比較大的公司到上海來直接投資，能夠成為上海的支柱產業，這就要搞點扎扎實實的事情。不然的話，國際市場一有點風吹草動，我們就會全面垮台，那就太脆弱了。現在是一個時機，不能喪失這個時機。這是歷史的重任落在我們的肩上，我們要兢兢業業，不敢鬆懈啊！

要把上海建設成為一個外向型的城市，實行大進大出的政策，上海外經貿系統的同志們，你們是先鋒隊。首先要靠你們「打出去」，你們打不出去，上海經濟就活不了啊。我還要加一句，你們也是眾望所歸，大家都把希望寄託在你們的身上，對你們有很高的期望。

現在事情確實是不那麼容易做，上海的困難確實是比較大。原來計劃內那一塊是給上海的，現在沒有了，也不是說不給你，給你可以啊，加價，收外匯，上海受得了嗎？財政包乾裡面沒有這一條啊。每一個省，特別是上海周圍的這些省，都想搞大進大出，都要採取各種措施，發展自己，上海就等於被封鎖了。我上次說，這是逼着我們下太平洋，去找出路啊。但你不這樣怎麼辦呢？這就得靠同志們哪！我一直要求工業做你們的後盾，給你們提供價廉物美的產品，但是工業也有很大的困難，原材料價格這麼猛漲，怎麼受得了啊！上海是個加工工業城市，產品不漲一點價，生產不

下去，企業一點積極性都沒有了。但這一漲，外面的省市罵我們還不算，上海的老百姓也在罵我們了，漲這麼多！所以我批評市紡織局不應該把產品都銷到外地，銷到深圳，去拿外滙，不給市紡織品公司提供貨源。我固然是批評他，但他也有他的困難。他是「雙承包」[1]，他還得上繳利潤，105億元任務擺在那個地方，壓得他也很重啊，他還得發獎金呢。還有一個，現在工人的積極性，說老實話，不是太高，這就是我們自己的問題了。效率很低，全國只有上海第一季度勞動生產率下降，其他哪個城市勞動生產率都是上升的。這麼一個狀況確實是有困難。現在是外銷不如內銷，換滙成本很高，上海算是低的了，但也不行啊，補不了他的虧。

現在產生工貿種種矛盾，不是沒有客觀原因的。在這種情況下，怎麼辦呢？一個是要求外貿部門的同志努力促進工貿結合，把工業企業推到第一線去，採取各種辦法使我們的產品賣得起價錢，不要老放在地攤上賣。縮短交貨期，把信息很快反饋到企業，那才能改進產品質量，增加品種。小批量，多品種，交貨期很短，價錢才賣得起來呀。另外，我們的工業企業要大力降低換滙成本。只有靠這個，不然的話，沒有前途。老扯皮扯下去，問題也解決不了。不是大家都來想辦法，事情是搞不好的。所以，我就希望市外經貿系統的同志，認識到自己作為先鋒隊的光榮責任，努力促進工貿結合，千方百計地去佔領國際市場，把我們的產品「打出去」，幫助我們的企業降低換滙成本，提高效益。我們今年搞了幾個工貿結合的試點，全面代理、直接對外的，工貿完全緊密結合的，無非就是為了把工業部門的同志跟外貿部門的同志緊密地團結起來，大家一個命運、穿一條褲子，把價錢賣高一點，把出口增加一些，就是想達到這個目的。不這樣做，上海沒有出路。所以我希望同志們在這方面要統一認識，把這個工作做好。

---

〔1〕「雙承包」，也稱「雙線承包」，指工業部門和外貿部門共同承包出口創滙的相關指標，是在外貿出口體制由收購制改為代理制基礎上推行的一種承包方式。

由於所處的地位不同，工貿雙方總有一點矛盾，但是大家都要在這個共同目標下，統一認識，互相諒解，互相幫助，把事情做好。

日本的商社跟工業企業的結合非常好。我到日本去訪問，每一次參觀工廠，都感到很奇怪，不是工業企業的人來陪，總是商社的人來陪，服務得非常周到，幫工業企業說好話、拉關係。商社跟工業企業的關係非常好，幾乎是一體，圍着他們轉，這是一種形式。美國採取什麼形式，我不清楚。不管採取什麼形式，反正工貿要結合，總得讓工業企業直接面向市場，產品能完全根據國際市場的需要來生產，這一點必須做好。

第三，我們市委、市政府是非常重視外經貿系統這支力量的，是充分認識到外經貿系統的同志在振興上海過程中起的作用的。我們對你們的工作十分關注，你們的各種刊物、各種信息，包括你們各個公司的簡報我都是看過的。最近我特別關心五礦公司[1]，五礦公司不把冷軋薄板、馬口鐵、矽鋼片給我弄進來，上海輕工業就要停產了，稅利都沒有了。現在既然放了權了，就要千方百計到國際市場去買原材料，沒有大進何來大出啊！我現在願意承擔一點風險，高價也買進來，相信我們上海有這個本事能夠吃得消，總比現在停產好。三分之一生產能力現在沒有發揮出來，紡織原材料沒有，輕工原材料沒有，化工原材料沒有，家電工業、輕紡工業停了相當大一部分生產能力，所以我很關心，你們要想盡辦法把這些東西弄進來。現在在國內搞原材料也很困難，價錢相當高。我們叫市紡織局提供了一張對照表，就是按我們現在到各省區市去議價買來的原材料或平價原材料，跟國際市場價格一對比，發現相當大一部分都超過了國際市場價格。那麼為什麼不趕快到國際市場上去買呢？當然，我也不是要放棄跟國內省區市搞長期的協作關係，採取合作的方式共同建設原材料基地。我很關心

---

〔1〕五礦公司，指上海市五金礦產進出口公司。

同志們的工作，因為你們的工作關係到上海經濟的發展，作用是很大的。

我想跟同志們解釋一下。有同志說，朱鎔基搞工業出身，偏向於工業，一來就狠狠批評外經貿系統，偏心眼兒。說我偏心眼兒，有可能，如果有這種偏向或者片面的地方，請同志們諒解。為什麼？因為我對工業瞭解得比較多，人也比較熟，很可能對他們的弱點看得比較少。工業我搞了25年，或者說30年，對外經貿，我接觸前後也就是不到10年，對情況不如工業方面瞭解，人也不如工業方面熟悉，提出批評的時候可能有點片面，可能有點輕重不同的地方。但是同志們，中國有一句古話：「愛之彌殷，責之愈切。」就是說，我跟你們是同舟共濟的。你們搞不上去，我心裡着急得不得了。你們是先鋒隊啊！你們不「打出去」，上海就沒有希望啊！所以，我對同志們的期望很高。我是要和同志們同舟共濟，因此在你們還做得不夠的地方，我責備的時候就比較重一點，更多一點。但話得說回來，我對工業部門的批評，恐怕也是相當厲害。現在廠長對我的意見很大，同志們知道不知道？因為我在各種場合「颳」廠長，我說上海有的廠長連外國一個車間主任的水平都不夠。你不管原材料，不管產供銷，算什麼廠長啊？算什麼企業家？搞什麼經營管理呀？廠長要培訓，車間主任要培訓。我對他們的批評也是很嚴的。當然我今天也表揚了市第二毛紡織廠的廠長，他有困難，不找市長找市場，自己想辦法。我主觀上沒有想對哪一個更嚴，客觀上有可能偏向他們了，請同志們諒解，我以後要改正。今天本來我是不能來的，因為下一場就是兩個大的外事活動。我想不久還要到市外經貿委來，跟處長以上的幹部同志再座談一下，談一些比較深的問題。今天來就是表示一個態度，我要跟市外經貿委的同志同甘共苦、風雨同舟，為振興上海、發展上海的外向型經濟共同努力。

在上海市政府
第一次常務會議上的講話 *

（1988 年 5 月 10 日）

我們新一屆市政府誕生，正處在這個歷史轉折時期，也就是上海實行了財政包乾，中央制定了大進大出的沿海地區經濟發展戰略，國際形勢、國內形勢都對上海的振興有利。所以，我們這屆市政府的工作是至關重要的。我們市政府的領導和在座的同志們絕對不是做五年舒舒服服的太平官，要準備奮鬥。這五年對我們來講，應當是艱苦奮鬥的五年，是同困難鬥爭的五年，是團結拼搏的五年，是我們同甘共苦的五年。

從我個人來說有很多缺點，希望同志們幫助。我一再講這不是謙虛，誠心誠意希望同志們對我進行幫助，對我提出意見，使我能夠把市政府的班子領導好。

第一，我覺得現在上海是需要速度，需要效率，需要果斷行事，需要雷厲風行。儘管我在進行決策的時候要慎重，要虛心聽取同志們的意見，但不能老是坐而論道、議論紛紛，這樣什麼事情也辦不成。任何一個決策，都不可能沒有缺點，所以，我希望同志們盡可能提出意見，幫助我。但是一經決定，必須令行禁止，不能夠評頭品足，渙散軍心，這對上海的工作

＊這是朱鎔基同志在上海市新一屆市政府第一次常務會議上講話的一部分。

1988 年 4 月 25 日，朱鎔基在上海市九屆人大一次會議上投票。前排右一為副市長葉公琦，右二為市人大常委會主任胡立教，左一為市人大常委會副主任趙祖康。

是極端不利的。

　　第二，我覺得應該提倡實幹、辦實事的精神。幾十年積累的矛盾這麼多，剛才道涵[1]同志是很形象地概括了我們當前的處境，機構重疊，職能不清，扯皮是很難免的。在這種情況下，如果我們老是坐在這個地方，不

──────────

〔1〕道涵，即汪道涵，曾任中共上海市委書記、市長等職，當時任國務院上海經濟區規劃辦公室主任、上海市政府顧問。

去辦實事，不去解決具體問題，那什麼事情都辦不成。因此，我是強調宏觀管理，但不是不管實事。宏觀管理是什麼意思呢？就是你別把權卡在自己手裡，你不要爭權，要調動各個方面、各級幹部和群眾的積極性，讓大家都去做。你別卡人家，也別把權卡在手裡，自己又不辦。我是說你要考慮宏觀，把權力盡可能地下放。不要把什麼事情都攬到自己手裡，那樣什麼事情也辦不成。本來有人辦的，就讓人家辦；他辦不了，你就高效率地幫他辦好。加強宏觀管理，不是讓你不辦實事，你還得監督實施，還得去協調、仲裁。下面扯皮，你還得下去解決這些問題，你不去協調、仲裁，他搞不好啊！你還得提供諮詢服務，還得下去拿主意，告訴人家怎麼辦這個事情。希望我們的各位副市長、局長都能夠獨立地以辦實事的精神、實幹的精神，從垃圾、糞便的問題到「菜籃子」的問題，一個一個去解決。我們不提倡說空話，希望每一個同志都能成為解決問題的能手。領導幹部不要老是坐在那裡講，不下去。現在，好多工人的積極性不高，基層幹部的積極性不高，老在那裡拖拉、扯皮。你老坐在那裡，不下來抓住具體問題、解決問題，誰幹啊？不瞧着你啊？你有本事，就下去抓住具體問題拿主意、想辦法呀！協調、仲裁，把事情辦好，你才算領導。所以我說，我們這一屆市政府就要看實績，看政績。你是不是把「菜籃子」搞滿了，把物價搞下來了或者穩定了；你是不是把生產搞上去了，把經濟效益提高了；出口是不是增加了，外商投資是不是增加了。你要搞出政績來，不要講空話。我看，對有實績的同志、扎扎實實工作的同志，要把他提到領導崗位上來，把那些老說空話、佔在那個位置上不辦事的人拉下去。應該有這麼個風氣，我們的政府工作才有轉機。不要搞關係學，不要怕得罪人。從我來講，到上海來工作就我一個人，連秘書也回去了，我對上海的幹部沒有什麼親疏。要任人唯賢，我希望在座的同志都本着這個原則去辦，提拔一個人通過組織、群眾的考察；不要任人唯親，不要自己想提拔哪個人就提拔哪個人，要聽組織的意見、群眾的意見，要看實績。

　　第三，現在，群眾對我們這屆市政府的評價和期望很高。我們這屆市政府能不能有成績、能不能符合人民對我們的期望，關鍵是我們能不能在黨中央、國務院領導下取得上海1200多萬人民的支持。得不到他們的支持，我們一事無成。但能不能真正得到他們的支持，最重要的是看我們是不是一個廉潔的政府，人家拭目以待是看這一條。為什麼今天第一次召開市政府常務會議，就討論建設廉潔政府、艱苦奮鬥、艱苦樸素問題，就做這個規定〔1〕呢？就是因為這一條。如果發現在狠剎吃喝風、受禮風時，再發生任人唯親、以權謀私的情況，我們是絕不留情，毫不手軟。我希望同志們互相勉勵，一定要做到，就不要往這個槍口上撞了。當然我也知道，各種習慣勢力、阻力是很大的，有可能搞不好這個工作，但是，我沒有任何個人的考慮，我願意為此做出犧牲。我想，我們這樣做是黨中央、國務院對我們的希望、關懷和支持。最重要的是1200多萬上海人民眼睜睜地看着我們，支持我們。因此，我相信是會成功的，我願意和同志們共勉。

---

〔1〕規定，指《上海市人民政府關於對政府機關局級以上領導幹部發揚艱苦樸素作風的若干規定》。主要內容是：（一）禮儀活動所必需的招待宴請，標準從簡，一律「四菜一湯」，並嚴格控制陪餐人員；（二）下基層檢查工作或做調查研究，需在基層就餐時，一律吃客飯，不超過一菜一湯，並按規定付費；（三）一般外事宴請也應「四菜一湯」；（四）參加禮儀活動和會議時，不得收受禮品，參加外商投資企業的開工、開業、紀念等慶祝活動不例外；（五）不得以試用、鑒定等名義收受樣品和禮品；（六）市政府機關召開會議，不得以任何名義向與會者贈送禮品（包括皮包、圓珠筆）和禮券；（七）對難於拒收的禮品，可在收下後上繳本單位統一處理；（八）外事活動中的禮品問題，按有關外事規定執行。

發揮科技優勢，
打好重點工業項目會戰 *
（1988 年 5 月 11 日）

一、發揮科技優勢組織攻關是一件非常重要的事。

去年 12 月，中央領導同志到上海，多次強調上海搞大進大出的出路就是科技與生產相結合，發揮上海的科技優勢。這個任務很重，怎麼完成，確實是個難題。如果上海不發揮科技優勢，就走投無路。我們沒有多少資源和原材料，再不把科技優勢發揮出來，與生產結合，打入國際市場，大量吸引外資，困難狀況就扭轉不了。中央讓的這點錢很快就會被花光，財政繼續滑坡，群眾對我們的不滿情緒積累到一定程度就會爆發。所以，科技與生產相結合就是擺脫困難非常重大的課題，可以把上海的優勢發揮出來。我們沒有原材料，但有科技優勢，外地還是搞不過上海。

現在，上海怎樣發揮科技優勢來完成黨中央、國務院交給的任務，並沒有成熟的方法。想來想去，還是嘗試確定幾個大項目搞攻關。有人說，

＊這是朱鎔基同志在上海市生產、科技相結合攻關會議上的講話。1988 年，中共上海市委、市政府就發揮上海科技優勢、全面實施上海經濟發展戰略問題進行調研，在聽取 300 多位專家、學者和實際工作者的意見基礎上，確定了 14 個產品能出口創滙或替代進口並能帶動相關產業技術進步的項目，作為全市的重點工業會戰項目，進行科研、開發、技術的國產化、技術改造以及批量生產一條龍攻關會戰。

攻關是老辦法，行不通。我也想集思廣益，聽聽有什麼新辦法，但等了兩個多月，聽來聽去，還就是攻關這個辦法。有些老辦法不能丟，如行政干預在中國目前這種情況下是不能丟掉的，丟掉了，沒人抓，工作就搞不上去。即使在外國也是這樣。如果完全靠經濟利益，靠漲價、發獎金，畢竟有限，也會搞亂。老辦法不能丟，新辦法要考慮。要用經濟辦法，按照價值規律，把各方面力量通過經濟辦法維繫在一起。我們的辦法還在完善之中，但決定了就要堅決地幹，不要動搖，要有信心沿着這條路子走下去。經濟辦法加行政干預，這是一條新路子。

二、最重要的是把攻關的大項目定下來。

只有把攻關項目定下來，才能把人才維繫住。關鍵是振作起來，把人才吸引過來。要看到上海是有希望的，真搞起來也很快。香港在五十年代還落後於上海，就是這些年才發展起來的。最近，薄一波同志批了一個材料，他期望上海花10年時間搞上去。這個要求很高，但我們要有這個信心。

現在定的12個重點項目，包括彩色感光材料生產線和原材料的國產化，是市政府抓的樣板。這些項目協作面比較廣，協調難度比較大，扯皮也比較多，由市政府來抓，能夠比較快地搞上去。各工業局回去也要抓一些樣板，定出攻關項目。由此取得科研與生產結合的經驗，形成一套路數。相信朝這條路子走下去，上海工業幾年就能改變面貌。一定要趕快把攻關項目定下來。

我認為，年產30萬噸乙烯和30萬噸合成氨裝置國產化還是要列入重點項目，什麼時候列入可以再研究。這兩個項目是比較大的產業，也是上海工業的拳頭。今後，中國要發展，還得搞這兩樣東西，設備由上海包了，不需要再進口。我們就得有這個雄心壯志。

三、項目組織要搞全國經濟合作。

項目的組織不一定搞「上海」牌，還是要搞全國的合作。要旗幟一舉，把全國的力量團結在上海周圍。把科研、設計、加工等精華部分放在上海，

上海就能發揮帶頭作用。在「桑塔納」轎車國產化問題上，江澤民同志和我一再講要搞「中華」牌，不搞「上海」牌，這樣就把全國搞汽車的力量團結在上海周圍了。這一點超越了上海的行政範圍，要用經濟辦法來維繫。

四、項目資金要多渠道籌集。

資金問題分兩個部分：

第一，技術開發費。定了項目，要有開發費。沒有這筆錢，科技人員留不住；搞出來的東西，也是低水平的。開發費怎麼籌集？首先，利用現有的技術開發費。各工業局要對現有開發費的安排做適當調整，把開發費集中到攻關項目上來。其次，向國家爭取新的開發費。如貝爾程控電話項目，國家經委已答應撥款。其他項目也要向國務院各部委爭取撥點款。再次，久事公司〔1〕、實事公司〔2〕貸一些長期、低息的貸款。

各工業局不要有門戶之見，要捨得花血本。真要攻關，拿出高水平的東西，還是要把各路科技大軍的力量集中起來。

向實事公司貸款，是擔點風險的。現在先貸款搞開發研究，經過三至五年出了產品，再歸還。這筆錢總要還的，因為實事公司的錢是上海市民的血汗錢。

第二，技術改造費。從三個方面解決：企業自籌，與外地聯營，利用外資（由久事公司貸款）。這就是經濟辦法。要善於經營。

---

〔1〕久事公司，即上海久事公司，成立於 1987 年 12 月，是上海市政府根據國務院的國函〔1986〕94 號文件《關於上海市擴大利用外資規模的批復》精神，為加強城市基礎設施建設、加快工業技術改造、增強出口創匯能力、發展第三產業和旅遊業（此項政策簡稱「94 專項」）而成立的專門經濟實體。

〔2〕實事公司，即上海實事公司，成立於 1988 年 3 月，是上海市政府為貫徹落實國務院批准的上海市《關於深化改革，擴大開放，加快上海經濟向外向型轉變的報告》精神而成立的直屬市政府領導的企業單位，主要職能是綜合經營、開發，使 1988 年上海實行新的財政包乾體制後，當年多分得的 14 億元市財政收入快速增值，促進上海市的生產和出口，同時為城市建設積累資金。1990 年 1 月，實事公司與久事公司合併，成立新的久事公司。

這樣做，和以前攻關不一樣，不全是老辦法。老辦法是無償投資、吃「大鍋飯」，現在沒有了。總的看來，項目資金落實的情況分為這幾種類型：

一是資金已解決的。「桑塔納」轎車及其配套國產化項目的資金已經自給有餘。下一步組織攻關，就是原班人馬。

二是資金有希望解決的。貝爾程控電話項目雖然資金不足，但國家支持，條件成熟後，國家就給錢。這個項目要爭取列入國家經委的國產化一條龍項目。市儀錶局要把它作為一個重點項目搞。這個項目已經有現成機構，也有眉目了，資金問題可以逐步解決。

三是資金還沒有落實的。年產 30 萬噸乙烯和 30 萬噸合成氨項目的資金沒有落實，但是有一批技術人員，有龔兆源[1]這塊牌子，有陳根林[2]當廠長的經驗，在這個基礎上可以成立會戰指揮部，組織一個公司，逐步搞活。把精華部分放在上海，上海還是龍頭。

此外，各工業局也有一批項目的資金需要進一步落實。

五、獎勵政策是最重要的政策。

對完成這十幾個項目真正有功的人員，要授予「特等勞動模範」的稱號，發他幾千元獎金，住房困難也要幫助解決。以此類推，對完成局級攻關項目的人員，也要給獎勵，授予「勞動模範」的稱號。總之，獎勵要精神加物質，給人一個奔頭，使為振興上海立功的同志受到大家的尊敬。

六、領導機構人員不要掛虛名而要幹實事。

市政府成立一個會戰領導小組[3]，建議顧傳訓同志擔任領導小組組長，劉振元同志擔任副組長。領導小組下設一個辦公室，由市經委副主任

---

〔1〕龔兆源，當時任上海市乙烯工程辦公室主任。

〔2〕陳根林，當時任上海吳涇化工總廠副廠長。

〔3〕會戰領導小組，1988 年 6 月 10 日，上海市政府成立市科技結合生產重點工業會戰項目領導小組，朱鎔基任組長，副市長顧傳訓、劉振元任副組長，聘請顧訓方任顧問。

蔣以任同志擔任主任，市科委主任金柱青同志擔任副主任。市經委和市科委兩家可以搞聯合辦公，一個星期召開一次或兩次辦公會議。

領導小組顧問顧訓方同志負責全面協調，主要是研究、制定政策，檢查進度，發現並解決一些重大問題。主要工作還是由每個項目的領導小組自己去幹。

每個項目的領導小組，結合原來誰抓這個項目的就由誰來抓，但要明確責任，產生一個領導小組組長。可以請老同志當顧問，顧問名單由各主管單位來定。

除了領導小組之外，每個項目還應有實體。「桑塔納」轎車及其配套國產化項目有大眾汽車公司為依託單位，其他項目也要有經濟實體，最好放在工廠裡。

成立上海市外國投資
工作委員會的幾項原則 *

（1988 年 5 月 12 日）

　　振興上海的希望很大程度寄託在市外國投資工作委員會這個機構上。說老實話，上海靠一年 14 億元[1]解決不了大問題，不採取大動作把上百億美元外資吸引進來，上海的根本面貌改變不了。要下決心投入力量，把最強的幹部調到這個機構來，一下子搞上去，改變上海在外面的形象和信譽。外國人是很敏感的，他要看什麼人下決心，怎麼樣的人馬、什麼方式來辦這件事情，這是非常重要的。現在有了轉機，外國人對上海的信心提高了，要因勢利導，在涉外方面一個接一個出大措施，擴大影響，建立信譽。宣傳部門不要潑冷水，外國人相信上海的投資環境在改善，一個一個來了，來一個就報道一個。吸引外資上去了，上海才有希望，浦東才能

＊這是朱鎔基同志在上海市外國投資工作委員會第一次預備會議上的講話。為改善投資環境，簡化審批手續，實現「一個機構、一個窗口、一個圖章」對外，上海市於 1988 年 6 月 10 日成立外國投資工作委員會，直屬市政府領導。市長朱鎔基兼任主任，副市長黃菊兼任第一副主任，下設常務副主任一名，並由市計劃委員會、對外經濟貿易委員會、建設委員會和經濟委員會各派一名副主任任外資委副主任。該機構負責審批投資額在 500 萬美元以上、3000 萬美元以下的外商投資項目；推進、督促和協調解決外商投資企業在籌建和生產經營過程中的問題，並做好服務工作；指導並監督各區、縣、局對 500 萬美元以下的外商投資項目的審批工作。1990年後，市外經貿委與外資委「兩塊牌子，一套班子」，以利協調與配合。

〔1〕參見本書第 71 頁注〔2〕。

真正開發。

　　靠批租土地，短期內不會有很大發展。我不是說不要搞，要積極試點，但不能把主要希望寄託在這上面。一些台灣、香港人士建議，千萬不能把沿海灘的土地批租出去，都批租出去，連出海口都沒有了。

　　不能單獨為了開發浦東而開發，開發浦東是為了改造舊城區。整個上海的人口要向浦東、崇明和其他郊縣疏散，上海的花園洋房才能恢復，金融中心才能建立起來，交通問題才能解決。現在一天我們收到 100 多封人民來信，都是講糞便橫溢、垃圾成堆、交通擁擠、住房緊張，簡直就要爆炸了。上海舊城區怎麼能維持下去？搞一個浦東與舊城區不發生聯繫，我要你這個浦東幹什麼？因此，最大出路還是吸引外國直接投資。現在「三來一補」[1]放在郊縣，大有希望，但解決不了什麼大問題，國際市場一有變動，馬上就沒有了。拳頭產品打入國際市場，談何容易。我是極力在搞科技與生產結合、攻關，但也不可能真正還上海幾十年的欠賬。真正解決問題，就是要大規模吸引外國直接投資。還是要靠老上海的信譽，吸引外資。

　　上海將來的希望主要在浦東。開發新區，要靠你們高效率的工作，提高上海投資環境的名聲。凡是扯皮的問題，調查後，葉龍蜚[2]同志主持外資委常務會議拍板，我們簽字就定下來。今年能解決幾個大項目，就能搞上去了。

　　市外資委的成立要堅持以下幾項原則：

　　一、委員不兼職。聯合辦公室的很大缺陷是不能提高工作效率，討論問題要通過決議不那麼容易。你們是各部門的權威，情況熟悉，辦事情合情合理，就是有關部門的頭頭研究，也只能這麼幹。這個機構的權威，建

---

〔1〕見本書第 16 頁注〔1〕。

〔2〕葉龍蜚，當時任上海市儀錶電訊工業局局長，並負責上海市外國投資工作委員會籌備工作。

立在三個基礎上：第一，市政府的規定；第二，方案正確，符合上海情況，經過我們這些人判斷，不會出什麼大毛病；第三，通過法規形式，不是個人說了算。我一直說，成立機構並不難，最艱巨的是一個月要把必要的法規拿出來，然後再逐步完善。葉公琦[1]同志對我講，市人大要把制定涉外法規作為法規建設重點。有了地方人大公佈的法規，辦事就比較方便一些，對外國人也好講一點，他們對法律比較信任。你們各位委員晚一點免去原來職務是可以的，但委員是專職的，不再兼原來職務。

二、人員配備要最強的。這個機構是個非常重要的機構，必須集中上海優秀的幹部、幹實事的幹部到這個機構來。委員的級別實際上比你們當副主任要高，現在不動你們的級別。對外算委員，實際上級別很高，我當主任嘛。下面一級幹部，也要調很強的局長來，是辦事的，工作效率要很高。許多國際組織都是一個人帶個秘書，管一個部門工作。我們將來人不能很多，管一個方面，至多只有兩三個人，非常精幹，辦事效率很高，直接動手。幾天之內開個會，着手籌備工作。委員是不是還要增加幾個？市財政局、交通辦必須調個負責人來當委員。看還有什麼單位的人需要調，調來不一定都當委員。人很能幹，但級別不是很高的，可以調來放在中層一級。市規劃局能否調個精幹的人？副局長一級，不一定當委員，你們的下級可以是副局級，也可以是處級，還可以把能幹的破格提為處長。再下面一級，建議人少一些，年紀輕一些，外語很好，經過鍛煉可以接替老同志。現在抓工作，太年輕不行，太年輕幹不了事情。中層年齡大一些，60歲也沒關係。現在懂外語、外貿的人才很少，直接對外企業都需要既懂外貿又懂外語的人才，要趕快培訓。要不要公開招聘，你們商量。反正要把126個圖章中關鍵性部門最得力的人抽來，不惜一切代價，各個層次都可

---

〔1〕葉公琦，當時任上海市人大常委會主任。

以調。

三、工作範圍是管外國直接投資。他主要對改善投資環境負責，但不能把一切都包下來。別的部門幹得很好的，不要收上來；發現人家幹不了的，你們就要干預，馬上拿來幹。分工就根據這個原則。我個人傾向是，「三來一補」不要管，市外經貿委完全可以管，你們制定政策，加以監督。對利用外資、對外經援的宏觀管理、總盤子，你們不要管，這是市計委的事。現在問題是，直接投資的審批項目是否完全集中到你們這兒來，值得考慮。500 萬美元以下的，由區縣局、市外經貿委批，甚至 500 萬至 3000 萬美元的，他們能搞的工作也由他們先搞，他們解決不了，才到你們這兒來，這樣可能更好一些。我的話供你們參考。我的意思是說，你們一上來就要改變面貌，把工作抓起來，但不能影響原來機構的積極性，他們能辦就讓他們幹，你們就是利用我的權威啃「硬骨頭」。我這是提的原則性意見，能否吸引一兩百億美元，就在你們身上了。你們要清楚，區縣局和委都置於你們監督之下，這是指外國直接投資方面。要動員一切力量幹這件事，但不包在你們身上。特別是法律諮詢、外資投向諮詢，儘量讓一些諮詢公司來幹，你們把他們團結在周圍，也不一定限於一個機構，要開展競爭，誰幹得好，就多介紹生意。還有信息，也不能在委裡邊搞個專門的信息中心，要利用社會上、各部門的信息中心，只要有一兩個人，利用各種渠道，把信息集中到你們這兒來。我贊成你們集中管直接投資，改善投資環境。你們是個突擊隊，幾天就能拍板，下邊能辦就辦了，不能辦的到你們這兒馬上就能辦了。另外，把明志澄[1]同志調來。最主要的是保證外資企業按國際慣例經營，這條是最重要的。你們把這條做好了，外國人自然就來了；做不好，就成了空話。已有的都辦不好，怎麼會有新的來呢？要

---

[1] 明志澄，當時任上海市經濟委員會副主任。

保證他們的物資、水、電、煤氣供應，別的企業能停，外資企業不能停，就是要給他們開「小灶」，這就是創造小氣候嘛。現在外資企業沒多少，將來多了，上海的供應情況也改善了，能源、交通、電信狀況三年後總得改善了。要保證原材料、能源、交通條件，要拿一套法規出來，保證他們的人才流動，保證他們能按國際慣例管理企業。

關於權力下放的幾點意見 *

（1988 年 6 月 3 日）

　　第一，這幾個月實行下放權力，看起來情況是比較好的。一是市政府把權力下放給區縣，把區縣搞活；二是各委辦局把權力下放到企業，把企業搞活。這是我們今年要做的兩個帶根本性的事情，在權力下放、職能改革方面，一定要抓住這兩個問題。現在看來，權力下放到區縣比權力下放到企業做得好一點，把企業搞活還做得不夠，下半年要好好地抓一下。我們要肯定下放權力這個方向，各委辦局要積極地、真心誠意地把責權利配套下放下去，一個放到區縣，一個放到企業。

　　第二，權力下放、財政包乾以後，區政府也要轉變觀念，把下放的權力用好、用活。區政府一定要明確，你是一級政權，一定要把全區事務綜合平衡、統籌安排好，把下放給你的事真正管起來，把下放給你的權用好。這是一條，我看各區縣都是這樣做的，很努力。我舉個例子，上海人民廣播電台一個材料反映，楊浦區對去年以來發生的停工停產、上街遊行以及上訪等等事件，分析得很細，包括原因是什麼、怎麼做工作、如何防止這

＊這是朱鎔基同志在上海市新一屆市政府第一次區長會議上講話的主要部分。1988 年，在中央對上海實行財政包乾後，中共上海市委、市政府做出對區實行承包、分權明責的決定，以財政包乾為核心，在計劃、外經貿、商業、勞動人事、城建等方面配套放權。1988 年 3 月，上海市政府決定對郊縣實行包乾上繳的財政管理體制。4 月，上海市政府進一步向區縣下放固定資產投資審批權限。

些事情發生等。看了這個材料，我覺得應該鼓勵各區都做這些事，就是要對這個區的工作全面負責。儘管你這個區裡有些企業是中央的企業、市屬的企業，有好多事情你管不了，但不管怎麼說你是一級政權，你們都是在那裡管這些事情的，你們管不了可以告訴我，我可以幫助你們來管。這樣，很多條條管不了的事情，你們能夠比較有效地、比較及時地把它們解決了。把很多隱患、很多鬧事的苗子都消滅在萌芽狀態，這就要靠你們了。當然不是那麼絕對，但你們應該更加體會到群眾的脈搏，更加掌握他們的情緒，這一點恐怕比我們條條的領導、比我都更直接一些。所以，很多事情需要靠你們做，上海的事情辦得好不好，是要靠你們出力了。

第三，我們強調你們 12 個區長都是「市長」，你們要全面負責，但我也講了一定要服從統一政令，不能夠各自為政。很多事情沒有把握的，還是要跟有關委辦局打招呼，不要亂來，亂來也不得人心，別的區不會同情你。有些事情要統一協調，一條街道橫跨幾個區，如果各自為政，不打招呼，也不服從全市協調，會搞亂。這是要求區長有全面觀點，考慮問題周到一些，多想想上下左右，多打招呼，多聯繫。

第四，區裡也應該簡政放權。你們也是一個綜合平衡的機構，不要把什麼事情都抓在自己手裡，如果你們下面又是「條條專政」，那什麼事情也辦不成的。上海的企業和別的地方企業不一樣，基礎好的很多，能人很多。你們把他們的能量釋放出來，他們能辦很多事情，不需要你們事事去指導。上海管理水平很高，卡人系統也很嚴密，人管人、人卡人一套套的，對各種各樣的法律法規都背得很熟，結果把人束縛得死死的，發揮不了積極性。我說，把這些事情砍掉一點，關鍵是要把第一線的企業、事業單位搞活，事情就可以辦得更好。這一點，希望同志們注意，你們也是以宏觀管理為主，但你們比我們微觀一點，好多事情你們接近第一線，但也還是要以宏觀管理為主。

第五，各區的領導同志要會市政管理，特別是會理財。市政管理是一

門科學，同志們都要來學習。你不懂市政管理，什麼事情也幹不成。我昨天去南市區，看了城隍廟、集市貿易。城隍廟是個「金飯碗」，但不如我想像的好。大家都知道，城隍廟是國際知名的，前幾年看還不錯，過了幾年，眼界也高了，我覺得現在連珠海的九洲城和經濟特區的好多集市都比不上，上海確實落後了。對這樣一個國際知名的城隍廟，我們利用不夠。把裡面的民房騰出來，不然，人在下面吃東西，上面晾着尿布，這樣外國人怎麼能去？裡面還可以一步步翻修，我看周圍可以很好地建食品街，又能玩，又能看，又能吃，還要有停車場，要有廁所。區長要學會看什麼地方出財源，要去抓這個事情，要搞活一點。還有，你們現在是在抓錢，可是你們不要把街道都佔掉了。我擔心你們越發展，就越搞到街上來了，將來把交通搞得一塌糊塗。我們下周就要通過一個在三五年內改善上海交通狀況的決定，這裡面有條措施，就是要把街道讓出來，不然的話，今後交通問題怎麼解決？總還得有一個稍微長遠一點的考慮，改善交通管理很大一部分工作要依靠區政府去做。還有一個市容市貌、環境衛生問題，各區是不是可以抓一抓？這也是政府工作的一個方面。市容市貌搞得不好，群眾的情緒就不好，要他們上班賣勁就很難。在我們力所能及的範圍裡，領導重視，經常過問一下，市容市貌總還是可以改善的。我因為開會，在市裡到處跑，見到到處是垃圾，心裡很難受，實在是太不文明了，希望大家把這件事抓一抓。

在上海市外國投資工作委員會
成立新聞發佈會上的答問

（1988 年 6 月 10 日）

日本駐上海總領事吉田重信：我的問題比較簡單，就是在一年多以前，曾經成立過一個機構——上海市外國投資事務辦公室。隨着上海市外國投資工作委員會的成立，以前的這個辦公室是撤銷了呢，還是同時存在？

朱鎔基：吉田先生你提出的這個問題很好。成立上海市外國投資工作委員會後，以前的那些外資工作機構就撤銷了。以前在市外經貿委有外資事務辦公室，這個機構裡的人已經轉到這個委員會裡來了。所以，可以說他不存在了，也可以說他跟市外資委合併了。成立市外資委，是為了更快更好地來審批外國投資項目，加快吸引外資的速度。原來的機構能夠做的事情，還是由原來的機構來做。譬如說，沈被章[1]先生領導的市外經貿委，他能做的工作還是繼續做下去，葉龍蜚[2]先生不準備搶他的生意。所以，你們外國企業家原來有的一切渠道，你們都照常進行。但是，如果有

---

〔1〕沈被章，當時任上海市對外經濟貿易委員會主任。

〔2〕葉龍蜚，當時任上海市外國投資工作委員會常務副主任。

原來的那些機構辦不了的事情，或者辦得很慢，那你就來找葉龍蜚先生。這樣說是不是恰當一些。

上海浦江之聲廣播電台記者：我們很欣賞本屆市政府為改善投資環境所做的努力。我有幾個問題：第一，過去一個外國投資項目的審批，要蓋多少個圖章，一般要花費多少時間？第二，現在成立上海市外國投資工作委員會後，審批一個項目，估計要蓋多少個圖章，預計一般要花費多少時間？第三，黃菊先生剛才講的六條優惠措施，對台灣的商人來上海投資是不是也適用？或者對台灣的商人還有更優惠的措施？

朱鎔基：老實說，在上海審批一個外國投資項目，需要蓋多少個圖章、花多少時間，我沒有統計過。我看過一個調查報告，有一個項目審批是蓋了 126 個圖章。但是，後來又有一個報告統計數超過了 126 個。究竟需要蓋多少個，我也搞不清楚。現在的問題是大家都要求「一個圖章」。只蓋「一個圖章」，這個發明的「專利權」不在我。江澤民同志在他當國家進出口管理委員會副主任的時候，就提出過把所有的圖章集中在一起一次蓋上。我在他當年的基礎上提出，與其把所有的圖章一次蓋上，不如把它們合併成一個大圖章一次蓋上。可以說，我的這個「專利權」是在江澤民同志「專利權」的基礎上發展起來的。至於現在蓋「一個圖章」要多長時間，那就很難說了。我剛才問葉龍蜚先生需要多長時間，他說要看不同的項目才能決定。但請你們相信，我們一定以最快的速度進行。如果你告訴我們說哪個國家批同一個項目比我們還快，那我們就要趕上他。至於你提的另外一個問題，我們這些優惠措施是不是對台灣地區投資者適用？完全適用。

美國駐上海總領事館商務領事斯洛茵：總領事孫學理先生要我今天特別對你和黃副市長說，這是他到上海以後對他來說最重要的一件事情。也許更重要的是朱市長當選了。但很抱歉，今天他不能來，他要我把每件事都報告給他。我們美國商人倒是有兩個問題。第一個問題是，因為每個合

資企業每天都有很多小事兒，那都是從陸國賢[1]先生那兒解決的。現在你把陸先生調到這個委員會以後，這些小事情他怎麼能帶過去呢？第二個問題是，美國商人問我們，聽說朱市長對吸引外資很賣勁，像香港的那個投資合作項目，為了一個牆的事情，朱市長親自到那兒去解決問題，而且解決得很快，他們都很高興。但他們說，是不是每一次有這樣的事情，朱市長都有這些精力可以親自去處理？假使有 150 個合資企業，朱市長也還有其他的工作，將來怎麼處理這麼多事情？

朱鎔基：謝謝你的關心，斯洛茵女士。謝謝你們總領事先生的好話。關於小事兒的問題，第一，陸國賢先生走了以後，沈被章先生那裡馬上就有人來代替陸先生管你說的小事兒。如果你覺得沈先生那裡那個代替陸國賢先生的人不解決問題，你再來找陸國賢先生。至於我們這個外國投資工作委員會和我本人，從來不拒絕過問小事。我不管它是大事、小事，就是要解決問題。如果是解決了的問題，大事我也不管；如果是沒有解決的問題，小事我也得管。大連市市長魏富海先生是我的朋友，他提出設立一個「市長專線」，就是有任何外國投資的問題，都可以給他打電話。我不想學習他的這個經驗，因為上海市有 1200 多萬人，我如果把電話號碼告訴上海市民的話，一天至少可以接到 10 萬個電話，三天就得上醫院。我現在平均每天接到 100 多封人民來信，有三個人幫助我看信。凡是他們能解決的，就不給我看了；解決不了的，我再來過問。所以關於外國投資工作方面，由葉龍蜚先生來代替我當這個「市長」。葉龍蜚先生也管不了這麼多事情，下面還有四位「大將」，我給你們說一說他們的分工。如果你們到上海來投資，要找夥伴，找陸國賢先生，你們一進門就到他那裡去。投資夥伴找到了，談判快成功了，要批項目的時候，你們找吳祥明先生，他是上海市計委副主任。當你們的項目進入實施階段，要徵地、建設，要用公用設施、

---

〔1〕陸國賢，曾任上海市對外經濟貿易委員會副主任，當時任上海市外國投資工作委員會副主任。

水、電、煤氣等，你們找葉伯初先生，他是上海市建委副主任。你們的項目投產了，如果不能正常生產，又缺電、又缺原材料等，找明志澄先生，他是上海市經委的副主任。他們四個人在這幾個方面是上海市的權威。如果問題他們還不能解決的話，那我也解決不了啦。

外國的企業家還是盡可能利用原來的渠道來解決投資工作中的一些問題。我想現在來解決這些問題，要方便得多。比方我們的區縣都有很大的權力來解決這些問題。很多問題是不必找我們這個市外資委的。但是，如果你們覺得他們都不解決問題，一定要找到我們這裡來，我們保證會盡力幫你們把問題解決了。至於你們是否滿意，我也很難說，但是我們將盡我們的所能。

我過去曾經說過這個機構要 24 小時值班，目前還難以做到。我們正在採取幾個手段，一個是配備錄音電話，一個是配備傳真。在這些手段沒有完全實施以前，這個機構將委託上海市政府值班室來記下大家的問題，隨時給予回答。我是指辦公時間以外，你們可以找市政府值班室。

英國《金融時報》記者：我剛才聽了朱市長關於上海投資管理情況的介紹，感到很奇怪，為什麼作為權威性的委員會裡沒有金融界人士參加？

朱鎔基：要蓋 126 個圖章不是沒有理由的。如果每一個方面的人都要調到這個機構裡來，這個機構就太大了，所以，不能調 126 個人到這個機構裡來，我們只能從主要的部門調人。現在有的是已經調了，比方說，剛才我提到的這四位主要領導，還有一些領導正在商調。你講的金融界很重要，我就是要把中國人民銀行上海市分行的行長調到這裡來，但是這不是我所能決定的，這要由中國人民銀行總行才能決定，我們正在商量。

澳大利亞駐上海總領事館官員：我們歡迎上海市政府成立上海市外國投資工作委員會。許多澳大利亞商人實際上也是很有興趣來上海投資的，但是其中有些人因為遇到一些困難，後來就離開了。現在新的委員會成立了，我們相信他們會回來的。我的問題是這樣的：委員會裡有四個從有關部門

調來的負責幹部，他們原來都是上海的一些委辦領導。現在他們是繼續擔任那個領導職務，同時又在這個新的外國投資工作委員會裡工作呢，還是他們的全部時間都在這個委員會裡工作？我們非常感謝、欣賞上海啟用「一個圖章」進行外資項目審批。我想問一下，是不是除了審批項目以外的其他所有問題也可以找他們？就是說，他們管的事情是到外資項目審批完了就完了呢，還是對這個項目投產以後所碰到的問題也幫助解決？

朱鎔基：你的第一個問題，我們確實曾經討論過。究竟他們幾位是兼職還是專職，我們最後討論的結果：兼職等於是「聯合國」，效率不會高的。所以現在他們四位全是專職，不再兼任原來的工作了。第二個問題，他們是管外國投資的全過程的。剛才我介紹了這四位的分工，實際上也包括整個外國投資的全過程。所以，一切你們認為沒有解決的問題，都可以帶到這個委員會裡來。

我對於參加今天這個新聞發佈會的外國朋友和中國同志表示衷心感謝。我希望外國朋友們，向你們的國家、你們的人民和你們的企業家傳達這樣一個信息，就是說，上海市決心為改善投資環境做扎扎實實的工作。

在成立這個外國投資工作委員會以前，上海市的外國投資工作就已經有改善了。今年1至5月份，我們審批外國投資項目142項，比去年同期的71項增加了1倍。特別是4、5兩個月，我們一共批准了99項，比去年同期的31項增加了2倍多。同時，我們在改善投資環境方面已經做了一些重要的工作。譬如說，我們已經按照國際慣例免收外國投資企業的城市建設配套費和公用設施的增容費，僅此一項，市政府每年就承擔了減少幾千萬美元收入的損失。但是我們決心這樣做，給外國投資者以優惠。同時，對於上海「太精明、不高明」這樣的批評在減少，這個情況也在改變。因為上海的企業家已經想通了，外國企業家要是不來賺錢的話，這個錢我們也不一定能夠賺到。所以大家也在想，外國企業家在上海不論賺多少錢、

獲得多少利潤，我們絕不眼紅，只要我們也賺得到。這就是我提倡的口號。我們還將要在改善投資環境方面做一系列扎扎實實的工作。包括物資公司、外滙調劑中心，這些機構不但繼續工作，而且要健全。一些小問題也要解決啊，如出租汽車的問題、廁所的問題等。不然的話，外國投資者到上海來工作很困難。

因此，改善投資環境，保證外國企業在上海能夠按照國際慣例來進行生產經營，這是我們上海市政府的一個審慎的決策，而且是一個長遠的方針，絕對不會變的。

上海現在的形勢很好。今年 5 月份生產出現轉機，工業發展速度達到 8.5％。上海的市場供應在全國說起來是比較好的。所以，我希望外國朋友們能夠傳達我的信息，希望外國的企業家對到上海來投資增加信心。我特別強調「信心」這兩個字。

謝謝大家。

會見美國作家索爾茲伯里時的談話*

（1988 年 6 月 14 日）

朱鎔基：江澤民書記不在上海，因此我來見你。我看了你寫的書，是中譯本。我對你訪問上海表示熱烈的歡迎。

上海過去幾十年對中國建設做出了很大貢獻，把 80％ 的財政收入上繳中央，雖然有助於其他省區市的發展，但自己的建設受到了一定影響。目前上海城市建設欠賬很多，交通擁擠，住房緊張，城市許多設施需要更新。

我來上海工作已有幾個月，1200 多萬人口對我是個沉重的壓力。由於上海主要是加工工業城市，原材料特別是農業原材料都是從其他省區市來的，這些原材料漲價，使上海生產成本上升，財政收入下降，處於一個困難的境地。前一個階段物價漲得比較多一點，因此，群眾對我們的工作也不太滿意，尤其是大學生，對我們持批評態度。（索爾茲伯里：他們希望你們幹得好點。）我們確實幹得不是太好，但今年以來，上海有了一個轉機，因為中央給了上海比較大的自主權，實行了財政包乾的政策。也就是說，過去上海把 80％ 的財政收入上繳中央，現在繳 70％，以後搞好了，創造的價值更多的話，上繳比例還可以少一些。這樣，我們就有了比較大的自主權，來安排自己的建設和人民生活。

＊這是朱鎔基同志在會見美國作家哈里森·埃文斯·索爾茲伯里時談話的主要部分。索爾茲伯里所著《長征——前所未聞的故事》中文版於 1986 年 5 月由解放軍出版社出版。

現在上海有一種榮譽感，希望恢復過去上海在全國第一的地位。因此，上海市人民的士氣正在逐步提高，逐步克服了一些比較大的困難，如今年一度近 30 萬人得肝炎[1]，但這個困難已過去。過去上海是實行計劃經濟模式最集中的地方，現在商品經濟觀念正在逐步樹立。

今年 5 月，我看是上海歷史上的一個轉折點。從 5 月份開始，上海的工業生產轉入上升，前幾年工業發展速度是 4% 至 5% 左右，今年 5 月份是 8.5%，而且這種趨勢不會減弱。因此，我對於今後上海的發展充滿信心。

當然，上海發展的一個很重要的條件，就是要執行中央制定的沿海地區經濟發展戰略。這方面形勢應該說很好。上海正在大力改善投資環境，外國企業家對上海的興趣也比過去增加了，到上海的投資也增加比較快。我們計劃在黃浦江東岸建設一個「新上海」，這樣可以把黃浦江西岸的工業轉移到東岸去，西岸的交通擁擠及其他一些問題就比較容易解決了。現在黃浦江上已經有一條隧道，第二條隧道今年年底可以通車，今年年底前黃浦江大橋開工，明年年底前再開始建一座大橋，還要相應建設港口、機場，發展通信及程控電話。現在正在使用世界銀行和國際貨幣基金組織貸給上海的 32 億美元。儘管前面還有不少困難，但我有信心把上海建設好。

索爾茲伯里：朱市長談的是既大膽又現實的計劃。據我瞭解，上海還要建地下鐵路。

朱鎔基：地鐵今年開工，先利用外資搞一期工程，大約要四至五年以後形成地下鐵道網。

索爾茲伯里：大概幾年前就該這樣搞了。你同意我這樣講嗎？

朱鎔基：過去沒條件，沒錢。

索爾茲伯里：現在有權、有錢，可以搞了。我聽了很高興。好多年前

---

[1] 見本書第 26 頁注〔2〕。

就聽你們講要建地下鐵路，這對上海發展是一件好事。

剛才聽到要建機場，我很感興趣。上海機場確實需要改建。一方面，停機坪不夠；另一方面，處理行李的設備也不夠，要改進。

朱鎔基：民航的建設不在上海地方，管轄權限在中央。我只是作為一名乘客提提意見。

索爾茲伯里：我很同情你。過去兩三個月，我一直坐中國民航飛機外出，每坐一次都抱怨，都有意見要提。

朱鎔基：我來上海工作後，就不坐飛機坐火車了。

索爾茲伯里：我還有個建議，你也許已經想到了。美國有往返的班機，如紐約到華盛頓、紐約到波士頓，每隔一個小時、兩個小時飛一趟。北京到上海的距離也差不多這麼遠，運量又這麼大。上海建立航空公司後，可以每一兩個小時開設一個航班，而且簡化手續，乘飛機像坐汽車一樣。既方便乘客，同時還可以賺很多錢，尤其是往返於北京、上海的商人更需要這樣。

朱鎔基：如果我管，就這樣辦。

索爾茲伯里：在這方面，人民的反映是最重要的。

朱鎔基：現在問題太多，要一個一個來解決。再舉一個例子，上海的不少地下自來水管道是三十年代修建的，有 50 多年歷史了。管道老化，經常發生爆裂，把馬路也沖開了。最近就接連發生了四五起這樣的事，使我很頭痛。一出這樣的事就停水，弄不好還會有人身傷亡。

索爾茲伯里：這事在紐約也存在，我很瞭解。你如想找人商量，可以找紐約市市長。紐約的有些地下自來水管不是三十年代的，而是 1860 年修的，有 100 多年歷史了，也經常爆裂，甚至把一塊地方也淹了。沒有別的辦法，只能逐步地一段一段地更新。

朱鎔基：上海還有兩萬多個工廠，設備大部分陳舊，存在着起火爆炸的危險。我感覺自己是坐在火山上，不知哪一天會爆發。

1988 年 6 月 8 日，朱鎔基在西藏中路與北京路十字路口察看自來水管爆裂情況。

索爾茲伯里：當市長的總有這麼一種感覺。

朱鎔基：我想，紐約市市長的日子比我好過。上海有 90％以上的工業企業是國營的，要我管。

索爾茲伯里：紐約市市長用不着管工業生產，但他也有很多事要管。如怎麼吸引企業到紐約來開辦，市長的三分之二時間是會見商人和外國

企業家。他還要管怎樣保住紐約的勞動力。當市長不容易，所有問題都要解決。

朱鎔基：每個人都有一本難念的經。

索爾茲伯里：朱市長說市民有抱怨，他們抱怨什麼呢？

朱鎔基：第一，物價問題。中國人幾十年來習慣於物價不動。現在儘管工資增長的幅度已經超過物價上漲的幅度，但市民還是抱怨。廣東的物價比上海的更高，工資也比上海增加得多，那裡的老百姓已經比較習慣於漲價了。

第二，交通問題。上海的公交公司有 7.6 萬名職工，但工作還滿足不了市民的要求，他們擠在公交車裡罵。我已經收到很多人民來信，要我不坐小車，也去擠擠公交車。

第三，住房問題。上海最近才解決了人均住房面積在兩平方米以下的困難戶，但要解決上海的住房問題很困難，因為老百姓不想離開市中心。由於商業、交通、教育等條件受限制，郊區蓋了房，他們都不願意去。我們開發浦東，就是要把住房蓋得漂亮，把設施搞得配套，不然老百姓不肯去。他們是寧要浦西一張床，不要浦東一套房。（索爾茲伯里：這也很自然，等地鐵搞好了能解決。）僅靠一條地鐵也難解決，要建成地下鐵道網絡。

第四，環境污染問題。現在工業發展快，但污染治理沒跟上。（索爾茲伯里：治理環境污染的速度總跟不上工業發展的速度。）

解決這些問題，不知還要多少年，也許要 20 年。但是目前我要解決上海市民副食品供應的問題，這是比其他問題更重要的事。我想，要讓老百姓吃得好、吃得便宜，我把這項工作作為來上海後全部工作的突破口。這幾個月來，副食品供應情況大有改觀，也許是老天爺幫忙。今年，全國夏糧減產，但上海增產 10% 以上；蔬菜產量上海比去年增加，價格也比北京和上海周圍的地區低。當然，不可以過分樂觀，郊區生產很大程度上還取決於天氣。但是，上海有強大的工業和科技力量，我們用兩年至三年在上

海建立集約化、現代化的副食品生產體系，是有可能的，從而建立起穩固
的副食品生產基地。

　　最近，我們還提出了改善上海交通的五年計劃。目前，還不能馬上把
浦東開發起來，只能利用現有的設施，先實行機動車與非機動車分道行駛，
搞一點高架公路，拓寬一些馬路，再採取一些管理措施，這樣經過五年的
努力，上海的交通狀況能有一番改觀。

市政府研究室要成為市長的智囊 *

（1988 年 6 月 15 日）

　　市政府研究室人員的素質還是很好的，年富力強，知識結構也比較合理，學經濟的佔很大比重，學中文的也不少，學技術的有一點，少了一些。這沒關係，你們年輕，求知欲強，多學習、多鍛煉，是可以成為全面人才的。

　　市政府研究室要成為市長的智囊，為市長服務，圍繞市長決策提供各種信息和決策方案。天津李瑞環市長的經驗，就是有這麼一個 20 多人的班子，成天在那兒研究。我就是想搞這麼一個機構，研究需要市長考慮和決策的各種問題。當然，有些問題我沒有想到，你們可以向我提出來，我認可後進行研究。

　　我認為，市政府研究室要具備三方面功能：

　　第一，信息輸入功能。現在國內外、市內外和政府內外每天有大量的信息，我每天除了參加各種活動外，要看大量的文件、材料和人民來信，掌握大量的信息，沒有情報、信息就活不下去，無法進行正確的決策。但是，我最頭痛的是時間不夠，許多很長的文章、論文沒有時間看。你們能幫助我看東西，把各種有價值的觀點、信息資料提供給我，就是對我最大

＊這是朱鎔基同志在參加上海市政府研究室黨支部組織生活會時發言的主要部分。

的幫助。如果你們看一本書，把主要觀點整理成很短的一篇文章，我看一下就等於看了一本書，當然，要整理好是不容易的。你們要根據我的思路，把你們認為值得市長重視的各種信息，包括中國、外國的經濟界、企業界、政府機關和民間的都收集起來，整理出觀點，對我將是很大的幫助。要把信息輸入、儲存起來，室裡要訂大量的報刊，國內外主要的刊物都應該有。

第二，信息加工功能。你們提供的信息，應是經過加工的信息。現在的《上海摘報》[1] 是初級信息，沒有加工，「養料」太少。你們還要提供決策思路，也就是經常要對一些重大問題進行議論，通過「頭腦風暴法」，互相撞擊，互相啟發，形成新的思路。如家禽是否提價問題，我上星期六去青浦，與縣裡幹部交談，很有啟發。在上面，聽到的意見是非漲不可，否則生產者就沒有積極性，家禽就要沒有了。但縣裡同志的一致意見是不提價，說現在的收購價已足以刺激農民的生產積極性。家禽便宜一些，需求量大，也有利於生產發展。而且家禽的糧食轉換率較高，2 斤糧食可生產 1 斤肉，豬是 5 斤糧食產 1 斤肉。多吃家禽，改變食物結構，是很經濟的。我們財貿工作的思路，不能局限在東西少了提價、東西多了壓價的老路子，而要考慮怎樣把批發和零售很好銜接的問題。部門研究這個問題有局限性，不容易從全局高度來考慮。如市財貿辦認為農口搞不成一條龍，實際上農口提出的農民進城賣菜，把補貼給農民，是值得研究的。這樣，服務質量和態度就能改善，城市居民也能吃到新鮮的蔬菜。這類問題就需要市長從全局高度來決策，你們要進行可行性研究，拿出方案來。今後，市政府的重大決策，先要由分管副市長提出意見，市長認為可以了，才能拿到市政府會議上討論，最後由市委把關。我現在越來越感到要有這樣一個機構來

---

〔1〕《上海摘報》，指由上海市政府研究室主編的反映市情、民情以及與上海相關信息的簡報，主要任務是及時把海內外社會各界對上海工作的各種評論、反映、批評、建議，以及國內外發生的重大事件、重要動態中對上海有借鑒意義的工作經驗進行摘編。

1990 年 12 月 13 日，朱鎔基參加上海市政府研究室黨支部組織生活會後與大家合影。前排左一為市政府辦公廳副主任張林俊，左二為市政府辦公廳副巡視員余凜，左三為市政府研究室主任施惠群，右二為市政府研究室副巡視員朱展良。

幫我進行研究，從宏觀、全局的角度進行決策研究，你們市政府研究室今後就要幹這件事。有些問題，你們可以受我委託的名義組織研究機構去研究，然後集中向我彙報。

第三，信息輸出功能。決策以後，還有個執行問題。現在是互不服氣，誰也說服不了誰，許多事情就延誤了。決策後，必須用強有力的行政手段強制推行下去。先要講清道理，引經據典，從理論上把大家說得心悅誠服。你們研究室要幫我寫文章，文章要寫得很精彩，道理要從理論和實際結合上講透。來上海工作這幾個月，我主要處理火燒眉毛的事情，抓得比較具體，起了一定作用。前一階段不抓得這麼細，就不會有今天的好形勢。現在看來，要逐步轉到宏觀的、大的決策方面，要拿出一整套重大措施來推動上海經濟發展。你們要根據我講話中提出的思路、觀點，進行深入研究，形成完整思路，寫出文章來。

在復旦大學的講話 *

（1988 年 6 月 27 日）

同志們，同學們：

　　為了紀念中國共產黨誕生 67 周年，市委決定由我來向全市高校的黨政負責同志們做一個形勢報告。同時，復旦大學的黨委書記、校長也反映了老師們、同學們的要求，要我到復旦來講話。我應該來，但是，我確實也在考慮現在來講話是不是時候，因為上海現在還處於困難之中，群眾當中還存在相當多的不滿和消極情緒，士氣不振仍是當前的一個很大的問題，而進一步改革的前景和思路還沒有明朗化。在這種時候，我到這個地方來講話，風險很大。我不是沒有猶豫，但我還是來了，我作為市長，不能知難而退。

　　應該承認，現在上海確實存在着不安定因素，市區 700 多萬人口，加上流動人口約 200 萬，差不多是 1000 萬人口集中在 370 多平方公里的土地上，這在全國是絕無僅有的，在全世界也不多。而且，上海又面臨着財政滑坡，欠賬很多，老設備超負荷運轉，矛盾非常突出。前一個階段，高溫持續了那麼兩天，一些高校出現供水不足。兩天之內，五個地方的自來水管爆裂。特別是在北京路與西藏中路十字路口，我去看了一下，水管爆裂，

＊這是朱鎔基同志在上海市高校黨政負責同志和復旦大學師生大會上講話的主要部分。

把馬路都沖開了。只要一個地方出了點交通事故，就有幾千人、上萬人堵塞。一點小事情都可能釀成大問題。

要解決這些問題，不是一個人或者一些人能夠做到的，這是全民的事業。如果我們不能把1200多萬上海人擰成一股繩，把大家的力量凝聚起來，特別是把我們的共產黨員、先進分子團結起來，是一個問題也解決不了的。所以今天我應該到這裡來，向同志們說明這些情況。我到這裡來，既不能給大家帶來什麼實際的利益、實惠，也不能夠來一個嘩眾取寵的許願，說上海何時能夠如何如何。我不能在這裡說這個大話。因此我到這裡來講話，沒有什麼「資本」。但是，我帶來了一顆心，一顆矢志振興上海的赤誠之心。我到這裡來是尋求同志們、同學們的理解，尋求你們的支持，呼籲你們同市委、市政府一起來共渡難關，為振興上海而團結戰鬥。

一、向大家彙報一下今年上半年的工作。

上海目前的困難，一是財政滑坡，二是欠賬太多，這是當前兩個根本的困難。

財政滑坡是什麼意思呢？我說幾個數字。大家可能記得，我們在1981年開始調整，那時候上海的情況還是不錯的，財政收入是171億元。但是1982年財政收入就下來了，是165億元。1983年下滑到153億元。從1984年開始，由於進行了技術改造、技術引進，中央也給了一些支持，生產又逐步上去了。1985年的財政收入達到181億元，比1981年還高。從1986年開始又出現滑坡，1986年只有176億元，下降了5億元；1987年只有165億元，又下滑了11億元。今年上海的財政收入預計是153億元，就是說，比去年下降12億元。

另外一方面，這幾十年來，上海對全國的貢獻很大，但是自己的建設受到一定的影響。這麼一個老城市，人口增長這麼快，很多基礎設施跟不上，造成了交通、住房、環境污染等問題非常嚴重，這就是上海今天所

面臨的困難形勢。當然我們還有一些新的困難，譬如今年年初鬧了一場肝炎[1]，約30萬人染病。這也是今年一季度生產上不去的一個原因。

根據這樣一些情況，我們今年做了哪些工作呢？

第一，就是把生產、出口、財政收入搞上去。生產搞不上去，所謂改善人民生活、進行市政建設，都是一句空話；包括增加教育經費，也是一句空話。今年是我們的一個轉折點，怎麼是轉折點呢？去年12月29日，中央領導同志在這裡拍板，給上海實行財政包乾。就是說，中央承認上海今年財政收入只能達到153億元，比去年減少12億元，對這一點中央「認賬」了，同時只要求上海上繳國家財政105億元。這意味着如果我們收進來153億元的話，上海便可以增加機動財力14億元。這14億元就可以成為我們振興上海的基金了。這是很不容易的。當然，今天我不敢說這14億元一定能保住，還要奮鬥。因為還有好多因素在財政包乾時都沒有算進去。比如說大米，原來的合同簽訂了，但現在要漲價。煤炭，指令性計劃的運不出來，現在買協作煤，一噸120元，這個在財政包乾裡也沒有。困難還是很大，但是不能再去向中央喊困難了，中央已經給我們最大的照顧了，得靠我們自己了，困難也要自己去克服。所以必須把生產搞上去，把出口搞上去，把財政收入搞上去。

要把生產搞上去，一個最大的困難是沒有原材料。從年初開始，我們就千方百計地籌集原材料，一方面派出代表團到北京去呼籲，最後感動了中央有關部門的領導同志，為我們「開倉濟貧」，把國庫裡的東西借出來給上海；另一方面，把各路大軍派到各個省區市，有的去催，有的去求援，有的拿「桑塔納」轎車、電冰箱去換，還千方百計地進口。現在看起來，5月份的生產是個轉折點。1到4月，工業增長4.8%，但地方國營工業是下

---

[1] 見本書第26頁注[2]。

降的。5月份的生產速度達到 8.5％，地方國營工業也從下降轉為上升。這樣，1 到 5 月累計增長速度就達到了 5.8％，超過了「保四爭五」的目標。預計 6 月份的生產速度是 8.3％，基本上維持了 5 月份的速度。如果我們能夠保持這個勢頭，今年超過 6％ 的生產速度是可能的。而且高稅利產品的增產在下半年，如果我們不鬆勁，能把工人同志的積極性再提高一點，我相信今年完成甚至超額完成財政收入 153 億元是有保障的。這樣，我們就保證了上繳 105 億元，同時保住了 14 億元的機動財力。

光生產搞上去還不行，原材料靠國內不大靠得住，還要搞大進大出，進口原材料。進口原材料要外滙，所以就要賺外滙。我們的財政包乾任務中還要上繳中央 15 億美元的外滙。我們有信心完成這 15 億美元，同時還能賺回來我們進口原材料所要的外滙。現在的形勢還比較好，1 到 5 月，我們的出口增加了 15.9％。按照這個趨勢，不但能夠完成 43 億美元，還可以超過。

總的來說，生產、出口、財政收入的形勢是好的，或者說比我們預料的要好一點。如果完成了今年的承包計劃，就為明年的生產和建設打下了一個很好的基礎。

第二，把副食品的生產和供應作為市委、市政府工作的一個突破口。我們反復研究，上海目前士氣不振，很多帶爆炸性的問題一時難以解決。如交通問題，我們最近推出了一個改善交通的五年計劃，正在發動專家討論，近期難以有很大改善。再如住房，儘管現在住房的建設已經加快了，今年 1 到 5 月竣工面積比去年同期增加了 10％，開工的面積也增加了，但是跟大家的需要比起來還差得很遠。還有環境保護，都是要花錢的。沒有幾百個億，治理不好上海。這些方面不能許願，也不能馬上見效。我們能夠解決一些問題，使大家生活過得稍微好一點的就是改善副食品供應。所以我們把力量集中在這方面，制定了一個副食品生產、購銷體制改革的方案，今年預定要建設 300 多個肉、禽、蛋生產基地，有 200 多個已經開

工，其中有一部分已經建成了。郊縣的積極性很高，蔬菜的供應形勢是好轉了。

現在看來，購銷體制的改革是一個很迫切的問題。一方面，菜多了；另一方面，價錢並沒有便宜。這就要解決一條龍的問題或者說產銷一體化的問題。不僅從生產到批發，而且從批發到零售都要加以改革。我們要把所有菜場統統開起來，讓農民進城，小販也可以進菜場，讓國營菜場、集體菜場有個競爭的對手。另外，要鼓勵他們去搞食品加工，把儲存、保鮮搞好，引進一點先進技術，最後做到蔬菜出口。總而言之，現在副食品生產形勢是比較好的，購銷體制的改革方案不久就要出台。我們還要調整食品結構，1 斤豬肉要 5 斤飼料糧，1 斤雞鴨只要 2 斤飼料糧就夠了。雞鴨靠郊區完全能自給自足，而豬肉有四分之三要從外省調運進來，雞鴨的營養又比豬肉好，所以我們要大力發展家禽，改變一下食品結構。

第三，就是進一步改善投資環境，搞好開放。上海這幾年為改善投資環境做了很大的努力，投資環境有所改善。吸引外商直接投資 18 億美元，這是很有成績的。利用外資分兩種：第一種是我們政府借錢搞基礎設施建設，中央批准我們在「七五」期間可用 32 億美元，主要是用來搞基礎設施建設；還得借一部分外資來發展加工工業，能夠出口產品，換回外滙，不但還自己的錢，而且要還基礎設施建設的錢；另外還有用於發展旅遊業等第三產業，這是能夠賺錢的。最近三個月裡，審批項目的速度加快了，13 億美元的引進技術、改造現有企業、增加出口的項目通通批完了。第二種是吸引外國的直接投資，搞合資經營、合作經營或獨資經營，這種形式是最好的。前面講的借錢還債，要非常慎重，不然，搞到後來，你可能償還不了。而直接投資是外國人和我們共擔風險，我們或者是出地皮，或者是出廠房、勞動力，對方出設備，共同經營，共擔風險。他進來了以後，可以幫我們找到出口的渠道、國外的市場，引進一些先進的技術和管理。這樣吸收 100 億到 200 億美元的直接投資進來以後，上海的面貌就要改變了，

現有企業的面貌也就可以改變了。

　　這件事情關係上海的未來，非常重要。靠我們自己借錢來建設上海是很難的，沒有幾百億美元不行，這麼多錢我們怎麼還呀？還是走吸引外資、改造現有企業的道路是最好的辦法。所以，我們要抓緊改善投資環境，這也是中央領導同志非常關心的。我來上海工作以前，谷牧同志對我說，你去上海以後，馬上成立一個由你掛帥的外資工作委員會，搞「一個圖章」對外。現在，我們已經基本上解決這個問題了，效果很好。總而言之是一條，保證外國經營者在上海能按照國際慣例來經營管理。為此，我們不惜做出一點犧牲，不做出一點犧牲，人家會來嗎？最近，我們把中外合資、中外合作賓館的市政設施更新改造配套費和外商在滬投資企業的自來水、煤氣、污廢水排放增容費全部免了，外商反映非常好。我們要承擔多少損失呢？一年少收 5000 萬元人民幣。少收這 5000 萬元，可以吸引來更多的外資，將來我們徵的稅就不止 5000 萬元。因為什麼配套費、增容費，在英文裡都無法翻譯，這不是國際慣例。收這個費、那個費，這樣攤派，人家不習慣。另外，是人才流動問題。最近，好幾個外商投資企業招聘職工，原單位不放。因此，我在一個文件上就批了一句話：不管誰，不管中央的企業還是市裡的企業，凡在上海的，都得聽市政府的。人才流動是中央的政策，怎麼能不放？這樣形象不好，招幾個人都招不進來，人家怎麼在這裡按國際慣例經營企業？最近逐步有一些改善，特別是成立市外資委以後，解決問題比較快。最近有個項目，也是搞了好久了，吵了八個月解決不了，市外資委下去一協調，開一個會就給它解決了，證明這樣一個機構還是有效率的。沒有這樣的效率，就不能吸引國外投資。

　　第四，物價問題，同志們最關心，我想對這個問題做一點解釋。一是對 3 月份、4 月份的工業品漲價，人民來信很多，罵我們罵得比較厲害。這件事情要請同志們諒解。這是由於上海的物價一直處在谷底，很多產品，如洗衣粉，去年 12 月全國就都提價了，上海沒有提。現在財政一包乾可就

不行了，因此就要漲一點價，不漲一點價的話，原材料老是在漲價，財政收入怎麼保？沒有財政收入，市政建設等什麼問題都解決不了，影響的是上海人民的最終利益。所以今年三四月份，根據財政包乾以後中央給我們的定價權，提了一批產品的價格。可能提得過於集中了一點，幅度稍微大了一點。但現在鄰近地區的價格又上去了，上海物價並不高。原材料漲價，群眾感覺不到，誰也不要吃鋼材，也不穿棉花。上海的產品主要是消費品，一漲價就不得了，全國人民都把你抓住了，因為哪個城市裡都銷上海產品。洗衣粉一漲價，在好幾個城市都引起了搶購。這樣漲價不行了，從那次以後，我們已經注意這個問題了。屬上海市定價的產品，我們今年基本上不漲價了。今年夏天的冷飲本來是要提價的，因為糖都變成議價的了，糖價漲了一倍，如果冷飲不提價，生產廠家就沒有積極性。但我們還是沒有提價，寧可財政補貼，也要保持冷飲價格的穩定。

但是，我們從來沒有說今年什麼東西都不漲價，誰敢說這個話？有兩種東西不在我們掌握之內：第一種，是國家定價的產品（如前些時候，國家物價局決定全國彩電每台漲 400 塊錢），而且是對廣大市民影響不大的產品，那我們就得漲。第二種，小商品不能不漲價。小商品，針頭線腦，現在原材料漲得那麼厲害，已經是本小利微了，你不讓它們價格放開的話，就沒有貨了，對大家更不方便。這些小商品漲點價對你的生活沒有很大的影響，在你的支出裡比重非常小。現在很多省市的小商品都很豐富，北京很豐富，浙江就更不用說了，但上海就是沒有，沒有就是因為價格沒有放開。這些東西的價格應讓它們放開，放開了，外地商品也能進來了，因為有點競爭，價格還可能穩定。

這是今年上半年的工作，是在黨中央、國務院的領導下，在市委的領導、市政府和全體同志的努力下取得的成績。

二、講講明年的改革和上海的對策。

剛才講了，今年如果不發生大的意外事故，形勢是會好的。但明年就

難說了，因為明年我們要面臨新的挑戰。大家知道，價格必須改革，價格不理順，很多關係扭曲了以後很難辦。現在錢沒少花，但生產刺激不上去。所以，價格必須理順，必須放開，必須按照價值規律進行市場調節，而且要接近國際市場的水平。按這個方向來進行改革、調整，風險是要冒的，這一關是不能繞過去的，但是步子要穩。中央現在正在研究方案。不管採取大方案也好，中方案也好，小方案也好，對上海總體是有利於深化改革的，但暫時又是不利的。為什麼？原材料漲價，鋼材價格放開，農產品可能要提價，運輸客運可能要漲價。粗算一下，上海明年要增加成本 40 多億元。怎麼消化？消化不了，財政收入就要繼續滑坡。所以，我們面臨着非常嚴峻的挑戰。上海人民現在就應該有思想準備，要能經得住風險，頂得住困難，使改革對上海產生好的作用。

要應對這些挑戰，出路在於提高經濟效益。不把經濟效益提高，任何改革都不能成功。我對於上海明年改革的形勢是樂觀的，因為上海的經濟效益到目前還處於全國的首位，勞動生產率現在高出全國一倍以上，這是我們的優勢。當然，光靠現在的經濟效益不行，因為物價又漲了，還是適應不了、消化不了。但是我們提高經濟效益還有很大的潛力。我初步考慮，用提高經濟效益來應對挑戰的辦法有四條：

一是要調整產業結構，下決心搞幾個原材料的大項目。國內的趨勢是原材料漲價，世界市場的趨勢也是原材料漲價，所以上海要搞原材料，必須利用中央讓給我們的財力搞幾個大項目。把原材料搞上去，我們的經濟效益就可以發揮了。如冷軋薄板，如果現在有冷軋薄板的話，輕紡工業、家電工業還可以大量地發展，效益可以提高很多。我們一定要在上海現有的 500 萬噸鋼生產能力基礎上，把冷軋薄板在兩年內搞出來。另外一個就是石油化工。我們要抓住金山石化，搞化學纖維、搞塑料，這樣，我們就有原材料了。還有一個東西也非搞不行，就是彩色顯像管。上海現在有 400 萬台黑白電視和 100 萬台彩電的生產能力，但是我們現在彩色顯像管

1988 年 7 月 2 日，朱鎔基考察上海石化總廠三期建設工地並聽取工作彙報。前排右一為上海石化總廠黨委書記周公俠，右二為副市長顧傳訓，左一為上海石化總廠總經濟師吳亦新，左二為上海石化總廠廠長王基銘。

沒有，所以大家買不到彩電。彩色顯像管需要進口，非常困難。上海的彩電可以大量出口，但沒有彩管。現在，我們的彩管廠已經開工了。只要有彩管，整個上海的電子工業就可以大發展，經濟效益就可以大大地提高。另外，彩色顯像管用的玻殼也得自己搞。在別的地方搞，長途運輸，怎麼得了？我們集中全力打殲滅戰，一下把它搞上去，經濟效益就出來了。我們上海人就是要學會本事，看準了，能上的就趕快上，一搞就要搞成。

二是要加強橫向協作，在內地各個省區市建立原材料基地。上海沒有原材料基地，以至於一些礦產、有色金屬，都要去搞協作、投資，但是總結歷史經驗教訓，往往是錢花了，東西拿不到。所以要很好地總結經驗，錢投下去要真正能拿得回來原材料。現在最現實的，也是最原始的辦法，

是以物易物，我給你電冰箱、彩電，你給我有色金屬、棉花。總而言之，在這方面要想辦法，搞國內大循環。但是要「精明」一點，當然也要「高明」，也還得要着眼於長遠，看得準。

三是要大進大出，進口原材料。進口原材料，最重要的是抓住時機。外國人已經掌握了中國人的習慣：每年11月份開計劃會議，定下明年的生產指標，然後要進口多少原材料，把外滙撥給你，到第二年1月份派代表團出去。他就在那個時候漲價。我們研究，上海今年打破常規，今年的局勢已篤定了，現在要搞明年的了。最近，我們就要把明年進口的物資定下來，就要派代表團出去。要很好地研究國際行情，不能遲疑，看準了就要抓住時機趕快買下來。大進大出，這是上海很重要的措施。

四是要發揮上海的科技優勢，加強技術開發，優質優價。原材料漲價，我們的產品就跟着漲價是不行的，這樣做，上海人反對我們，外地人反對我們，中央還批評我們。漲價太厲害不行，變相漲價也不行。比如說三分錢一個燒餅，你撒上兩粒芝麻，叫芝麻燒餅，賣一毛，老百姓還是要罵你的。所以，我們不能做這種沒有出息的事情。上海有自己的優勢，就是科技。我們要大力加強科技與生產的結合，加強各企業的科研開發機構，要使產品能升級換代、提高檔次，然後再優質優價，這個人家不能說你漲價。你拿個老面孔出去漲價，那怎麼行呢？現在很多省市，上海貨的市場份額越來越小，廣東貨的市場份額越來越大，所以我們再不開發新產品是不行的。同時，這也是應對原材料漲價的一個最好辦法。必須使我們產品的質量、品種、檔次不斷地提高，推陳出新，上海應該有這個本事，可以做到這一點，漲了價，人家還沒多少話說。我想我們最主要的辦法是在這個方面，所以今年市政府搞了14個項目的攻關，就是想通過這14個項目帶動所有的企業都加強技術開發和攻關，搞新產品。

三、關於教育和人才問題。

要發展教育事業，要留住人才，這是我們振興上海的根本。現在聽到

1989 年 11 月 16 日，朱鎔基在復旦大學與師生座談。左一為上海市人大常委會副主任、市教育衛生工作委員會黨委書記陳鐵迪，左二為復旦大學校長華中一，右一為復旦大學黨委書記林克。

一些反映，說學校裡一些同學學習熱情不高，有新的「讀書無用論」，打撲克的較多，打麻將的也不少。我想，這種現象應該是暫時的。我們應該對他們進行形勢和前途的教育，應該看到振興上海的希望。上海是用人才的地方，是人才大有用武之地的地方。我們的人才不是太多了，現在真正適應商品經濟、外向型經濟的人太少了。這次在北京開中美工業、貿易和經濟發展研討會，我規定了一條，凡是參加這個代表團的都要能懂英語。結果效果非常好，人家沒想到上海代表團的人都能和外國人周旋幾句。現在外貿系統很缺乏懂外語、懂經濟的人才。將來我們大進大出，吸引上百億美元的外資，需要多少人才！

所以，希望同學們很好地念書，把基礎科學技術知識念好，把經濟管

理學、外語念好，不要光學修電視機。振興上海需要各方面的專業知識，特別是法律知識，各方面的人才都是需要的，希望你們好好地學習。上海的振興可能是很快的，暫時有困難，就讓我們共渡難關嘛。當然，我們要想辦法，給上海的教育事業提供政府應該提供的幫助，但這要根據我們的能力。我們研究了幾條可以做的：第一條，我們要保證上海教育經費的增長高於財政收入的增長。第二條，我們要保證上海市財政支出中的教育經費所佔比重全國第一，至少是高於全國平均數。現在上海生均教育經費是全國第一，最高的。第三條，我們要建立各高校發展生產的基金，準備在實事公司〔1〕裡開闢這個基金。各個高等院校要辦生產事業、科研事業，可以到實事公司去借錢，是長期的、低息的貸款，幫助高等院校發展生產，解決一部分經費。隨着上海生產的發展、收入的增加，教育經費肯定是會增加的。

振興上海，歸根結底，士氣要振奮起來，因為這是全體上海人民的事業。埋怨、品頭論足能解決什麼問題？振興上海，這是符合上海人民根本利益的。上海具備振興的一切條件，前途是非常好的。現在就怕人心不齊，上海人才很多，議論起來沒有個完，把時機都喪失了。我到上海來工作，為什麼要厲害一點呢？你不厲害一點，不決斷，可以議論一年還做不了決議，把時機都失掉了。現在人家都在上去，廣東、江蘇、山東、遼寧，一個個往上擠，我們應該着急啊！應該看到上海在全國的地位正在下降，很多方面正在落後，我們要下決心振興上海。

我想提這麼幾句話：「振興上海，從我做起，團結協作，共渡難關。」總的口號是「振興上海」。現在確實是難，我們面臨嚴峻的挑戰。我們上海就怕「窩裡鬥」，怕「人卡人」，不要這樣，要團結協作，要從我做起。

---

〔1〕見本書第 71 頁注〔2〕。

有人說，你那個廉潔政府，我看做不到；你朱鎔基能做到，上海就做不到。我說可以，只要我能做到，我就相信上海能做到，就怕我做不到。總有一天，社會風氣會轉變。如果大家都來從我做起，都來奉獻，做出自我犧牲，我相信，上海的振興是指日可待的。所以，我今天到這裡來，就是要尋求同志們、同學們的理解、信任和支持，希望大家和市委、市政府一起來共渡難關。

同志們、同學們，你們是我們人民中間思想最活躍的一部分，你們擔負着將來振興上海的任務，你們中間的許多人可能在歷史上要起很大的作用。我希望同志們、同學們振作起來，為振興上海而團結戰鬥。

謝謝大家。

對全市局級以上幹部的三點要求 *

（1988 年 6 月 28 日）

　　第一，希望全市局級以上幹部要解放思想，勇於實踐，做敢於承擔風險的改革者。就這個問題，今年 3 月份，澤民同志在市理論工作座談會上講過話，分析了上海幹部隊伍的思想狀況，講到我們要克服老大自居、埋怨畏難和故步自封這三種思想情緒，使我們的思想真正能夠轉變到適應社會主義商品經濟、適應外向型經濟和財政包乾的政策軌道上來。我想，這個問題值得我們很好地研究。由於長期的思想束縛和體制上的問題，我們的思想確實不適應現在的發展。我看到一篇文章〔1〕，對廣東人和上海人的商品經濟意識做了比較，我是深有感觸。如果我們不從思想上解決問題，不去解放思想，還是這麼個老狀況下去，而社會經濟現在變動得這麼劇烈，上海的地位是很難保住的，中央讓給我們的這點東西，很可能我們一年就把它花光了。到了明年，我們又窮了，財政又得往下滑。所以，我們一定要有改革的思想。我現在最頭疼的是，我們提出一樁事情，有些同志就說，這件事上海過去不是這麼辦的，我跟你講講過去的歷史吧！我就說，我願

＊這是朱鎔基同志在中共上海市委舉辦的局級以上幹部形勢教育講習班開班會議上所做報告的一部分。

〔1〕文章，指上海社會科學院王大悟撰寫的《上海與廣東商品經濟觀念比析》，發表於 1988 年 5 月 19 日的《社會科學報》，同年 6 月 5 日被《人民日報》轉載。

意聽來龍去脈，但現在需要變革，需要改革。不是說過去不能辦的現在都不能辦，也不是說什麼東西都要改，但總不能一聽說這個辦法跟過去不太一樣，馬上就反感、抵觸吧。如果你這個辦法能夠制止財政滑坡，我就照你這個辦法辦。現在的問題是不能制止財政滑坡，就得想辦法改。所以我想，這個問題很值得我們進一步研究和分析，看當前怎樣趕上去。當然，解放思想要從實際出發，學習某省先進經驗，我們也只能有所學有所不學、有所為有所不為。要向鄉鎮企業學習，但鄉鎮企業有些東西也不一定能學。我認為，上海大中型企業要真正搞活，必須靠他的管理，靠他的產品質量，靠他的硬功夫。絕對不能把企業行為搞亂，如果把我們大中型企業的行為搞亂了，那對中國造成的影響絕對不是任何一個省能夠相比的。我們不能那樣做，還是要靠加強企業管理。從廠長一直到分廠、車間、班組，都要實行招標，讓能人都能脫穎而出，拿出本事來。要把思想政治工作做好，把全體職工的積極性調動起來，甚至可以搞股份制，這樣可以把職工利益和企業利益拴在一起，可以把一部分消費基金變成生產基金，這些都可以在上海試點。總之，我覺得要靠我們的企業管理，靠我們的產品質量，靠我們的科技成果，把上海的經濟效益搞上去。

第二，為政清廉，辦事高效，做問心無愧的人民公僕。這些口號都是中央提出的，我們應該身體力行。「廉潔政府」和「高效政府」口號的提出，受到了人民群眾的歡迎。只有這個行動，才最能振奮上海人民的士氣。我們在 4 月 25 日提出這個口號以後，5 月份我收到 3696 封人民來信，現在每天還有 100 多封。其中固然有一部分是要求解決自己的問題，如房子、職稱、糾正冤假錯案等，但還是有相當大的一部分是對政府提出建議，對我們幹部進行監督。如揭發誰吃了、誰喝了、誰受禮了，人民群眾積極性很高。儘管他們在來信裡面說，你說了能不能做到，我們將拭目以待，但是這麼大量的人民來信，還是說明人民群眾對政府是關心和信任的。這個事情，我看關鍵是要從高級幹部做起，所以，市政府關於剎吃喝風、受

禮風的決定主要是針對局級以上幹部制定的。言教不如身教，你以身作則了，別人就會跟着來。現在先從我做起。有些問題是要靠法制來解決，要採用各種方式來接受人民群眾的監督。比如說，「七所八所」的問題，就是設在基層的稅務所、派出所等等，他們都是直接跟人民群眾打交道的。這裡面確有一些違法亂紀的事情，這些事情怎麼解決呢？我覺得就是要嚴刑重罰，逐步健全法制。另外，就是要把每個所的工作範圍、工作制度公佈於眾，讓大家來監督，這樣風氣才能好轉。現在我們準備在一個區、一個縣先試點。上樑正，下樑才能不歪。只有我們的 506 個局長，包括區長、縣長行得正、坐得穩，下面的「七所八所」才能夠正。不然，人們是不服的。我可以向同志們講，這幾個月的情況還是不錯的。所有揭發局長吃喝的材料，經我們查實，結果都與事實不是很符合。從政府系統來看，我們這 506 個局長目前還確實是規規矩矩地在那裡認真工作，比較負責任的。我相信，只要我們堅持下去，社會風氣是能夠好轉的。

第三，要下放權力，深入基層，加強監督，善於協調，做解決問題的能手。這是對我們領導幹部，包括對我自己提出的要求。今年上半年，市政府在市委的支持下，下放了兩個權：一個是，凡是區縣能辦的事，市政府把權力下放到區縣；另一個是，凡是企業能辦的事，應該由企業辦，各委辦局把權力下放到企業，委辦局主要搞宏觀管理。這兩個權力的下放，前面一個做得好一些，下放比較徹底一些，區長、縣長的積極性很高。各委辦局還是不要把那些分錢分物的事情抓在自己手裡，對企業進行過多的行政干預。剛才講廠長不適應商品經濟要求，有一個原因是你們把權卡在自己手裡，他怎麼到商品經濟海洋裡去游泳呢？你們要把權給他，把責任也給他，把責、權、利一起下放給他，我們少管一點。政府對企業干預過多並不利於企業發展，這是一條真理。你們不要干預得太多，但又不能完全不干預，搞歪門邪道，你們能不干預嗎？質量下降，你們能不管嗎？但是，要向少干預的方向發展，要使市場引導企業。所以，我希望各委辦局，

還有一些類似於行政性的公司，你們不要搞那種分錢、分物、抽肥補瘦的事，今天照顧這個，明天照顧那個，這對提高上海經濟效益是沒有好處的。應該讓企業自己放手去搞，自負盈虧。發不出獎金，讓工人去找廠長，不要找政府來鬧事。這件事該由廠長管，就讓工人去找廠長。

另外，把權力下放以後，我們還應該加強監督。前一時期我們發現某一個項目，一個外商和我們四個縣都簽了合同，他在那裡搞「貨比三家」，看哪個便宜，就和哪個搞，他在鑽我們的空子。所以我們就要趕快通報這個情況，不要相互壓價。這種監督，在工作中是需要的。我們還要善於協調，塊塊條條之間總有些問題，領導幹部要多下去瞭解情況，哪裡扯皮打架，就去哪裡協調。哪裡有問題，你就到哪裡去解決問題。這就是我們領導者的本事。把下面的積極性調動起來，事情讓他們去辦，你們就是去協調，去監督，不要去加重下面的負擔。

我有一個建議請大家考慮，是不是可以少搞點形式主義的東西？我們的工作方法要改善一下。我一到上海來工作，就給自己提出「五戒」，即不登報、不上電視、不剪綵、不題字、不受禮。現在，我經常「犯戒」。不登報，記者不答應，非要登報不可。我現在每個星期要去一個工廠、一個區、一個縣、一個局。如果都要報道，天天報上都是我，這有什麼好處呢？我哪有這麼多好思想、好點子呢？登它幹什麼呢？不上電視也不行。當然，我下廠絕對不允許電視台記者來，但有時候接待外賓，接待外國總統，不讓拍電視也不行，這也還得上。不剪綵做到了，到現在為止，我沒有剪過綵，任何人找我剪綵都不剪。題字，一概拒絕，到目前為止，我沒有題過字。不受禮也做到了，接待外賓受禮，我都上繳。但是現在活動還是太多，我覺得陪會是我一個沉重的負擔。哪裡有成立大會，哪裡有喜慶大會，都要坐在那裡陪一會兒，你不出席，就會引起很大誤會，是不是你不重視這方面？另外，什麼人來了你都要見，這樣的話，使我不能真正冷靜下來思考一些問題、調查一些問題。所以，我再一次向在座的同志呼籲：

中共上海市委办公厅

经权同志：

我来沪后曾自订
"不题词"以律己，因此，
恕不题词了，盼谅之。
但我是京剧爱好者，开
幕演出一定作观众。有空
时还想有机会多欣赏。

致礼。

朱鎔基
五·四

圖為 1988 年 5 月 4 日，朱鎔基寫給中共上海市委常委、市委統戰部部長、市政協副主席毛經權的信。

你們那些喜慶活動不要請我參加。搞這些活動，效果是不是都好？我也懷疑。現在會很多，今天這個表彰會，明天那個成立大會，我們要簡化這些活動，我們自己多下去，到基層去解決問題，這樣比較好。另外，什麼評比呀、檢查呀，我看要少搞一些。我想與市經委商量，除了國家規定的評比以外，上海不再搞什麼評比，至少政府不搞，民間搞可以。有好多評比是形式主義。外國企業為了自己的生存，就得努力，他不靠評比推動，他的產品質量是競爭出來的，不是靠評比出來的。不要攤派，不要搞形式主義的檢查、評比。一評比、一檢查就要吃喝，也影響社會風氣。是不是我們從這方面簡政，讓企業、老百姓的負擔減輕一些。我相信，這也是調動、振奮士氣的措施。我想就提這三個要求，包括我自己現在也還沒有完全做到，希望我們共同努力。

最後，我想表個態，和同志們交個心。我本人有很多缺點，講話不是那麼深思熟慮、經過推敲，有時分寸掌握得也不是那麼好，但外面把我傳得太厲害了，說我如何如何厲害，傳聞有所失實。我確實有這個缺點，有時候在分析一個問題、提出一個要求時，態度不是太好，容易使同志們下不了台，這個缺點我自己要改正。我要講一點，只要是同志們對我提出的意見，我都是認真地考慮、認真地改正。不論你有什麼不同的意見、我有哪一點不對，都可以向我直截了當地提出來，我會認真考慮的，我相信自己可以做到這一點。但是，現在上海確實需要加速振興，需要迅速決策，不能再耽誤時機了。上海現在面臨着這樣一個嚴峻的挑戰，各方面的主意很多，上海的能人也很多，議論來議論去是沒有完的，所以在這個時候需要決斷。任何一個決斷都不可能十全十美，總會有這樣那樣的缺點。我們所有的重大問題都是經過市委常委討論的，都是由澤民同志把關的，都是聽取老同志們意見以後才決策的。如果決策錯誤，由於具體執行的是我，由我負責，我絕對不會上推下卸。但一經決策，一定要令行禁止，要萬眾一心，把這一決策貫徹到底，不要動搖。

接受香港《英文虎報》記者
辛格萊採訪時的談話

（1988 年 6 月 29 日）

辛格萊：請朱市長談談香港與上海關係的現狀和未來。最近，你在報上說，在上海的外來投資已達 20 億美元。你估計來自香港的投資大體有多少？將會達到多少？

朱鎔基：香港在上海的投資項目有 149 項，投資額 5 億美元，在外來投資中居第二位，僅次於美國。我認為，上海與香港的合作是很有前途的，因為上海有技術方面的優勢，香港有金融、信息等方面的優勢，上海和香港在亞洲都是比較大的城市，應該有進一步的合作。現在，香港和廣東由於地理上比較接近，合作的項目多一點。地理上接近，對於勞動密集的合作比較有利，但在技術、知識密集方面與上海合作也有利。過去香港和上海合作發展不快，不單是地理原因，上海的投資環境也存在一定問題。我很坦率地承認廣東的投資環境比上海的好，廣東的商品經濟意識比上海強，但我們已經在做扎實的工作，改善上海的投資環境。今後，上海與香港經濟技術合作的步伐會加快。

最近，我看到一些香港報紙對上海的一些消極面報道得比較多一點，如財政滑坡、士氣不振、城市建設落後等。我想，這些報道是有根據的。但我覺得也應該看到上海存在的積極因素，上海有一大批具備較高文化、

科技素質的人才，是全國工業行業最齊全的一個城市，配套能力非常強。從這個意義上講，上海的投資環境是全國最好的。

由於人口增長很快，上海的基礎設施建設跟不上，但這方面問題並不難解決。如電話，剛解放時，上海有 7.2 萬門，比香港的多，但過去了幾十年，上海只增加了 7 萬多門，1978 年達到 14.2 萬門，現在香港的電話是上海的十幾倍。最近幾年，我們採取了一些優惠措施來發展程控電話，增加了將近 1 倍。這七八年來，上海每年增加 2 萬門，今年就要增加 7 萬門，1990 年可達到 50 萬至 60 萬門。按這樣的速度，電話設施要趕上香港並不是很難的。因此，香港應該看到上海的積極方面，特別是今年上海實行財政包乾後，有了更大的自主權和更大的財力。上海有權直接利用外資，這在中國目前還是唯一的城市。我們在「七五」期間要利用 32 億美元貸款，同時還準備大量吸收外國直接投資。我希望你回去後，多報道上海積極的一面，現在香港報紙上的上海形象是「灰色」的。我也希望香港對上海恢復信心。我對這一點還是很樂觀的，我看到了上海人民中積極的一面，他們在逐步獲得一種新的活力。

最近在北京舉行了一次中美工業、貿易和經濟發展研討會，美國方面有 1000 人參加，中國方面 20 多個省區市都派出了代表團。在這次研討會上，上海代表團最引人注目，也是最受美國人歡迎的一個代表團，在會上洽談的項目數上海最多。所以，會上有人說，現在上海開始發起「進攻」了。

從我們今年的生產形勢看，上海五六月份的工業增長速度都超過了 8％，農業生產增加了 10％以上。

對於物價和工資進一步改革的前景，上海是充滿信心的，因為上海的經濟效益目前還處於全國首位，經過近幾年大規模的工業技術改造，工業生產是有後勁的。所以，你回去後，完全可以告訴香港企業家，來上海投資，來上海進行經濟技術合作，是不會感到失望的。

　　當然，投資環境不可能一下子有很大的改善，但確實在一點一點地改善。我們的目標，就是保證外資企業在上海能按國際慣例進行生產和經營。如最近我們對外商投資企業免掉了許多不符合國際慣例的費用，雖然上海為此承受了很多損失，但在所不惜。

　　另外，恐怕香港人認為，與廣東相比，上海人是更困難的談判對手。目前，這種情況也有所改變，因為我們提出了一個口號：不管外商在上海賺多少錢、賺多少利潤，我們不要眼紅。我們不要老看別人口袋裡有多少錢，要看到通過這種合作，我們也可以賺到錢。據我瞭解，最近，一些比較大的外國公司代表團正陸續來上海談判。昨天，荷蘭飛利浦公司與上海簽訂了大規模集成電路合作項目。很多類似這樣的項目正在談判。我想，上海今年吸收利用外資的步伐會大大加快。過去上海和香港就有非常密切的關係，希望今後這種關係繼續得到發展。

　　辛格萊：朱市長反對官僚主義的講話和做法，在香港有很高的評價。如原來外商要蓋126個圖章才能辦完的事，現在只要蓋一個圖章。許多香港商人對此非常高興和讚賞。我還為澳大利亞《公報》寫了文章，現在上海已經有澳大利亞的合資企業，上海是不是希望吸收更多的來自澳大利亞的投資？

　　朱鎔基：我們很希望與澳大利亞發展合作關係。上海和澳大利亞的產業具有一種互補的關係。澳大利亞的羊毛、鐵礦石和一些高技術產業都是上海所需要的，而上海的很多輕紡產品也是澳大利亞需要的。我們很願意與澳大利亞建立長期合作的關係。這方面，上海過去做得不夠。如江蘇在澳大利亞建立了羊毛基地，上海就沒有，以後也要建立。今年，黃菊副市長已經訪問了澳大利亞。我們希望澳大利亞政府負責人來上海訪問，進一步發展雙方的經濟技術合作關係。

　　剛才，你提到的「一個圖章」，就是上海市外國投資工作委員會，已經正式成立，開始工作，並在短短的時間內取得了很大效果。如有個項目，

中科院上海技術物理研究所與中日合資的上海尼賽拉傳感器有限公司談判了一年沒解決，市外資委接過來，開一個會就解決了。前幾天，報紙上報道了上海與美國合作的一個軸承生產項目，經過 70 天就批准了，也是通過這個機構辦的。我們說，官僚主義還會有，但情況總是越來越好。

辛格萊：朱市長在 4 月份談到，上海實行了財政包乾。請問包乾的固定基數是多少？

朱鎔基：105 億元。

辛格萊：上海自留的比例增加多少？

朱鎔基：原來上海留成 23％，現在要超過 30％。

辛格萊：這部分錢上海是否有權用於市政建設？

朱鎔基：是的，完全由上海自己來支配。

辛格萊：使用這部分錢，市長優先考慮哪些項目？

朱鎔基：首先使用這部分錢支持和發展上海的生產，優化產業結構，把生產搞上去。市政設施建設主要利用外資來解決。

辛格萊：朱市長幾次談到，交通問題是上海最主要的問題之一。對此，你是怎麼看的？打算怎麼解決？現在國外遊客，特別是通過香港來上海的遊客，感到空中交通很不方便。

朱鎔基：空中交通是市外交通。相比之下，市內交通更難解決。現在市區有 700 多萬人口，加上 200 萬流動人口，共有 1000 萬人集中在 370 多平方公里的土地上，中國十分之一的工業也在這塊土地上。從根本上解決這個問題，要把老市區的工業疏散到浦東去，建一個「新上海」。我們現在建造黃浦江大橋和越江隧道，就是準備開發浦東，建設「新上海」。最近幾年還是要利用老設施，通過加強管理來改善市內交通，除了要修地鐵，還要建高架公路，拓寬一些道路，並實行自行車與機動車分道行駛。我們已經制訂了一個五年之內改善市內交通的計劃，正在組織專家討論，一個月後，這個方案可以向全體市民宣佈。實現這個計劃，需要全體市民

的支持。

　　剛才講到的民航問題，屬於民航局管，是需要大力改善。我們也有一個上海航空公司，用租賃的方式向美國波音公司租飛機。我們要通過民航局和上海航空公司的努力，改善上海的空中交通。

讓企業自己到市場中去游泳 *

（1988 年 7 月 11 日）

　　要研究如何把上海1700多個大中型企業搞活。現在搞很緊密的集團，說實話，也沒有人搞得成嘛。成立一個集團，搞很多人，就是收錢收物，搞得企業更不活了。幾十個企業搞在一起，你有本事把他們搞活嗎？而且往往是讓一些退下來的同志或者即將退下來的同志負責，又要成立好多公司把他們管起來。那邊卸任，這邊又抓起來，你這樣是搞不活的。應當培養一批年富力強的廠長，讓他們自己抓起來，使企業活起來，到國際市場、國內市場生龍活虎地活動。現在把企業的錢提成都交給集團，由集團去分錢分物，這樣能搞得好嗎？還不是過去的那一套做法！所以我看，現在對集團要修改原來的規定，原來的規定不一定適應新形勢的要求。上海是大中型企業非常集中的地方，很多廠都是相當大的，利稅上億元的單位就有 17 個，這麼大的企業你還搞集團，你有多大本事？能管得起來嗎？讓他們自己活動不是更好嗎？對他們用行政管理的辦法能解決問題嗎？上海電子計算機廠就提出來，如果沒有這個集團，他們能發展得更快。

　　至於說橫向聯合，通過市場嘛，通過市場大家都可以搞聯合，不

＊這是朱鎔基同志在上海市政府第十次市長辦公會議上講話的一部分。

見得要你這個集團才能搞。最近上海市衡山集團公司剛成立，馬上要求增加人，我說你何必要增加人呢，這幾個飯店都生龍活虎，經營得很好，你非要搞一個很大的集團來管他們，這些飯店都沒有積極性了，有什麼好處？你就搞一個非常精簡的宏觀監督的小班子就可以了。再搞這個部、那個部幹什麼？下面飯店都沒有積極性了。讓你來搞吧，你又搞不好。

成立集團現在成風了，成了一個熱潮了。今天一個集團，明天一個集團。說老實話，就是增加一些人在那裡吃。全國 3.7 萬個公司，哪有那麼多東西啊！現在關鍵是把大中型企業搞活，包括試行浙江蘭溪的經驗。呂東[1]同志最近專門到浙江蘭溪去調查，他有四個國營企業，六個方面完全放開，政府不管了，他也沒有什麼「掛靠」，完全由他自己去經營。呂東同志調查回去後，我打電話問他，他說這是解放企業的一個辦法，放權了，大中型企業的問題就好解決了。我看我們要試行，材料我要來了。現在走了一個「爹」，又來了一個「爺」，他名為「經濟實體」，實際上管得更死。所以，我幾次講話一再強調，上海現在搞集團別着急，先搞鬆散一點，不要增加企業負擔，給企業放權，讓企業搞活。還有一種形式是聯營性質的，大家都有發言權，幹就幹，不幹就退出。

各委辦局的指導思想要改變。現在我們的方向是國家調控市場、市場引導企業。不要用過去那一套行政辦法，成立一個系統，層層都可以抓，手裡都有權，成天坐在那裡分錢分物、抽肥補瘦、填平補齊。今天照顧這個，明天照顧那個，給你一點平價原材料，給他兩個錢，這樣搞法，企業始終搞不活。因此，對目前的集團、行政性公司和行業處、各委辦局的職能，要好好地進行調查研究，然後提出意見。怎

---

〔1〕呂東，當時任中央財經領導小組顧問、中國工業經濟協會會長。

麼個搞法？也不要一下把集團都否定了，不是不要集團，而是集團應該怎麼辦？什麼叫聯合？目前集團起什麼作用？現在好多集團已經回到原來的老路去了，這個辦法不好。好好研究一下，引入競爭機制，把大中型企業搞活。上海的企業已經夠大了，而且能人很多，再搞那麼多集團幹什麼呀？

會見聯邦德國經濟合作部
國務秘書冷格爾時的談話

（1988 年 7 月 11 日）

朱鎔基：我們很關心與聯邦德國合作建設上海最大的地鐵項目^[1]。對
於這個項目，很多國家都感興趣，因為這並不限於項目本身，這是一個系
統工程，會有很大的合作空間。這事已經談判了很久。經過與好多國家的
接觸，競爭主要在英國、法國和聯邦德國三個國家之間進行。這三個國家
的領導人都很關心這件事。英國和法國政府領導人向上海市的前任市長、
現任市委書記江澤民同志表示了對地鐵項目的關心和支持。聯邦德國政府
對此也做了同樣的表示。我們在這個問題上沒有做出最後的決定。應該說，
聯邦德國政府和冷格爾閣下為此做出了很大的努力、給予了很大的支持。
現在看來競爭很激烈，英國和法國政府都表示，聯邦德國政府能提供的優
惠條件，他們也都能辦到。坦率地講，聯邦德國在地鐵工程方面的實績不
如英國，儘管我相信聯邦德國的技術和產品質量是優良的，價格除車站、
電力供應等少數設備比英國和法國高之外，其他還是有競爭力的。現在有
一個很大的問題，想聽聽你的意見，就是你們政府承諾的貸款額度小於地

---

〔1〕上海最大的地鐵項目，指上海建造的第一條地下鐵道（即「地鐵一號線」一期工程），
1990 年 3 月開工，1994 年 12 月建成，1995 年 4 月全線通車。全線南起錦江樂園，北至上海
火車站，全長 16.1 公里，設站 13 座，總投資 59.5 億元人民幣。

1989 年 5 月 13 日，朱鎔基參加上海地鐵一號線合同簽字儀式。右一為市政協副主席徐以枋，右二為市人大常委會副主任、市建設工作委員會書記孫貴璋，右四為市委副書記、副市長黃菊，右五為市政府顧問汪道涵。

鐵項目所需的投資數，差了兩億馬克，這怎麼辦？所以，你們的駐華大使來電說你要來上海，我說請你馬上來，現在，你來得正好，是個關鍵時刻。這個時候你們不來人，事情就不好辦。

冷格爾：感謝市長給我介紹了現狀。市長講得很對，我們聯邦德國比其他國家建造地鐵要來得晚，巴黎地鐵是本世紀初建造的，柏林和漢堡的地鐵是二十年代修的，比巴黎晚了 20 年。可是我們能夠保證在建造地鐵方面的技術是最先進的，我們有在慕尼黑建造地鐵的經驗，慕尼黑像上海一樣，地下施工有很多困難。第二次世界大戰後，我們被迫重建的工廠企業和交通設施比以前更好，所以，我們當時生產出了比戰勝國價格更廉、質

量更好的產品。特別是戰後在建造地鐵方面研製出了新技術。我知道同行之間的競爭是很激烈的，也聽說了英國和法國代表的表態，聯邦德國能提供的優惠條件，他們也都能辦到。但是，我要指出，在發展援助合作方面，英國與中國、法國與中國跟聯邦德國與中國的合作不同，我們是每年都向中國支付一樣多或更多的錢款。我們在 1983 年、1984 年、1985 年各支付了 5000 萬馬克，現在是兩億馬克，明年援助的錢款將更多。這個合作是長期的，支付的錢款還會逐年增加。我也成功地說服了聯邦德國議會的預算委員會，在正常支付的錢款之外再給中國 2 億至 6 億馬克。我的看法是，英國和法國包括意大利在內，只是針對特定項目給予援助，即使一次性給你們一大筆錢，但以後很多年不會再給了。所以我想，中國與聯邦德國的合作，跟中國與其他國家的合作不一樣。我也知道聯邦德國支持中國其他地方建核電站或發展農業，對市長你來講興趣不大，因為你想在上海建地鐵。所以，我想今天能給你帶來一個好消息，我們同意支付還需要的兩億馬克，而且不要中國給予任何特殊優惠。雖然這個決定給我們帶來了困難，因為歐洲共同體規定不能提供百分之百的軟貸款，其他國家會講聯邦德國對中國有偏愛，但我還是很願意同你與你的同事談這件事，同地道的商人談判。

朱鎔基：你帶來了好消息。我先要把情況弄清楚，不然怎麼當「商人」呢？因為借的錢都要由我們還的。上海的企業大部分是國營企業，一切債務都要由政府來還。這個地鐵項目需要外國投資 4.6 億馬克，原來你們已承諾給 2.6 億馬克的貸款，現在又同意再支付兩億馬克。那麼，這兩億馬克是在給中國對外經貿部的貸款總額之內，還是額外的？

冷格爾：這兩億馬克，已答應北京鄭先生[1]了。以前答應給的 2.6 億

---

〔1〕鄭先生，即鄭拓彬，當時任對外經濟貿易部部長。

馬克是附加的，這兩億馬克也是附加的。我們答應對外經貿部一共給上海 4.6 億馬克，但這是在合作建設地鐵項目的條件下答應的。不建地鐵，就不給了。

朱鎔基：請原諒。我要把這件事弄清楚，因為我們身上揹了 32 億美元的外債。

冷格爾：當然要弄清楚。我們與中國對外經貿部簽訂的這個合同，與我們對中國長遠的開發援助沒有關係。這項談判是特殊談判。按談判簽訂的合同，4.6 億馬克是專門用於建設地鐵的軟貸款。這個項目的工程要進行 6 至 7 年，每年我們支付 6000 萬至 8000 萬馬克，這是一個大概的數字，實際支付多少與建設的進度有關係。

朱鎔基：我很高興，你做出了這樣友好的表示和很大的努力。這個談判結果可不可以向我們的對外經貿部明確一下？

冷格爾：我們在當時答應支付 2.6 億馬克的情況下就這樣做了。這次我回國後，為再支付 2 億馬克，也會這樣做的。

朱鎔基：我對你的友好合作精神表示感謝。英國曾提出對項目管理人員提供免費培訓。這筆費用相當於 2000 多萬美元的贈款。

冷格爾：我向你們的國務委員李鐵映先生介紹過聯邦德國建立「雙軌制」技術培訓的情況，已經有 20 位中國專家來德國考察這項工作。我想，只要你們願意，在地鐵合作方面也可以附加類似的內容。上海進行技術培訓的條件是優越的，你們有潛在的力量，我們只要提供理論和培訓的章程。但這件事我是剛聽到，我回國後再積極努力。我們已經投入了 4.6 億馬克，不會因為 2000 多萬美元而使談判失敗的。對此，德國工業界也非做出相應的努力不可。我在北京就對鄭拓彬先生及其同事說過，我不代表任何一家公司的利益，只為聯邦德國發言。如果我作為聯邦德國經濟部的國務秘書只代表某一家公司說話，那魔鬼就會把我抓走。

朱鎔基：你的講話非常友好，感謝你對培訓這件事給予支持和考慮。

就我個人來說，願意同聯邦德國進行進一步合作。上海已經有一個最大的
中德合資企業——上海大眾汽車有限公司。這個項目進展很順利，將進入
更大發展的階段，朝着年產 30 萬輛轎車的目標努力。其他一些項目也合作
得很好。我們在地鐵這樣關鍵性的項目上建立合作關係，合作的前途將是
非常好的，上海的目標是在不遠的將來吸引 100 億至 200 億美元的外國投
資。這樣就需要進行很大規模的基礎設施建設，包括建造地鐵、大橋、隧
道。希望聯邦德國在建設「新上海」的偉大工程中成為我們最親密的合作
夥伴。當然，我們也歡迎其他各國來上海合作。

　　冷格爾：我很高興，你們重視培訓工作。聯邦德國創造的經濟奇跡的
秘密，其實也不算什麼秘密，就是專業工人有高度的素質。聯邦德國戰後

2002 年 12 月 31 日，朱鎔基和德國總理施羅德出席上海磁懸浮鐵路示範運營線試運行通車剪
綵儀式後，一同乘坐磁懸浮列車前往示範運營線終點站——浦東國際機場站。後排左一為中國
工程院院長徐匡迪。（新華社記者馬占成攝）

的情況與中國相似，原有工廠、設備都遭到破壞，也沒有錢，但是我們有相當數量的專業人才。有了這些人才，購進材料就能投入生產。我們通過「馬歇爾計劃」得到了錢，製造出最先進的機器，就把經濟搞上去了。這多虧我們國家建立了「雙軌制」培訓，人才既在學校裡培養，又在工廠實際工作中培訓，不增加國家負擔，由企業承擔培訓費用。在聯邦德國從東到西、從南到北都是這樣做的。聯邦德國這些做法同美國、英國不同，他們的培訓由國家負擔，在一塊空地上造所房子，放幾個馬達，請幾個師傅，就進行培訓了。這樣脫離企業進行培訓有一個很大的缺點。技術天天在進步，而有的師傅已離開工廠六七年，他的技術知識還是六七年前的，這樣就跟不上實際。所以，那些國家的學生從學校畢業出來就比實際現狀落後三至五年。學生們也知道自己所學的一套技術是脫離實際的，因此學得不努力。

朱鎔基：你談得非常好。你們政府的領導很得力，這裡談判發生了問題，就派你馬上來了。

冷格爾：聯邦德國還研製了一種磁性高架鐵道[1]，時速 600 公里至 700 公里。用這種鐵道連接上海與香港，3 個小時就可以到達了。這也可以成為我們合作的項目。不過，現在先搞地鐵。

朱鎔基：祝你們的這個項目取得成功。

冷格爾：已經成功了，我們的試驗線路已經運行幾年了。市長如果到聯邦德國來做客，我安排你參觀這個項目。

朱鎔基：我很高興有這樣的機會。

冷格爾：我將以書面方式重複這個邀請。

---

〔1〕磁性高架鐵道，指磁懸浮高速軌道交通系統。世界上首條高速磁懸浮交通商業示範運營線，於 2001 年 3 月 1 日在中國上海開工建設，2002 年 12 月 31 日試運行通車，2006 年 4 月 27 日正式投入商業運營。該線路引進德國先進技術，正線全長約 30 公里，設龍陽路和浦東國際機場兩個車站，列車設計最高時速為 430 公里。

開展優質服務，改善投資環境 *

（1988 年 7 月 18 日）

　　江澤民同志提出，要改善上海各方面的服務態度和投資環境。投資環境不僅僅是「一個圖章」能解決的，各方面服務不配套，人家不願意來，你審批項目快也沒有用。上周開新聞記者座談會，澤民同志和我參加，有記者同志講，北京多家報社的記者代表團來了以後，受到了種種「待遇」，回去以後賭咒發誓再也不到上海來了，看來情況是越來越嚴重。昨天我還收到日本經濟新聞社駐上海的記者負責人尾崎春生給我寫的一封信，主要是反映郵電部門不負責任。他說報紙都得買兩份，為什麼？訂的報紙早晨看不到，晚上才來，只好到報攤上去買，每天都得買幾十份重複的報紙。我把來信批給市郵電局的局長徐志超同志，請你們下到郵政局、電報局、電話局，和基層商量商量，幫助上海改善投資環境。問題實在是太嚴重了，現在上海從機場、港口根本進不來，進來以後出不去，買不到票，局長那裡留了票，處長那裡留了票，科長那裡留了票，到窗口根本就沒有票了，完了你要買票，得走好多後門，想種種辦法。賓館現在要統一管理，要提高市旅遊局的權威，你把賓館管起來，管他什麼錦江賓館、什麼東湖賓館的，都得管。現在大家在窩裡鬥有本事，互相壓價，到外面去賺錢沒有本

＊這是朱鎔基同志在上海市政府第十一次市長辦公會議上講話的一部分。

事，這怎麼振興上海？比如有個很有名的美國作家〔1〕，寫《長征——前所未聞的故事》的那個，他上次見我，談完話以後說，請你給我買一張飛機票，我想回北京，我回不去。這簡直是笑話，要市長買票。我也跟他開了個玩笑，我說，這航空公司都不是我管的，我這個地方官管不了中央企業，但我跟他們私人關係很好，我給你買一張票吧。這實在是不像話！要把層層留下的票想辦法統一管理，不能走後門。現在外國人要走，只能買高價票，否則根本進不來、出不去，這怎麼得了？這種情況下，外國人想投資也不會來，旅遊也開展不了。現在我們確確實實對內要振奮精神，對外要改善上海的形象。

當然，服務態度不好與肚子裡有氣有很大關係，反映了對當前形勢沒有正確的認識，沒有信心。現在是上海人對上海沒有信心，外國人對上海的信心比上海人還好一點。這次虹橋第一塊批租土地，日本孫氏企業有限公司投標，他投了1億多元人民幣，比標底高了兩倍，這說明他有信心，他覺得可以賺錢。上海的地下鐵道工程，三個國家搶得一塌糊塗。他們看準了上海這個地方將來要大發展，能賺錢，而我們自己卻沒多大信心。所以我們一方面要大力宣傳，一方面確實要把服務態度整頓一下。這裡提了一些措施，請振元〔2〕、天增同志開一些會研究，看進一步怎麼做。

文件〔3〕提出的十條措施很好，但我覺得這些事情落實很難。因為這些部門都不在我們管理之下，火車站歸鐵道部，港口歸交通部，機場歸國家民航局，他們是否都承諾了你們的任務？

這些事情我們要通過一定形式，召集有關方面講一講，最後形成文件，

---

〔1〕美國作家，指哈里森‧埃文斯‧索爾茲伯里。

〔2〕振元，即劉振元。

〔3〕文件，指提交上海市政府第十一次市長辦公會議討論的《上海市人民政府關於改善上海旅遊、投資環境開展優質服務工作的決定（稿）》。

也要搞公開、透明，把目標、責任明確起來。

另外我可以開一點口子，如果他們沒有錢，我們兩家抬。市財政局的負責同志在這裡，我開個口子，在上海的預備費裡面拿。什麼叫兩家抬？機場的電話總是應該搞吧，乘客一下飛機，到處都能打電話，甚至國際電話，多設幾個亭子，郵政、電信在機場、港口、車站一定要搞得很方便，這個錢本來應該他們投資，他們要是不夠，市裡拿一半。他們如果願意為改善上海投資環境服務，我們非常歡迎、非常感謝。他們有困難，我們幫助。這是上海的窗口，乘客一下飛機不方便怎麼行？老葛〔1〕，我開個口子，在很短時間裡把它搶上去。

夏克強〔2〕同志，現在外國人在將我的軍，說你別看朱鎔基叫得那麼兇，他連出租汽車問題都解決不了。這個要改善一下，我們搶上去行不行？我現在委託夏克強同志代表我抓出租汽車，叫作市整頓出租汽車管理領導小組，組長夏克強，代表朱鎔基。

另外，我們是個國際城市，標牌不要搞漢語拼音。澤民同志跟我講，不要在街上搞漢語拼音，英文不像英文，中文不像中文，誰搞得懂？我們是國際城市，車站、機場、港口和賓館，一定要放英文的標牌。這是上海的門面。這個錢是非花不可的，他們要是硬不肯出，市裡就出錢。門面不修好，人家怎麼來啊？賓館、飯店建這麼多，沒有人來，現在互相在家裡壓價，這麼幹法怎麼行啊？上海要靠旅遊業賺 10 億、8 億美元，不然這麼多飯店怎麼還錢呢？

「園林景點的英文介紹牌在年內完成」，這還要兩個季度才能完成啊？市園林局局長吳振千同志來了沒有？快一點好不好？園林景點裡的廁所，這是誰出錢啊？有錢沒有？自己擠吧，擠不出來找市財政局，廁所都

---

〔1〕老葛，即葛步洲，當時任上海市政府交通辦公室主任。

〔2〕夏克強，當時任上海市政府副秘書長。

解決不了，怎麼能行？

　　企業集團起什麼作用？就是要協調、監督，把每一個飯店搞活，到外面去拉客人，跟各種國際旅遊組織合作，組織一條龍服務。比如希爾頓飯店就沒有客源問題，他有國際關係，他住得滿滿的。我看將來花園飯店一投產，錦江飯店就會沒有生意，都給人家拉走了。我們自己要趕快「打出去」，不要自己跟自己鬥，互相壓價。要給飯店對外經營的權力，讓他自己搞活，組織一條龍服務。你拉了客人來，接着組織他們旅遊去，你給他們買飛機票、找導遊，搞一條龍服務。另外，要改善服務態度，搞競賽。

　　現在要研究一下是不是應該成立一個市旅遊委員會，因為國務院成立了旅遊事業委員會。成立市旅遊委員會，但不增加編制，辦公室設在市旅遊局。比如，劉振元同志當主任，倪天增同志當副主任，有這個名義，開會、發號令比較方便一點。不單是搞旅遊，這還是改善投資環境很重要的一個措施。

　　另外，要搞計算機管理。我參觀了瑞士的一個旅店集團，他在蘇黎世有六個大旅館，在世界其他地方也有好多大旅館。我看他的房間管理，是用計算機預訂房間，這是一個好法子，全世界都可以聯繫。我們這裡這麼多人還稀裡糊塗，氣死人了！上海在這些方面總應該先進一些，國際城市，上海有傳統。

　　北京有這麼一條政策，哪個飯店不採用計算機管理，就罰他的款，我們也可以定這麼一條。現在搞邪門歪道都會，搞點真正的現代化管理卻沒有使勁。

對浦東開發的幾點具體意見 *

（1988 年 7 月 23 日）

　　我完全同意澤民同志的意見，就用這個思想來指導修改關於浦東開發問題向國務院的報告。我談幾點具體意見。

　　第一，開發浦東是建設「新上海」的希望，確實很重要，但是資金投入的需要量很大，建設需要的時間相當長，不可能一蹴而就，需要有個長遠的考慮。

　　開發浦東，首先要抓大交通和基礎設施建設。目前主要是搞好越江工程，延安東路越江隧道今年要盡快通車，明年上半年要全部建成；南碼頭黃浦江大橋〔1〕今年一定要動工，開工儀式要大張旗鼓；寧國路越江工程〔2〕明年也要動工；外高橋港口工程要提前建設，可以利用外資進行。這些工程搞上去了，浦東的土地使用權有償出讓（以前稱「土地批租」）才會有吸引力。因此，這是當前抓好浦東開發的關鍵所在。當然，也要同時抓緊

＊這是朱鎔基同志在聽取上海市副市長倪天增彙報江澤民同志關於浦東開發問題幾點意見後講話的主要部分。

〔1〕南碼頭黃浦江大橋，即現在的南浦大橋，是上海市區第一座跨越黃浦江的大橋，總長8629 米，主橋為高 46 米的雙塔雙索面疊合樑斜拉橋結構。工程總投資 8.2 億元，1988 年 12 月開工，1991 年 12 月通車。

〔2〕寧國路越江工程，即現在的楊浦大橋，與南浦大橋堪稱「姐妹橋」，總長 7658 米，主橋為一跨過江的雙塔雙索面疊合樑斜拉橋結構，主孔跨徑 602 米。工程總投資 13.3 億元，1991 年 5 月開工，1993 年 10 月通車。

1991 年 10 月中旬，朱鎔基就搞好國營大中型企業問題在上海進行考察期間，視察即將建成通車的南浦大橋。右二為中共上海市委副書記、市長黃菊，右六為副市長倪天增，左一為市政府秘書長、辦公廳主任萬學遠，左二為市建設委員會主任吳祥明。（新華社記者張劉仁攝）

進行浦東開發的可行性研究和規劃方案的編製。

第二，浦東地區是上海城市不可分割的一部分。要從整個上海的改造和發展來考慮浦東開發，要以綜合開發的思想來進行浦東開發。這個「綜合開發」不是把浦東同浦西對立起來自成體系，而是要把浦東建設成為上海最現代化的一個部分。通過浦東開發，使上海這個城市整體成為全國最大的經濟、貿易、科技和金融、信息中心。

浦東地區的地理條件很好，有很長的海岸線，是建設大進大出工業基地的一個非常理想的地方。浦東要着重發展工業、港口和交通運輸。浦東應主要發展現代化的，知識密集、技術密集、勞動生產率很高、原材料及能源消耗少、出口創滙能力強的工業。浦東發展工業要考慮到老市區工業的擴散。我很贊成澤民同志說的，要把老市區的工業分門別類，區別不同情況，有計劃地把一些工廠遷到浦東，有些工廠則可以遷到其他衛星城鎮和郊縣，讓老市區重新煥發青春。

當然，第三產業也需要發展，包括金融、貿易、信息等，但消費性的設施不要多搞了。重點是發展工業、港口、道路、市政設施，不發展這些，第三產業的發展也沒有基礎。可以考慮在陸家嘴地區發展金融、信息等產業，與老市區的外灘組成一個金融信息中心。外灘的銀行大樓應該逐步讓出來開設外資銀行，這對於上海的發展也是十分有利的。

第三，開發浦東，主要靠利用外資。要利用外資來搞基礎設施建設，吸引國外直接投資來辦企業。要進一步大膽利用外資，上海還是有一定還款能力的。同時，要有計劃地、積極地做好土地使用權有償出讓工作。當前首先要抓好試點。「浦東開發主要靠土地批租」，這個提法是不妥當的，是會把事情搞亂的。倒不如扎扎實實抓土地使用權有償出讓的準備和國際招標的試點，從實踐中總結經驗。

進行土地開發的形式可以有幾種，有條件的地方可以考慮使用權有償出讓，也可以與外商共同合作開發；有的土地開發可以跟外部的基礎設施

1990 年 5 月 3 日，朱鎔基出席上海市人民政府浦東開發辦公室掛牌儀式。發言者為市政府副秘書長夏克強；前排左三為副市長倪天增，左五為市委副書記、副市長黃菊，左六為市科學技術委員會副主任沙麟。

建設捆起來進行。可以先進行一些試點，但是所有房產、土地開發都要服從總體規劃的要求，在統一規劃的指導下進行。

第四，有關政策問題。凡是市裡本身能夠解決的由市裡定，不必再報告國務院。有些已經有了，如保稅倉庫，可以不再提了。其他需要向中央爭取的政策，例如減免關稅、進出口權以及合資年限的審批權等等可以提出來，再去積極爭取，希望能與廣東一樣。可以考慮向中央爭取：在確保上海財政包乾上繳基數的基礎上，從與中央超收分成中扣除浦東地區的增長部分，留做浦東的開發基金。

第五，關於浦東開發的組織領導問題，贊成澤民同志意見，政企要分

開。因此，要積極發揮三個區一個縣[1]的作用，目前，不要成立單獨的政權機構。成立一個行政區很不容易，分人、分地、分錢、分物要扯上一年，將來還要鬧矛盾，影響現實工作。按照總體規劃，讓三區一縣自己去開發，各顯神通比着幹，積極性就上來了，也不會敲市裡的竹槓了。當然，要有一個統一的規劃協調領導機構[2]，可以稱作「浦東開發委員會」或者稱「浦東開發領導小組」，歸口市外資委領導，吳祥明[3]同志可以負責抓這件事。目前可以考慮成立一個籌備機構，專人專職來抓這項工作。

開發機構要政企分開，要採用經營的方式來開發，可以由市裡，也可以由區縣自己組織若干個開發公司或諮詢公司，還可以採取中外合作的方式。

---

〔1〕三個區一個縣，指當時的上海市楊浦區、黃浦區、南市區和川沙縣。

〔2〕統一的規劃協調領導機構，指 1990 年 4 月 30 日成立上海市浦東開發領導小組，下設上海市人民政府浦東開發辦公室，作為領導小組的辦事機構，負責浦東新區開發的統籌、規劃和協調工作。

〔3〕吳祥明，當時任上海市計劃委員會副主任兼外國投資工作委員會副主任。

引入競爭，放開經營，搞活國營大中型企業 *
（1988 年 7 月 25 日）

　　今天開這個市長辦公會，主要研究怎樣貫徹全國國營企業承包經營責任制座談會的精神，研究怎樣使上海的承包經營責任制能夠配套、完善、深化、發展，把上海的企業改革推向前進。

　　7 月 1 日，我在市紡織局的現場辦公會上提出了這個問題，就是要在上海國營企業引入競爭機制。當時我沒讓發表這個講話，因為覺得時機還沒有到。現在要結合貫徹這次座談會的精神開始這個工作了，這對上海是一個很大的考驗。把今年的計劃完成得更好，迎接明年的挑戰，必須從深化企業改革着手，引入競爭機制。現在看起來，沒有競爭，企業是搞不下去的。因為企業運行有兩個環境：一個外部環境，一個內部環境，所以競爭機制包括兩個方面。下面，我想就這兩個方面講一點意見。

　　第一，實行廠長招標，改革企業內部競爭機制。

　　年初搞承包，匆匆忙忙地把它包下去，這是完全正確的，不這麼搞，也沒有今天這樣好的形勢。但是，不是說這一包下去以後，簽了合同，這五年廠長都不能動了，那怎麼應對明年的挑戰？因為前一個階段的承包基

＊這是朱鎔基同志在上海市政府第十二次市長辦公會議上講話的一部分。

本上是我們同企業一對一地談話，企業在那裡爭來爭去的主要是「進幾號門」，你給我讓多少承包基數？減稅讓利多少？都是在爭這些東西。很多廠長並沒有意識到搞承包是要把他們推向一條自負盈虧的道路，還沒有意識到自己作為一個企業競爭機制人格化的代表，真正要經過一番拼搏使企業能夠做到自負盈虧，他們沒有「我想當廠長，我能夠當廠長」這個意識。所以，工廠內部的機制不可能一簽承包合同，就自然而然地改革了。還是要先搞企業廠長的招標，再搞內部車間、班組的招標，然後搞企業內部機制改革。必須做這一系列的工作，二三月份承包時就想到下一步要搞這個事情，原來就是這麼設想的。這麼一說，有些廠長就反感了，我已經簽了合同，搞得不錯，承包基數都能完成，怎麼要換廠長？是不是我虧損了一點，完成得不太好，你懲罰我？有抵觸情緒。這個問題，要把道理跟他們講清楚。首先，廠長招標本來是《全民所有制工業企業法》的規定，廠長通過招標或者工人選舉都可以，這是主要形式，符合企業法，也符合最近國務院關於勞動人事制度改革的原則。

當然，如果外部環境不放開經營，再好的廠長也很難有所作為，所以這一次不是單純搞內部機制改革，外部環境改革也要同時進行。外部放開經營，就意味着企業享有更大的自主權，實行自負盈虧，這樣廠長的責任就更大了，搞壞了沒有人來救你了。在這種進一步的改革面前，廠長不經過選拔恐怕不行。所以，我們這一次廠長招標並不是對某些落後企業的懲罰，先進企業同樣要走這條道路，上海 1700 多個國營大中型企業都得走這條道路。再說，招標並不是一定要換廠長，主要是要換掉廠長腦子裡一套陳腐的觀念、吃「大鍋飯」的觀念，增強使命感、責任感，建立風險意識、競爭意識，讓你真正拿出本事來。

對不能當廠長的人，過去是讓他們再回原來的單位，原來是幹部還是當幹部，原來是工人還當工人，我倒不主張這樣。我主張對下來的幹部進一步培訓，給他們創造一些條件，讓他們吸取教訓，總結經驗，以後奮發

圖強，加強學習，最後再去應標，東山再起嘛，不然就帶有懲罰因素。他們工作沒有做好，有客觀的原因，不完全怪他們，當然與他們本人的素質也有一定關係。

不單是搞廠長招標，還可以搞兼併。我上次在市紡織局講，我不贊成「兼併」這個詞，兼併容易引起被兼併企業的反感。我說叫「優化組合」或者叫「緊密聯合」，由這個企業去經營管理另一個企業，他派一個廠長去，是不是可以？廠長招標以後，接着要進行企業內部競爭機制的改革，層層都要搞競爭，使能人能夠出來，打破原來那一套關係學，打破那張任人唯親的關係網，然後在企業內部進行配套的改革，搞廠內待業、廠內銀行、滿負荷工作法、群體經營工作法、全員勞動人事制度改革等，把這些辦法都拿出來。只有這樣，才能夠把職工的積極性調動起來，真正使企業自負盈虧，提高經濟效益。

第二，放開經營，改革企業外部經營機制。

企業外部機制不改革，光招聘廠長也不起作用，或者說沒有很大的作用。所以我們這一次搞，要把廠長招標和放開經營同時進行試點。當然，放開經營是逐步的，一下子也不能完全放開。比如，價格一下子放開不可能，但總是要放開一些，讓廠長有更大活力，招標才能起作用。

做好這個工作，首先要轉變各委辦局等政府主管部門的觀念。現在我們政府主管部門對企業管得很多，保得太牢，幹什麼事情都得我們插手，或者專門搞一個機構，這樣就搞得機構重疊，層層把權截留，國營大中型企業怎麼活得了？這裡我特別提醒市紡織局，他的行政干預恐怕是最多的了。這也不是紡織系統本身的問題，因為紡織工業在中國歷史最長，從解放以來紡織系統管理水平就高，規章制度比較完備，但還是計劃經濟的模式。過去差不多棉、麻、毛、絲都掌握在你手裡，你可以分配，產品可以調撥，那時有一套嚴密的制度促進生產。今天情況變了，你分錢分物，手裡沒有東西；你抽肥補瘦、填平補齊，先進的企業抱怨你，落後的企業養

成了依賴性；今天照顧這個，明天照顧那個，企業家鍛煉不出來。我不是說讓你馬上放手不管，一方面要管，一方面趕快改革，觀念上要放開，我們的思想要適應這個變化。企業放開經營就是要這樣做。

　　對那些虧損企業就讓他們招聘廠長以後放開經營，讓他們自己解決問題，自己救自己，搞不好自己垮台。怎麼樣放開經營？請市體改辦、經委、財政局、勞動局研究。當然，由於整個的體制改革還沒有到這一步，現在放開經營是存在一定的困難。我們是在創造一種小氣候，在每一個企業裡試點，一個一個企業形成小氣候，逐步影響大氣候的形成。現在還不能完全放開經營，但起碼主管機關要逐步放開，逐步少管，少加行政干預，逐

1988 年 7 月 12 日，朱鎔基在上海市虹口區考察東方箱包廠。左一為中共上海市虹口區委副書記張乃生，左二為東方箱包廠黨總支書記余蝶敏，左四為東方箱包廠廠長葉惠強。

步促進政府部門職能轉變和工作方法的改變。

最後，我就抓緊準備工作、有步驟地進行深化改革講幾點意見：

一是要做好思想輿論的準備。就是造一點輿論，從積極方面講這樣做並不是對落後企業的懲罰。實行廠長招標，上台下台是很正常的事，下台以後可以繼續培訓，可以東山再起。原來的廠長也可以應標、中標，並不是一定都要換廠長，主要是換觀念。

二是要做好組織準備。這項工作是一個比較長期的工作，在上海1700多個國營大中型企業都引入競爭機制，恐怕得搞一年到兩年才能完成。是不是一年大部分完成，兩年掃尾，行不行？研究一下。所以，搞個臨時機構恐怕不行，要搞個正規機構來進行發包、評標等工作。

三是要趕快準備企業家的後備隊伍。不養成一種招標的氣氛，不準備企業家的隊伍，是造不成聲勢，也搞不好招標的。所以從現在就要開始，由市經委、體改辦來抓這件事情，會同教育部門，制訂一個進行培訓的計劃。從各個企業選拔一批年富力強的、素質比較好的副廠長，現在就開始培養，下半年試點，明年上半年大規模推行。培訓半年，明年就管用，就可以出來應標。這些人可以到國內學習兩個月、國外學習兩個月，再到哪裡考察兩個月，就這麼搞。然後，下一批培訓時間就搞長一點，搞一年，明年下半年就起作用。區分不同的培訓層次，馬上動手，搞一個計劃，而且要搞成正規化的，培訓結束後要給這些人一個資格證書。

四是要總結經驗，做好規範化的準備。要讓已經搞的幾十個企業把經驗總結一下，理出頭緒，總結出一套如何投標、招標的辦法。

我今天出一個「安民告示」，並且宣佈，從現在起我們就要開始進行企業機制的改革、引入競爭機制的改革，通過廠長招標和企業放開經營來搞活企業。

必須解決上海的髒亂問題 *

（1988 年 7 月 28 日）

從改善投資環境來講，現在上海必須解決兩個問題，一是髒，二是亂。這兩個問題不解決，外國人不會來，吸引不來 100 億至 200 億美元的外國投資，上海振興就很困難，無法成為遠東最大的經濟貿易中心。

髒的問題要想辦法治理，這對精神面貌非常重要。現在這麼髒，士氣是振不起來的。一看這髒的樣子，就頭痛，而且髒得越來越嚴重。市政府領導和部隊同志都上街打掃衛生，但只是這麼做還不夠，解決不了問題。最近市政府下決心要改革環境衛生的管理體制，要包乾，要實行責任制。今年下半年無論如何要想出一系列辦法來解決這個問題。現在我對上海的環境衛生很不滿意，來上海的外國人也都說上海髒死了。上海的環境衛生狀況與北京、天津相比不可同日而語。髒的問題怎麼解決不了呢？我看就是因為管理不得法，「鐵路警察，各管一段」，多頭管理，無人負責。明年是上海解放 40 周年大慶，今年年底 153 億元財政收入超額完成後，明年我們要花筆錢把街頭「梳妝打扮」一番。我想，這個建議會得到市人大和市政協的支持。我們把城市街道搞得漂亮點，把環衛管理體制問題解決好，市民的精神可以大為一振。

＊這是朱鎔基同志在上海市公安局現場辦公會議上講話的一部分。

　　治亂問題由市公安局負責。我們正在搞「一警多能」、聯合治亂，要把聯合執法搞好。現在毆打公安幹警、聯防隊員、工商執法人員和教師、醫生的事屢有發生，要嚴肅處理，不然不得了，敗壞社會風氣。搞好公安工作是一件十分重要的事。要想辦法把上海的治安情況和交通秩序治理好，各方面都有法可依，而且執法要嚴。現在緩解交通矛盾是第一位的任務，市公安局要下很大力量來治理交通秩序。怎樣管理好城市是一門宏大的科學，要很好地研究。希望到會的同志都來支持公安工作，使它在短期內能有很大的起色。

對領導批辦事項要一抓到底 *

（1988 年 7 月 31 日）

學遠同志：

看來相當大一部分批辦事項都長期拖着辦不成。一是機關重疊，互相牽制，扯皮習以為常；一是主要負責同志不過問，聽之任之。我對市府機構這種狀況實在着急，有負於人民期望。

目前機構問題尚難解決，只有請辦公廳重申：一、凡我親批件必須由主要負責同志（一、二把手）親自處理，不可批給別人了事，更不能容許批件到不了局長那裡。久拖不辦要追究一把手失職。我不是說，我批的事都是最重要的，但我已過問，請有關單位一把手過問，也不委屈吧。二、凡副市長、副秘書長開會協調，一定要拿出仲裁意見，沒有把握的事可隨時直接請示市長。不解決問題，不拿出意見，就不要開會。不一抓到底，什麼事也辦不成。

朱鎔基

7.31

＊1988 年 4 月 25 日，朱鎔基同志當選上海市市長後，對有關部門報告、人大議案、群眾來信有大量批示，由於市政府辦公廳沒有建立起有效的領導批辦事項督辦制度，許多批辦事項層層轉批，往往杳無音信。這是朱鎔基同志在瞭解有關情況後，寫給市政府副秘書長、辦公廳主任萬學遠的信。此後，市政府辦公廳建立起了領導重要批辦事項的督辦制度。

學立帆：看来相当大一部分批办事项都长期拖着办不成。一是机关重叠，互相牵制，批夜习以为常；一是主要负责批不过问，听之任之。我对市府机构这种状况实在看急，有负于你期望。

目前机构问题尚难解决，只有请办公厅重申：一，凡我親批件必经由主要负责批(一、二把手)亲自处理，不予批给别人了事，更不能容许批件到处局长那里，火拖不办要追究一把手失职。我不是说，我批的事都是最重要的，但我已过问，请有关第一把手出问，也不为属吧。二，凡副市长、副秘书长开会协调，一定要拿出仲裁意见，没有把握的事可随时直接请示市长。确解决问题，确出意见，就不要开会。不一抓到底，什么事也办不成。

朱镕基
7.31.

在三次市委常委
民主生活會上的發言 *

（1988年8月6日、1989年12月20日、1990年8月24日）

一

（1988年8月6日）

　　我到上海後，總覺得不大踏實，很多事情總是在腦子裡迂迴。我過去沒有在地方工作的經驗，上海工作的頭緒紛紜，壓力很大，但是自己的心情是愉快的。因為到上海以後，澤民同志和市委常委同志們對我的工作給予充分的信任，並給我充分的支持。老同志對我很愛護，這確實給了自己思想上的溫暖。雖然工作很傷腦筋，有時甚至想實在是幹不下去了，但是想到大家還是支持我的，對我的缺點還是能夠諒解的，就感到有力量支撐。原來想上海這個攤子是很複雜的，搞得不好就會掉下去、垮下來，現在感到還是有一種信心去工作。至少到目前為止，覺得工作還是有可能做好的。我在半年工作中也暴露了很多缺點，雖然自己時常警惕，但感到改正得不夠，自己的思想意識上還存在着缺點。

　　第一，依靠組織、依靠群眾去解決問題做得不夠，特別是尊重市委的集體領導，多請示、多商量、多研究、多談心等方面的工作做得不夠。自己思想上還是注意了，市政府不單獨做出重大的決定，一些重大的決策要

＊這是朱鎔基同志三次參加中共上海市委常委民主生活會時發言的主要部分。

經過市委常委共同研究、把關。對工資、物價的問題，一些大的項目等比較大的決策，我和黃菊同志注意提交市委常委會來討論，市委確實也給我們很大的幫助，避免了犯更多的錯誤。但是有時候思想上也有點放鬆，有些問題因為緊急，覺得是不是可以就這麼決定了。這方面確有做得不夠的地方，所以最近我更加注意這一點了，以後要多依靠市委的集體領導，多商量、多通氣。

第二，在市政府領導班子裡，我覺得自己發揚民主不夠，與副市長、秘書長、副秘書長多商量，多聽取他們的意見，鼓勵他們發表不同的意見不夠。一方面，自己希望聽不同意見，但是人家一發表不同意見又往往去駁人家，這就使人家以後不大敢發表不同意見了。也就是說，自己有點自以為是，這是要很好注意的，因為上海的工作這麼複雜，靠自己的水平、精力和工作是遠遠不夠的。所以下星期，我們市長、副市長要開個談心會，互相提提意見，暢所欲言。

第三，對下級有點粗暴，總是不很耐煩。當然是從工作出發，心裡着急，但實際上每個同志都是很着急的。應該講，各委辦局的同志大多數還是兢兢業業在工作，對市委、市政府的指示是很認真對待的，特別是知道我脾氣不好，看見就有點害怕。人家正在加班加點地幹，你還要去批評、挖苦人家，實在是不近情理。這一點我確實是要很好注意，這與自己思想意識上長期的毛病有關係。我感覺到，如果讓我這個毛病發展下去，將來會脫離群眾，很多事情會辦不成、搞不下去，有這個危險，所以自己應該很好地注意。要真正和下面的同志同甘共苦，虛心地傾聽別人的意見，下去多做一點像樣子的調查研究。上海的事情，不脫層皮，是很難解決問題的。我越來越體會到，要解決上海的問題需要有百折不撓的精神，真正與群眾建立血肉聯繫，不是那麼容易的。所以，我應該正視自己的缺點，希望同志們幫助。

二

（1989 年 12 月 20 日）

　　我本人的工作作風、工作方式或者說思想意識方面的問題，主要的是兩條：一是對幹部要求過嚴，過分了，不利於調動幹部的積極性。二是發揚民主、實行黨的民主集中制、聽取不同意見方面不夠。

　　這兩個問題是有聯繫的，對自己的思想意識、多年來的缺點，一直沒有很好地克服。很多問題上自以為是，比較主觀，看一些問題有時比較片面。一年多來，這些確實也引起了自己的注意。現在有些局長反映比較怕我，因為我沒到上海工作時，上海就傳得很厲害，說朱鎔基厲害得不得了，見面就給你下不了台，所以一看到我就害怕。後來跟我接觸，大概體會到我不會整人，講完就完了，但是確實也感到難以相處。我覺

1989 年 4 月 18 日，朱鎔基在上海市政協與政協委員座談並講話。前排右二為市委常委、市委統戰部部長、市政協副主席毛經權，右三為市政協副主席張瑞芳，右四為市政協副主席嚴東生，左一為市政協副主席陳銘珊。（郭天中攝）

得這個毛病在於自己對很多工作急於求成，往往不能設身處地體諒下級的困難，要求過高，所以一講到什麼問題就很急，好像非要人家很快解決這個問題不可，往往給人家下不了台。一個局長，人家也是個不小的官，幾十歲了，你當面給人家下不了台，確實使人家以後不願給你提不同意見了，這樣就堵塞了言路，不利於黨的工作。這個毛病恐怕不單是對下面，有時候對一些老同志也有不少冒犯之處，這應該引起自己很好的注意。

民主集中制問題，我覺得這個非常重要。澤民同志離開上海以後，我覺得自己的擔子是很重的，作為一個主要領導，我缺乏這種能力和素質，也缺乏這種鍛煉。自己兢兢業業，總是想發揚民主，綜合集體的智慧，搞得穩一點，做決定的時候多聽各方面的意見。自己想這樣做，但還是有很多缺點，今後應該很好地注意，應該感到自己擔子很重，穩定上海這個責任很大，在黨性方面應該要求自己更嚴格一些。昨天國棟[1]、行志[2]同志講得語重心長，我們能不能接好這個班，確實是應該謙虛謹慎。我在這裡想，不光我一個人，我們整個市委常委班子大家都要謙虛謹慎，但我是主要領導，我不謙虛就更不得了。上海的很多工作還沒有做好，上海的工作如果能做得更好，將對穩定大局、幫中央分憂起很大作用。我們實際上沒做得那麼好，我們應該更加謙虛謹慎地對待上海的工作。為了保證把工作做好，這次在北京和澤民同志來上海時，我都跟他說了，我還是應該把自己工作的重點放在市委，主要是多考慮黨的建設方面的問題、黨風的問題，多做一些幹部的工作，多聽取一些老同志的意見和各方面的意見，把黨建設好，把黨風整頓好。所以我請示了澤民同志，也和黃菊、邦國[3]同

---

〔1〕國棟，即陳國棟，當時任中共上海市顧問委員會主任。

〔2〕行志，即趙行志，當時任中共上海市顧問委員會副主任。

〔3〕邦國，即吳邦國，當時任中共上海市委副書記。

志商量了，今天和各位常委、老同志商量，我是想這樣：政府工作主要由黃菊同志協助我抓起來，實際上主要由黃菊同志擔負起來；市委工作，即使我把工作重點放到市委這邊來，如果我完全陷到市委的所有工作裡面去，也還是不可能考慮大一點的問題，而且這方面我也不如邦國同志熟悉，所以我希望市委工作由邦國同志協助我全面抓起來，我希望主要由邦國同志抓起來。這樣我就能稍微超脫一點，多做一點調查研究。昨天行志同志也贊成，我明天就想到農村去，到一兩個縣裡去調查，研究一下黨的思想建設、領導班子建設和基層組織建設。宋平同志特別講了這三個建設，我認為是非常重要的。現在農村問題很多是發生在黨內的問題，也就是領導班子問題和基層黨組織不起作用的問題。多做這方面的調查研究，在一些大的問題上能提出一些意見。

明年困難還是很大，要穩定上海也不是那麼容易，我心裡想一個很主要的問題，還是抓黨風建設，我就是希望超脫一點，來抓這件事。黨風建設的主要內容是廉政，廉政實際是黨風好轉的最低綱領、最低要求。現在上海廉政有一點基礎，但真正搞好廉政建設，還是要抓好黨風，還是要抓黨的建設、抓領導班子的建設、抓思想建設。

三
（1990 年 8 月 24 日）

關於廉政問題，市紀委徵求的意見中，對我提得還是比較少，不是說我沒有多少問題，嚴格地講，自己還做得很不夠，今後還要注意。今天大家對我的思想作風、領導作風、民主集中制方面提出了意見，我先把市紀委的徵求意見中對我的意見念一下：「大家感到我們在參加的一些會議上，經常聽到鎔基同志十分嚴厲地批評某某同志，要撤某某同志的職，這樣有副作用，好像他的權力大得無邊。他們提出，批評要看對象，

要有一定範圍，現在市委、市政府好像只有朱市長的話才頂用，這樣長久下去並不是一種好現象。許多同志見到朱市長不敢講話，反正你說什麼，就按你的辦，幹好幹錯都是你朱市長的。近期鎔基同志要注意克服這個缺點。還有的同志提出，在抓廉政的同時，注意多關心機關幹部的生活，多找委辦主要領導談心。」昨天我找出了上一次民主生活會的記錄，當時大家都交了心，我看了當時我作的檢查就是這兩條。第一條是對幹部批評過多，有時要求過嚴、過分，這不利於調動幹部的積極性。現在看起來，我對自己的要求還不夠嚴格，檢查還不夠深刻。同志們提出我有些批評不恰當、不符合實際，或者說不公正，這樣幹部很難接受，也挫傷了幹部的積極性。去年我檢查說，我在發揚民主、實行黨的民主集中制、聽取不同意見方面還做得不夠。今天檢查起來，恐怕我這個毛病自上次檢查以來沒有改好。國棟同志、行志同志多次語重心長地給我提出意見，我也感覺到對這個問題應該引起注意。我接到的人民來信，對我也有不少意見。一方面是今年以來工作中困難比較多，有時急於求成，有時覺得在困難面前辦法不多，心情比較急躁，因此對幹部的批評比較嚴厲。另一方面，也確實滋長了一些驕傲自滿情緒，對很多問題自以為是，不夠謙虛謹慎。有一個階段，記者要求採訪我、約我寫稿的多得不得了。對此我一概拒絕，不搞專門採訪，也不寫文章，但是我們的報紙有時登我的消息比較多。過去比較注意，這一次上海謠傳我跑到美國去不回來啦，所以我回來後，允許報紙這幾天天天有我的消息。我注意到了，到此為止，以後不能再搞了。特別是「某個事朱市長一批示，問題才解決」這種報道千萬不要搞，大家會說，如果他不批示呢，是不是上海什麼事也不能辦了？就是說，自己一是急躁，一是有點自滿，因此批評下面的多，和市委常委、市委領導核心交換意見少。

　　總之，大家給我提的意見都是很好的。從去年到現在，我這個毛病改

得不得力，我應該警惕。我的氣量也太小，剛才力平[1]同志給我提了意見，我一下子把你打回去了，你來一條，我給你一條，這不好，在別的場合給你提不是更好嘛。剛才我給經權[2]同志提出他缺乏自我批評，實際上我也缺乏自我批評，這要引起我的警惕。

另外，國棟同志講要我超脫一點，我確實做得不夠。我抓經濟工作、抓政府工作、抓具體工作比較多，也比較熟悉，因為我是搞經濟工作出身，說老實話，我在這方面看問題比別人看得清楚一點，因此抓得多一點，但抓思想政治工作、抓市委的工作、抓政策研究方面的工作少一點。而政策和策略是黨的生命，我在這方面抓得不夠，今後要努力。我還是希望明確這一條：黃菊同志負責市政府的日常工作，邦國同志負責市委的日常工作。這不是我叫你們這樣的，這件事是當面請示過澤民同志並經過市委常委會同意了的，所以你們有合法的權力來做這件事。現在就是你們管，這是委託你們了，但是我應該為你們創造條件，這也是對的。我有時為你們創造條件不夠，以後還要多談談心，多商量。其他每個市委常委都要負責自己分管方面的工作。一方面，我責無旁貸，應該和大家多談心，多交換意見；另一方面，請同志們大膽地、獨立地負責，把工作抓起來，出了錯，我負責，我絕對不會把責任推卸在你們身上。

今天就談到這裡。公琦[3]、文義[4]同志，我們以後再找機會交交心吧。

〔1〕力平，即王力平，當時任中共上海市委常委、市委秘書長。

〔2〕經權，即毛經權，當時任中共上海市委常委、市委統戰部部長、市政協副主席。

〔3〕公琦，即葉公琦。

〔4〕文義，即徐文義，當時任上海警備區司令員。

要大膽利用外資 *
（1988 年 8 月 10 日）

振興上海只有進一步開放，執行沿海地區經濟發展戰略，大進大出，大量吸引外資，否則的話沒有出路。我不排斥搞國內大循環，加強同兄弟省市的橫向協作、聯繫，盡可能多地使用國內原材料，但從現在情況看，這方面的困難越來越大。上海這麼一個「龐然大物」，不靠國際資本是「救」不了的。

上海城市建設欠賬多，沒有幾百億美元的資金投進去，很難改變面貌。辦這件事，只有大量地利用外資。大量利用外資，要具有還款能力；而要具有還款能力，就要有東西出口創滙。這樣就要大力改造現有企業，增強企業的出口創滙能力。有了產品，還要打通出口渠道。因此，我認為上海的企業只有與外國合資經營，把外國企業家吸引進來，使產品能夠打入國際市場，上海才有出路。也只有在這個基礎上，保證有東西出口創滙，我們才敢借世界銀行和國際貨幣基金組織等的幾百億美元貸款來改造城市的基礎設施。

利用外資加快城市建設的步伐，這方面潛力很大。我認為，現在上海利用外資還不夠。最近我同澤民同志商量，我們都認為應該擴大利用外資，

＊這是朱鎔基同志與新華社記者談話的要點。

1989 年 2 月 28 日，朱鎔基出席中國人民建設銀行上海市分行 1.28 億美元銀團貸款協議簽定慶賀酒會並講話。

改造城市的基礎設施。現在的問題不是該不該擴大、加快利用外資，而是我們的配套人民幣和建築施工力量能否跟得上。現在，我們利用外資的步子太慢。中央批准上海在「七五」期間可以利用外資 32 億美元，其中 14 億美元用於城市基礎設施建設，而至今用了不到 1 億美元。我同甘子玉同志談過，他說，只要上海有本事利用外資，不限制在 32 億美元，能用多少算多少。黃浦江上游引水工程，是解決市民飲水的大問題，非解決不可。去年搞了引水一期工程，第二期工程因缺少資金停了下來，我說二期工程完全可以利用外資來搞。

現在肯借錢給上海的外國人多得很，世界銀行就已承諾每年借給上海

2 億美元，其中軟貸款 5000 萬美元。到「七五」末還有兩年半，我看計劃用於城市基礎設施建設的 14 億美元根本用不完，按現在的進度只能用掉 5 至 8 個億。為此我已出了題目，讓市計委、建委等部門趕快做文章，要求外高橋港口、虹橋國際航空港、黃浦江大橋、地鐵等工程趕緊開工。除了這些大型市政建設工程外，還可以安排一批基礎設施項目。錢不夠，就大膽利用外資。我不愁沒有還款能力，因為計劃利用的外資 32 億美元中，除 14 億美元用於城市基礎設施建設外，還有 13 億美元用於技術改造、5 億美元用於發展旅遊等第三產業，經多方計算，32 億美元完全可以還。這些外資的貸款條件是很優惠的，要十年以後才還款，難道上海連這點本事也沒有？所以，只有大膽利用外資，城市基礎設施建設才能真正搞上去，上海才有希望成為一個國際城市。

上海的投資硬環境雖然有不少問題，但是經過三到五年的有計劃改造，可以取得明顯的改觀。就現有的硬環境來說，無論交通運輸、電信電話、旅遊設施、飯店配套等，像上海這樣的條件在全國也為數不多。但現在管理問題很多，因此，關鍵要抓軟環境建設。近年來，上海的投資軟環境有了一定的改善，但還很不夠。「一個圖章」機構目前只是解決項目審批問題。如果廠長的觀念不轉變，想與人家合作、合資經營，又只想「吃肉」，不肯「啃骨頭」，尤其看到人家賺的錢多，總覺得自己吃了虧，使很多生意做不成，這樣，軟環境再改善也沒有用，因為到不了項目審批這一關，就把外商都氣走了。我一直說，人家賺得多，是人家有本事，等你有本事了，再去多賺點，現在把項目搞吹了，什麼也賺不到。這裡有一個觀念轉變的問題。現在上海正處於發展的轉折點，廠長的觀念不轉變，不能適應這個歷史的轉折，外國人就不會來上海投資。請葉龍蜚同志細心收集一些在對外談判過程中領導思想不解放、廠長觀念不轉變的例子，到處去做報告，促進上海企業家的觀念轉變。

吸引外國的直接投資，不要只想在一個項目裡賺多少錢。多搞幾個合

資項目對我們有好處，能多少帶一點產品出口，多少帶一點技術進來。對每個項目來說，不要求賺得太多，起碼稅收增加了、影響擴大了。將來，上海的企業應同外國先進企業搞合資經營或者進行其他各種形式的合作，才能儘快改變自己的落後面貌。當然也不是什麼項目都來，污染多的不行，佔用太多勞動力，上海也搞不起。現在國內是賣方市場，生產出來的東西質量再不好也有銷路，我們要能夠把產品打到國際市場上去，這才是真本事。看來，沒有同外國企業合資經營或其他合作形式的推動，企業整頓、技術改造也不容易搞好。

市外資委今年無論如何要多搞幾個合資經營項目，搞幾個大項目。只要我們扎扎實實地工作下去，過了今年，就有可能逐步形成外國企業家來上海投資的高潮。當前，要趕快改善軟環境，促進這一高潮的到來。

促進科技和生產緊密結合 *

（1988 年 8 月 12 日）

　　科技是振興上海的一個法寶，這個觀念要深入人心，要把科技和生產結合這個課題做好。今天，我想和同志們談談來上海工作後瞭解的一些情況和看法，從宏觀上探討一些問題。

　　第一個問題，發揮上海的科技優勢、促進科技與生產緊密結合，是振興上海經濟的根本措施。

　　（一）上海目前的困難。

　　上海目前經濟發展遇到了許多困難，關鍵是原材料緊缺，而且價格上漲，造成經濟效益不高，各方面的矛盾加劇。為此，市委、市政府多次研究，打算採取以下措施：第一，調整產業結構。上海不能只搞加工工業，也得趕快搞幾個最緊缺的、經濟效益最好的原材料項目。比如冷軋薄板一解決，洗衣機、電冰箱、食品包裝等輕工產品都可以發展起來。又如塑料、化學纖維、石化原料等項目，資金投下去，一兩年就可以發揮效益。這樣，兩年以後上海的日子就會好過一點了。第二，發展橫向經濟聯合，搞國內大循環。要和兄弟省市簽訂長期的合同，或投資，或產品交換，或補償貿易，使上海能夠穩定地得到一些原材料。

＊這是朱鎔基同志在上海市科技工作會議上講話的主要部分。

但是，搞原材料完全立足於國內是不行的，完全立足於上海更不行，還是要靠大進大出，原材料靠進口，產品要能出口。像上海現在這樣的老產品是很難出口的。要出新產品、出緊俏商品，真正向高質量、高檔次發展，這樣的產品才有可能打進國際市場。即使再漲點價，提高一點利潤率，人家還是會樂意買你的東西的。質量是產品的生命，是企業的生命，也是上海的生命，上海的廠長們一定要認識到這一點。只有增加品種、提高質量，產品才能實現優質優價，從而提高經濟效益來對付原材料漲價的壓力。這要靠生產和科技相結合，當然也要靠管理。科技與生產結合，再加上先進的、嚴格的管理，才能出新產品、出高質量產品，使同樣數量的原材料和能源創造出更高的附加值。只有這樣，上海的經濟發展才有廣闊的前景。

（二）科技與生產結合，要打開思路，從各方面來考慮。

第一，搞高科技的產品。當前要按照市「七五」計劃的要求，努力發展微電子技術、光纖通信、程控電話、生物工程等。

第二，抓重點支柱產業和技術、知識比較密集的產品。當前要抓緊搞好市政府已確定的 14 個大項目。這些項目搞出來以後，能夠把整個上海的產業效益促上去，使上海的工業技術水平上一個台階，促使這些項目的產品打到國外去。

第三，把高技術與重點支柱產業結合起來。要設法在機電、輕紡行業採用電子技術或者其他技術，這樣，產品的產值、價值就大大提高了，就是新產品了。美國通用汽車公司花了幾十億美元買了一個航天工業公司，其着眼點就是要把航天技術應用到汽車工業上去，他們的眼光是看得很遠的。上海如何來抓好機電一體化這個大題目，很值得機電、儀錶和紡織、輕工等行業的同志好好研究。只有把機電一體化的問題解決了，才能真正提高產品的價值。

第四，把高技術應用到各種消費品中去。這個市場最大。南朝鮮的電子工業力量不是很雄厚，但他們善於將電子技術廣泛應用於各種消費品，

現已在美國市場上佔有很重要的地位。各種各樣的消費品中，加進些電子技術或生物工程技術或其他什麼技術，在市場上就備受青睞，特別暢銷，很能賺錢，利潤率也大大提高。上海這方面的能人很多，科技基礎比較強，大家都在這方面動腦筋，千方百計地把產品改進一下，價值就大大提高了，這就是消化嘛！不能靠老面孔去漲價，要靠科技、質量、品種去提高產品的身價，這樣才能對付原材料漲價的壓力。遺憾的是，我們不少的企業、廠長們還沒有認識到這一點，我非常着急。上海的產品眼下還好銷，但應該看到，上海產品在全國的銷售額比重、地位已在大幅度下降，廣州等地的產品正在取而代之。例如武漢市場原來上海等地的產品最多，現在那裡的廣東產品已基本上代替了上海的產品。有消息說，現在廣東的鐘錶行業正瞄準上海市場，廣東與香港合作的華港公司要到上海來設廠、投資。人家有本事「打進來」，上海人為什麼沒有本事「打出去」呢？為什麼有些本是上海的優勢卻反被別人佔去了呢？形勢岌岌可危啊，上海人應該奮發圖強，不能再自滿下去了！老大自居、故步自封已經不行了，大家應該拍案而起！上海哪一點不如人家？科技力量比人家強，為什麼就搞不過別人？上海完全有能力保持全國第一的優勢地位。

第二個問題，企業是科技和生產結合的主要戰場，或者說是主要的基地。生產企業要防止短期行為，科研單位要面向生產企業，為企業服務。

這次會議上，同志們反映較強烈的問題有兩個：一是科研經費要增加，二是科技人員的待遇要提高。解決這兩個問題光靠政府的財力是有限的，我想還是要企業拿點錢，因為企業是第一線，是考驗科研成果是否真有經濟效益的一個試驗所。科技究竟有沒有成果，就是看它能不能變成工業化批量的大規模生產，發揮經濟效益，賣得起大價錢。我這裡講的主要是指應用科學，基礎科學那當然是另外一回事，我們還是要花錢的。大家都要明確這樣的觀點：企業真正想擺脫困境，走上振興之路，必須依靠科技的力量，不要搞短期行為。靠拼一點設備、搞一點小動作，一兩年也許能把

1988 年 8 月 12 日，朱鎔基在上海市科技工作會議上講話。右二為市委副書記、副市長黃菊，右三為市人大常委會副主任李家鎬，右四為副市長顧傳訓。

生產搞上去，發一大筆獎金，但這不是企業家的正路。真正的廠長是非常懂得科技的重要性的，會主動去向科研單位求教，並積極應用最新科技成果的。科研單位不能關起門來搞科研，要主動為企業服務，到企業裡面去搞科研，這樣搞出來的科研成果更適合企業發展的需要，容易馬上見效。所以，我們必須把企業搞活，使企業有足夠的資金來發展科學技術。現在市政府要求儘量減少對企業的攤派，減輕企業的負擔，讓企業的錢越來越多。比如現在對企業財政包乾就一定五年不變，五年之內多賺多少錢都是企業的。企業搞活了，有了錢，不要老是發獎金、發實物，搞鋪張浪費，要把這些錢用到技術改造、技術進步和產品開發等方面去，以提高企業的競爭能力。當然，現在企業還不夠活，負擔也比較重，資金很困難，那就通過貸款來解決。貸款也要企業來貸，這樣才能鑒定科研成果有沒有應用

價值。我們想以此來促進科技與生產的結合。

科研和生產單位共同抓引進技術，儘快進行消化吸收，這是科技與生產結合的一個最重要的方面，要花主要的力量搞這件事情。現在世界已經進入了信息時代，各種技術都可以通過不同的渠道得到。我們要把得到的科研成果和技術儘快組織消化吸收，使之國產化，這樣技術水平才能很快上去。但現在國產化的阻力非常大，首先，搞技術引進時企業不想讓科研單位插手，這個很不好。企業再怎麼熟悉這個行業，也不一定完全瞭解國際上的發展方向和哪個技術最先進。搞消化吸收，由於企業往往只局限在工廠裡，不願找科研單位，市裡主管部門要花很大力氣來協調。希望科研單位要主動上門服務，企業不讓你參加，你就來市裡告狀嘛。這次討論中，中央在滬科研單位和院校反映他們有「報市」之心，卻難覓「報市」之機。不管這個情況是不是完全屬實，不讓他們參加，那怎麼行呢？如全市 14 項

1988 年 8 月 12 日，朱鎔基在上海市科技工作會議上向榮獲國家級科技進步二等獎、上海市科技進步一等獎的代表授獎。左二為市委副書記曾慶紅，左三為副市長劉振元。（周先鐸攝）

重點攻關項目，絕大部分中央在滬科研單位事前一點消息得不到，等知道之後，任務已經分得差不多了。這樣的做法不好。今後搞科研項目要搞招標，擇優選擇，誰有本事誰來幹嘛，一視同仁。大家都是中國人，大家都是上海人，怎麼能讓他們「報市」無門呢？這個工作要改進。「桑塔納」轎車國產化項目，我一再講不要搞「上海」牌，要搞「中華」牌，但現在連「上海」牌都沒搞好，上海好多單位都參加不了。要做到真正的公平的競爭，去選擇最好的合作夥伴，把上海建設為全國最大的轎車生產基地。希望全市的科研單位也不要做客人，你們也是主人，誰不讓你們參加，你們一要爭，二是「鬧」，三就「告」。總之，大家都來積極參加科技與生產的結合，把上海的力量都充分發揮出來。

第三個問題，引進競爭機制，是促進科技和生產結合的重要動力。

引進競爭機制，是搞社會主義商品經濟的一個非常重要的原則。上海實行了幾十年的計劃經濟體制，養成了吃「皇糧」的依賴思想，缺乏競爭意識，現在要改變這個局面。根據全國國營企業承包經營責任制座談會和中央領導同志講話的精神，上海準備在企業裡引入競爭機制。一要改革內部機制，改革人事制度、勞動制度、工資制度，優選經營者；二要使政府各委辦局放權，讓企業放開經營，增強國營大中型企業的活力，讓廠長們到國內外市場上去顯身手。不要再依賴市長了，自己到市場上去捧打滾爬吧！在商品經濟的海洋裡，一個廠長光懂技術不行，還得懂管理、懂經營等等。光懂技術是不能把廠辦好的，廠長一定要刻苦地學管理知識。我們要有計劃地培訓廠長和企業家，使他們有獨立見解和判斷能力，有很強的組織領導能力，懂技術，會管理，善經營，又富於開拓精神。這樣工廠就有生機了。我在閔行開座談會時對四個大廠[1]的廠長說，你們一直講「體

---

〔1〕四個大廠，指位於上海市閔行區的上海電機廠、上海汽輪機廠、上海重型機器廠、上海鍋爐廠四個特大型企業。

腦倒掛」，為什麼不能在你們廠裡改變一下「體腦倒掛」的狀況呢？企業是主戰場，從這裡做起嘛！先在工廠裡試點，把技術人員和工人的工資檔次稍微拉開一點不行嗎？這還是要廠長敢管，有一套本事。在工人中推行效益工資，在科技人員中間搞獎勵，提高他們的待遇，把人留住。這得有魄力，有魄力才能改革，把企業內部搞好，不要老是希望上面有什麼政策，你們自己可以幹嘛！所以，企業要引進競爭機制，把錢往科技方面投，科研單位任務就有了，錢也有了，待遇也能改善了。科研人員生活改善一點，待遇提高一點，我想工人也會理解的，因為他知道沒有科技、沒有這些得力的科技人員，效益提不高，獎金也發不了。鄉鎮企業不惜重金聘請科技人員，國營企業為什麼不可以？當然，改善科技人員待遇也不能搞平均主義，否則工人也不服氣。不搞平均主義就要不怕得罪人。怕得罪人，廠長也當不好。另外，科研單位也要搞競爭機制，搞投標、招標。搞14個重點工業攻關項目花一點錢，也不能搞平均主義、撒胡椒面，還是要搞競爭，把有本事的人放在重要的崗位上，才能把科技和生產結合的事業推向前進。

第四個問題，全社會都要尊重人才，科技人員也要立志獻身事業。

大家都反映，現在尊重人才是個很大的問題，尊重知識、尊重人才現在還很不夠，所以上海的人才留不住。上海要是留不住人才，振興就無望了。日本駐滬總領事館門口要出國自費留學的排那麼長隊，去「洋插隊」。這些同志要出國還是可以的，上海人多，走一點問題不大。我不主張收錢卡住他們，他們為了去「洋插隊」、賺點錢，要出多少錢，他們都願意投下去，何必傷那個感情呢？我是主張做思想政治工作，把人才留住。如果是真正的人才，我們又離不開他，要做思想政治工作不讓他走。華東醫院領導採取個別談心的辦法，從各方面去做思想政治工作，頗有成效。我想，每一個企業都要這樣做工作，和知識分子談心，說清楚目前是苦一點，但我們會逐步採取各種政策解決這個問題。上海的前途是很光明的，上海的客觀條件是很好的，大家一起艱苦奮鬥、團結一致，幾年就能初步改變面

貌，十幾年以後就會有相當大的改變。那時候，我們會為做一個上海人感到光榮。我們希望用這樣深入細緻的思想政治工作把人才留住，我們的人還是有事業心的，特別是共產黨員，有理想，還得做出一點奉獻。我們要通過艱苦奮鬥，才能獲得更好的物質生活。我想只要從這方面去做工作，是能夠把上海的人才留住的。尊重知識、尊重人才、留住人才，我相信，經過大家努力，這個問題還是可以解決的。

獎金要起到獎勤罰懶的作用 *
（1988 年 8 月 13 日）

　　廠長只是依靠發獎金來調動工人的積極性不是辦法。現在上海的獎金發得不少。恐怕除個別地方外，上海的獎金水平在全國是屬於第一流的。有人說，上海對國家的貢獻很大，獎金水平就應該高。對這個問題要有正確的認識，上海的勞動生產率比較高，是歷史形成的，不完全是靠上海自己的本事。客觀上講，一是靠吃外地的廉價原材料；二是中央對上海的支持和返還的稅利也很多；三是原來相當多的工業設備集中在上海，底子比較好。因此，講「上海勞動生產率高，獎金水平就要高」的理由是不能成立的，也是得不到全國人民的同情的。

　　今年上半年，上海工資、獎金增長 21.6％，其中獎金增長 30％以上。不僅今年水平高，而且這幾年增長都是 20％多。今年上半年的物價上漲指數是 18％，扣除這個因素，工資、獎金還是增長了 3.6％，而勞動生產率下降了百分之一點幾，這是違反經濟規律的。再這樣搞下去，勞動生產率下降，生產停滯，財政滑坡，獎金還發那麼多，上海是支持不下去的。

　　為什麼現在大家還感到獎金發得少，收入趕不上物價上漲的水平？我看有這麼幾個因素：一是漲價心理。只看到物價上漲的一面，看不到工資、

＊這是朱鎔基同志在約見企業界部分上海市人大代表和市政協委員時談話的一部分。

獎金也在提高的一面，更不相信工資、獎金的增長幅度已超過了物價上漲幅度。現在必須抑制這種漲價心理，穩定人心。不然大家都感到恐慌，都到銀行去提存款，出現搶購風，就不得了了。我們一定要採取對策，靠多發票子是不行的。獎金發多了，沒有東西，這獎金是不起作用的。二是確實有一部分職工的實際生活水平是下降了。由於種種原因，一部分人的工資、獎金增長低於物價上升，但畢竟是少數人。三是攀比心理。賓館、合資企業的職工收入過高，影響國營企業職工隊伍的穩定。最近，我們下決心要把錦江集團和其他賓館、飯店的獎金水平控制住，逐步縮小他們與其他行業的收入差距。合資企業發高工資，不是外國人搞出來的，而是中方人員自己想多拿錢搞出來的。將來上海很多企業都會以各種形式與外國人合作，合資企業工資太高了，外國人就不願來投資，結果是自己害自己。我已經請市外資委研究一個大政策，無論如何要把合資企業的工資水平控制住。與此同時，現在發獎金搞平均主義，多勞不多得，少勞也沒少得，虧損企業也照樣發獎金，沒有起到獎勤罰懶的作用。我在閔行區瞭解了四個大廠[1]的情況，他們發獎金都要互相通氣，大家水平差不多，不敢得罪工人。這樣下去，「體腦倒掛」沒改善，幹好幹壞一個樣，獎金沒少發，生產積極性卻難以調動起來。解決這個問題，關鍵在於改變企業的內部機制，就是引入競爭機制，靠真本領把效益搞上去，然後根據效益發獎金。當前的問題不是工資、獎金的漲幅趕不上物價增長，關鍵是要打破平均主義，拉開收入檔次，在企業內部引入鼓勵先進、鞭策落後的競爭機制。

---

〔1〕見本書第 164 頁注〔1〕。

法制工作要講求實效 *

（1988 年 8 月 15 日）

　　我們現在是一個法制很不完備而且缺乏法制傳統的國家，一下子要制定很多法律、法規有相當大的困難。你把一些做法變成法律，總得考慮它們要有長期性、穩定性、嚴肅性，不能老是改。今天剛發佈，明天就改，就沒有嚴肅性了。

　　同時，法律、法規要有權威性，公佈以後必須執行，如果老是做不到，立法就沒有多大意思。所以我想，在當前情況下，還是要實事求是，一時還不成熟，不能列為法律、法規的，還是多搞些政策性的規定、條例為好，要講求實效嘛。對某個問題做幾條規定，順應潮流作為政府的政策去辦，經過幾年實踐證明這個問題可以立法了，再去立法。

　　立法要講求質量，不要追求數量，任何一項法規絕對不是人大通過後自然而然就有權威了。我們各個委辦局還是要把重點放在調查研究、制定政府的政策上，使政策適合於現實情況，不斷地修改完善，同時加強宏觀管理、政策管理，然後挑選其中為當前所必需、有緊迫性的，而且比較成熟的，把它上升為法規，使大家能夠更嚴肅地執行，不成熟的不一定強制性地這樣做。1986 年國務院通過的《工業產品質量責任條例》，就是國務

＊這是朱鎔基同志在上海市政府第十五次市長辦公會議上關於市政府法制工作的講話。

院委託我主持起草的，我是一條一條摳的。我在起草時深刻感到，要真正加強質量管理，每一條規定都要有處罰條款，沒有處罰條款，就會成為空話。比如拿工業酒精配酒毒死人等，凡是由於食品假造假冒害人致死的，要依法追究刑事責任，我就把這些寫上去。有人說這不行，太具體了。我說，不具體都是等於零的。所以，我還是堅持認為處罰條款要比較具體一點。各委辦局的領導同志、市政府的領導同志本身要重視法規，重視宏觀管理，不要今天形成法規，明天依舊想怎麼做就怎麼做。

要牢記我們是人民公僕 *

（1988 年 8 月 16 日）

鮑友德同志：

　　此事終於辦了，這是好的。但本是一件好事，卻拖了一年多，都在上海，又不去弄清楚，弄得投訴無門，老百姓只有「寄希望於市長」，稅務局並無半點自我批評。我希望你抽半個小時聽聽俞春山校長的意見，可能會有啟發。財稅部門權力很大，要牢記我們是人民公僕。

朱鎔基

8.16

---

* 1988 年 5 月 23 日，上海市工藝美術學校校長俞春山給朱鎔基同志寫信，反映該校將一位老畫家於 1987 年 4 月捐贈的 40 幅作品變賣後建立獎學金，申請免稅，但有關部門拖延一年多不予答復。6 月 9 日，朱鎔基同志批示上海市財政局局長鮑友德會同相關部門處理，並要求報告結果。8 月，上海市稅務局做出妥善處理。這是朱鎔基同志就此事寫給鮑友德的一段批語。

剑友德昨，此事终于办了，这是好的。但亦是一件好事，却拖了一年多，都在上旬，又不去弄清楚，弄得投诉无门，老百姓还有"寄希望于市府"，我家却并无半点自我批评。我希望你抽半个小时听一听俞青山校长的意见，可能会有启发。财经部的权力很大，要牢记我们是人民公仆。

朱镕基
8.16.

信訪工作是聯繫人民群眾的重要方式 *

（1988 年 8 月 17 日）

　　我對信訪工作是重視的，因為我總覺得這不只是簡單的處理來信和接待來訪，實際上是我們黨和政府聯繫人民群眾的一個很重要的形式。聯繫人民群眾可以有很多形式，如直接的訪問、調查研究、深入基層、開座談會、對話等等。現在有很多同志要見我，不是我架子大，實在是沒有時間。所以，只能通過信件這個方式聽取群眾的意見。我深深感到，我們離開人民群眾就一事無成。通過信訪工作，不但能跟人民群眾建立一種信息的聯繫，而且可以促進我們同人民群眾建立起血肉關係。群眾來信並不完全是涉及他們的個人利益，有好多是對我們整個政府工作提意見。他們很熱心，如果我們置之不理，那人民群眾怎麼能有積極性呢？相反的，我們對來自人民群眾的呼聲、來信來訪件件有着落，他們感到投訴有門，提出的意見受重視、有着落，他們的積極性就能調動起來，一傳十、十傳百，就會造成很好的影響。所以，我覺得應該把信訪工作看作是我們黨和政府取信於民的一個非常重要的工作。

　　今年 5 月份，我收到人民來信 3696 封，6 月份 2453 封，7 月份 2710 封，加起來 8859 封。這些信我當然不可能全看，現在市委、市政府信訪辦有好

＊這是朱鎔基同志在上海市信訪工作會議上講話的主要部分。

1988年8月17日，朱鎔基在上海市信訪工作會議上講話。右一為副市長倪鴻福，右三為市委常委、市委秘書長王力平。

幾個同志幫我做這件事情，他們能夠辦的就請有關部門去辦，重要的信給我看，辦不動的要我看，每個月還有總結。市信訪辦的同志是非常辛苦的，他們很負責任。從來信中看，要求解決個人問題的約佔一半，有4486封，如歸還私房沒有落實，或者「文化大革命」期間抄了他的家，抄走的東西沒有退還等；有40％，3000多封信是對市政府提出的建議。所以我感到，上海人民還是非常關心全局、關心大事的。從這些來信，我覺得至少可以得到三個好處：

第一，使我們能夠更好地正確認識形勢，瞭解群眾的脈搏、人民的情緒、大眾的要求。從這些來信裡面能夠看到上海的老百姓在想什麼、要求什麼，能夠使我們更加全面、更加正確地估計當前的形勢。這裡面不少來信是發牢騷的，但是有好多來信是表示對市委、市政府有信心，而且表示要盡自己的力量來參加振興上海的事業，這些信件使我很感動。有個作者

去了信訪辦，把人民來信中一些很感動人的內容摘錄出來，登在上個月的《上海灘》雜誌上，摘得非常好。這些信對我們也是一種鼓舞，使我們感到，只要我們稍微做點努力，老百姓還是看得見的。其實，本屆市政府成立也就三個月，我們沒做多少事情，但人民就支持，感到有希望和信心，這對我們是個鼓勵。當然裡面也有很多人表示要拭目以待，有的寫得不那麼客氣，但都是老實話。這使我們要警惕，工作還是要扎扎實實，多做少說。

第二，使我們能夠正確地估計政府工作的成績和政府工作人員的素質。對政府的工作究竟評價如何，市民自有公論。有些事情做了沒多少實效，就會有人民群眾來信提醒我們。譬如前一階段市委宣傳部舉辦幹部學習班，每次 1000 人參加，有近 1000 輛小汽車。就有群眾來信說，你們幾乎一人一輛小汽車，不僅阻塞交通，而且浪費也很大。我們一看到這封信，感到這麼搞脫離群眾，所以趕快通知各單位。後來我們開會的時候，就有相當多的同志是騎自行車來的，還有相當多的同志是幾個人合坐一輛小麵包車。我想，這就是人民群眾對我們提出意見，我們馬上接受，改進我們的工作作風，把不好的印象變成好的印象。另外，對政府部門工作人員的行為，也要實施群眾監督。俗話說，上樑不正下樑歪。因此，要先從局長抓起，我要求市監察局盯住 506 名局級幹部，他們的作風好，不大吃大喝、不受禮，其他人就好辦。事實證明，這條措施是非常好的。現在誰大吃大喝、誰受禮，去了幾個局長，拿的禮品值多少錢，群眾來信寫得非常具體，清清楚楚。人民群眾的監督是非常重要的。所以，我們抓住領導幹部是很重要的，上樑正，下樑才能不歪。我們對這個問題是抓兩頭，對上是抓局級幹部，對下是抓「七所八所」，就是基層政權跟人民群眾聯繫最密切的派出所、糧管所、工商所、稅務所等等。這些單位有些人，我不是說全部，「一朝權在手，便把令來行」，有的確實相當厲害，比如不送「外煙」就辦不了事，人民群眾是深惡痛絕的。怎麼辦呢？就是要公開他們的辦事制度，接受群眾的監督。現在全國要在上海、天津、北京三個城市試點，然

後在全國推廣。上海先在松江縣、黃浦區試點，明年再在全市推廣。把辦事制度公佈在那兒，大家都依法辦事，那就不要送「外煙」、搞什麼關係了。大家都這麼做，你不必送我，我也不必送你。但是，要保證這件事情的實行，也是要靠人民群眾監督。發現問題，一定要嚴肅處理，使大家都不敢以身試法。所以說，人民來信對政府工作人員是個非常好的監督，使我們能夠正確估計政府工作作風改進到什麼程度。

第三，人民來信確實對我有很大的啟發和教育，我從中學習到很多東西，學習到如何當市長。我收到的人民來信中，有幾封是直截了當告訴我如何當市長的。有的說，你要當好市長，我就教你這八條。我把這些信印發給我們的副市長們學習，學習怎麼樣當市長。來信都很熱情，講得也有道理。

群眾來信也不完全是批評信，有不少群眾來信是表揚政府工作人員廉潔、高效的。如有的來信表揚徐滙區人民政府信訪辦、建管科、規劃科同志對群眾反映的問題，不分上下班時間及時做工作，公正地制止了違章搭建，避免了鄰里矛盾的激化。來信說，如果各級政府工作人員都像他們那樣公正廉潔、忠於職責，那麼振興上海的宏偉藍圖一定會加快實現。

還有一些來信對我們的工作提出了很好的意見，對我也有很大的啟發。比如英文指示牌問題。上海是一個相當大的國際城市，現在一下飛機，指示牌上都是中文或漢語拼音，外國人不知道朝哪兒走，廁所也不標明男女。所以我告訴市交通辦，一個月內，所有公共交通場所都要裝上英文指示牌。現在不管是中央企業、地方企業，不到一個月統統裝起來了，這才像個國際城市嘛！我列舉上述例子，主要是說明不少問題是從人民來信裡面受到啟發的。

最後，講講工作方法。要做好信訪工作，還要講究工作方法。

第一條，領導要重視。從上到下各級領導都要重視信訪工作。信訪工作要不是大家都重視的話，那什麼事情也辦不成，信訪工作也就毫無意義

了。我認為，對群眾來信要做到件件要落實、件件有答復。你辦得成也好，辦不成也好，都要有答復，但光答復還不行，不能什麼都答復「解決不了」，那太簡單了。所以要下一番功夫，扎扎實實地做工作，最後得出一個結論，能辦還是不能辦。要做到這樣是很不容易的。當然，也不能有求必應。向我要房子，我市長都能給房子嗎？那是不可能的。但是要研究是不是能夠解決、是不是應該解決，不能簡單地答復「解決不了」。要達到這樣一個目標，領導不重視是絕對辦不成的，尤其是一把手要重視。以後就規定一條：凡是我批的，區長、局長都要親自處理。大家都對人民負責嘛！

第二條，處理要認真。人民來信告那個部門，你還叫那個部門去處理，結果往往是護短。我只說往往，沒有說一律。你轉給他去辦，他一下子就退回來，認為過去的處理是正確的，並說人家是誣告。所以，搞信訪工作的同志一定要仔細看有關單位送來的報結材料。

第三條，方法要得當。我剛才講了，把來信批給誰辦是很重要的，這裡面有很大的藝術。我在這點上總結了很多經驗，批給這個人就辦了，批給另一個人就老是辦不了。不光是批給一把手的問題，批給誰的一把手、批給哪個機關是個很重要的問題。你要考慮，處理這件事，哪個機關最有權威，能夠指揮得動，便於協調。否則，批給一個不搭界的部門，那就辦不了。轉來轉去，拖很長的時間，最後轉回來還說是辦不了。市信訪辦很照顧我的身體健康，現在送給我的信還不是很多，我建議你們多送一點給我看，我批的可能要比你們批的對頭，可能效率要高一點，因為我知道這個問題該由誰解決。批錯了人，半年不能解決，解決不了再到我這裡來，那就耽誤了時間。以後要定個制度，一個月如果辦不了，就趕快送到我這裡來，我看為什麼一個月辦不了，要是辦得了不辦，那就要追究責任。我們應該對人民負責任嘛！咱們都是做官的，一天到晚總得要想着老百姓的事情。我看上海現在應該提倡多抓一點實事，辦事扎扎實實，說辦一件就辦一件。沒有這個作風，老百姓是不會對你信任的，老百姓看的就是小事，

就是實事。你辦了，他就有信心，就跟着你一起前進；你不辦，他就不和你合作，給你拆爛污〔1〕。我看還是要從小事、實事抓起。大事抓不了，小事又不抓，那怎麼能行？有一封信，給我提的建議都很好，但有一條我接受不了，他說一個人管理的幅度就是管五六個人，你當市長的本事再大，最多也就抓五六個副市長，其他你就不要管了。這一條要是能做到，我倒是變輕鬆的，沒有菜吃就找倪鴻福〔2〕同志，公共交通搞不好就找倪天增同志，但是我看這行不通。我不是不相信他們，要越俎代庖。我覺得在上海當前的情況下，如果是一級批給一級，我批給副市長，副市長批給委辦主任，委辦主任批給局長，局長批給處長，一年以後也不會有個回音的。我也不是所有的事都要抓，但有些事情還是要具體地抓，這也是做個榜樣，希望我們的副市長、各委辦主任和局長也像我這樣抓，一直抓到底。我提倡一竿子到底的作風，我也希望副市長不要怕各委辦局說你管細了，這件事該怎麼辦，就一直批到基層這麼辦。如果我不對，做錯了，你可以提出不同的意見，批評我，只要你有道理，我馬上就改。現在上海就需要決斷，需要時間，需要效率，不能這麼來回地拖，來回地批，來回地扯皮。我是不是說得對，同志們可以評論。

總之，希望同志們認真地把信訪工作抓好，通過認真、扎實地抓信訪工作，促進政府機關樹立一個廉潔、高效的作風，在社會上創造一個好的風氣，使上海人民對我們政府寄予信任。這樣，我們的信訪工作就達到了目的，我願與同志們共勉之。

---

〔1〕拆爛污，上海方言，指做事馬虎，不負責任。

〔2〕倪鴻福，當時任上海市副市長。

下定決心把出租車整頓好 *

（1988 年 8 月 19 日）

　　我談談對出租汽車整頓的看法。有人說，出租汽車整頓是颱風，我看就是要颳這陣風。現在，出租汽車的經營作風已經到了不能容忍的地步，已經成為影響上海投資環境改善的一個重大問題了。境外的報紙特別是香港的報紙，把上海出租汽車說得一塌糊塗，確實也有這種情況。我說過外國人對上海有信心，其實信心還不是那麼足。你連出租汽車都管不好，投資環境怎麼能搞好？最近報上報道的有些情況簡直令人髮指。前天《新民晚報》報道，有一輛出租汽車的司機敲一位解放軍同志竹槓，人家說了兩句話，就動手打人，打人後就開車跑了。太不像話！整頓出租汽車，是改善上海形象的一個重大問題。出租汽車要整頓好，公共汽車也要整頓好，我們下定決心抓好這件事情。市建委、公用事業管理局的同志很努力，經過兩個月左右的緊張工作，已初步提出了一個整頓方案。我想，要辦好這件事，必須注意抓好三個方面的工作。

　　一、整頓勞動紀律。

　　整頓勞動紀律，這是關鍵。光靠高壓手段不行，要做思想政治工作，

＊這是朱鎔基同志在上海市改善市內交通、整頓出租汽車管理、加強交通安全工作會議上講話的一部分。為整頓和規範上海出租汽車市場、改善投資環境，上海市於 1988 年 12 月組建大眾出租汽車公司，公司貸款 6350 萬元購買了 500 輛紅色「桑塔納」，同時推出「揚手即停，上客問路；電話訂車，約時不誤；電腦計費，公道合理；車輛整潔，禮貌待客」的服務舉措。

而且要做得很細緻、很深入。我希望出租汽車司機同志能從振興上海的大局出發來認識這個問題。振興上海得利用外資，因此必須改善投資環境，吸引外國人到上海來投資，讓大量旅遊者來觀光旅遊。現在旅遊業一年創滙相當於 10 億元人民幣，這不夠，要更多些。上海這麼多高級飯店，要有人住才能賺錢。如果人家肯到上海來了，而出租汽車作風惡劣，把他們氣得要死，人家怎麼肯再來呢？所以，希望出租車行業全體同志從大局出發，擁護政府的決定，遵紀守法，為振興上海做出貢獻。我相信絕大多數出租汽車司機素質是好的，道理講清楚以後，他們是會協助政府把工作做好的。

二、實行科學管理。

首先，要加強行業管理，統一調度，集中指揮。出租汽車有的屬國營企業，有的屬合資企業，又有賓館的、個體的，一定要實行行業管理。規章制度、獎懲辦法、收費標準，這些都必須統一。行業管理由市公用局的公共客運管理處負責。不管你是哪裡的汽車，都要服從市公用局公共客運管理處的管理，以後還要設置調度電話，加強指揮聯繫。現在叫不到出租汽車，不知車到哪兒去了。

其次，嚴格計價器的管理。所有的出租汽車必須裝有計價器。要保證計價器質量可靠。出租汽車一定要有「TAXI」這個標誌，現在有些機關的汽車也搞出租，但必須裝上「TAXI」標誌和計價器，收費辦法、司機照片和車號要很明顯。若有違法行為，乘客馬上就可以檢舉。還要設立舉報電話，便於用戶監督。

第三，限制包車。現在全市有 1 萬輛出租汽車，其中小汽車 7000 輛，實際上每天在跑的是 6000 輛。這些小汽車中有很大一部分被機關、企業包租了，這不行。今後要限制長期包車，提高包車的收費。出租汽車情況逐步好轉以後，他們感到包車不如臨時叫車，就不會再包車了。

第四，合理調整收費。我們不允許敲竹槓，但從目前實際情況看，出租車的收費標準還可以調高一點，準備 9 月 1 日出台。收費要分長途和短

途，有一個合理的起點。

三、嚴格獎懲制度。

要嚴懲害群之馬，以儆效尤，當然更要表揚守法的職工，以扶持正氣，這兩方面都要有。對乘客的檢舉揭發，一定要在調查清楚後嚴格依法處理。中國科技大學的一位教授一下飛機就被敲了竹槓，他氣憤不過，給我寫了一封信。他說，只要市政府下決心吊銷 200 個駕駛員執照，上海的出租汽車就能整頓好。我看，只要是犯了法，就得懲罰。現在聽到一些個體出租車司機的反映，有的說「現在是一陣風，把這一陣風頂過去了，一切照舊」；還有的說「你客運管理處不要逼得我們太緊了，否則大家來個『兜底翻』」。我在這兒宣佈：這股風是不會完的，你不守法，這股風就衝你來。至於「兜底翻」，我聽不懂是什麼意思。我想可能客運管理處有什麼小辮子抓在人家手裡吧，怕人家揭老底。我看這也不要怕，不管你過去有些什麼毛病，現在我宣佈既往不咎。但今後如果你再搞不正之風，那就老賬新賬一起算。管別人，首先自己要正，己不正焉能正人？另外，我們的公安、司法部門都要保護管理人員，保護廠長，保護經理，保護汽車隊長。要把有關規定彙集起來，制定一個條例。要向市人大提出來，加以立法。現在哈爾濱就這樣做了，廠長（經理）和公安局、派出所建立聯繫，發生意外只要用電話聯繫，警察馬上就到，在國外都是這樣。你到我家糾纏，使我幾天幾夜沒法工作、吃飯，這是侵犯人身自由，是犯法，警察就可以把你帶走。最近振華、友誼汽車服務公司都在加強管理，有 16 個人被「炒魷魚」了。這很好，要表揚。當然，也要體諒個體出租司機的處境，幫助他們解決一些具體問題，使人家心服。個體司機也不容易，在目前這種情況下，要到處「燒香拜佛」，汽車零配件貴得要死，不送禮還買不到。要糾正這些不正之風，也要幫他們解決資金短缺、購買汽車零配件難、維修難等實際困難，扶持他們，這樣他們才會服你管。管理部門一定要下功夫，把這件事情做好。通過整頓，我們要使出租汽車做到「招手即停、熱情服務、

楊國平、周秀華同志：

上海大众出租汽車公司的成立，为出租汽車行业树立了一面红旗。中外群众对你们的反映总的是好的，你们为改善上海的投资环境，树立公交新风作出了贡献。基本经验就是"从严管理，风正务实"。希望你们继续努力，加强管理，改善服务，决不要停步。你们所属大众系列教育活动组织，特写此信表示鼓励和期望。

朱鎔基
11.20.

圖為 1989 年 11 月 20 日，朱鎔基寫給上海大眾出租汽車公司總經理楊國平、黨委副書記周秀華的信。

照章收費、方便安全」。如果我們的出租汽車都能達到這個要求，那對樹立上海的形象、對振興上海會起很好的作用。這是一個光榮的任務，只要我們共同努力，這個工作一定能做好。上海自己生產小汽車，發展出租汽車服務事業，上海有很好的物質條件。今年上海大眾汽車有限公司生產 1.5 萬輛小汽車，打算再增產 1000 輛用作出租汽車。明年生產 2 萬輛，準備再拿出 2000 輛來支持出租汽車事業。因此，上海出租汽車發展的前景是很好的。上海振興對大家都有益。希望我們大家共同努力，把上海的市內交通、出租汽車整頓好。

會見香港仲量行董事
梁振英時的談話*

（1988 年 8 月 31 日）

朱鎔基：上海進行了土地使用權有償出讓的試點或者說土地批租試點，
梁先生對上海這方面的試點工作印象如何？外界對此又有何評論？

梁振英：土地使用制度改革的重要意義不僅在於增加財政收益，更重
要的是在於體現了改革和開放的程度。許多海外人士注意到上海這次批租
的虹橋那塊地，這是國內第一塊由外國投資者通過市場方式得到使用權的
地。許多人評論說，上海在土地批租問題上率先走出一步，反映了上海改
革開放的決心和投資環境的改善。上海與內地城市相比，在重視土地開發、
搞有形建設、搞地塊的「七通一平」^{〔1〕}等方面做得都差不多，但是上海在
無形建設，即軟件建設方面，包括政策、法規、招標文件、市場宣傳和投
標組織等方面比其他城市搞得周到，進展也快，這反映了上海人才濟濟，
搞起來就比較像樣。國外很看重這些軟件建設。我相信如果以後的工作組

＊二十世紀八十年代中後期，為適應改革開放的需要，我國內地借鑒香港等地土地批租制度的
經驗，開始探索試行國有土地使用權有償出讓的制度。梁振英當時受聘擔任上海市土地使用制
度改革領導小組顧問。

〔1〕「七通一平」，當時指通供水、供電、供煤氣、通信、雨水排放、污水排放和道路，以
及場地平整。

織得好，上海的地價還會上升。這是我們搞房地產專業人士的估計。

我們香港仲量行在世界 40 多個地區有分支機構，這次美國、歐洲、澳洲的分部都來詢問上海土地批租的情況，海外銀行界、法律界、地產界對上海非常關注。你們第一塊地招標有 6 份標書，不算少。我們今年在香港招標 40 多次，平均每次只有 3 至 4 份標書。地價總的來看也算合理，但比一般人預料的高。特別是許多人覺得上海已經掌握了一定的土地轉讓技術，認為你們的標書、文件寫得比較嚴密、明瞭。這說明上海的土地批租試點已經有了一個好的起步，它的意義已經超出了試點的本身。

朱鎔基：香港的胡法光[1]先生見到我時問：「虹橋批租出去的那塊地是不是真有 2800 萬美元的地價？是不是你們同買主串通了？」我告訴他，這個價是投標競爭出來的。

梁振英：香港的報上對此也有各種評論。沒有中標的或者以後想投標的人都希望壓低一些現在的地價。我想只要繼續用公開的市場方式出讓土地，那麼經過一段時間以後，市場價格水平就會形成，市場信譽也會更好。

朱鎔基：我們要加快土地使用制度的改革。梁先生對上海這方面的工作有什麼建議和想法？

梁振英：土地有償使用是大趨勢。現在內地房地產開支不打入企業生產成本，這沒有反映出土地資源的價值，造成了不平等競爭，也造成土地浪費。如果對外不搞批租，只搞短期合資、合作，不但會促使外國投資者的短期經營傾向，而且也不便於外商按市場規律去經營管理。房地產本身是一種長線投資、高額投資，應該盡可能向國際通用方式靠近。我看上海的土地使用權有償轉讓辦法基本上與香港以及世界上大部分地區房地產市場的做法差不多，這條路很有發展前途。

---

〔1〕胡法光，當時任香港立法局議員、香港菱電集團董事長。

　　但是要擴大和加快土地批租試點，我認為首先要抓好軟件建設。雖然上海在這方面已經比內地其他城市做得好，但從海外來看，還要注意三個問題。

　　一是法規的配套問題。現在中國許多城市開始搞土地批租，但是法規不盡一致，我認為重大的原則應該一致。如土地業權的關係，從中央到地方再到企業在土地問題上的關係要用法律的形式——經濟合同、契約文件等固定下來。市政府和區政府誰代表國家土地所有者也要明確。國外一些大城市的土地行政管理權都相當集中。即使在香港，也只允許港督指定的房屋地政署有權批租，地區土地分署只管監督管理。另外，上海在批租方面還可以搞許多配套法規，例如登記、出售、轉讓、回收、大業主和二業主的關係、房東和租戶的關係、稅收規定等等。法規越明確，投資者感到越有保障，就越敢來投資。

　　與法規有關的還有一個土地使用制度的模式問題。現在內地在用地方面只有批租的軌道上有明確的規定，其他用地方式上仍有些混亂，如合資、合作方式可以得到土地使用權，也可以搞房地產，相比之下，由批租得到土地使用權所花的代價就大了。這種不平等的情況不能長久存在。我建議可以先在三五年內定兩三種模式，通過較長一段時間再過渡到完全有償使用土地。香港現在除了非經營性的社會福利、公共事業和政府公共房屋採取撥地以外，其餘的項目用地都要批租。

　　朱鎔基：我們正在研究這方面的幾個原則問題。外商在上海的非工業性項目投資，如旅館、辦公樓、公寓、綜合樓、在境外銷售和供國外人士使用的住宅等，其用地都應該納入批租的軌道。上海市的有關規定已經明確：土地批租由市土地局代表市政府進行，各區參加土地管理。同時，也要調動各區一起參加土地的前期開發和基地準備的積極性，可以根據批租總額確定比例分成。其他經營性的用地，以後也要逐步納入有償使用的軌道。

梁振英：二是需要搞好市場調查。這次虹橋招標時，曾經有家公司到我們那裡，想索取上海土地市場的分析資料，他情願出 50 多萬港幣做這個調查。如果我們有這方面的詳細資料，投資者決策就會大膽得多，銀行也樂於放款做抵押，買家的興趣也會提高，地價就會比較高。世界各大城市都有物業報告，把在建的各類用途建築物的面積、施工進度，現有樓房的租金、售價、出租率等都列出來，每三到六個月調整公佈一次。這樣，房地產市場就比較穩定，政府在這方面的管理、調節也不會盲目進行。而台灣、菲律賓、印度尼西亞、泰國由於當初沒有做這個工作，現在市場已經很大了，再做就十分困難。上海完全有條件把市場統計信息工作做好。我們公司可以和上海一起做這個調查，並且利用海外渠道做宣傳。這對樹立上海對外開放的形象也是很好的宣傳。

三是人才培訓問題。房地產業涉及的面很廣，我們香港測量師就分為產業測量師、工料測量師、估價師、拍賣師等，律師是房地產買賣中必不可少的，還有大量的中間經紀人組織。上海應該有一批按各個專業組合的，又為房地產市場體系所必需的人才和機構。當然，首先是政府中要有一批精通這類問題，並去制定政策和參與管理的人，因為房地產市場開放後，將馬上面對一批世界房地產老手，沒有這一系列的準備是要吃虧的。深圳已派出一些人到香港去學習、培訓。上海雖有一定的基礎，但也要有充分準備。

朱鎔基：法規、市場信息和人才都是很重要的軟件，應當放到很重要的位置來考慮，做好安排。市場調查可以馬上搞。

請梁先生物色一些香港和其他世界各地的專家，來為我們做指導。土地部門要趕緊從各個方面抽人，進行法規、政策研究和市場調查；要儘快組織培訓，包括到香港去培訓、實習。同時，也要注意搞好試點，總結經驗，在實踐中不斷提高。

香港制定地價時考慮一些什麼因素？

梁振英：香港現在一般地區的土地價格要比上海虹橋開發區高三倍。但地價不是事先決定的，而是在市場交易中形成的，同一時期、同一類型的建築按不同地段會自然形成不同的價格水平，以後大家就可以類比了。

國際上很少用單位地塊面積的價格來衡量地價，而一般都採用該地塊上單位樓面積的地價來衡量。因為市場交易出售的是房屋單位，所以不同容積率的地塊，價格也不同。

在香港，地價比較高的是商業、酒店以及高級住宅、辦公樓、銀行等用地，而地價低的是工業用地。世界上大部分工業開發區都不能直接用地價來回收土地開發成本，只能通過今後的稅收來補償。小別墅用地也如此，因為樓面地價不能太高，而地區開發成本高，很可能划不來。

朱鎔基：梁先生認為上海下一步土地批租從哪裡着手為好？

梁振英：這幾天我跟市批租辦的幾位領導討論過，上海現在要注意按需求來批地。因為同一時期市場容量是一個定值，地批得多了，樓價就下來，地價也跟着下降，因此市場調查還是前提。有人建議提高虹橋開發區的容積率，這實際上只是提高了這塊地的經濟效益，並沒有增加市場容量。虹橋開發區已經初步形成氣候，在那裡接着搞批租，工作可能好開展些。

下一步的地價趨勢可能有兩種情況：一種可能是第二塊比第一塊賣得低，如果這樣，買第一塊的人會後悔，已經做了抵押的銀行看到地價下跌也會採取緊縮措施，後面來的人就會猶豫；另一種可能是第二塊比第一塊賣的價好，或者略有上升，穩定發展，那麼買第一塊的人很高興，後來的人就會產生一種先買得益的心理，銀行也會安心放款。因此，應當爭取第二種情況。要使地價不下跌，除了搞好經濟核算外，土地供求一定要協調，市政府對外資房地產市場的政策也一定要統一把關，使人有安定感。

朱鎔基：上海利用外資的房地產項目立項都由市外資委和市外經貿委把關，我們已經初步研究了管理的原則。我們將在保證土地價格基本穩定的前提下，繼續抓緊進行土地批租試點，一方面擴大對外影響，另一方面

也為經濟建設和城市改造積累必要的資金。

梁振英：我認為，既要滿足市場需求，又要增加財政收入，對現有的合資、合作項目「補地價」是一個可以考慮的辦法。

現有的中外合資、合作項目大部分合同的合作期限只有 15 到 20 年，合作期滿，房屋都歸中方，土地也收回。但是，這類建築的壽命大大高於這些年限。如果允許外商可以繼續經營 30 到 40 年，並且要他現在就把地價、房屋價值補足，這樣做，既不會影響現在的市場需求，也不會增加市政府基礎設施建設投資，可以馬上得到一筆財政收入，並且有利於投資者好好地保養和使用現有的建築。因此，「補地價」應該是可行的。

夏克強：這個問題的關鍵是合資企業中的中方企業認為合同到期後房產、土地是他們的，所以阻力主要在中方。

朱鎔基：這個問題，我看要解決。中方企業是以土地使用權入股的，而他的土地使用權並不是有償獲得的，所以合同到期以後，土地使用權及相關的房產應該歸政府所有，而不是歸企業、單位所有。當然，我們可以交給中方單位有償使用或者由他們再用經濟辦法獲得土地使用權及其房產。現在先明確土地所有權，再提出一個「補地價」的方案來。這個問題，請市土地局、批租辦以及市外資委一起擬幾條規定，由市政府批准發佈，同時報市人大備案；在這個基礎上經過試點，對規定做進一步修改、完善後，再提交市人大立法。

梁振英：我到上海來了幾次，但對總的地區情況還不太熟悉。通過第一塊土地批租試點，外面對虹橋開發區還是有信心的。虹橋如果抓緊建設的話，會成為一個很有吸引力的地區。

我在台北看到一個國際貿易展覽中心，有八層樓高，樓內設許多展台，擺一些出口樣品，包括輕工產品、日用品、國畫、土產等。我看虹橋地區也可以建這樣的商展樓。

朱鎔基：我前幾天在虹橋開發區已經講了這個問題。我在美國也看到

過類似這樣的國際貿易中心，大樓蓋得十分漂亮。虹橋地區可以搞一個國際貿易中心。市建委要調整一下投資計劃，先集中把這幾個開發區搞好。基礎設施趕快配套。虹橋開發區內的磁帶廠要抓緊搬遷。虹橋區內的外國領館用地要適當調整，可以搞一些外商經營進口百貨的商場。

我看總的戰略上要分兩步走：第一步，把已經花了錢的開發區儘快完善，搞土地批租，積累經驗，形成市場；第二步，把成功的經驗在浦東開發中推廣應用。我們要糾正一種觀點，認為什麼用地都可以批租。其實不是所有的地都能賣高價的，如工業用地還會賠。而一個地區不能都搞高地價項目，總要有一個用地規劃和搭配。因此，浦東開發主要靠土地批租的提法，是不正確的。當前先要利用世界銀行、國際貨幣基金組織和外國政府的貸款搞基礎設施建設，為建設「新上海」創造有利條件。

梁振英：我非常贊成市長的意見。前期條件成熟以後，同樣的地可以賣出很好的價格。一個區域中如果沒有各種用地的規劃搭配，區域不會成熟。香港許多新區在開發時就把就業、人口、商業、社會福利等都考慮到了。有足夠的人口密度，才能推動區域經濟的發展。

朱鎔基：我看下一步上海要先抓緊軟件建設，同時在注意需求平衡、保持地價的基礎上抓緊土地批租試點。這方面該做的事要快做，該用的錢還要用。要落實一筆錢專門搞軟件，包括宣傳、廣告、諮詢等工作的開支。批租收益中應該提取一定的比例來保證這些工作。市批租辦要提出工作計劃，然後按計劃抓緊下半年和明年的批租工作。

梁振英：下一步工作方式上，我建議不要關門議標。公佈了土地資料以後有人來議標，可以給他定一個價，這個價待雙方認可後，再到市場去拍賣。如果他的價最高，就給他，否則就公開競爭。香港政府用過這個辦法，比較公平。

另一方面，要注意內地市場的開發。房地產市場的消費者應該大部分是本地企業、本地人，否則市場不會大。內地還要注意內、外資市場的隔

離，防止由於實行了不同的政策而帶來市場混亂。

朱鎔基：土地使用制度的改革作為一個方向已經很明確，國務院即將公佈原則通過了的有關條例。上海雖然有了一個試點，但還有很多問題有待研究、完善，同時時間上又不能等，要抓緊擴大試點。梁先生可能還有許多其他的意見和建議，可以提出一個計劃或設想給我們做參考。

接受日本駐滬記者聯合採訪時的談話

(1988 年 10 月 21 日)

朱鎔基：我對上海當前經濟形勢的估計是樂觀的。今年 1 至 9 月，工業生產總值比去年同期增長 8.3％，高於近幾年發展的速度。上海是一個加工工業城市，由於原材料價格上漲，造成生產成本提高，所以地方財政收入有所下降，但今年仍可以保證完成上繳中央 105 億元的財政包乾任務。1 至 9 月出口創滙比去年同期增長 13.1％，預計可以超額完成全年 43 億美元的出口計劃。物價指數 1 至 9 月達到 19％，是近幾年最高的。但職工工資、獎金 1 至 9 月比去年同期增長 23％，超過了物價指數的增長率。當然，工資增長是不均衡的，也確有一小部分人實際收入有所減少。

今年上海的副食品生產和供應情況比較好，蔬菜均衡上市做到了淡季不淡，蔬菜價格雖有上漲，但比國內許多大中城市還是便宜。上海工業消費品生產和供應能力很強，所以在 8 月下旬上海與別的城市一樣也出現搶購現象時，我們把大批物資拿出來供應，市場很快就平穩了。當前，物價上漲幅度過大仍然是市民抱怨的最大問題，但我們對控制物價和保障供應是有信心的。

共同通訊社記者冢越敏彥：全國經濟緊縮對上海經濟發展是否有影響？

朱鎔基：我認為，從總的來說，全國抑制經濟過熱，對上海是非常有利的，因為上海經濟發展的根本困難就在於能源和原材料緊張。現在原材料供應越來越困難，而且價格越來越高。有些產棉地區讓自己的小棉紡廠

吃得飽飽的，他們的產品質次價高。而上海有三分之一的國營棉紡廠由於沒有棉花，不得不停產。這對國家不利，因為上海國營棉紡廠創造的利潤80％是上繳國家的，而鄉鎮企業和一些小廠的利潤很少交給國家。現在中央提出抑制經濟過熱，各地的發展速度會放慢一些，因此上海原材料供應緊張的狀況也會有所緩和。上海就有可能經過這次調整以後，縮小與各省市經濟發展速度的差距。目前，上海經濟發展速度是全國倒數第一，而經濟效益仍然居全國第一位。我認為通過這次治理整頓，上海很有可能從此走出困難的低谷，把經濟搞上去。同時，我們也不低估眼前的困難，要看到形勢還相當嚴峻，甚至可能出現挫折，但我們有足夠的物質準備和思想準備來迎接挑戰，有信心渡過難關，把上海經濟搞上去。

今年 1 至 9 月，上海吸收外國直接投資 2.58 億美元，比去年同期增長58％，已經超過去年全年 2.4 億美元的總額，預期今年全年可以達到 3.2 億美元。不僅投資總額增長很快，投資結構也有顯著變化，去年 60％以上的外商投資是搞旅遊、飯店，而今年 60％以上是工業項目。

《中日新聞》記者迫田勝敏：上海到本世紀末要吸收一兩百億美元的外資，現在對這個情況如何估計？

朱鎔基：上海要吸收一兩百億美元的直接投資，是中央領導同志對上海提出的目標。要達到這個目標，任務很艱巨，但我們有信心去完成。現在上海對外開放的勢頭很好，境外對上海投資環境的評價正在逐步轉好，上半年香港報紙罵上海的話不少，現在說我們好話的也有了。我認為上海的投資環境在中國還是比較好的，至少有三個特點：一是上海是中國最大的工業中心，除採礦業以外，其他工業門類齊全，而且配套協作能力很強；二是上海有相當的科技和教育優勢，全市有 51 所高等院校、116 所中等專業學校、上千所中學和職業學校，科技人員和工人的素質都比較好；三是上海過去是遠東最大的金融中心，現在正在逐步恢復它金融中心的地位。外國銀行，包括日本金融界對上海的興趣很大。今年以來，起碼已有五家

日本大銀行的董事長或行長來上海與我談，要求在上海開設分行。現在國務院已經基本同意在上海建立幾家外資銀行，包括日本的銀行，我們正在積極籌辦這件事。以上這三個特點為外國企業家來上海投資創造了良好條件，在中國其他地方就沒有這麼好的條件。當然我們還有很多缺點，正在設法積極改進。前不久成立的上海市外國投資工作委員會，就是一個對外服務的窗口。我們正在竭盡全力改善投資環境，保證外國企業家在上海按國際慣例進行投資。上海的投資環境只要還有一點不如別的地區或不符合國際慣例的地方，你們都可以向我提出來。我兼任市外資委主任，有責任受理外商投資企業的投訴，解決對外開放工作中存在的問題。我對改善上海的投資環境是有信心的。不少外國朋友對上海的信心和投資興趣也逐步增強。

聽說日本方面有人抱怨，上海不重視與日本的合作，對日本冷落了。我認為提出這個問題不是沒有原因的，但是據我所知，我的前任汪道涵、江澤民市長都是十分重視與日本合作的。我現在想通過你們向日本朋友轉達，我本人也是非常重視與日本在經濟、技術、貿易等各方面合作的。日本有很多我的老朋友，我正邀請他們到上海來，以促進日本與上海的進一步合作。國慶節前，我請黃菊副市長到日本去，溝通與日本的關係。但應當指出，現在上海與日本的合作狀況同日本的經濟地位並不相稱，至目前為止，日本在上海的直接投資額和對上海的貿易額都落在美國、香港地區之後，排在第三位。這種狀況，要雙方共同努力來加以改善。

還有人說，上海是「歐美圈」，日本人進不來。在這裡我宣佈，上海沒有什麼「歐美圈」，我們非常重視發展與日本的經濟合作關係。同時也希望日本朋友不要只看到「渤海圈」。你們到上海來投資肯定會得到好處，這是有保證的。我對日本新聞界的朋友寄予很大希望，請你們把這些信息轉達給日本朋友。最近，日本興業銀行會長池浦喜三郎率領的日本投資環境考察團將來上海，我已準備會見他們。我還邀請了宮崎勇、下河邊淳等

一些日本著名經濟學者來上海，以溝通上海與日本的經濟合作關係。

上海的市政設施現狀，可以用一句話來概括：老設備、超負荷。現在的城市基礎設施不能適應 1200 多萬人口的需要，加上每天還有 200 多萬各地來上海的流動人口，因此城市非常擁擠。當前我感到最頭痛的問題就是交通，我們正在採取「標本兼治、遠近結合」的辦法來綜合治理。大約需要五年以上的時間，才能取得比較明顯的改善。

從治本來講，要把上海老市區的一部分人口和工廠疏散到郊區和浦東去，在浦東建設一個「新上海」。我們在虹橋、閔行、吳涇、漕河涇、嘉定等地區，都已投入相當的資金進行開發，但建設還不配套，現在要抓緊這些地區的配套設施建設，使市區的居民願意搬到那裡去住。同時，我們正在進行第二條越江隧道和黃浦江大橋的建設，南碼頭黃浦江大橋[1]今年要開工，寧國路越江工程[2]明年也要開工。

近期內緩解市內交通緊張狀況主要靠兩條：一是小改小建，如拓寬馬路、修建高架道路等；二是加強管理。關於拓寬馬路等問題已有一個五年規劃，正在抓緊實施。《朝日新聞》駐上海記者伴野朗先生曾提出人車分流的建議，很好。我們已計劃開闢自行車專用道，把自行車與機動車分開，對紅綠燈也要有嚴格管理。還有一些服務行業、個體商販侵佔馬路太多，應該讓出來。要辦成這些事情很不容易，一要靠市民的支持，二要靠領導的決心。現在上海需要解決的問題很多。市內交通方面，今年我的精力主要放在整頓出租汽車服務，大概要到明年再重點抓一下公共交通。加強交通管理，嚴格交通法規，要先進行廣泛宣傳，等經過一段時間條件成熟了，就採取強有力的措施，嚴格實施交通法規。在這方面我對日本印象很好，你們的交通秩序管理得好，市民講禮貌，互相謙讓，值得我們學習。

---

〔1〕見本書第 134 頁注〔1〕。

〔2〕見本書第 134 頁注〔2〕。

浦東是上海的一塊寶地，開發浦東是振興上海的一個希望，首先要解決交通問題。目前正在大力修建隧道，還要造大橋，方便黃浦江兩岸來往。我們還要在吳淞口的浦東外高橋建一個深水港，發展對外海運不能只靠現有黃浦江的內港。新港爭取盡快開工，我們希望與日本合作，現在已邀請日本大阪港灣局局長當我們的顧問。上海只有把浦東交通搞好，把基礎設施建設搞好，才有可能吸引外國企業家來大規模投資。

有些人主張，開發浦東要靠採取批租土地的辦法。但我認為這只是一種方式，而且不是主要方式，因為批租的土地，只有搞樓堂館所才能較快收回成本。現在上海的賓館已經太多了，到 1990 年年底，高級賓館的房間將達到兩萬間（套），所以在浦東不能再多搞賓館了。開發浦東主要搞工業項目，一定要把世界上比較先進的工業項目和技術吸引到浦東來。我們特別歡迎外國企業家到浦東辦獨資企業。市政府主要利用地方的資金和世界銀行、國際貨幣基金組織以及外國政府的優惠貸款把基礎設施搞起來，然後用比較便宜的價格把土地租給外國人辦獨資企業，當然也可以與現有企業合資經營，把新廠蓋到浦東去或在浦東辦分廠。在我的腦海中，上海發展的藍圖是非常美麗的。將來老市區的一部分人口和工廠遷到浦東去，外灘恢復「銀行街」，市中心恢復花園洋房，到那時，上海一定是一個非常美麗的城市。

《朝日新聞》記者伴野朗：市長是否同意上海最大的旅遊資源是「懷舊」？

朱鎔基：我非常讚賞這個看法。我們很關心豫園的建設，因為豫園可以吸引更多的旅遊者來上海懷舊，同時也展望未來。現在上海的旅館夠用，但機場設施跟不上需要，9 月份來了 10 萬名國際旅遊者就送不出去了。我們正在和荷蘭政府合作擴建候機樓。同時，上海地方航空公司將租賃三架波音 757 型飛機投入營運，租賃的飛機明年開始交貨，到時，空運情況可能會改善一些。

上海的城市建設欠賬太多，沒有幾百億元資金投進去是很難改變面貌的。靠上海自己不可能有這麼多資金，所以需要利用世界銀行、亞洲開發銀行和外國政府的優惠貸款。今年開工的五個大工程：地下鐵道、黃浦江大橋、合流污水治理工程、機場擴建、程控電話，都利用了國外的優惠貸款。世界銀行答應每年給上海 2 億美元貸款，其中 5000 萬美元是軟貸款。我很希望日本也能提供這樣的優惠貸款。竹下登首相訪問中國途經上海時，黃菊副市長與首相談到日本向中國贈送環保中心項目的事，我們希望環保中心本部設在上海。我還當面向李鵬總理提出了這個要求。上海與大阪在環保方面已有很長時間的合作，並取得了成果。這件事請各位記者先生也幫助上海做點工作。

《中日新聞》記者迫田勝敏：市長的白髮是否增多了？

朱鎔基：我感到頭髮是白了一點，掉的更多。原因倒不是工作勞累，我在北京工作也很勞累，但在北京主要是個執行者，只勞累不緊張。到了上海，不僅是執行者，不少問題要我決策，這就感到緊張，所以掉了很多頭髮，但我從來是樂觀的。雖然工作很緊張，但我很樂觀。

《中日新聞》記者迫田勝敏：市長感到最苦惱的是什麼？

朱鎔基：我感到最苦惱的是上海不是糧、棉、煤產地，原材料都得靠外地，現在計劃沒保證，市場沒形成，一些工廠由於缺少能源、原材料而經常停產。因此，我們要大力深化企業改革，優選經營者，讓企業放開經營。過去國營企業的原材料 80％至 90％靠計劃調撥，現在要搞活企業，把大中型企業的能量釋放出來，要求廠長振奮起精神，到國際和國內市場上去找原材料，不要沒有原材料就找市長，而是去找市場。我相信上海的廠長是很能幹的，一定能把企業經營得很好。

《中日新聞》記者迫田勝敏：市長感到最遺憾的是什麼？

朱鎔基：市民經常給我來信，反映他們住房困難、上下班等車要花兩三個小時。由於城市基礎設施建設沒搞好，社會服務也沒搞好，給市民生

活帶來諸多不便，但我又無力馬上解決這些問題，這是我感到最遺憾的。昨天我到兩個儲蓄所去看望職工，對參加座談的同志說，你們每個人每天都在為人民服務，同時也接受別人的服務。如果你們在自己的崗位上給人氣受，也難免受別人的氣。所以只有大家都心平氣和，互相體諒，講究文明禮貌，才能形成和諧謙讓的社會風氣。在這方面，日本市民要比上海市民做得好，應當向他們學習。

《中日新聞》記者迫田勝敏：市長感到最生氣的是什麼？

朱鎔基：我對有的政府幹部吃吃喝喝，對人民疾苦漠不關心，工作不熱心，辦事效率低，感到最生氣，有時還要發脾氣。

日本廣播協會記者石川猛：市長是怎樣處理市民來信的？

朱鎔基：10 月 17 日《解放日報》已專題報道了這方面的工作情況。我5 月份上任以來，總共收到市民來信 1.6 萬封。這麼多信，我不可能都看，也看不完，否則光看信就要累死了。現在專門有一批幹部在幫助我看信並進行處理。其中 48% 的信件是反映個人問題的，就轉有關部門辦理，辦不成的再由我來批，凡經我批的沒有不辦的，當然不可能有求必應，如住房困難就很難解決；有 34% 的信件是對市政府工作提建議，這方面重要的信件都送我看；還有 18% 的信件是檢舉政府工作人員違紀，我們都進行認真查處。我對市信訪辦的工作人員多次強調，要求他們對市民來信要做到件件有着落。

總之，歡迎各位記者先生來上海，希望你們多介紹、多報道上海。相信在溝通日本與上海聯繫方面，你們的工作能起很大的作用。上海的投資環境正在逐步改善，歡迎外國企業家到上海來投資。李鵬總理已宣佈，中國這次提出治理經濟環境、整頓經濟秩序、全面深化改革，不會改變對外開放的政策，不會改變利用外資的決策，不會改變與外商簽訂的合同。上海還要大規模地吸收直接投資和外國各種優惠貸款。我們改善上海投資環境的工作只會加強，不會放鬆。

會見世界銀行中國局局長
伯基等人時的談話 *

（1988 年 10 月 21 日）

朱鎔基：歡迎世界銀行的朋友來上海，感謝你們對上海建設所做出的幫助。世界銀行是支持上海建設的最大國際金融組織。

伯基：去年 9 月隨敝行副行長同來中國，達成了一項長期貸款協議，即世界銀行承諾給上海和江蘇各 6 億美元貸款，每年 2 億，分 3 年給，援助市政交通設施建設和工業改造，並商定由你們的中央銀行轉貸，貸款比例為 75％ 硬貸款、25％ 軟貸款。這次來上海，就是想聽聽市長的意見，1989 年度和 1990 年度的 4 億美元貸款安排哪些項目最合適；同時，談一點我們考察上海後的意見。

朱鎔基：現在看起來，外國人對上海投資的興趣越來越濃。最近我們在虹橋開發區批租了一塊土地，很成功，1.29 公頃賣了 2800 萬美元，在美國引起很多房地產商的關注。今年，上海利用外資加快城市基礎設施建設，搞了 5 個大項目，其中合流污水治理工程是利用世界銀行貸款建設的一個項目。上海由於欠賬太多，只有大規模利用國外的優惠貸款，城市建設的

＊ 1988 年 10 月 21 日，朱鎔基同志會見世界銀行中國局局長沙希德·賈維德·伯基、世界銀行駐中國代表處首席代表林重庚和世界銀行中國局人口、資源、城市建設處處長埃塞維特等人。

1991 年 2 月 7 日，朱鎔基與來滬出席上海經濟發展國際研討會的世界銀行中國局局長沙希德·賈維德·伯基合影。

步伐才能加快。

　　大量利用外資，首先碰到的是還款能力問題。林重庚先生提出過，償債率應控制在 15％ 至 20％。最近我看到一份材料，日本人認為可控制在 25％ 以內。而上海目前償債率只為 8％，可以說，上海對外債的償債率是全國最低的，離國際公認的警戒線還遠得很。

　　預計今年上海外貿出口總值可達到 46 億美元，除了上繳中央 15 億美元和進口一部分原材料、元器件用於生產外，其餘都是建設上海的外滙資金。因此，上海有足夠的還款能力。過去上海外債借得很少，現在借的還款期很長，而且在以後一段時間裡，上海的出口商品生產將有一個較快的

發展，舉借外債還本付息看來不成問題。

現在我們擔心的不是還不起貸款，而是擔心利用外資項目的可行性研究及前期工作跟不上，使得一些條件很優惠的外資貸款，如世界銀行承諾的每年 2 億美元用不上。國務院批准上海在 1990 年年底之前利用外資規模可達 32 億美元，但至今只用了幾億美元。

其次，還有一個配套能力問題。利用外資需要相應的人民幣配套。上海今年實行財政包乾後，只要上繳中央 105 億元，一定五年不變，超過 105 億元的都是上海地方的錢。今年扣除原材料漲價和其他補貼因素，保住地方機動財力 14 億元沒問題。今後每年如能保住 14 億元以上，經過五年就可能達到 70 億至 80 億元。這還不包括承包後各個企業增加的財力。因此，上海利用幾十億美元外資的配套能力也是不成問題的。

再次是外資貸款的使用和管理問題。按貸款用途可以分為兩部分：一部分是用於城市基礎設施建設的貸款，由市政府擔保，統借統還，由市財政局統一管理這部分貸款；另一部分是用於工業改造的貸款，由於項目本身可以出口創匯，借貸的企業也就有能力還款。聽說你們建議通過中介金融機構來轉貸工業貸款，以便把使用和償還貸款的工作組織得更好。我們贊成這個建議，考慮可以選擇上海投資信託公司作為這樣的中介金融機構。上投公司是市政府直屬的金融機構，經國務院批准擁有對外借款的權利，信譽也很好，在日本和英國都發行了債券。上投公司董事長是上海市原副市長李肇基先生。工業項目貸款由上投公司把資金轉貸給企業，由他同企業簽訂合同，承擔一定責任。向世界銀行還款由上投公司統一負責。這是初步設想，提出來與你們探討，不作為定論。

還有一個問題是，我覺得世界銀行用款的手續太煩瑣了。上海的合流污水治理工程和機床行業改造項目，與世界銀行談了四年，上海換了三任市長、三任財政局局長才談成。我擔心照這樣搞下去，振興上海的時間都耽誤了。當然，工作進展慢，不全是世界銀行的責任，有雙方的原因，希

望我們都改進工作，你朝前走一步，我也朝前走一步。這裡特別需要指出的是，上海幹部的素質比較好，這是提高辦事效率的基礎。我有一個希望，就是在我當市長的五年任期內，把世界銀行承諾的 6 億美元優惠貸款全部用掉，讓我們共同做出努力。

伯基：世界銀行貸款的程序確實比較複雜，我們現在開辦省市級貸款就是為了簡化手續。具體來說，只要省市做出一個行業性的發展戰略規劃，經世界銀行確認後，就由你們國內的中介金融機構來轉貸貸款。世界銀行不再管具體項目的評估，而由中介金融機構負責評估。

我在離開華盛頓時，遇見剛回到美國的世界銀行工業代表團。他們認為在上海的訪問和討論是很成功的，11 月份還要來上海。他們讓我轉達四點意見：

第一，上海機電局、儀錶局都在委託國外大的諮詢公司幫助制定發展規劃，諮詢公司得到了你們很好的配合。希望這方面工作加緊進行，儘快做出報告，以便世界銀行可着手工作。

第二，為了簡化程序，世界銀行與你們只討論行業發展規劃，不再對企業逐個評估，評估工作由中介金融機構負責。但你們也不要等所有的項目做完可行性研究才貸款，不然同樣會拖延很多時間。

第三，開發軟件（包括技術培訓、質量控制、產品測試等的軟件）對今後發展是很有幫助的。據瞭解，你們不大願意安排軟件貸款，因為投資開發軟件不能直接還款。我們希望在每年 1.5 億美元工業性項目投資中，有 1500 萬至 2000 萬美元用於軟件開發和技術援助。

第四，據初步瞭解，上海第二批工業項目共有 7 個，我們對其中 4 個項目感興趣，即製冷、醫藥、化學試劑、自動化儀錶。這些項目的發展戰略規劃請抓緊提出。

朱鎔基：我本人非常重視軟件開發，很願意在這方面與世界銀行發展合作關係。我相信，這種合作將促進我們加快利用世界銀行的貸款，產生

的效益也是長遠的。上海有條件做好開發軟件工作，但由於我們的財力還不足，因此要十分注意節約外滙，在軟件開發方面想多爭取國外贈款。這次地鐵一號線工程，聯邦德國不僅提供了優惠的政府貸款，而且向我們轉讓技術，把車輛建造安排在上海，還提供了 2000 萬美元的贈款用於培訓管理人員。

林重庚：我想談兩個問題。一是工業項目的外滙還款問題。工業項目中有許多項目是利潤高、可以創滙的，但也有一部分項目雖很重要，利潤卻不高。我認為這兩類項目都要上，由市裡平衡外滙。對軟件開發，世界銀行不提供贈款，但可以列為貸款的正式項目。

二是中介金融機構問題。我們考慮的中介金融機構不只是一家銀行，而想用多家銀行以開展有益的競爭。上投公司是隸屬於市政府的，是否讓投資銀行、建設銀行、交通銀行、工商銀行等都有機會參加進來？當然也不排除上投公司。

朱鎔基：總之，在明後兩年裡，上海要用好世界銀行提供的 4 億美元貸款，即 3 億美元硬貸款和 1 億美元軟貸款。這 4 億美元的外滙平衡和還款工作由地方政府來做。其中的基礎設施項目貸款，由市財政局作為一個窗口，統一管理；工業項目貸款，通過中介金融機構來轉貸。中介金融機構是一家銀行還是多家銀行，可以再商量。但不管是幾家銀行，都得服從一個目標，就是把 3 億美元工業項目貸款用出去。

我認為如果中介銀行太多，可能會耽誤用款的時間，而且多家銀行互相競爭，容易把事情搞亂，這也是中國不同於外國的地方。我們考慮指定上投公司負責轉貸 3 億美元工業項目貸款，實際上是由市政府來做擔保，說明我們下定決心，在兩年之內要把包括基礎設施項目的 4 億美元貸款用好。上投公司的資本是市政府給他的，但他的經營活動是完全獨立的。當然，最後選定的中介金融機構不一定就是上投公司，也不一定是一家銀行，我們不排除吸收其他銀行來參加。這些問題還可以再討論。

　　基礎設施大項目的可行性研究時間可以長一點，但小項目的可行性研究時間是否能夠縮短？南碼頭黃浦江大橋[1]工程本來和日本合作，後來談判中斷，一度找不到貸款對象。今年4月才找到亞洲開發銀行，現在他們同意大橋今年先開工，貸款手續慢慢再辦，這種做法絕無僅有，對上海是很大的支持。

　　原來世界銀行主張在寧國路建越江工程，現在聽說你們認為不需要再建了。上海急需開發浦東，首先要解決交通問題。明年我們打算在靠近吳淞口的浦東外高橋與日本合作，建一個新的深水港口。通過港口、大橋、隧道把浦東和老市區的交通連起來，形成一個環線，逐步把老市區的一部分人口和工廠遷到浦東去，否則老市區太擁擠了，沒法改造。我希望世界銀行繼續按原來的主張，幫助我們把寧國路越江工程[2]建起來。

　　伯基：世界銀行對基礎設施項目的評估是很仔細的，包括對工程設計也要達到滿意。我們的專家認為，寧國路交通流量比南碼頭流量多得多，因此主張寧國路越江工程先開工；而且從經濟效益和工程技術兩方面來考慮，主張搞隧道，不贊成架橋，因為橋要架得很高，引橋只能旋轉上去，而中國卡車的馬力和剎車都不符合這個要求。

　　朱鎔基：寧國路越江工程是修橋還是修隧道，至今沒有決定，大部分人主張修隧道，少部分人主張修橋。從上海發展戰略的眼光來看，儘管修橋多花一點錢，但我還是主張修橋，而且技術上的問題也是可以解決的。當然，這個問題還有時間繼續論證，我們要經過充分比較後再做出決定，也希望世界銀行的專家提供幫助。

　　埃塞維特：上海所有的過江設施，我都去看了，還查閱了你們的交通信息資料。我們認為，按現有的交通流量來看，南碼頭大橋造好後，寧國

---

〔1〕見本書第134頁注〔1〕。

〔2〕見本書第134頁注〔2〕。

1988 年 5 月 29 日，朱鎔基考察上海市延安東路隧道施工現場。左一為市建設委員會主任李春濤，左三為市隧道工程公司經理錢達仁。

路越江工程就不那麼迫切需要了，可以放到九十年代中期再去考慮。除非寧國路兩邊的土地很快開發起來，才有這個需要。基礎設施項目也要考慮收回成本，包括土地開發都要達到一定的經濟效益。

伯基：關於基礎設施項目貸款，與你們的副市長商量過。有一部分基礎設施如市內交通，可以比照工業項目來辦。你們提出一個發展規劃，世界銀行同意後就不參與具體項目評估了。

朱鎔基：這是我的建議，把許多小項目變成一個大項目來談。

伯基：我們目前正在考慮的上海基礎設施建設，主要有五項內容：寧國路越江工程（隧道或大橋）；越江工程造好後，浦東、浦西土地的開發；市區修一條北南交通幹道；中山北路高架路；市中心疏解交通緊張狀況。對這五個項目的具體設想，可以詳細寫信給你們。

朱鎔基：很贊成這五個項目。過去我們的一個教訓，就是對某些重大決策討論來討論去，把時間耽誤了。我希望能改變這種狀況，把這幾個項目儘快定下來。

會見聯邦德國專家格里希時的談話 *

（1988 年 11 月 29 日）

朱鎔基：歡迎你來上海。今天想聽聽你在上海的觀感，你想說什麼就說什麼。

格里希：我 10 月 28 日到上海以後，只去遊覽過一次黃浦江，其他時間包括星期六、星期天都在工作，因此，對你們的城市瞭解得很少，談不出多少觀感，但可以更多地講講對上海工廠的看法。我看了 17 個不同的企業，有的還不止去過一次。

總的說，上海市「桑塔納」轎車國產化協調辦公室和市汽車拖拉機工業聯營公司的工作是很努力的，我並不想否認他們在國產化工作方面所取得的成績，但是應該看到有許多地方還需要改進。很多企業應該改進他們的生產質量，這種改進並不要很多投資。我認為生產企業不應有出口標準和國內標準兩種質量標準，如果好的出口，壞的賣給國內，產品就會失去信譽，這樣的工廠在德國要破產的。生產企業只能有一種質量標準，並且要把質量水平逐步地加以提高。

＊威爾納·格里希，聯邦德國發動機製造和鐵芯技術專家，1984 年至 1986 年，被武漢市政府聘任為武漢柴油機廠廠長。其間，他致力於提高產品質量和改善企業內部的經營管理機制，受到國務院領導同志和國家經濟委員會的稱讚，並被媒體稱為「洋廠長」。格里希卸任回國後，仍十分關心中國的發展，多次來華。他這次來上海，先後考察了 17 個企業。朱鎔基同志專門約見格里希，聽取他的意見。

我在上海看到的大部分工廠，工作環境都很髒。如果生產時環境乾淨一點，產品質量可以大大提高。這是你們很多工廠的一個薄弱環節，把工作環境搞得乾淨一點，這並不要很大的投資。

我到玻璃工廠[1]去，看到窗子的玻璃是破的，感到很痛心。我看到的很多工廠都是車間的門開着，玻璃窗破了，灰塵大量進來，這對機器設備是極大的損害。我看這樣的工廠總有一天會難以為繼。從玻璃廠外觀來看，廠房是新的，但進到裡面一看，機器設備像是已經使用了五年甚至更長時間的。德國的廠房內牆壁完全刷白，容器多半是不銹鋼製的。我們不僅關窗、關門，而且容器的蓋也是關的。而你們這裡門窗大開，地上很髒，有那麼多灰塵，等於在馬路上生產一樣。要知道，灰塵對機械產品來說簡直是毒藥。我到輪胎廠，看到橡膠原料上都是灰塵，用這樣的原料去加工生產必定影響產品質量。上海乳膠廠生產的乳膠手套廢品率達到8％至10％。應該想一想為什麼會這樣，要想辦法改變這種狀況。

上海活塞廠在青浦有個分廠，那裡有寬敞的場地，但沒有充分利用，鑄造車間的窗玻璃全碎了，就像1945年德國戰後5分鐘的樣子，看了使我很痛心。如果讓我在這個廠裡工作半年，一定叫它變得認不出現在的模樣來。那裡的材料倉庫積了很厚的一層灰，鏟車在一旁修理，機油都淌到了鋁錠上。這樣的環境、這樣的材料，怎麼能保證生產質量？這個廠與德國已經簽訂了引進合同，從現在起就要改進管理工作。

朱鎔基：我看這樣的廠長可以更換。

格里希：我原則上反對老是更換廠長，因為新的廠長還要重新學起。但對廠長應當施加壓力，經常不斷地施加壓力。

現在你們的工廠在生產過程中間對產品沒有一系列嚴格的抽查環節，

---

[1] 玻璃工廠，指上海耀華皮爾金頓玻璃有限公司。

等到最終檢驗時才發現是廢品。因此，許多廠不僅質量水平很低，而且檢驗工作的水平也很低，包括質量檢驗人員的素質和部分檢驗科科長的水平都很低。我建議，應該每周花兩三次下班後的時間對有關人員進行培訓，教會他們如何使用量具、如何檢驗質量。對操作機器的工人也要培養他們的質量意識。我看到一個女工把零件扔來扔去，問她結婚沒結婚，有沒有孩子。她回答已經結婚有孩子了。我便說，你們對待這些零件和機器要像對待自己的孩子一樣，不能亂扔，要給它們穿好的衣服，打扮得很漂亮。工人應該改變觀念，為自己的產品感到自豪。要把廢品率降下來，減少補充加工（返工），獲得更多的利潤。

我在上海活塞廠，看到為摩托車配套的活塞留著的毛刺簡直可以用來刮臉。我瞭解到工藝上有表面打光這一道工序，但操作工人沒有按規定去做，檢驗人員也好像睡着了。如果我是摩托車廠，就只肯出一半的價錢買這樣的貨。這種不合格的產品在德國是要退貨的，在中國也許不可能退，因為你們的市場沒有競爭，但總有一天會出現競爭的。你們的彩電、冰箱、洗衣機、自行車、手錶都已出現市場競爭，而且這種競爭會越來越多，到時候只有質量好的產品才能賣出去。我相信，中國再過五年至十年會出現這種狀況。你們的模具製造和機修水平也很低，有許多地方可以改進。我在上海汽車電機二廠看到機修車間很髒，就提高嗓門嚴屬地責備了他們。隔了四天之後，我又去看，這個機修車間變得如此乾淨，簡直認不出來了。事實說明，這個廠能做到，中國其他工廠也能做得到。

我還到汽車掣動器廠去，他們在裝配「上海」牌轎車的剎車裝置。車間很髒，到處是鐵屑。我建議他們把整個車間都檢查一遍。我問這批產品提供上海轎車廠多少，他們回答：100個。我說，這100個都要重新檢驗過，他們做了。後來，我又去，問他們庫存的剎車裝置檢驗過沒有，他們回答：沒有。我說，也要重新檢驗。對這一點，我確實很生氣。如果我遇到「上海」牌轎車，老遠就要躲開了，因為剎車是性命攸關的部件，一旦有鐵屑進到

掣動總泵裡，剎車就會不靈了。我在上海的這些觀感足夠寫上一本書。

朱鎔基：希望你寫這本書。我受胡啟立同志的委託，出過一本《格里希在武柴》〔1〕，現在我要再給你出一本《格里希在上海》。

格里希：謝謝。再談點我的觀感。我所到的企業都有計量室，而且佈置得很好，但就是沒有人在工作，像教堂一樣的寧靜。計量室的設備，有的用布套着，有的用玻璃罩着，陳列在那裡像開展覽會。這些設備相對來說都是比較好的，要花幾十萬元至上百萬元才能買來，但沒有一台計量設備在工作，太可惜了。在德國，計量室的工作是很繁忙的。工廠進了這麼多這麼好的設備，就要充分利用起來，讓設備也賺錢。

我還建議工廠裡的質量檢驗人員要有明顯的標誌，如穿上統一的黃色制服或紅色制服。這樣，質量檢驗人員在不在工作崗位上就能一目瞭然，因為廠長不一定認識每一個工人。我問誰是檢驗員，還要到處找，如穿上黃制服就很清楚，這一個是或那一個是。德國工廠就有這樣的標誌，質量檢驗人員馬上可以被認出來。

我在上海汽車電機二廠還參觀了生產二極管的車間，廠長讓我穿上白褂子、戴上白帽子。上樓梯時，我卻看到地很髒，牆上還掉下來很多灰。中國婦女有一頭秀髮，操作女工雖然也戴着白帽子，但頭髮露在外頭，既然戴工作帽，就應該把頭髮都放在帽子裡。還有淨化車間是安裝有空調的，但窗都開着，不知為什麼。空調機安裝也不合格，旁邊可以伸出一隻手到窗外，這樣，室內的空氣是不可能淨化的。我當場指出，這些問題應該改進，也能夠改進，並告訴他們具體如何改。第二次我到廠裡去，看到的情況好了一點，但離真正的好還差遠了。明天，我還準備第三次去這個廠看看，特別是做二極管的工人是否把橡膠手套戴上了。這個廠的廢品率達到 8% 至

---

〔1〕《格里希在武柴》，由武漢市經濟委員會和武漢市外事辦公室編，企業管理出版社於 1987 年出版。當時任國家經濟委員會副主任的朱鎔基同志為該書作序。

10％，這樣的廠長在德國會受到很大的攻擊。下次我來上海，還要去這個工廠看看改得怎麼樣了，要不斷地給廠長施加壓力，督促他改進。我看到零件箱裡的零件像山一樣堆着，所有工廠對零件的這種馬虎做法都要改變。這個廠生產的二極管還要用手扶拖拉機運到 20 公里以外的地方去檢驗，檢驗完了再運回來裝配，來回路上肯定進了不少灰。德國的工廠不會這樣做，都是在哪裡生產就在哪裡就地檢驗。不然的話，要多大的運輸量。

我還看到發電機定子上的漆包線損傷了，廠長說這是協作廠造成的。我就到在青浦的協作廠去看，那是一個鄉鎮企業。女工們幹活很勤快，但操作上有錯誤，如不應該用金屬刀把漆包線放到定子上去。我提出意見後，她們改了，而且把車間燈光的條件也大大改善了一下，我感到滿意。這些女工都是從農村來的，工作勤奮，經過指點，她們學會了怎樣正確地操作。問題是漆包線還是在汽車電機二廠損壞的，是定子加工時把漆擦去了。我建議廠長在加工時，定子下面放一塊塑料墊子，辦法很簡單，但質量會得到改進。原來他們放零件的盒子都是用金屬做的，為什麼就不用木頭或塑料做盒子呢？很多工廠都存在類似的問題，而對這些問題，人們可以用很簡單的辦法來加以改進。我認為很多工廠應該現在就馬上努力改進，提高質量，不要等投資，而且投資下去也不是馬上能見效的。

我與孟德爾舍爾德〔1〕先生已經開始考察上海「桑塔納」轎車國產化工作並提出一些建議。我們都是一些技術上有經驗的人，要繼續做這方面的工作。我們在檢查中絕不收受賄賂，也不會為一頓好的中飯或幾條好煙而把眼睛閉上的。市長對「桑塔納」轎車國產化很重視，並已經做出了很大的努力，但是等到投資效果出來還要走很長的一段路。我認為，現在可以先提高生產的數量和整個工業水平，包括「桑塔納」轎車的生產要達到一定數量，不然

〔1〕孟德爾舍爾德，即彼得・孟德爾舍爾德，1985 年 10 月至 1988 年 10 月任上海大眾汽車有限公司質量保證部外方一級經理。

並不合算。花了這麼大的投資，不光是上海投資，其他省市也有投資，每天只生產 40 輛車是不合算的。我認為，所有的工廠都應該毫無例外地從現在起就改進工作，這並不用花很多錢，就可以把生產提高一步。

我在武漢柴油機廠就是沒花多大投資來改進工作的。我剛到武漢時，柴油機廠鑄造車間只有 1937 年的生產水平，機器設備都是六十年代之前的產品；工作人員的素質也比較差，盡是人家工廠不要的老弱勞力。當時年產柴油機 1.83 萬台，45％ 的鑄件是廢品，2.5 升發動機機油裡有 5000 至 6000 毫克的髒東西，柴油機壽命是 1000 至 1500 小時，工廠一年虧損 500 萬元。現在年產量已達到 6 萬台，其中出口 6000 至 8000 台，鑄件廢品率降到 15％，2.5 升發動機機油裡面的髒東西只有 100 毫克，柴油機壽命達到 1 萬小時，今年可以盈利 600 萬元。現在的武漢柴油機廠不是我在領導，是你們中國人自己在領導。這就證明，老廠、老設備經過努力也能使各方面工作得到改進，並獲得更多的利潤。

我相信通過教育能夠提高人們的質量意識。這四年裡，我連續到中國來，因為我相信中國是能夠改變現狀的。大家可以想一想，四年前你們的生活水平怎麼樣？今天又怎麼樣？我認為是沒法比的。如果不相信中國會繼續前進，我就不會來了。我年紀大了，這輩子很快將過去，但我相信眼前的很多事物會發生變化。正是這些變化和進步，激勵我一再地到中國來。

我在來上海之前去過內蒙古的呼和浩特市，聽他們介紹說包頭要建一個「奔馳」重型汽車廠。

朱鎔基：我不贊成中國的汽車工業分散發展。

格里希：內蒙古建重型汽車廠的工作進展得並不順利。我去看了那個廠，對他們說，你們搞國產化會碰到很大的困難。我認為，中國與「奔馳」簽約之前應當再很好考慮一下。現在上海有「桑塔納」，長春有「奧迪」，武漢有「雪鐵龍」，北京有「通用」，每個省市都想自己搞一個汽車廠。為什麼要那麼多的型號呢？如果共同搞一個生產體系，使用同一種發動機，

裝配成不同車身的車，不是更經濟嗎？現在許多廠與外商簽訂合同，想各自生產發動機、後橋、齒輪等。

朱鎔基：上海也有人雄心勃勃想再搞一個轎車廠，他們主張搞兩個生產體系。

格里希：這是不對的，也不合算。

朱鎔基：我不同意搞兩個轎車生產體系，上海只能搞一個轎車零部件國產化體系。

格里希：為實現「桑塔納」國產化，市政府做了很多工作。現在「桑塔納」國產化共同體的工廠做得也很好。「桑塔納」的質量取決於配套廠的生產質量，轎車最終的質量與配套件的質量是一致的。德國也是這樣，本廠只做有限的零配件，而大部分零配件是從外頭採購來的，這樣，整體的效益就要靠配套廠的質量來保證。另外，歐洲的中等企業比中國同類企業的素質要好得多。這些中等企業的質量與產品的最終質量是一樣的。

朱鎔基：你講得非常好。我希望你經常來上海。你對「桑塔納」國產化配套工作提出的每一點合理的意見，我們都要不折不扣、一條條地加以改進和落實。今天格里希先生與我談話的記錄，經過整理後將印發各有關部門和工廠。你對於質量問題的意見，不僅對機械行業有益，而且對其他行業也是有益的。你回國後，我去過武漢柴油機廠。雖然你走了，你當初指定的代理廠長也走了，但現任的廠長堅持你建立的一套制度，做得很好。我還想提出一個建議，請你把在上海看到的問題和意見在更大範圍內對上海的廠長講一講。由我主持一個報告會，請你做報告，幫助我們的廠長提高質量意識。上海有一萬個廠長，這次我找一千個廠長來聽你的報告。上海是中國最大的工業城市，工業總產值佔全國的十分之一。上海工廠需要的原材料，光靠國內資源，是提供不了這麼多的，因此上海的企業必須發展出口，從外國進口原材料，搞大進大出，否則上海企業不能生存。從這個意義上說，質量是上海企業的生命，我們對生產質量要提出嚴格的要求。

這也是請你做報告的目的。

格里希：廠長們都對我說，他們從市裡得到了很大的投資，用於技術改造。而引進設備更需要有高級的保養。現在有一部分原材料是靠進口的，這就意味着生產出每一個廢品都是在浪費外滙。要使廠長都知道這一點。

朱鎔基：可惜很多廠長並沒有認識到這一點。現在中國是賣方市場，上海產品的質量在國內相對而言好一點，國內有市場，不怕產品賣不掉。但是他們就沒有看到，上海產品不打到國際市場去，上海的工業是沒有出路的。

格里希：我百分之百同意你的這種觀點。要依靠高質量賺取更多的外滙。

朱鎔基：因此，我請你在會上大聲疾呼，對我們的廠長施加一些壓力，要求他們嚴格地加強管理，從點點滴滴、小地方開始重視質量、提高質量。今天你對我講的這些具體例子都可以講，因為這些意見是有實際經驗的專家的意見，是內行的意見，相信廠長們會接受的。

格里希：我願為你而做這個報告。

朱鎔基：不要當成做報告，就像與我談話一樣。我陪你坐在主席台上談話。

格里希：講到不愉快的事，我的聲音會很響。

朱鎔基：希望你多講不愉快的事，邊談邊敲桌子也無妨。

格里希：我努力這樣去做。

質量是上海的生命 *

（1988 年 12 月 1 日）

　　剛才，聯邦德國專家格里希先生對上海工廠的質量管理工作提出了很好的意見。他 70 多歲了，在工廠搞了幾十年，很有經驗，他的意見很值得我們重視。他對上海工廠的印象是「髒」。有的工廠把車間窗戶開着，玻璃也不擦，全是灰塵，這麼髒的環境怎麼能生產出好的產品？連設備也都糟蹋了。我們在企業管理上很多方面的要求都不嚴格。我想，對於格里希先生提出的意見，必須一條一條地認真研究，並採取有力措施改進我們的工作。我們要從細微處見精神，一絲不苟，把產品質量搞好，質量是上海的生命。

　　由於原材料供應不足，上海工業要繼續發展受到很大的威脅，如果不能渡過這個難關，就會萎縮，甚至不能生存。怎麼辦？我們一方面還是希望繼續得到中央和各地區的支持；另一方面，必須搞大進大出。如果不搞大進大出，沒有任何人能夠救上海。今年上海原材料這麼困難，為什麼工業生產任務完成得比預料的要好，全年增長速度可以達到 8％，就是因為在一定程度上搞了大進大出，及時進口了原材料。但是，進口要花外滙，

＊ 1988 年 12 月 1 日，應朱鎔基同志邀請，聯邦德國專家威爾納‧格里希在上海全市廠長大會上為上海企業界 1200 多名大中型企業的廠長、經理做了關於加強企業管理、提高產品質量的報告。這是朱鎔基同志在聽取格里希報告後講話的一部分。

就得要出口創滙，借債不還是不行的。所以，上海不大力搞好出口，就難以生存。要出口創滙，產品就得有好的質量。

現在原材料產品價格不斷上漲，而加工產品價格卻不能漲。質量不提高，產品老面孔，怎麼漲價？原材料漲多少，你老面孔產品也漲多少，這條路是走不通的。你必須優質優價，搞新產品、新品種。今年，市政府下決心搞了科技與生產結合的 14 項重點工業攻關項目，就是要帶動千家萬戶把科技與生產結合起來，開發新產品。新產品實行優質優價，利潤比老產品高，賺的錢就可以彌補老產品的虧損。經過一段時間，老產品淘汰了，完全生產高檔的新產品，企業的經營狀況就好了。到那個時候再推出更新的產品，不斷地升級換代。我們應該採取這樣的經營戰略。

我講的質量，包括產品的性能和技術水平，不是「瓜菜代」的質量。上海的產品一定要按國際標準生產。採用落後的標準，即使質量管理搞得很好，產品還是賣不掉。我們必須按照國際標準生產，為了出口而生產，根據用戶需要生產。國家標準中如果有不利於出口的，要經過一定程序進行修改，以適應出口的需要。我們不應該採用兩種標準，因為搞兩種標準，對工人很難嚴格要求。我們的目標是要大進大出，首先要能出口。廠長一定要有質量意識。看不到質量是上海的生命、沒有這種高度質量意識的人不能當廠長。另外，廠裡要建立嚴格的產品質量檢驗和監督制度，有一個六親不認的檢驗科長。在當前情況下，沒有六親不認、鐵面無私的人把關，質量保證不了。加強檢驗與實行全過程的質量管理是一致的。還要有一個堅定而又耐心的黨委書記，書記要堅定地維護廠長的威信，在質量問題上不能讓步。工會和團組織也不能在質量問題上姑息、讓步。

現在，上海技術水平在國內的領先地位正面臨嚴峻的挑戰。我們要大聲疾呼，恢復和保持上海工業的領先地位，要有爭全國第一位的志氣。我和黃菊同志到過上海手錶廠。我說，上海手錶再不及早調整產品結構，就沒有前途了，要趕快上石英電子手錶，零部件要國產化。現在這家廠發展

石英電子手錶，搞得很快，一下子搞到 100 萬隻，但返修率達到 6％，據
說還是全國「先進」水平。我認為不能滿足於這樣的「先進」水平，要知
道，你的返修率即使是 1％，對用戶來說也是 100％的不合格。我給手錶
廠提個建議：凡是不合格的手錶，賣出去停擺了，要全部調換。一個工廠
最重要的是信譽。應該按國際標準組織生產，降低了質量，數量再多也沒
有用。質量是生命，質量是效益，如果不能保證質量，任何高指標都應該
予以拒絕。

　　當然，有些同志會講，提高質量光抓一個行業不行，原材料和協作零
部件質量不合格怎麼辦？這的確是個難題。我想，我們應該這樣看問題，
上海工業的配套能力是相當強的，只要我們所有廠長加強質量意識，就能
解決這些問題。我對「桑塔納」轎車的國產化工作，要求完全按照聯邦德
國標準來生產。現在證明「桑塔納」轎車的國產化是不折不扣的，是沒有

1988 年 6 月 16 日，朱鎔基考察上海手錶廠。右二為上海手錶廠廠長戚德林。

降低標準的國產化。今年國產化率達到 25％，明年達到 50％，後年就基本實現國產化了。現在中國存在不講質量、馬馬虎虎的現象只是暫時的，我們的民族有精益求精、一絲不苟的好傳統。從五十年代到「文化大革命」前，我們的工廠管理是很有成績的。1964 年工業學大慶，對工廠要求非常嚴格，那時候工廠搞技術比賽，設備擦得發亮。我們不是做不到，而是現在沒有嚴格管理。只要我們堅持扎扎實實、一絲不苟、精益求精的精神，上海是大有希望的。

對幾個經濟熱點問題的說明 *

（1988 年 12 月 30 日）

　　我想對同志們關心的三個問題做一點說明。

　　第一個問題，明年上海的市場能否穩得住？大家普遍擔心明年的物
價，今年上海物價指數是 21%，明年物價如果再漲 16%，上海能否受得了？
我的看法，上漲幅度是高了一點，但也不是那麼可怕，因為 16% 裡面有 8%
到 9% 是今年「翹尾巴」的因素。也就是說，有些東西今年已經漲了，或
者是 3 月份漲的，或者是下半年漲的，在今年計算物價指數時我們只算了
三個季度或半年，明年要算全年。老百姓對它的感受同新漲價的感受完全
不一樣。新漲價的，明年中央出台的漲價措施要影響上海上漲 2% 至 3%，
我們考慮恐怕打不住，也就是明年漲價的措施還會出來一點，完全不出來
不行。原材料漲價了，產成品價格一點不動，企業負擔不了，生產要萎縮，
所以我們估計又要漲 3% 至 4%，這樣總共 16%。我認為實際感受不會像
想像的又增加 16% 那麼明顯，而且物價指數的計算方法雖然比較科學，但
計算結果與每個人的感受不一樣。我覺得，穩定市場的關鍵是把人民生活
必需品價格死死管住，總的物價不要管死，管死以後上海要吃虧。吃什麼
虧呢？生產停滯、萎縮，連小商品也沒有了。原材料漲價，你不讓企業隨

＊這是朱鎔基同志在上海市黨員負責幹部大會上講話的一部分。

行就市，他無法生產，最後是造成上海財政收入下降，地方財政也沒有能力再來補貼那些必需品了。這是惡性循環。所以，我們主張還是把基本消費品價格穩住，絕對不能隨意漲。發生虧損，市政府增加補貼就是了。至於其他產品，特別是小商品，儘管我們要嚴格控制，不能隨便亂漲價，但還是要讓它們搞活一點，這對上海整個生產發展有利。所以，明年物價指數聽起來是 16%，但如果把佔市民總開支 70% 以上的生活必需品管住了，大家對這 16% 也就不會感到難以承受了。

關於生活必需品。哪些算必需品？

一是糧、油、副食品。我想，把這些穩住了，上海至少穩住了一半。從糧、肉、糖、鹽來看，這些人民生活必需品的庫存是充足的，價格也不會漲，所以對此不要恐慌。至於副食品，儘管最近氣候是百年未遇的乾旱，但因為我們做了準備，採取了補救措施，蔬菜供應還是充分的。今年家禽銷量也增加很多。最近飼料有些困難，只有兩個月庫存，但市財貿、糧食部門和市交通辦、海運局已組織從吉林搶運玉米。明年的禽、蛋供應和生產都做了安排。

二是工業消費必需品。工業消費必需品原來確定 21 種監控產品，現在我們增加到 26 種，由市經委成立一個辦公室專門管理。對這 26 種工業消費必需品從生產、供應一直到銷售都進行監控，價格不漲，如果因原材料漲價而發生虧損，市政府就拿錢補貼。現在市場基本上還是能夠保證供應的，只是有些商品不是想買就能買到，所以供應辦法還要研究改進。

為保證人民生活必需品的供應，市政府要承擔相當大的財政補貼任務，這是個沉重的負擔。特別是糧食收購價越來越高，市民買一斤糧食是 1 角 8 分，去年市政府要補貼 1 角 9 分，今年上半年就補貼 3 角 1 分，從現在起要補貼 6 角錢。今年的糧、油、菜補貼比去年增加 9 億元，所以市財政變成了「吃飯財政」，把今年好不容易增加的經濟效益給吃掉了。明年還得增加 9 個億的糧、油補貼，我們都打在預算裡了。因此，還是要把

價格稍微搞活一點，靠企業提高效益，使政府財政多收一點。不然的話，我們想補貼也補不起。

另外，要考慮一個問題，就是現在存在收入不平衡、分配不公平的問題。今年物價上漲21％，工資、獎金的支出比去年增加30％，實際上把漲價的因素都補上了，還超過了，而勞動生產率基本上沒有怎麼增長。發了這麼多工資、獎金，但不均衡。企業的工資、獎金跟效益掛鈎，情況就好一些，而比較清苦的還是機關幹部、教師，特別是離退休幹部。這確實是個問題，我們還得想點辦法，對確有困難的一部分同志考慮採取一點補償措施。要這麼做也很難，一個要看財政能不能承受，一個還怕引起新的矛盾。機關幹部或教師的收入稍微提高一點，企業就要攀比，他的獎金就發得更厲害，所以企業領導要注意控制消費基金的增長。

第二個問題，明年生產、出口能不能搞上去？我的看法，根據現在的安排，明年的生產還是可以搞上去的，效益可以比今年好一點。

首先是農業，這個已經做了安排，最近還要召開農村工作會議。從各方面條件看，明年的農業生產可以穩定，並有所增長，特別是副食品。我們還準備動員郊區多種粳米，今年郊區比去年多交售5000萬斤大米，解決了我們很大困難。

工業生產，我們提出明年增長速度為5％，也有同志說是不是高了？我們認為低了也麻煩，首先財政收入上不去，上繳利潤保不住，14億元地方機動財力就要落空，城市基礎設施建設就搞不下去。所以5％還是必要的。今年整個工業大約增長10％，明年降至5％。扣除村辦工業，今年是增長8％，明年是4％，速度降低一半，這就不是過熱了。這個速度必須保證，如果5％搞不上去，明年的全盤計劃都會打亂。但這個5％的內容與今年不一樣，明年地方國營企業要增長2％，今年只增加了1％多一點。明年地方國營企業搞上去了，利稅就可以增加。

出口創滙今年是創了歷史紀錄，可以完成46億美元，但外滙還是不平

衡，因為進口原材料大大增加。今年一定程度上實現了大進大出，不然今年生產搞不上去。外滙平衡非常緊張，明年一定要想辦法把創滙搞上去，措施是「雙線承包」[1]，全面推行外貿出口代理制。今天上午開了個會，基本上把「雙線承包」定下來了，就是把出口創滙任務包到生產企業，然後委託外貿企業代理，把生產企業推向國際市場，推向外貿出口第一線。另外，把外貿包到生產企業，你得把國家補貼的外貿虧損也分給他，把國家退稅也分給他，流動資金給他解決，出口商標讓他使用。凡此種種，問題細得很，儘管這個方案醞釀了三個半月，還在繼續深化。我希望新聞界的同志在報上多多宣傳工貿結合、「雙線承包」，因為明年深化改革主要就是配套、完善、深化、發展企業承包經營責任制，上海最重要的措施就是「雙線承包」、全面代理，這在全國是第一家，要多宣傳。現在報紙上天天都在談股份制。股份制很重要，澤民同志親自在做調查研究，開了多次討論會，也在積極試點、加快試點、擴大試點，但總還是試點。這裡有很多問題，搞得不好，把股息抬得那麼高，勞動生產率沒上去，效益沒提高，那國家財政就會越挖越空，所以有很多問題要研究。我覺得重點應該是宣傳深化承包經營責任制，多寫寫這方面的文章。上海明年就靠這個法寶了，不然這麼大的困難，怎麼搞得下去？最近聯邦德國專家格里希到上海來做了一個報告，有一部錄像。我也向上海企業的廠長、經理提了三點要求：第一，質量是上海的生命，上海的產品沒有高的質量，達不到國際水平，就搞不了大進大出，上海就難以生存；第二，從嚴治廠，向管理要效益；第三，加快企業的內部改革，引進競爭機制。我希望各個企業的同志根據這個精神，明年在企業管理方面下大功夫，提高效益，把質量搞上去，把效益搞上去，把出口創滙搞上去，那麼，明年上海就能渡過難關。

---

〔1〕見本書第 62 頁注〔1〕。

．

第三個問題，城市建設、基礎設施建設還能不能搞得下去？明年要壓縮固定資產投資規模，我們必須有保有捨。如果我們還想要黃浦江大橋，還想要地鐵，還想要合流污水治理工程，就得砍樓堂館所，特別是砍賓館項目，否則搞不下去。像現在攤子鋪得那麼開，無論資金、材料、施工力量都不行。所以，我們下決心清理項目，現在已經成立了 16 個砍賓館項目的專題領導小組。這方面，市人大、政協的領導同志和老同志非常支持，我在此表示感謝。一個賓館就設一個專題領導小組，一個賓館就是上億元投資，我們一個一個地審查，研究能不能砍掉、推遲、降低標準、壓縮規模，把資金引導到搞工業項目上去。現在這項工作開展得很好，成績很大，我給大家報個喜。在 18 個賓館項目裡面有兩個項目可以砍，所以只成立了 16 個專題領導小組。這 16 個項目大部分簽了合同，經過半月時間的清理，初步意見是，可以停建 3 個，緩建 7 個，降低標準 3 個，繼續建設 3 個。

另外，還要壓縮一般建設項目。少蓋點房子，多搞些配套基礎設施建設，住宅不配套，住進去也不方便。明年一般建設投資要比今年壓一半，用壓下來的資金保重點建設，保黃浦江大橋、地鐵、合流污水治理工程。這幾個重大工程的建設進度也要稍微推遲一點，實際上我們做準備工作也需要一段時間，但是，總能搞下去的，還要爭取在將來能比較快地把它們建成。我們已專門抽調一批得力的幹部，成立了一個市重大工程建設辦公室，集中力量抓一批必保的項目，包括彩色顯像管、冷軋薄板、30 萬噸乙烯等調整產業結構的重大項目，把全市的資金、財力、物力和施工力量首先集中在這些項目上。彩管工程我們比北京大大落後，所以我們去開了現場會，成立了工程指揮部，幾天之內施工隊伍就上去了，要保明年彩管工程投產。還有 30 萬噸乙烯、冷軋薄板，都要這樣打殲滅戰，保證今後每年都有一些效益較好的重點工程項目能夠投產。這項工作，市政府已做了安排，大家要服從大局、有保有捨，這樣搞下去才大有希望。

最後，我還要強調一下，市政府明年將繼續抓廉潔、高效。今年這方

1988 年 12 月 15 日，朱鎔基到上海永新彩色顯像管廠工地現場辦公。右一為市委副書記、副市長黃菊，右二為上海市儀錶電訊工業局副局長秦福祥，右三為副市長顧傳訓。

面工作做出了一定的成績，但是還遠遠不能適應人民群眾的要求。在廉潔方面，我看還要擴大到企業裡去，因為過去講「四菜一湯」都是限於機關幹部，但現在企業有些活動搞得太鋪張。我想，企業有兩條要做到：第一，企業搞活動也要盡可能節約，別那麼浪費，非搞不行的搞一點，廠慶宴請、送禮，建議取消；第二，企業的應酬、請客活動，本市機關領導幹部不許參加。企業活動也要有所控制，不然群眾對我們意見很大。至於貪污受賄，那處理起來絕不手軟。如果發現哪個機關、哪個區縣、哪個委辦局的領導幹部，貪污受賄，搞不正之風，不管級別多高都要嚴肅處理，不然就不能把黨風端正過來。

今年在實行廉潔、高效工作中，大部分或者說絕大部分委辦局、區縣領導幹部是認真的，這些領導同志都是在兢兢業業地工作，有些同志星期天也不休息。最近搶運煤炭、搶運糧食，市交通辦、經委、財貿辦等部門和市海運局、港務局都全力以赴。大多數幹部沒有辜負全市人民對他們的信任，但工作還做得不夠，明年要進一步改進。

此外，明年還要繼續下放權力。今年市政府的權力下放至區縣，很有效。據我瞭解，每個區、每個縣，一般都比財政包乾指標多收了兩三千萬元。區縣管的事多了，辦的事多了，財力也增加了。希望區縣同志們不要把增收的錢隨意花掉。我建議：第一，拿這個錢辦教育，請區縣政府多支持教育和科技。第二，搞好菜場，穩定「菜籃子」。不要搞那麼多咖啡館，還是要搞一點大餅、油條、餛飩等大眾化食品，為大多數市民服務。第三，修橋鋪路，搞基礎設施建設。總之，要把人民生活搞好。

讓我們共同努力，在新的一年裡去奪取新的勝利。

一九八九年要重點研究和抓好的工作*

（1989 年 1 月 4 日）

　　我希望市政府研究室多反映人民群眾的意見、要求和疾苦。我們要密切注視群眾的情緒、群眾的脈搏，隨時準備應對各種情況。

　　今年工作的方針、政策、原則都定了，現在需要考慮的是究竟怎麼抓。不僅要考慮今年的安排，而且對市政府五年任期也要有安排。我考慮自己今年是不是可以超脫一點，如果還像去年那樣，好多事由我一竿子抓到底，可能會把一些大事耽誤了。因此，市政府的常務工作由黃菊同志主持，我儘量幫助他處理些問題。下面報給市政府的報告，都請黃菊同志處理，辦公廳給我也同時送一份。黃菊同志處理後我再看一下。其實不必把給市政府的報告都送到我這裡。現在每天送我看的文件太多了，有些事只要讓我知道一下就可以了，有些事並不要我來處理，但都等着我發話，反而會把事情耽誤了。以後報給市政府的報告，就由黃菊同志和其他副市長處理，處理的結果報我瞭解一下。辦公廳的《市政府領導批示彙編》已經在這方面起了很好的作用，我再督促檢查一下。有些問題我可以事先發出警告，像軸承行業全行業合營這件事下面醞釀了一段時間後報給市政府，但對有些關鍵問題，如資產評估、產品銷售權、材料供應權等沒有注意到，我就

＊這是朱鎔基同志在參加上海市政府研究室黨支部組織生活會時發言的要點。

把有關委辦主任找來開個小會，提醒他們。

辦公廳的辦文工作需要改進一下。現在有些報給市政府的文件要一兩個月後給人家答復。由於有些事需要下面先協調，報告到副市長手裡已經很晚了。我想辦公廳對辦文工作要提出幾條改進的意見，規定今後向市政府寫報告，主管部門要自己先協調，並把各有關部門同意什麼，不同意什麼，有哪些問題還沒有解決，不同意的理由又是什麼，都要寫在報告上。這樣可以克服下面的依賴心理，不要自己沒協調，就往市政府一推。今後報告來了，請主管副市長先發表原則性意見，然後由副秘書長協調，最後報常務副市長批一下。副市長都不要一個人決定一件事，因為需要市政府協調解決的問題往往牽涉幾個方面，如果主管某一方面工作的副市長單獨決定了，可能會與另一方面的工作脫節，造成一些後遺症。

迎來送往的事還是要做，中央各部委和各省市的領導同志來上海，我還是要見一見。但宴請活動要盡量減少，請辦公廳定個制度，提出點辦法來。為了吸引更多外資，接見外賓我可以多做點。我騰出時間後，抓些什麼事，請同志們研究一下，排個工作進度表出來，逐月做什麼。我想突出幾個重點問題，多搞點調查研究，多開些專題會，多下基層。

我考慮今年需要重點研究和抓好的工作，按次序來講有這麼一些：

第一，穩定市場。現在看來，上海比較穩定，主要是市場比較穩。繼續保持市場穩定，有幾件事要做：一是圍繞 26 種人民生活必需品的生產和價格監控，要開專門會議研究落實，一抓到底，包括財政暗補和發放工業券等問題都要研究。這件事 1 月份就要抓起來，把市場真正穩定住。二是要抓菜場的管理和服務，我一直在探討這個問題，要研究出有效的辦法來。不然財政補貼了，市民卻不能真正得到實惠。給一斤肉票，就要讓群眾保質保量買到一斤肉，而且不要排很長的隊。我想這是能夠做到的，要使副食品尤其是豬肉規格化，批量生產，防止有人從中做手腳，坑害消費者。

第二，調整產業結構。要專門開幾天會，把調整產業結構作為一件大

事來抓，而且要抓得很實、很具體。先要求各部門自己來研究、排隊，列出單子來，哪些產品該發展、哪些產品要淘汰、哪些企業要關停併轉。然後聽三天彙報，把該上、該下的產品和要關停併轉的企業定下來。上海不經過這麼一番痛苦的調整，是不能把產業結構調整好的。調整產業結構的目標是，速度不要很高，今年保持增長5％就可以了，但效益要比去年好，原材料、能源消耗要比去年低。

第三，把城市建設規劃和建設隊伍好好整頓一下。要研究城市建設究竟怎麼搞，今年必保的建設項目有哪些，必須砍掉的項目有哪些。城市建設要繼續下放權力，把環衛和城建配套項目的權、責、利下放到區縣去。規劃部門要到區縣去，幫助搞好規劃，明確城鄉建設該搞什麼、不該搞什麼。

第四，抓好重點項目建設。市重大工程建設辦公室要集中力量抓這件事，把重點項目排個次序，今年做什麼、明年做什麼。今年一定要把近期能見效益的項目搞上去。如果把彩色顯像管、冷軋薄板、30萬噸乙烯這幾個項目抓實了、見效了，上海的效益就上去了。

第五，「雙線承包」[1]，工貿結合。這件事在次序上可以朝前排一點，要趕快落實。上海的外滙缺口是個大問題。要通過深化外貿體制改革，把出口創滙搞上去，上海才有出路。現在工貿結合的方案出來了，「雙線承包」的基本辦法也有了，要進一步做調查研究。

第六，辦幾件實事，扎扎實實地解決人民群眾最迫切需要解決的一些問題。要在澤民同志抓實事的基礎上，「蕭規曹隨」，繼續把為市民辦實事的工作做好。但也要有所發展，如重點工程項目已納入計劃必保了，就不必列入辦實事範圍。當年完不成的項目也不必列進去。凡是列入辦實事

---

〔1〕見本書第62頁注〔1〕。

1989年2月6日，朱鎔基到57路公共汽車終點站看望並慰問春節期間堅持加班的公交職工。正面左一為上海市公交總公司黨委書記王恩振，左二為副市長顧傳訓。

範圍的，必須是需要各級領導扎扎實實去抓、收效較快、人民群眾迫切需要解決的事。我看主要是在改進管理、挖掘潛力、轉變作風、改善服務態度等方面多下功夫。請侯旅適[1]同志把今年要辦的實事再重新排一下。當前最重要的是公共交通。緩解交通緊張狀況，在加強管理、整頓秩序方面，目前不需要花很多錢，但做好了，確實能解決一些問題。關鍵是領導要到現場去研究解決問題，把車輛調度和車站秩序整頓抓起來。辦這件事也可以確定一些考核指標，如提出把職工上下班乘車時間從一個半小時縮短到

---

〔1〕侯旅適，當時任上海市政府副秘書長兼研究室主任。

一個小時就是一項指標。可以抓幾條交通最繁忙的幹線進行檢查，在群眾中搞幾次民意測驗，看看公共交通服務質量是否有提高，交通緊張狀況是否有緩和。今年緩解交通緊張狀況的最大措施，是在機動車與自行車分流上跨出比較大的步子，這樣機動車車速就可以加快，交通阻塞就有可能減少。還有佔用的馬路要讓出來，使道路通暢。我要與市公交總公司的同志一起下去做點調查研究，包括到公交線路去實地查看。搞好公共交通確實要花很大的力量，看看安排在什麼時候去搞這項調查研究為好。另外，重點建設項目也要經常去看看，彩管工地我過一段時間還要去，督促檢查，促進工程的建設進度。還有一件事就是要把所有高層大樓的電梯、門窗修理問題解決好。房管所要負起責任，把這項工作做好。前天我到南滙縣去，看到農村亂佔耕地的情況很嚴重，到處大興土木亂蓋房，怎麼得了！農村控制亂佔耕地，這也是件實事。要發動規劃部門下農村去，幫助做規劃，建設新農村。這件事不是一年能辦成的，是否列入辦實事範圍可以研究。總之，我們要辦的實事必須是關係到人民群眾的切身利益，而且是一年內能辦得到的實事，包括與人民生活有密切關係的工程項目也可列入辦實事範圍，重點放在各級領導要真正為人民服務上。

第七，政治體制改革。1月3日，市政治體制改革領導小組開了個會。我的看法，這件事今年不能着急。經過三個月的反復研究和論證，有些提法，如撤委建局、撤局建委、大委小局、小委大局等，現在都一律取消，不講了。因為無論哪一種提法，都不能搞一刀切，而且容易引起幹部思想的不穩定。因此，我們這一階段政府機構改革的目標，還是轉變職能，理順關係，下放權力，提高效率，強化綜合部門的作用。轉變職能，如工業局要把經營管理權力逐步下放給企業，自身向行業協會過渡，今後主要搞廠長招標、企業家培訓和政策調研。理順關係，主要把目前委辦局之間互相重疊、交叉的關係理順。下放權力，除了把生產經營管理權下放到企業去之外，還要進一步把城市建設和管理權下放到區裡，把農村建設和管理

權下放給各縣。今年機關人員編制絕對不能增加，要下道死命令控制住編制，內部可以自己調整，在這基礎上再搞工資包乾。

上面講的這幾個問題，請同志們把他們再排一排，確定一下每月抓些什麼，有的不止是抓一次。也不止是這七個問題，可以排他八個或十個。工作方法上，也請同志們出點主意。我總的意圖是想在今年抓一些大事，而且抓得深一點。

取消「小金庫」*

（1989 年 1 月 21 日）

　　「小金庫」危害非常大，我去年到上海工作以後才知道。原來我對上海的鄉鎮企業認識非常膚淺，後來經過接觸以後知道，上海的鄉鎮企業與國營企業有千絲萬縷的關係。我原來一直搞不懂，為什麼上海的地方國營企業去年 5 月份以前都是負增長，去年全年平均增長 1.2％，而鄉鎮企業的速度是百分之三十幾。怎麼也搞不清楚，鄉鎮企業的優越性有那麼大啊？後來我發現了一條，我們的地方國營企業很多不生產，都把原材料給郊區甚至外地的鄉鎮企業去生產，生產以後把他們的留利返回，返回以後就不入賬，變成自己的「小金庫」，從這裡面支付吃喝開支、發獎金。誰也不知道他們花多少錢，誰也不知道他們發多少獎金，這個危害實在太大，所以國營企業老上不去。現在這個「小金庫」究竟有多少錢？說不清。根據現在已經查出來的情況做一個估計，可能不會少於 3 億元。這 3 億元都是現金，分散到各個企業裡面。有一個廠子，幾十萬元現金放在保險櫃裡，給人家偷走了，我們才知道這個廠子有一個「小金庫」。

　　我跟鮑友德同志商量了，今天想宣佈一個政策，來解決一下這個問題。這對改善我們的企業管理、整頓我們的廠風、整頓我們的社會風氣都有很

＊這是朱鎔基同志在上海市黨政負責幹部會議上講話的一部分。

大好處。什麼政策呢？就是「小金庫」要取消，要嚴格執行國務院關於現金管理的決定，企業的錢都要存在銀行裡，不存是非法的。但是，我們想，為了有效地貫徹這個決定，恐怕要搞一點「過去從寬，以後從嚴」，不然這個問題還是解決不了。所以我現在宣佈：你們各個工業部門也好，其他部門也好，你們的「小金庫」從現在開始馬上存入銀行。除了你們應該繳的稅以外，剩下的錢還是你們的，作為你們的留利，你們愛怎麼用就怎麼用，我不干涉，你們這個錢以前是怎麼賺的我也不查，你們趕快存到銀行裡去。這叫「過去從寬」了吧？「以後從嚴」，從現在開始，你們還搞「小金庫」，搞賬外賬，一旦發現，就全部沒收，廠長撤職。

我想，如果廠長要真正想把企業搞好，就應該在內部機制、企業管理、從嚴治廠上面去下功夫，做好思想政治工作，把職工的積極性調動起來，不要搞這些歪門邪道。

給上海教育工會的信

（1989 年 1 月 31 日）

上海教育工會，並轉全體與會同志：

　　工會來信敬悉，你們新春聚會，我因事不能與會，和大家一起歡慶新春，深表歉意。特奉書致意，向大家拜年，對於在過去一年裡付出辛勤勞動，作出很大貢獻的大、中、小學教師和幼兒教師，以及教育工會的同志們致以誠摯的慰問和衷心的感謝。你們的任務是神聖的，但工作是辛苦的，待遇是微薄的，然而你們的功績會永遠銘記在人民的心中。

　　上海市委、市府將在新的一年裡對教育工作採取若干重要措施，以振興上海的教育。讓我們共同努力，務期成效。

　　敬禮

朱鎔基

1.31

上海教育工会，并转全体与会同志：

工会来信敬悉，你们就着聚会，我因事不能与会，和大家一起欢庆就着，深表歉意。特奉书致意，向大家祥年，对于在过去一年里付出辛勤劳动，作出纪大贡献的大、中、小学教师和幼儿教师，以及教育工会的同志们致以诚挚的慰问和衷心的感谢。你们的任务是神圣的，但工作是辛苦的，待遇是微薄的，然而你们的功绩会永远铭记在人民的心中。

上海市委、市府将在新的一年里对教育工作采取若干重要措施，以振兴上海的教育。让我们共同努力，务期成效。

敬礼！

朱镕基

1.31.

進一步促進農村經濟穩定發展*

（1989 年 2 月 18 日）

　　去年上海農村工作的成績很大，市民比較滿意，特別是「菜籃子工程」對提高上海市民的士氣起了很好的作用。前幾天，我與莊曉天[1]同志一起出席「信譽杯」菜場競賽的總結表彰會，我對菜場的同志、市財貿系統的同志說了三聲「謝謝」，但是我也講了我們沒有忘記郊區農民在去年戰高溫、為保證市民副食品供應付出的辛勤勞動，沒有忘記我們的縣委書記、縣長在農村工作中做出的艱苦努力，也沒有忘記倪鴻福副市長以及市農委和其他委辦的同志對「菜籃子工程」做出的貢獻。今天，我在這裡也要向同志們說三聲「謝謝」。

　　去年取得成績也是由於市委、市政府確定的政策好，農村幹部執行得力。政策好在哪裡？好在給區縣下放了權力，擴大了區縣的自主權，使各項措施更加切合實際，調動了幹部群眾的積極性。這條下放權力的政策必須穩定。還有一些政策，包括各行各業支援農業的政策，特別是對鄉鎮企業發展的一些優惠政策、以工補農政策等，都起了很好的作用，今年不僅要繼續穩定，還要進一步發展。

　　開會以前，我聽到郊區的同志反映，說中央又要向上海收錢了，因此，

＊這是朱鎔基同志在上海市農村工作會議閉幕會上講話的主要部分。

〔1〕莊曉天，當時任上海市副市長。

市裡也要向各縣收錢、收權，他們擔心財政包乾政策要變。對此，我今天再次重申：市委、市政府確定的農村政策沒有變，要繼續穩定，繼續執行。現在農村要穩定，上海要穩定。對這一點，我與澤民同志交換過意見，他非常贊成要穩定農村的政策。當然，穩定也不是說一點變化也沒有，看來今年在政策上會有那麼一點點變化。主要是中央為了治理經濟環境、整頓經濟秩序，最近確定了一系列緊縮財政的政策，其中有些政策要影響到農村。如對鄉鎮企業預算外資金要多徵收 10%的能源交通基金，過去徵收 7%，現在要再加收 10%；並規定這 10%的錢，一半上繳中央，一半留給地方。上繳中央的 2000 多萬元恐怕減免不了，但留給地方的那一塊，也是 2000 多萬元，市裡不要，全部留給縣裡。去年財政包乾的政策，除了這一條以外，其他都沒有變。財政包乾說是三年不變，實際上，我看五年也不會變，超基數的錢還是歸各縣。出口也要包乾，看你們誰的本事大，有本事多出口、多創滙，超包乾基數的外滙就留給縣裡，可以用來進口飼料。

　　另外，國務院最近決定，要把減免稅的口子收緊一點。去年市裡定了一條稅收優惠政策，對新辦鄉鎮企業分別不同地區，減免所得稅一、二、三年；新辦城鄉聯營企業分別不同地區，減免所得稅二、三、四年。現在根據國務院有關清理整頓和嚴格控制減免稅的精神，市財政局已發了一個文件，要從今年起恢復徵稅。我們考慮，這個文件還是要執行，因為這是貫徹中央的精神，但在具體貫徹時一定要結合當地的實際。該減免的稅收，2 萬元以下的由各縣自己批，2 萬元以上的報到市裡由市財政局來批。原則上今年從寬，我們先穩定一年，明年日子好過了，上海比較穩定了，再從嚴執行。因此，總的看來今年的政策沒有怎麼變，請同志們放心。但是，我們也要看到，從嚴治稅是有好處的，應該把財政稅收建立在規範化、制度化的基礎上，不要搞隨意性。

　　保持現行政策穩定，目的是為了穩定農村、發展農業。但我覺得，要郊縣真正做到「以農為本」，首先要研究如何來提高農民種糧、種菜、養

豬的積極性。我提一點意見,請同志們討論。現在農民不願意種糧食,說是糧價太低。其實,黨的十一屆三中全會以前,糧食收購價比現在低得多,但農民照樣種田。為什麼農民現在不願意種田呢?主要是因為鄉鎮企業發展了,相對說農業的比較效益太低;鄉鎮企業變成「搖錢樹」,農業變成了「大包袱」。因此要提高農民種糧、種菜、養豬的積極性,一方面要提高農副產品的收購價格,另一方面還得調節鄉鎮企業的收益。提高收購價格的錢從哪裡來?市財政很緊,不可能再增加補貼,還得靠大家以工補農、以工補副。雖然現在已經是這麼做了,農民也得到了一些補助,但是這種補貼形式使農民感覺不明顯,覺得還是種田不合算。我們能不能考慮把鄉鎮企業以工補農、補副的錢,用一種稅收形式集中起來,建立一筆價格基金或支農基金,然後用這筆基金去提高農副產品的收購價格。隨着鄉鎮企業的發展,以工補農的能力逐年增強,農副產品的收購價格也逐步提高,這樣農民才會感到種田還是合算的。同時,還可以通過稅收政策調節鄉鎮企業和農副業生產的比較利益。我看建立農副產品價格補貼基金的辦法,比現在的補貼方式可能更好。現在往往是從鄉鎮企業拿來補農補副的錢,並不一定完全用在補農補副上面,也可能浪費了。提出這個問題請同志們研究,並不是說一定要增加鄉鎮企業的負擔,因為鄉鎮企業實際上已經在補農補副了,現在就是要設法使這部分錢的使用做到規範化、制度化。這項措施不能倉促推出,要慎重從事,因為現在農村需要穩定。我們主張第一步是搞調查研究,請各縣的縣委書記、縣長和縣委、縣政府的領導幹部都來研究一下這個問題,怎麼進一步完善以工補農的制度。第二步在各縣調查研究的基礎上,市政府的有關單位再來共同研究,制定方案。搞了方案以後,第三步在若干縣或鄉進行試點取得成功,認為確實能夠調動農民種糧、種菜、養豬的積極性,我們再全面推廣。對這個問題,市財政局也有個初步意見,他們建議各縣能不能先把今年從鄉鎮企業預算外資金多徵收的稅金的一半集中到縣裡,作為農副產品價格補貼基金;或者把原來稅

1990 年 3 月 3 日，朱鎔基考察上海市嘉定縣農副產品交易中心。右四為中共上海市嘉定縣委書記孟建柱。

前列支的以工補農資金拿出三分之一，完全用於提高農副產品的收購價格。這些意見可以供同志們參考。

各行各業都要為支援農業開綠燈。上海的農業在國民經濟中所佔的比重不大，給郊縣吃一點偏飯，對全市影響也不會太大。只要各行各業都以開綠燈的精神來為農村工作服務，今年上海的農業就可以有更好的發展。目前農村面臨的困難很多，需要解決的問題也很多。

煤、電問題。崇明縣一天需要 1700 噸煤發電，現在一天只給他 1000 噸。因為崇明縣的電是自己發的，請市經委、電力局考慮能不能多給崇明一點煤？看來很困難，但市經委領導已經答應，請崇明縣直接派人去市經委商量。

資金問題。農業銀行實行多存多貸，關鍵在於多存，多存就要大力組

織儲蓄。市裡緊俏商品如彩電，能不能多撥給農業銀行一點，讓他們千方百計組織有獎儲蓄，吸引農民存款。另外，對郊區的一些大項目、經濟效益好的工業項目急需的資金，請市資金協調小組和各個銀行給予一點支持，完全靠農業銀行解決不了。

運輸問題。一是由各縣自己組織到的飼料、煤炭，如果運輸有困難，可以找市交通辦幫助解決。需要船運的，只要東西到了港口，就派船幫助運。二是農村提出要一些汽車。市計委領導說，去年就給了郊區 350 輛汽車。今年你們還要，還可以去找市計委，只要你們有錢，「三菱」、大卡都還有點貨。三是市區通行證問題已與市公安局講好，對農民運鮮菜進城應該優先照顧。除了運蔬菜，運其他副食品進城，也可以考慮發點通行證。辦證手續是先到縣裡的交通隊申請一下，然後由市公安局審核發給通行證。

農業機械化問題。對這個問題，大家提了不少意見。我跟市農機局局長講，現在你的任務很重，全郊區的鄉鎮企業都得管，但你管不了，也很難管好。你要錢沒錢，要物沒物，困難多得很。但是發展農業機械化，市農機局責無旁貸，得把它管好。我就把這個任務交給市農機局，請他們研究出一個發展郊區農業機械化的方案，我和鴻福[1]同志一起聽取彙報，共同討論。農業機械化，實際上是農業現代化。上海的農業必須現代化，因此要抓緊農業機械化的工作。

農資專營問題。我聽到反映，奉賢縣的一個磷肥廠，現在都漲庫了，市農資公司還不讓他自找門路把化肥銷出去，結果工廠只好停產。請市農資公司的領導下去看一看，究竟存在什麼問題。農業生產資料專營是個大問題，搞得好，能保證今年農業的發展；搞得不好，專營變成壟斷，反而沒什麼好處。這件事情，請市農資公司務必把它搞好。對農資專營問題，

---

〔1〕鴻福，即倪鴻福，當時兼任上海市農機化領導小組組長。

市計委、財貿辦也要好好研究一下，怎麼使農民真正得到實惠，而且把農資分配同交售農副產品掛起鉤來。這是一項很細緻的工作。現在專營的辦法有了，但執行結果怎樣要及時檢查，發現問題及時研究。我和曉天、鴻福同志要聽取專題彙報。

規劃問題。我現在感到可怕，就是農村不少地方蓋房子蓋得亂七八糟，沒有統一規劃，佔用了不少耕地。據說，最近十年上海已經淨減了 40 萬畝耕地，再這麼搞下去不得了，我們都要沒飯吃了。我希望規劃部門、土地管理部門，縣長、鄉長，把土地管起來，嚴格控制佔用耕地，留一點地給子孫後代，留一點地給我們吃飯。大家都應該樹立這種思想。菜地尤其是寸金寶地，無論如何不能隨便佔；必須佔的，你得出 3 倍、5 倍乃至 10 倍的價錢買這塊地，然後拿這個錢到遠郊去開發新菜地。沒有這個保證，我們的「菜籃子工程」要遭受威脅。總之，請同志們控制住農民蓋房佔地，蓋得規範化一點、集中一點。至於開發浦東，首先要把規劃做好，其次把過江交通問題解決好，沒有幾條隧道，沒有幾座大橋，浦東怎麼開發？市規劃局要把開發浦東的規劃告訴各位縣長，請他們自己去控制，現在蓋房子，要考慮到將來的發展，不要亂蓋。這件事請市規劃局再研究一下，提出幾條意見來。

各行各業要為支農開綠燈，首先要瞭解農村的需要。我希望各個委辦局領導幹部定一個制度，定期一個月、半個月或一周下一次農村。我到上海來工作以後，10 個縣都去過，今後還要繼續下農村。同時，希望各個委辦局領導也這麼做，下去瞭解農村的需要，然後決定你這個部門如何為支農開綠燈。我也希望市農科院的同志多下農村，跟我們的縣長、鄉長多結合，搞好科技興農，拿出更多的農業科研成果來。

怎樣穩定市場 *

（1989 年 2 月 20 日）

我覺得要穩定市場，最重要的就是兩方面：

第一，要組織貨源。這點要特別強調。否則，你光是穩定物價，物價也穩定不住。現在的鈔票，全國 1 月份發了 300 多億元，淨投放 223 億元，歷年從來沒有一個月發過這麼多票子，相當於全年計劃的 40％。上海今年 1 月份淨投放 9.2 億元，也是歷史上沒有的，所以今年物價、市場的形勢非常嚴峻。去年 8 月份我們把市場穩住了，就是因為手裡有東西，要是手裡沒有東西，市場就不能穩住，所以還是要組織貨源，還是要搞活，還是要吸引全國各地的商品到上海來，包括副食品。我們不能對農業掉以輕心，今年春節市場豐富並不是單靠上海的「菜園子」，也包括財貿系統到全國各地組織貨源，所以這個工作要加強。這是農業方面。

工業，主要是解決和財貿結合的問題。現在看起來，工業品只要求把 19 種必需品價格穩定住，其他產品不能管死，還是要漲點價，否則上海企業活不下去。但要把漲價對老百姓的影響減小到最低限度，實際上這是可以做到的，為什麼？現在上海是物價低谷，上海人買不到上海貨，市場上充斥着外地來的質次價高的商品。如果我們把價格提上來，使上海的產品

＊這是朱鎔基同志在上海市政府第三次常務會議上講話的一部分。

在上海銷售，質量比現在的好，老百姓就不會罵娘。比如毛線，外地的 40 多元一斤，上海貨雖然只賣 29 元，但沒有貨，所以現在也提到 40 多元一斤，老百姓沒有意見。把工商銜接搞好的話，老百姓是不會有意見的。

第二，改進服務態度。服務也是值錢的，你漲價，但你服務態度改善了，老百姓的氣會小一點。我看今年最最重要的是要使商業的風氣有一個顯著改變，這次市商業工作會議上無論如何要強調這一點。「不讓顧客吃虧，不讓顧客受氣」，看起來要求低，做起來很不容易，這兩條做到了，上海就不錯了。我看一方面市財貿辦要認真抓服務態度，另一方面要實行責任制。抓服務態度改善，首先要選派得力幹部，把第一百貨商店、華聯商廈等幾個直屬你們的單位管好。我現在對第一百貨商店的工作不太欣賞，告狀的人很多。告訴他們的領導幹部，要振作一點，要很好地為人民服務。我今天看《解放日報》，華聯商廈驅除偽劣商品，停止從市內外 200 多家生產廠進貨，有點像整頓的意思。不要搞關係、拿回扣，什麼亂七八糟的東西都進南京路，不能這樣搞下去。這五條街〔1〕包給區裡面，區長要下決心把這些商店的服務態度整頓好，這對穩定上海的市場、改變上海的形象有很大的好處。別的事情做不到，這個事情我們一天到晚盯着它還做不到啊？事情就怕認真。

今天我看《每日動態》，浦東大道挖開的馬路老是修不好，所以耀華玻璃廠廠長來信了，說他廠裡職工現在候車時間延長到 88 分鐘，損失了好大的經濟效益。天增、春濤〔2〕同志都批示了，我今天看了一下，怎麼辦呢？局長上去！市政局的副局長周學正同志，來了嗎？請你到現場去，集中力量打殲滅戰，馬上把它弄好。各級領導要下現場。我們現在光號召沒

〔1〕五條街，指當時上海的「四街一城」商業中心，即南京路、淮海路、西藏路、四川路和豫園商城。

〔2〕春濤，即李春濤，當時任上海市建設委員會主任。

有人響應，只有你自己去，下面的同志沒辦法不跟着你去，搞一條算一條。這樣，這個風氣就能帶起來，千萬別小看這個做法。

　　我看，今年對改善服務態度也要採取這個辦法，希望市財貿辦各個局領導幹部親自下現場去，把風氣改變過來。

在上海市監察工作會議上的講話

（1989 年 2 月 20 日）

一、市政府要繼續抓政府機關的廉潔、高效，這是關係到全局的一件大事。

政府廉潔、高效是人民群眾非常關心的事情。上海工作能否做好，就看我們幹部是否得力；而幹部是否得力，老百姓就看你是否廉潔、高效。

對上海黨政機關幹部隊伍的廉潔狀況要有一個正確估計。我覺得上海絕大多數幹部是廉潔奉公、遵紀守法、兢兢業業、扎扎實實工作的，這是主流。特別是去年市政府改善政風八項規定[1]公佈後，以市政府 506 個局級以上幹部為重點，狠抓了政府機關幹部的廉潔，情況更有好轉，這是好的方面。但是，也必須看到，我們的幹部隊伍中也確有一些人不太廉潔，工作不負責任，只是做官，不為老百姓辦事，對這種情況不可忽視。貪污受賄的現象也涉及一些處級幹部、局級幹部，幾千元幾萬元的受賄情況也不是絕無僅有。我特別要講一下農村幹部的情況。現在，鄉鎮企業發展很快，由於搞外向型經濟，與境外的聯繫開始多起來，如果我們一些幹部經不起考驗，就很容易被腐蝕。在農村，侵犯群眾利益的事比較多，帶有一定的傾向性。我收到告鄉幹部的信相當多，反映一些幹部用老百姓的勞動力，拿國家的材料給自己蓋房子；買東西不付錢，把鄉鎮企業當成自己的

---

〔1〕見本書第 68 頁注〔1〕。

「小金庫」。這些現象相當普遍。有些幹部覺得無所謂，可以隨便向群眾伸手，向鄉鎮企業伸手，拿港澳商人的錢，為自己造房子，供自己享受。為什麼農村亂蓋房子、吃喝、賭博這麼嚴重？我們有些縣鄉幹部帶頭搞，起了很壞的作用。所以，不處理幾個幹部，剎一剎這股風，把是非觀念明確一下，是不行的。共產黨員、領導幹部不能幹這種事情。我們是人民公僕，公私要分明，要一塵不染、兩袖清風啊！把公家東西攫為己有，這樣幹下去，老百姓能擁護你嗎？你的號召能有人聽嗎？所以，對局級幹部，對區縣鄉的幹部，必須從嚴要求。要堅持原則，不能動搖。

我們要嚴肅處理這類事情，過分一點也不要怕。這並不是說處理幹部可以過分，而是因為現在是姑息成風，嚴不起來。以罰代法的情況比較普遍，幹了違法亂紀的事，只是罰兩個錢，代替了法律處分，代替了黨紀國法的處分。這樣搞下去不行。要把問題性質搞清楚，你以權謀私，搞貪污受賄，就必須由黨紀國法來處理。現在說要從嚴，過分一點也不要怕，是針對違法亂紀行為老是得到原諒而言的。不是常有這樣的議論嗎？「法不責眾」，「你處理一個，得罪一大片」等等。在這種情況下，對事情的處理就是要強調「過分一點也不要怕」。當然，我們在對人的處分上還是要恰當，不能過分。

去年一年，我們遇到了各種困難，而局面始終穩定。一個很重要的原因，就是上海市民對市委、市政府還有點信心。儘管我們工作做得不那麼好，但我們始終講廉潔、講為人民服務，大家都在埋頭苦幹。我們市委、市政府領導班子的作風是正派的，不搞吃喝風，更沒有貪污受賄。我們只有高舉起廉潔、高效的旗幟，才能得到群眾的擁護，市委、市政府才有威信，才能帶領上海市民前進。

監察工作是為維護政府的廉潔服務的，市監察局擔負着非常光榮的任務。我經常把舉報的信和案件批給你們，你們人少，工作任務又很重，很忙、很累、很辛苦。而且，你們的工作還往往不容易得到被查處部門、單

位或個人的理解，常常對你們有意見、有看法，你們要得罪很多人。現在敢得罪人是很不容易的。你們在去年一年裡，講原則，不怕得罪人，不搞關係學，這種精神是值得表揚的，希望你們繼續發揚這種精神。市委、市政府是支持你們的。你們是清水衙門，沒什麼油水，但你們還是兢兢業業地工作。你們的困難，我們儘量幫助你們解決；有人對你們不理解，我們來做解釋。你們堅持原則，滿腔熱情，但由於經驗不夠，造成一些工作上的缺點，不要緊，責任由我來承擔，因為我是主管監察工作的。當然，你們要總結經驗，改進工作，要按照黨的教導和監察工作的原則，繼續放手、大膽地把這項工作做好。

二、今年上海監察工作主要抓三個方面。

第一，繼續抓好政府機關局級以上領導幹部的廉潔、高效。儘管這方面舉報越來越少，領導幹部的自覺性越來越高，但是，不廉潔的現象仍有發生，總有個別不自覺的人。因此，這項工作不要放鬆，要繼續抓。振興上海的關鍵在幹部，特別是局級以上的領導幹部。

第二，繼續抓好「七所八所」公開辦事制度、廉潔為民的工作。在這次全國監察工作會議上，黃浦區介紹了經驗，中央肯定了我們的成績。去年，黃浦區、松江縣先行一步，在一部分單位進行試點，今年可以考慮在更大範圍推廣，並進一步把配套措施搞好，建立科學的考核制度、獎懲制度，為實行公務員制度做準備。還要搞一點自費工資改革。黃浦區反映，搞公開辦事制度把一些大的「外快」切斷了。這是件大好事，我們絕不能搞這種敗壞社會風氣的「補償」。但是要能持久，就要考慮逐步改善他們的工資待遇。不說「高薪養廉」，高薪我們也做不到，但總要使幹部待遇有所改善，使公開辦事制度、廉潔為民教育活動能夠持久。其他各個區縣能否像黃浦區、松江縣去年那樣先在一個街道、一個鄉試點，具體如何搞，還要研究。這件事由區長、縣長親自抓。總之，要把公開辦事制度、廉潔為民教育活動進一步開展起來。

　　第三，對企業事業單位的負責幹部包括廠長、經理，要加強監督、管理和教育。首先，他們自己應該有所約束。同時，我們也要做點規定。去年我們規定「四菜一湯」、「一菜一湯」，只限於局級幹部，沒有擴大到企業去，怕把企業的經營搞死。原以為領導幹部帶頭，企業多少要好一點，現在看來，企業裡的吃喝風、受禮風也很嚴重。有的企業舉行一次廠慶活動就花幾十萬元。有的廠長、經理揮金如土，酒席一請就是幾十桌。有的單位招待上級派來檢查、評比的人，一袋禮品就值 100 元。從群眾的揭發信看，老百姓對此是深惡痛絕的，他們認為我們沒有制止住吃喝風。最近，我請市經委、監察局起草一個文件，把剎吃喝風、搞廉政建設延伸到企業。延伸一下，並不是要把他們管死了。管死了，「四菜一湯，生意跑光」，那也不好。但是，起碼有兩條是可以做到的：第一，企業搞應酬活動，盡可能節約一點，別那麼浪費，必須搞的搞一點。我們不一定非靠這個東西，我就不相信一點別的辦法也沒有。我提醒企業領導幹部，下面幹部群眾都眼睜睜地盯着你們。你們幾個廠長在一起吃喝一頓，原材料就來了？生意就來了？不是那麼一回事。企業把產品質量提高一點，品種多開發一點，拿出的產品都是過硬的，就能打開市場。難道非要送禮、非要行賄、非要給回扣才能把產品推銷出去嗎？第二，企業的應酬活動，本市機關幹部特別是領導幹部不要參加。你有本事就幫着搞原材料，難道還非吃那一頓嗎？機關幹部帶頭不去吃，企業的吃喝就會好一些。你們一起參加進去，那他們就毫無顧忌了。這件事，怎麼掌握好分寸，值得研究，是個政策性問題。但我們總不該脫離群眾，群眾就在你身邊，每個廠的職工就是你身邊的群眾，他們的眼睛都在瞧着你。上海要培養真正的企業家，形成一支宏大的隊伍，確實需要對他們進行幫助，加強對他們的管理、教育和監督。市經委和市監察局聯合起草的這個文件一定要制定好，對各方面情況都要考慮到，才能起好的作用，有利於企業家的健康成長。現在有許多好的企業家、廠長，我希望新聞界要多報道他們。他們不是靠行賄、拉關係，而是靠自

己的本事來帶領職工群眾銳意進取；他們勇於開拓，抓技術進步，善於研究市場發展戰略，搞新產品，佔領市場，打到國外去；他們艱苦樸素，以身作則，與職工群眾打成一片，逐步把企業裡的不正之風扭轉過來。

三、各級領導要高度重視幹部的廉政建設，切實加強對監察工作的領導。

第一，各區縣委辦局的主要領導要親自抓監察工作，抓廉政建設，始終抓住「廉潔、高效」，把隊伍帶起來。從市裡講，監察工作由我和黃菊同志主管，倪鴻福同志協助。三個市長管監察工作，是夠重視的，我們是你們監察幹部的後盾。當然，我們有市委領導的支持，澤民同志很重視，還有楊堤[1]同志親自抓這件事。相信只要我們主要領導抓監察工作，廉政建設是能夠搞好的。

第二，各級領導要從我做起，嚴於律己，為人表率。古人說：「吏不畏吾嚴，而畏吾廉；民不服吾能，而服吾公。公生明，廉生威。」[2]就是說，只要你是廉潔的，人家就沒說的，否則，吃了人家的嘴軟，拿了人家的手短。你不吃不拿，就可以嚴格要求下面的幹部。所以，首先要自己行得正、坐得穩，你才有威信。即使你有多大本事，老百姓也不一定服你。一個人的能力總是有限的，但是，你公正、鐵面無私，老百姓就服了。領導幹部的能力有大小、水平有高低，但一定要公正廉明、鐵面無私。你公正，看問題就不會帶偏見，問題就看得清楚；你廉潔，就有威信。這些話講得非常好，說來說去，領導幹部要嚴於律己，從我做起。

第三，要加強對監察機關的具體領導。我們大家都要從政治上支持他們，從物質上關心他們，把監察機關建設好。要讓監察機關負責人參加政府的常務會議，以及有關部門召開的重要會議。我們市長辦公會議都請市

---

〔1〕楊堤，當時任中共上海市委副書記。

〔2〕語出自明代郭允禮《官箴》，原文是：「吏不畏吾嚴，而畏吾廉；民不服吾能，而服吾公。廉則吏不敢慢，公則民不敢欺。公生明，廉生威。」

監察局參加，不論什麼議題，都請他們來聽一聽，讓他們知道市政府在做些什麼事情，以便他們圍繞中心任務開展廉政監督工作。要經常聽取監察機關的工作彙報，交任務，提要求。經常聽彙報，我做得不夠，但交任務、寫批示，我做了不少。要切實幫助監察機關解決一些實際困難，以增強監察隊伍的凝聚力和戰鬥力。監察機關也應加強自身隊伍建設。監察機關責任重大、任務艱巨，幹這工作吃力不討好，是得罪人、捱人罵的工作。現在，絕大多數機關幹部都比較清苦，生活待遇比較低，跟你們監察系統差不多，與企業比起來要差得多。但我們廣大幹部是有覺悟的，幹工作還是要靠覺悟，靠我們對黨的事業心，總要有這樣一點精神。

上海的監察幹部隊伍，是在嚴格慎重挑選基礎上組建的，是一支優秀的力量、一支素質比較好的幹部隊伍。市委、市政府對你們寄予厚望，相信你們一定會以出色的工作、清廉公正的形象，樹立起社會正氣的權威。市民會從你們的工作中看到希望，堅定對黨和政府的信心。當然，你們也要進一步提高自己的思想、政策水平。要加強學習，善於處理各類事情，掌握分寸，使監察工作產生積極的效果。監察工作不是簡單地處分一個人，我們的目的是教育幹部，調動大家的積極性，把幹部隊伍建設好。因此，如何處理好與各方面的關係，是很重要的。在工作中既要堅持原則，也要審時度勢；處理具體問題，既要鐵面無私，也要恰如其分。現在，有計劃商品經濟的模式並沒有最後形成，很多政策規定得還不夠明確。所以在判定事情性質時，要十分慎重。關鍵要看錢是否入了個人腰包，完全入了自己腰包，那是以權謀私、貪污受賄，必須從嚴處理。如果違反了政策規定，錢最後歸集體的，那在處理上就要有區別。總之，大家處理這些事情時要做具體分析：當時是什麼形勢，現在有什麼影響；如何處理才能既嚴明政紀，又教育本人，做到合情合理。做到這樣是很不容易的，同志們可以在工作中逐步積累這方面的經驗。

對有些問題的調查，可以面對面，避免把問題複雜化。我們查的重點

對象是領導幹部，他們受過黨的多年教育，覺悟都比較高，犯了錯誤，只要把事實搞清楚，他們是能夠認識的。有些群眾的檢舉並不一定都對事情瞭解得那麼清楚，因而直接見面，有助於把問題搞清楚。此後，你再進行若干調查，旁證一下。我就採取這個辦法。去年，凡群眾給我寫信檢舉揭發的一些高級幹部，特別是不屬於上海市管的幹部，我在批給我們監察機關的同時，都直接同本人談一談。許多事情，他一講就清楚了，本人也感到了組織對他的信任，今後會更加嚴格要求自己。你背着他搞，有這個事實，他沒有話說，但是，如果沒那個事情，他就會有反感。因此，能講清楚的事，最好當面講清。這是我的一點體會，供同志們參考。另外，要保護檢舉揭發人。領導批的信是不應轉到被揭發人那兒去的。最近，有一封群眾揭發信，我沒看過，是市信訪辦直接轉到主管機關請他們處理後再報告我，結果信轉到被揭發人手裡，他就去整檢舉人。這就很不好。這和我剛才講的「面對面」是兩碼事。有關工作方法的問題，同志們還可以研究。我希望今年的監察工作在保證和監督政府廉潔、高效中做出更大成績。

上海產業結構調整要衝出新路 *

（1989 年 3 月 14 日）

這次調整產業結構會議，是第一階段的會議，開了一天半，很多同志還沒有發言，第二階段再講。今天因為時間關係，我就把這個階段小結一下，講幾點意見。

第一，產業結構調整的迫切性。我們這幾十年的產業結構沒能有計劃、按比例地發展，速度看起來很高，但產業結構不合理，效益發揮不出來，這是造成當前困難的根本原因。從上海來講，過去的經濟模式主要靠計劃經濟、國家調撥，今天的情況不同了，誰都是自己發展自己，原來的發展基礎大大動搖了。上海如果再不根據現在大氣候加速調整產業結構的話，局勢已經不是「相當嚴峻」了，道涵同志講是「相當緊張」，我要再說得厲害一點，就是「相當嚴重」了。

這一次搞產業結構調整，市政府研究室走訪了市人大、政協的很多老同志，包括市政府市政工作諮詢小組[1]的同志，整理的材料我覺得很好。市人大、政協的同志一致認為，市委、市政府做出調整產業結構的

＊這是朱鎔基同志在上海市政府第三十二次市長辦公會議研究工業產業結構調整問題時講話的主要部分。

〔1〕1988 年 8 月至 1992 年 2 月，上海市政府聘請汪道涵、李儲文、裴先白等近 20 位老同志組成市政府市政工作諮詢小組。諮詢小組圍繞上海市政府重點工作以及上海經濟社會發展中的一些重大問題，為市政府提供決策諮詢意見。

決策非常及時、非常必要。現在原材料如此緊張，不調整沒有出路，這是逼上梁山。早調整早主動，晚調整就被動，不調整沒有活路。我總結出他們兩句話：「逼上梁山」，「衝出新路」。不衝出新路，就沒有活路。當然，調整產業結構有長遠結合的問題。昨天澤民同志跟我講，要求我也要把長遠的調整產業結構抓起來，這個意見非常正確。我們目前還只顧得上今明兩年，主要是解決今年的困難，但牽涉到真正地改變上海的產業結構，比如說發展原材料工業，不是一年兩年，必須有三年五年甚至更長的過程，這件事情要繼續研究。我們現在「救火」較多，考慮長遠較少。近期主要是今年的目標要具體，措施要可行。上項目就要見效，不然日子也過不下去，所以近期目標應該是把節約能源和原材料作為突破口。現在能源和原材料關過不去，不節約不行；不關停併轉，大家都這麼耗着也不行，所以必須突出重點，特別是節約能源。因為我知道，原材料要節約，困難也是很多的，但我想口號還是要提，目標還是要提，節約能源要和節約原材料一起提。

目標具體，措施可行，馬上見效，這是近期工作。請同志們要把迫切性傳達到每個工業局、總公司和各委辦系統全體幹部中去，把這個事情當一個緊急任務去做。

第二，這次市計委率頭的三個小組經過幾個月的工作，拿出了產業結構調整初步方案，成績很大。你們各個工業局就按你們現在制定的方案去執行，趕快調整，不要再等了，這是大家的一致意見。但是這個初步方案還不深不細，也沒達到我們原來提出的要求，就是今年要節約能源、原材料 8％，要用 11 個月的能源和原材料生產出 12 個月的效益。這不是命令，不是指標，而是奮鬥目標。你們每個局都要照這個目標奮鬥，採取一切方法去達到，否則你們的日子不好過。希望你們根據這個會上提出的意見修改你們的方案，同時進一步調查研究，準備編製第二步方案。我感到你們現在的方案有些是很好的，但總的重點不夠突出，因為作為一個局或總公

司究竟今年要抓什麼產品、什麼項目，有什麼過得硬的措施，準備達到什麼目標，必須明確才好抓。我希望你們的方案能夠重點突出，並且真正努力去抓出效果，達到能源和原材料節約 8%。

第三，關於產業結構調整的政策問題，我們還沒做決定。這是一個非常重要的問題，因為我們要實現這個目標，在目前經濟條件下靠行政命令是不可能的，或者說不能完全達到目標，主要是靠經濟辦法，靠政策。

現在要把政策滙總起來，一條一條要非常具體的，不要原則性的、沒法執行的。有關部門都得參加，特別是財政、銀行，不請他們參加，你這個政策就沒用。要把你們原來定的政策以及這一次各工業局提出的政策，做一個綜合的研究，拿出方案來。

第四，按照產業結構調整的順序來保證供電，大力調整負荷率。調整電力的負荷，不要一般性地提「開五停二」、「開四停三」，而是按產業結構順序去排。每個局就這麼多電，要保哪個、減哪個，你自己規定。有了這個順序，市電力局就保證這麼多。另外要減少計劃外拉電，關鍵要調整負荷率，如果都超計劃用電，他就亂拉嘛。當然華東電網也有問題，但我們自己要調整用電結構。各個局是否趁這個機會，把上下班次調整一下，緩解公共交通的緊張狀況，請市建委也參加；財貿系統是否可以把商店營業時間調整一下，大家要一起來克服困難。大家想辦法採取一點有效措施方便市民。

第五，做好關停併轉的善後工作。我們這一次關停併轉，事實上是一個小小的動作，只關停併轉 82 個企業，而上海至少有 1700 個大中型企業。82 個企業裡面，「關二停二」，其他是併轉，符合少關停、多併轉的意見。影響 3.3 萬人，這個消化並不很難，但也不可掉以輕心，還得做好善後工作，把消極因素變為積極因素。從優化組合、優化產業結構、優化企業結構、優化技術結構、提高經濟效益等方面，把道理跟職工講清楚，產品質次價高，再生產下去，上海搞不好。

第六，審批要嚴格把關。調整產業結構，就是要有上有下，綜合平衡。這次市人大、政協的同志都提了這個意見，下是強迫的，上要慎重，所以審批要嚴格把關。現在新上的項目是否就一定要經過審批，這次政策措施是否規定一下。過去下放的權，特別是搞外向型、利用外資的，還要繼續執行。不然投資環境剛改善一點，就又設重重關卡管起來。現在人家都說遼東半島、山東半島投資環境最好；而上海，領導幹部說得很好，下面不怎麼樣。所以我們不要中斷，葉龍蜚[1]同志還要繼續把這件事抓下去，這權不要上收，但加強監督一點都不能放鬆。「三來一補」[2]特別不要限制，讓他趕快搞活，把鄉鎮企業搞起來。除這以外，其他新上項目要把審批權上收一點，你們在制定政策時要研究一下，我看摳緊一點，不要再批新開工項目了。

第七，強調調整，但不要忽視管理。現在效益低，不單純是產業結構不合理的問題。調整產業結構，不能解決所有問題，更重要的還是管理問題。不能因為把調整產業結構放在主要的位置，就把管理放掉了，還是要對企業從嚴管理，從嚴治廠，這個問題不是調整產業結構能解決的。根據市人大、政協同志下去的調查，許多人都在車間裡打撲克、搓麻將，鬆鬆垮垮，無人管理。吳淞化工廠生產電石，過去一小時出一爐，現在兩小時出一爐；過去耗電 3000 度，現在耗電上升到 3400 度。有些廠長長期在外面跑橫向協作，黨委、工會也不發揮保證、監督作用，這樣下去，調整產業結構也搞不好，所以管理問題還是要強調。今年「雙增雙節」[3]運動包括兩條，一是調整，一是管理。在管理方面要着重抓思想政治工作，這就需要黨政工團大家擰成一股繩來把這件事做好。

---

〔1〕葉龍蜚，當時任上海市政府副秘書長兼外國投資工作委員會副主任。

〔2〕見本書第 16 頁注〔1〕。

〔3〕見本書第 29 頁注〔1〕。

市政府市政工作諮詢小組成立以來，對市委、市政府工作有很大幫助，這種幫助有兩方面。一方面就是這些老同志都是「老馬識途」，往往一句話、一個條子、一封信，對我都有很大啟發。因為我不大瞭解上海的歷史情況，提醒我們市長、副市長很有好處。另一方面，有些老同志我們實際上把他們當在職幹部用，他們幫我們抓了很多具體工作，幫我們出主意、想辦法，給我們很大幫助，這樣老中青結合起來更加符合上海實際。

下決心整治市內道路交通*

（1989 年 4 月 14 日）

今天我想講幾個問題。

一、上海的市內道路交通已經到了非整治不可的時候了。

上海人均佔有的馬路面積不到 2 平方米，如把 209 萬流動人口也算進去，人均連 1.5 平方米都不到。在這樣的條件下，就是下決心搞，也絕不是一兩年就能解決問題的，所以我們希望市民對此期望值不要過高。但是我們總想達到一個目標，交通顯著改善不敢提，很大地改善也不敢提，總得要使市民感到確實是改善了。我看這個目標經過努力還應該是做得到的。

二、整治市內道路交通要遠近結合。

最近，我在北京開完會後，去北京、天津考察了一下他們城市的道路和交通管理。看來，搞城市建設一定要遠近結合，辦當前的事要為長遠打好基礎，辦長遠的事也一定要同當前的急需結合起來。我們在北京、天津找一些專家請教，學習了他們的經驗，有三條經驗我們完全可以借鑒。

第一條，首先抓好城市建設的規劃，特別是交通規劃。城市規劃要以交通為主，像天津那樣，他們現在已經為今後幾十年天津城市的發展奠定了基礎。按照這個規劃將來逐步填空子，交通方便，住房也好解決。上海

＊這是朱鎔基同志在上海市整治市內道路交通動員大會上講話的主要部分。

人現在寧要市中心一張床，也不要浦東一套房，就是因為交通不方便，所以交通規劃不抓好是不行的。我們上海已經制定了規劃，城建部門、規劃部門也做了大量的工作，但現在看起來這個規劃還需要根據新的情況加以補充、修改。另外，沒有道路交通綜合規劃，「頭痛醫頭，腳痛醫腳」，道路交通問題解決不了。規劃要以交通為主導，這個思想要更好地體現在規劃裡面。

上海的交通要真正緩解，必須把人口與工業從浦西疏散到浦東。現在市區最高人口密度達到每平方公里 6 萬人，往哪兒疏散呢？有些同志提出，到金山去建個「大上海」、「新上海」。這個設想不是沒道理，但是終究比較遠，交通難以解決，要把市中心這套網點、設施搬去是不行的。一個上海，搞了幾十年，你想另搞一個上海代替它，不可能。我始終認為，將來上海市的中心還應該是在現在的市區，只要把人口疏散一些，把工廠搬走一些，把花園洋房恢復起來，拆掉一些破破爛爛的房子，恢復道路和綠化面積，上海將成為一個非常美麗的城市。

第二條，集中優勢兵力打殲滅戰。天津為什麼能搞得這麼快？他們是集中力量，一級抓一級。一說拆，就全部上去拆，一說建，就搞一條算一條，所以搞得這麼快。我們上海把市內的馬路挖開了，「開工有日，完工無期」。我昨天到浦東南路去開現場會，浦東南路搞了一年多，連自來水管、煤氣管也經常給你挖斷，大量人民來信埋怨，再不能這樣搞下去了。當然，市政工程局也有困難，有體制上的困難，其他方面的困難也很多，道路開挖不是他一家能管的。今年據說要開挖淮海路造地鐵車站，我說今年無論如何都不許挖了，明年挖的時候得告訴我究竟什麼時候把它修起來，不告訴我什麼時間修好就不要挖。

現在工業項目已經樹立了一個樣板，就是彩色顯像管廠，去年耽誤了兩個月，因為沒有材料。這個廠年產彩色顯像管 100 萬個，早投產一天就是 45 萬元稅利，還不算後道生產的利潤。我們成立了一個指揮部，把隊伍

秦福祥、朱桂棠同志：

　　你們彩管工程主廠房昨日封頂，初戰先捷，追回延誤工期，謹致祝賀，并通過你們向全體建設者們表示由衷感謝，望一鼓作氣，在確保質量的前提下，年內拿下這項決戰主體工程，為建設上海創新記錄，為振興上海作大貢獻。

朱鎔基
三月二十八日

1989 年 3 月 27 日，上海永新彩色顯像管廠主廠房封頂。圖為朱鎔基於 3 月 28 日寫給上海市儀錶電訊工業局副局長秦福祥、上海市建築工程管理局副局長朱桂棠的賀信。

拉上去，一個季度就把去年損失的工期奪回來，今年 3 月 27 日就封頂了。我看了報紙上的這個消息，感動得睡不着覺，就給他們寫了封信，感謝他們。他們表示，保證今年年底投產。這就是我們的後勁，上海就是要靠這種精神去幹。

第三條，就是分區包乾負責。搞城市建設就是要發動群眾搞分區包乾。市政建設光靠條條、專業局是不夠的，好多事情還是要貫徹去年市政府向區縣、企業放權的精神，權責利一起配套下放，動員全市人民來投入建設。我們在天津看到，每個區都有強大的建設隊伍，有大型汽車、挖土機。所以他們可以招標、競賽，各個區比着幹，搞得快。他們每個區各包一段，各個區都組織義務勞動，不管你是市政府的、區政府的，還是企業單位、事業單位，都得包一段外環線搞義務勞動。我們上海的情況不大一樣，國營企業多，負擔重，難於完全照搬，但精神是可以學的。南浦大橋就可以搞義務勞動，大橋牽動着上海 1250 萬人民的心，大家去挖一鍬土也是好的。建設上海不是靠發牢騷、打麻將能夠搞得好的，應該靠我們 1250 萬人民、2500 萬隻手去幹，才能建成一個新上海。

三、整治市內道路交通要綜合治理，抓住重點，有所突破。

今年要把整治公共交通作為一個突破口。抓公共交通，首先要強化道路的管理，現在道路被侵佔了，汽車沒法開，高峰時一個小時只能開 5 公里，所以還是要把道路的管理作為重點。第一，抓緊清理整頓市中心區被亂佔用的道路，被侵佔道路要退出來。第二，嚴禁亂挖和違章佔用道路，要限期完成道路的修建。今年已經制定了一個法規，不允許亂挖馬路，嚴格審批權限、完工期限，開挖以前必須明確修復的期限。第三，加強交通秩序的管理，完善主要道路的交通標誌、標線的建設，整頓交通秩序。現在有很多人獻計獻策，裡面有一條可以考慮一下，大家提出能不能對一些主要路線的紅綠燈加上一點人工管理。現在這套軟件，不大適合我國的情況。第四，實行機動車與非機動車分流，確保公交車輛優先通行。今年準

備完成四條機動車專用道、五條非機動車專用道的建設改造，讓機動車、非機動車各行其道，這是一個非常重要的措施。這樣能提高車速，強化交通管理。

市公交總公司最近工作很努力，你們的新班子是有一股奮發圖強精神的，這很好。今年內部整頓就要靠你們來突破了，就是要提高服務質量。第一，整頓勞動紀律，提高公交職工的服務意識。這是非常重要的。你們車子慢，等車時間長，群眾還可以忍受，但售票員、司機罵人、打人那可不得了，是火上加油。你們服務態度好，人家還能消消氣。我講過，現在就是要看你們這個班子是「鐵班子」還是「豆腐班子」。你們不要怕，全市人民在支持你們，該批評的要批評，該罰的要罰，該辭退的要辭退。你們開始不嚴，以後就嚴不起來了。新官上任三把火，沒有三把火，你們能把公共交通這個隊伍整好嗎？第二，搞好內部管理，精簡機構，科室人員到第一線去。五十年代時，幹部都是親臨現場，到第一線去及時解決問題。當然，我並不是叫你們所有的人都到第一線去，也不需要，但這個精神是要的，大家都到現場去解決問題，幹部身先士卒，不要把矛盾下放。領導班子帶頭，整頓是可以見效的。第三，優化線路的佈局，加強調度管理，要整頓行車秩序和站點秩序，提高車輛的周轉速度，縮短乘客的候車時間。要很好地研究科學管理，目的是要把人拉走，多拉人。對現在的考核指標要研究，要考核綜合指標。當然，公交本身也有很多難處，不能老是批評，現在行車人員連上廁所也沒有地方。要解決這麼多問題，我們經過計算，去年給公交補貼 1.5 億元，今年需要補貼 2.5 億元，不增加這 1 億元，很多問題難以解決，但要市政府再增加公交的補貼確實拿不出來了。最近一些老同志很體諒，提出月票提價。月票提價會增加企業的負擔，但目前企業比去年要好一點，搞活了一些，還是有能力負擔這部分月票的提價的。至於票價起點提到 1 角，估計群眾也會諒解的。這件事要十分慎重，關係到人民切身利益，我們準備放到這次市人大、政協會上討論。現在先做醞釀

工作，希望這件事做得穩當一些，不至於引起人心的波動。

四、整治市內道路交通要處理好交通與流通、城市建設與財政收入的關係。

這話是對區長、縣長講的。目前被佔的 165 萬平方米道路中，有四分之一是用於搞商業，搭臨時建築、擺攤子，相當一部分道路是被無證個體戶佔的。現在無證攤販也總結出了「經驗」，虹江路取締，就跑到閘北區去，跟我們「打游擊」。各個區政府都應動員起來，不許非法擺攤。我贊成要有堵有疏，一方面要取締，一方面要疏導。但疏導不能是從這裡疏到那裡，要想點別的辦法，使無證的變成有證的，有證的進到房子裡，但現在看來取締還是主要的。

各區縣抓財政是對的，但要看你是怎麼抓，你不要到處去搞酒吧間、擺攤子、搞集市、搞夜市，搞得群眾怨聲載道，既影響交通，又噪聲污染，弄得馬路很髒。這樣搞，得不償失。我說，沒有交通，何來流通？你交通搞不好，商業也是搞不好的。不要用那些原始的、落後的辦法去繁榮市場。上海是個國際城市，要拿出一個國際城市的樣子。希望各有關部門要支持區縣政府去抓，希望各個區長、縣長同志們不要再讓佔馬路，往街道上擺攤了，不要再搞這一套了，要把精力放到依法向個體戶徵稅上去。

區縣政府有了錢，第一要花在教育上；第二是支持辦好菜場，要多去發展大餅、油條、餛飩、陽春麵，為人民服務；第三是搞基礎設施建設、環境衛生，不要再亂蓋房子了。

五、整治市內道路交通要提高市民的守法意識，讓全體市民都來遵紀守法，共同努力。

交通安全關係到人民的生命安全和身體健康，市民自己應遵紀守法。對那些害群之馬，大家都應該來制止，要講文明，不要發脾氣，不許侮辱毆打司機、售票員。反過來，司機、售票員毆打乘客的，也要嚴肅處理，這是害群之馬，要除名。我們要嚴格要求我們的公交隊伍，全體市民也要

形成文明禮貌、互相謙讓的風氣。

搞好城市的交通整治，很重要的是要讓路。市裡建立了一個清理道路協調小組，我請市建委主任李春濤同志代表我擔任組長，市公安局局長助理周赤同志當副組長，一文一武就能把這件事辦好。清理道路，不動點真格的，路是讓不出來的。希望各區的一把手也出來抓好這項工作。只有把道路、機動車、非機動車的秩序整頓好，交通的改善才有希望。

今天參加會議的不但有我們上海的，還有兄弟省市的駐滬辦事處和兄弟省市的建設隊伍。我希望駐滬的一些施工單位支持上海的建設，特別是在亂挖馬路方面，要加強紀律約束。

最後，讓我們共同努力，樹立「我為人人，人人為我，從我做起」的精神，使今年上海的交通有一個看得見的改善。

開展「雙增雙節」，穩定上海經濟*
（1989 年 5 月 19 日）

　　為什麼在這個時候召開「雙增雙節」[1]動員大會？有的同志說，現在學生在遊行、靜坐、絕食，我們哪有心思在這裡開會。市委和市政府堅持要在這個時候召開「雙增雙節」動員大會，是因為目前上海的經濟生活、社會生活都面臨着嚴峻形勢，遇到了很大困難。我們一定要向全市的職工和市民講清楚，要求大家堅守生產崗位、建設崗位、工作崗位，流大汗、出大力，開展「雙增雙節」運動，穩定上海的經濟，穩定上海的形勢。

　　當前，經濟工作中突出的問題主要表現在以下幾個方面：

　　第一，國營企業的生產很不理想。1 至 4 月，上海整個工業生產增長10％。但是我們的主力軍——地方國營企業僅增長了 0.6％，其中地方預算內國營企業還下降了 0.4％，而計劃要求地方國營企業今年增長 2％，5 個月快要過去了，卻呈下降的趨勢。全市生產速度雖然總的看來不錯，但效益很不理想。儘管區縣的財政收入有增長，但市的財政收入在下降。

　　第二，外貿出口滑坡。1 至 4 月，上海口岸出口創滙比去年同期下降9.5％，特別是紡織品出口下降 24.5％，情況很嚴重。由於國內的原材料分

---

*這是朱鎔基同志在中共上海市委、市政府召開的「雙增雙節」動員大會上的講話。

〔1〕見本書第 29 頁注〔1〕。

配嚴重不足，價格高還拿不到手，因此只能夠多進口些原材料。現在的情況是，進口敞開口子，多花了外滙，出口創滙在大幅度滑坡，怎麼得了！

第三，農業生產受到氣候的影響。今年氣候的特點是多雨，需要警惕。4 月 28 日的一場暴雨是 115 年來同期未曾有過的，已嚴重影響了夏收。儘管郊縣的領導幹部和農民採取了多種補救措施，結果仍難以預料。我已在市防汛防颱動員大會上強調指出，今年要有「抗大災、防大汛」的準備。

第四，職工出勤率不高。這段時間由於公共交通阻塞嚴重，影響了職工上下班，加上士氣不振，相當多行業的出勤率與去年甲肝流行的時候差不多，甚至比那個時候還差。

第五，物價方面又有很多謠傳。有人說「糧食要漲價了，其他的產品也跟着要漲」。這個動向是非常危險的。我在這裡鄭重聲明：糧食不漲價，向市人大常委會報告過的 19 種產品不漲價，企業的虧損由地方財政補貼。所以，要做好幹部群眾的思想政治工作，不要去聽信謠傳。如果聽信謠傳去搶購，引起市場混亂、儲蓄下降，生產就將無法進行。

今年國家抽緊銀根，流動資金短缺。外貿部門拖欠生產企業，生產企業之間又互相拖欠，以致許多企業的生產難以為繼。靠什麼辦法來解決呢？就要靠全體市民的「愛國儲蓄」。把錢存在銀行裡，就是支持上海的經濟發展。現在上海的儲蓄存款在上升，我在此要向全體市民表示感謝！要是沒有儲蓄的增加，銀行貸不出款，很多企業就要停產。如果再聽信漲價的謠傳，都去提款搶購，那後果就會不堪設想。現在市裡對物價控制是很嚴的，區縣也要加強管理，嚴格控制物價。我們完全知道，由於原材料的漲價、各種費用的上升，有些企業、服務行業確實難以維持。我們體諒到這種困難，但是也要求同志們在這個時候儘量克服困難，千萬不能隨意漲價。我知道現在許多小商品生產已經難以維持，但無論如何要顧全大局，以穩定為重。

在當前這樣的形勢下，如果我們不採取堅決的措施扭轉局面，上海的經濟就穩定不了。所以，一定要認清當前的嚴峻形勢。在前天的市防汛防颱動員大會上，我已向各區縣、各委辦局的同志們講了，工人、農民、幹部在任何情況下，都要堅守生產和工作崗位。我講一句樸素的話，就是打死我也要堅守在生產和工作崗位上。現在是生產的黃金季節，如果拖下去不努力幹，喪失了時機，是無法補回來的。生產搞亂了，每一個市民都要承受意想不到的損失，這是關係到每個市民切身利益的事。因此，我再次強調生產不能停，工人、農民、幹部不能參加遊行，中小學生不能參加遊行。

對全市如何深入開展「雙增雙節」運動，我提三點要求：

一是要千方百計把出口創滙搞上去。把出口創滙搞上去，是克服當前嚴重困難的首要措施。全市各委辦局、生產企業、外貿公司，都要明確這一點。抓住了這個關鍵，把出口搞上去，上海經濟就搞活了。去年出口45億美元，今年的目標是50億美元，我們要是能把50億美元拿到手，全盤就都活了。最關鍵的是紡織工業，紡織品出口佔全市出口的40%，現在主要滑坡是在紡織品出口。紡織工業已喪失了一點時間，想補上去難度很大，所以各行各業都要協助、幫助紡織工業把生產和出口搞上去。為此，市政府和紡織系統的105位廠長已經座談了兩天，昨天市紡織局又根據市長辦公會研究確定的政策，制定了九條措施，現在必須趕快抓緊落實。上海紡織工人這支隊伍是能夠打硬仗的，紡織企業的管理歷來就比較好，希望這支隊伍要繼續打硬仗。他們下決心保證完成全市出口創滙目標中紡織工業承擔的任務，這個精神很好。紡織工業現在很困難，前段時間沒有原料，現在原料有了，但棉花等級的合格率只有百分之幾，工人幹活非常困難。我希望工人同志們一定要克服當前的困難，儘管會累一點，但是不生產、不幹活，就更困難了。

市政府多次研究了如何把紡織工業的生產、出口搞上去，如何搞好「雙

線承包」[1]，在最近幾天就要下達一個規定，明確若干政策措施、獎懲辦
法和責任制。既有對各級領導幹部規定責任制、獎懲的措施，也有把生產、
出口與工人收益掛起鉤來的措施。

二是把「雙增雙節」運動的重點放在節約上。要增產、增收，重點是
要從節約裡面去求增產，從節約裡面去求效益，因為現在能源、原材料的
困難是非常大的。這幾天，煤炭庫存下降得非常厲害。我們要用 11 個月的
原材料和能源去取得 12 個月的效益，才能夠渡過今年的難關。所以，我希
望全體職工和市民，厲行節約，共度時艱。要關停併轉一些企業，那些原
材料、能源消耗特別高的企業要停產。這在調整工業產品結構的方案裡已
有了。這樣做，雖然工人會受到一些損失，但希望你們體諒當前的困難，
大家共同妥善地來處理關停併轉以後的一些問題。

各級領導幹部、企業的負責幹部，在這種時候一定要以身作則，為人
表率，從我做起，廉潔為民。儘管去年剎了一下鋪張浪費，但情況仍然很
嚴重。去年一個郊縣的 100 多個鄉鎮企業，光請客應酬就花掉了 200 多萬
元經理、廠長基金。不單是請協作單位來吃喝，自己的親朋好友、子女也
都去吃喝，都在企業開支中報銷。有的廠搞廠慶，一搞就花掉幾十萬元，
每人發 100 多元的禮品，真是揮金如土啊！這樣下去，我們的幹部必然脫
離群眾，職工的積極性是調動不起來的。所以，我希望全體企業幹部職工，
抓住節約這個中心環節，把整個「雙增雙節」運動帶動起來。

三是振奮精神，苦幹實幹，到生產第一線去幹。很多問題，特別是扯
皮的問題、互相脫節的問題，並不都是由於能源、原材料、資金困難造
成的，而是由於我們的某些幹部不負責任、不去協調、不下去解決問題
造成的。有的領導幹部不親自動手，一問三不知，耽誤了很多事情。我

---

[1] 見本書第 62 頁注〔1〕。

要求市政府的各級領導幹部和企業的領導,特別是廠長,要到第一線去跟群眾一起摸爬滾打。說空話沒有用,發牢騷更沒有用,現在就是要幹,要實幹苦幹。前天,我在市防汛防颱動員大會上講,現在還有部分單位對該疏浚的河道不疏不挖。我提出要限期完成,再不完成,要給處分。如果有困難,可以發動群眾義務勞動,不然大潮汛一來,會造成人民生命財產很大的損失。

我們的廠長要堅定不移地貫徹《全民所有制工業企業法》。根據這個法的規定,加強企業的民主管理,依靠職工的積極性和主動精神來管好企業、辦好企業,重大的問題要通過職代會討論,要尊重職工代表的意見,充分發揮工會等群眾組織的作用,發揚工人的主人翁精神,使搞好「雙增雙節」、發展生產、擴大出口成為幹部職工的共同行動。同時,要關心職工疾苦,切實幫助職工解決實際困難,保障職工群眾的合法權益。

農業方面,「菜籃子工程」無論如何不能放鬆。雖然前一陣下暴雨造成損失,但由於郊縣幹部群眾的努力,蔬菜供應仍保持了穩定。我再一次向郊縣的領導同志和農民表示感謝。倪鴻福副市長、市農委系統的各級領導幹部,經常到縣裡去,跟大家一起想辦法克服了很多困難。今年氣候不好,萬萬不可大意,要及早做好防災防蟲的準備,把各方面問題考慮得周密一點。我們有信心,使今年的「菜籃子」絕對不比去年差,也不允許比去年差,要力爭比去年好。請各部門同志對農業要開綠燈,幫助郊縣的同志把「菜籃子工程」和今年的農業生產搞好。

我們對今年「雙增雙節」運動寄予很大的希望。只有把「雙增雙節」運動搞上去了,今年上海的生產、出口和財政收入的任務才能完成,上海的經濟和局勢才能穩定。因此,我們要振奮精神,同心協力,腳踏實地去苦幹。只要我們認真貫徹執行黨中央、國務院制定的各項方針政策,把各方面的積極性調動起來,就一定能夠達到「雙增雙節」的預定目標,完成今年的各項任務。

穩定上海，穩定大局＊

（1989 年 5 月 22 日）

全體上海市民們：

我作為上海市市長，現在向你們直接講話。我衷心希望得到你們的全力支持。

當前，上海的社會生活、經濟生活已經陷入相當困難的境地。如果任其發展下去，我們將面臨十分嚴重的後果。廣大同學希望促進民主、整治腐敗，這同黨和政府要努力實現的目標是一致的。但是，最近一段時期的遊行、示威、靜坐，使許多線路的公共交通陷於停頓，生產、生活、工作都受到了很大的影響。目前，一些動向非常令人焦慮：第一，一些學生到工廠、商店串聯、演講，要工人罷工、店員罷市；第二，社會上謠言四起，大字報、小字報氾濫街頭，社會上的混亂現象不斷發展。這些現象使我非常焦慮不安。

上海市人民政府是全市人民的政府，我們要對上海市全體人民的生命財產安全和社會治安負責。昨天晚上，流傳了一個謠言，說人民解放軍要開進上海，實行軍管。一些不明真相的同學趕到蘇州河沿岸，堵住了沿岸的橋樑。我們對此做了闢謠，後來同學們也知道自己上了當，今晨 6 時許

＊這是朱鎔基同志向上海市民發表的電視講話。

才返回學校。這樣那樣的謠言，弄得社會上人心惶惶，值得我們高度警惕。

在前一段時期，我們各行各業的工人、農民、幹部、公安幹警和武警戰士，為了維護社會的秩序，夜以繼日地堅持在工作崗位上，表現出愛國主義的精神和主人翁的精神。在這裡，我向你們表示衷心的感謝！但是，面對現在這種嚴重的局面，我不能不向全市人民發出呼籲：

第一，要求全體職工堅守崗位，堅持生產、建設工作。工廠是生產重地，外人不得擅自進去。要勸說同學不要到工廠去串聯。我們上海的工人階級有光榮的傳統，在解放上海的日子裡，甚至在「文化大革命」最混亂的時期，工廠也沒有停止生產，煤、水、電、氣照樣供應。我們一定要堅守崗位，認真地把「雙增雙節」[1]運動開展下去。

第二，要堅決維護公共交通秩序。現在，我們上海市準備了足夠的物資，供應是不會發生問題的。但是，如果交通堵塞，無法運輸，那就會引起社會生活的混亂。煤餅運不到零售店去，商品、副食品運不到商店、菜場裡去，這樣就會引起生活上極大的困難。所以，我們要求市民不要攔車，不要扒車，不要影響交通秩序。在同學遊行的時候，我們要從愛護同學出發，勸說他們回校學習。我也希望市民們不要圍觀。現在，有些婦女同志抱着孩子在圍觀，這是非常危險的，萬一發生什麼事故，就會出現意想不到的後果。

第三，要保護關係人民生活的要害單位，例如煤、電、水、煤氣等單位的安全；要保護國家要害部門，例如機關、銀行、倉庫和新聞廣播電視等部門的安全，不允許衝擊。

第四，要維護市容環境衛生。各區縣政府和街道辦事處，要組織環衛工人清除各種影響市容的大字報、小字報，堵塞傳播謠言的渠道。

---

〔1〕見本書第 29 頁注〔1〕。

　　第五，廣大公安幹警和武警戰士要堅決地維護社會治安和秩序。我們也希望廣大市民堅決地支持他們的工作。如果沒有他們辛苦的工作，我們上海的秩序就會惡化，壞人可能乘機危害人民生命和財產的安全。

　　市民們，我們黨和政府的工作存在着很多缺點，你們不滿意，我們也不滿意。我們一定要在民主和法制的軌道上來解決這些問題。我們有決心也有信心解決這些問題。我們現在需要的是穩定和秩序，需要的是我們上海全體市民最大限度的團結，而不要社會的混亂、生產的下降和由此造成人民生活的困難。因此上海不能搞亂，否則造成的後果很可能今後若干年還彌補不上，而這些苦果最終還會落在我們上海每一個市民包括同學們的頭上。在這種關鍵時刻，我們一定要堅決按照黨中央、國務院提出的各項要求去做，和黨中央保持政治上的一致。我們一定要立場堅定，態度鮮明，穩定上海，穩定大局，共同擔負起歷史的責任。

　　謝謝大家！

組織起來，維護上海穩定 *

（1989 年 6 月 5 日、6 日、7 日）

一

（1989 年 6 月 5 日）

首先通報一下情況，今天的情況跟昨天預計的差不多，大約 7000 人堵住了 120 多處交通要道，300 多輛公交車的輪胎被放氣或刺破，早上開出的 400 多輛公交車被堵，有些人衝擊公交車場。工人不能上班，紡織、機電系統統計，今天上班的人只有 50% 至 60%，上鋼三廠、一廠到中午有三分之一工人到廠，電力負荷還好，但其中有些機器開了無人工作，生產受到很大影響。市內交通全面癱瘓，郵政車和機要交通車受阻。鐵路被堵，到哈爾濱的列車沒法開出。現在不是軍管是「學管」，其中許多人也不是學生。市委黨校一輛小汽車被掀翻，武警的三輛摩托車被掀翻，不少交通崗亭上裝了高音喇叭，廣播「美國之音」。外國駐滬總領事館紛紛來問能否保證安全。有一對住在華亭賓館的美國夫婦，因父親患心臟病急於回國，但到機場的路不通，跪下苦苦哀求。我們已責成振元同志負責安排外國人的出入。

---

* 1989 年 6 月 4 日以後，上海全市交通受阻，工人不能上班，生產下降，市民生活發生困難。針對這種嚴峻局面，中共上海市委從 6 月 5 日起連續三晚召開全市黨員負責幹部會議，研究佈置穩定上海、穩定大局、堅持生產、保障生活方面的工作。這是朱鎔基同志在三次會上講話的主要部分。

今天上午，我們幾個書記做了分工，主要是組織起來維護上海的穩定。黃菊、傳訓[1]同志抓公交、財貿系統，抽調一部分工人支援區裡整頓交通。邦國同志負責組織保護機關，上午開了各系統的會，首先是保衛機關，第二是報名支援區裡維護交通。慶紅[2]同志為主抓輿論宣傳工作，召開各區宣傳部長會議。曉天[3]、鴻福同志負責農副業生產和農副食品供應。楊堤同志負責整個治安行動的指揮。

現在已開始搶購大米、榨菜、油、鹽，煤餅都搶購，浦東到浦西的隧道也被堵了。看起來交通是很大問題，當前要採取的行動主要是疏通交通道口。

現在提出一個方案，採取一個疏堵行動。徐滙區提出一個報告，他們40多個路口交通被堵，打算以工人糾察隊為主，組織疏解交通，疏解後留在原地維持秩序。我們討論後同意徐滙區的意見。各區要行動起來，發動群眾、嚴密組織、統一指揮、協調配合。準備7日上午統一行動[4]，時間保密。警察不要動用警棍。

我們也不提更多口號。第一，反對堵塞交通，我們要正常生活，要吃飯；第二，反對搞亂上海，我們要穩定上海；第三，反對暴亂，我們要法制、安全。

沒有兩倍到三倍的人數，恐怕撤除不了路障。混戰一場就會造成流血。清除路障行動，最好是凌晨去。防暴警察、巡警大隊要出動，對扎輪胎、砸崗亭的要抓。要有威懾力量。

---

〔1〕傳訓，即顧傳訓。

〔2〕慶紅，即曾慶紅，當時任中共上海市委副書記。

〔3〕曉天，即莊曉天。

〔4〕因準備工作的關係，上海全市動用工人糾察隊清除路障的統一行動的實際時間是1989年6月8日晚。

共產黨員要組織起來，進一步維護上海穩定。

以上情況報告了澤民同志，他同意。

二

（1989 年 6 月 6 日）

昨天我們開會以後，各大口、各區的工作比較扎實，行動迅速。總的估計，今天的形勢比昨天好一點，但是也有新的動向。我通報三點情況：

第一，昨天晚上清理路障是一次很好的試驗性行動，是成功的。從昨天晚上到今天凌晨 4 點，共出動 6500 多人，清除路障 120 多處，還剩下 30 多處。在這段時間裡，我們組織搶運了糧食、副食品。今天晚上，市財貿辦主任張俊傑同志在電視台發表了講話，講得很好。實踐證明，只要我們組織起來，是可以穩定局勢的。當然，我們也估計到，因為我們組織力量不足，還不能保持運輸線暢通。在極少數人的策動下，今天早晨又新設了許多路障，連同昨天留下的共有 145 處。下午各區又主動積極清理，到下午 6 點，還剩下 93 處。今天出來的學生人數比昨天減少，只有 9 所高校的 500 多人。新設路障主要是閒雜人員、社會渣滓幹的，這是非常重要的一個特點。公交職工還是很努力的，出勤率達到 80%，多數人是騎自行車或步行上班的。早晨有 55 條線路放出車輛，由於設立新的路障，全線通行的只有 3 條；下午經過清障，又有 3 條線路部分開通。目前，全市 130 條公交線路有 75 條還是無法通行。堵在路上的公交車還有 413 輛，其中有 308 輛被放了氣。現在一個動向是學生和閒雜人員堵塞公交車場，用人堵，用社會車輛堵，有 6 個公交車場被堵。他們還專門破壞機修車。一個車場只有一輛機修車，用於打氣、補胎。公交公司要採取措施，各區也要保護，機修車被破壞了，我們就不好修車了。鐵路運輸還是有幾個路口經常受阻。在郊區和市區交界的地方，社會閒雜人員、社會渣滓更多。現在是沉渣泛

起，他們以為要變天了，以為他們的時候到了。下午 1 點時，光新路口圍聚了 2000 多人；兩點以後，我們把它疏通了。現在是車站、機場也都組織起來了。今天有 1000 多人從虹橋路湧向機場。機場做了準備，組織起來攔截，領導站在第一排，學生知道這個消息後就回去了。

工業生產總的情況與昨天差不多。絕大多數工廠開工生產，只有少數工廠受交通影響，原料進不來，產品出不去，停工或半停工。有的地段，工人上班更困難了，昨天還可以騎自行車，今天自行車也不讓過，他們就是不許你上班，工廠平均出勤率約 60%。在這種交通嚴重癱瘓的情況下，有 60% 的出勤率就不錯了。商店基本還開門營業，只有個別商店因人手少或受衝擊，沒有開門。

第二，我們的宣傳工作、爭取民心的工作，取得了很大成績。今天，我們廣播、電視的內容效果很好，《解放日報》、《文匯報》的版面編排也很好，我們的基本群眾為我們的宣傳輿論叫好。所以，我們市委幾個書記研究後，認為應該表揚市委宣傳部、表揚「三報兩台」[1]。這是一場爭取群眾、爭取民心的戰鬥，正是我們宣傳戰線的同志為上海人民立功的時候，也是為全國人民立功的時候。上海穩定就是對北京、對中央的支援。所以，今天我們提出以「三報兩台」的名義發表《上海不能亂，我們怎麼辦？》的公開信，發動全市人民開展大討論。我們還把公開信大量印發到每個工廠、街道，要求每個工廠一直到班組，大家都來學習討論。我們要把真相告訴群眾。現在謠言四起，一些別有用心的人採用各種方式向我們進攻。在上海的一些外資公司、合資公司從外面把謠言傳過來，煽動性極強。還有一些大賓館放錄像，他不放暴徒打解放軍，只放解放軍還手的情況，還組織人去看。這件事請劉振元同志馬上採取措施。如果屬於我們中

---

〔1〕「三報兩台」，指《解放日報》、《文匯報》、《新民晚報》，上海人民廣播電台和上海電視台。

方賓館，問他還有黨員沒有？放這個幹什麼？如果是合資經營的賓館，要告訴他，你這樣做，如果上海亂了，我們沒法保證你的安全。我們接到上海交通大學報告，說有人到美國總領事館看錄像。我們問美國總領事館，他們說沒這個事。如果你邀請學生去看錄像，我不能保證你的安全。我覺得我們對待謠言的態度，一個是要想辦法切斷謠言來源，一個是告訴人們不要聽信謠言。他們在搞攻心戰，我們要搞反攻心戰。我們宣傳戰線的同志現在是到把工作做活、爭取民心的時候了。要正面地宣傳報道，不要聽信謠言。什麼軍隊內訌、什麼軍隊對峙，完全是造謠。現在謠言多得不得了，我們統統不要去聽，也不要問有沒有這回事。另外，以「上海社科院宣」署名的傳單，稱有位經濟學家發表意見，認為中國經濟正處於嚴重危機之中，現在急需全面凍結存款，全面凍結外滙，大幅度提高物價。記者可以去採訪他，看這樣做合不合經濟學原理？！他們就是要製造恐慌，鼓動大家都去提款。上海已經出現這種現象了，提款很屬害，12 個儲蓄所已拿不出錢來了，開不出工資。有的外商也在湊熱鬧，給他們旅行支票不要，非要提現款、提美元。所以要闢謠。

第三，組織起來的工作取得進展。昨晚的試驗性行動組織了 6500 多人。今天的行動現已組織 4 萬人，不包括公安幹警，其中虹口區 8000 人，工作做得比較扎實。

但是，今天也有許多事情令人憂慮，就是我們還沒有爭取到最大多數的民心。昨天拆除路障時，不少圍觀群眾採取不友好態度。另外，社會渣滓猖狂，昨天益民食品廠一車麵包被搶，今天靜安區一輛運鈔票的汽車被放了氣，我們派去了民警保護。有些人搶佔崗亭，毆打民警，人們在路上走沒有安全感。今天早上，市政府門口圍了一夥人罵政府，有個人說了一句「未必這樣」的公道話，被打得夠嗆，牙齒也被打掉了。如果我們再不組織起來，採取措施，群眾就不敢出來講話了，有些群眾就會說現在是「白色恐怖」了。這個情況需要我們密切關注。

下一步，最重要的工作是組織起來，發動群眾。從昨天到今天有很大進展。據瞭解，現在區的人力單薄，區機關沒有多少人，市委、市政府去了一些人，人也不是很多。關鍵是發動群眾、發動工人，首先是工業系統的工人。前一階段，工業系統各級領導幹部對這項工作是重視的，不然怎麼一下子能組織這麼多人呢？但是有些廠長還沒有認識到當前問題的嚴重性，用各種方式推託說沒有人。如果我們不能把群眾組織起來，形成力量，把最大多數群眾團結在我們周圍，我們的廠長、黨委書記的日子也好過不了。現在有 60％的人上班，如果動員 10％的人出來維持交通，交通暢通了，馬上可以增加 20％到 30％的出勤率。怎麼可以說沒有人上班，影響生產呢？當前最重要的是疏通交通。這樣，老百姓對市委、市政府就有信心，就敢說話。會後，要召集各局、局級公司、中央企業和大廠領導開會，請邦國、傳訓同志去動員。學習國家機關的辦法，一要組織基幹民兵保衛工廠，「養兵千日，用在一時」；二要組織宣傳隊維護交通。現在有一幫人在衝擊焦化廠、煤氣廠、發電廠、油庫，要置上海人民於死地。我們一定要把真相告訴上海人民。黨委書記、廠長要有危機感、緊迫感，要進一步採取果斷措施，迅速行動起來。上海工人有 508 萬，其中產業工人 230 萬，10％就是 23 萬。我上次說了，如果工廠亂了，唯廠長、黨委書記是問。我也知道有些同志反映公安幹警太軟，有點意見，對這一點我要說明。因為現在社會上一些別有用心的人唯恐天下不亂，就是要製造事端，擴大事態，鬧得天下大亂，所以市委同意公安幹警要儘量避免正面衝突，要發動群眾、組織起來。上海工人這麼多，我們依靠工人的力量完全可以解決問題。當然不是說公安幹警沒有責任，沒有他們不行。現在是考驗公安幹警的時候，每一個公安戰士都要意識到，我們是人民的戰士，要保護人民。我們各條戰線的同志要支持公安幹警工作，不要指責他們，該他們出面時他們會出面，我們要求職工協助公安幹警取證、照相、扭送壞人。公交職工很辛苦，報紙要大力表揚公交職工。如果他們情緒低落，困難就會更大。現在老百

姓最怕動用部隊，敵人就專造這個謠，一會兒說坦克進了城，一會兒說軍隊已到了莘莊，製造「軍管」的恐慌。我們一定要闢謠。上海亂的程度與北京不同，我們從未想過要動用軍隊。上海有 508 萬工人，還要軍管幹什麼？我把希望寄託在發動群眾、組織起來上。我相信上海 99.9％的人是希望上海穩定的，是站在我們這一邊的，這就看我們的工作做得怎麼樣了。當然，軍隊是我們最重要的威懾力量，是我們政權的基礎。我的意思是不要引起群眾恐慌。所以，我對宣傳戰線的同志是寄予厚望的。我們用人民的力量來維護好上海的治安，是沒問題的。還要考慮到，北京的問題不解決，上海平靜不了，要有足夠的思想準備。

當前的任務是反堵塞，疏導交通。各區做了很大努力，我們支持各區的行動。今天準備出動 4 萬人，還不夠，要準備他們明天再堵。要組織起 20 萬人，才能保證全線暢通。現在 4 萬人不能保持暢通，但能達到一個有限目的，能把給養都運上去。各工業局已統籌 200 輛車運原材料，一清除路障，車子馬上出來搶運。財貿系統今天也開了會，都要在疏解交通的幾個小時內把副食品、糧食全部運到零售點。加油站的問題最大，公交分公司的油只夠用半天的了，今晚要出動 25 輛油罐車，把油統統運到加油站，用消防車保駕，預防有壞人炸車。現在我們還沒有組織起足夠的力量，只要我們的力量佔壓倒優勢，就可以遏制他們、威懾他們。有些工業局的力量較強，如建工局、市政局，可以考慮條塊結合，集中使用，分地段包乾。如把隧道包給市政局，江南造船廠等大廠可以包路口。過去分區不大清楚的路口，現在由公安局把它們明確起來。我們要組織聯防，互相支援。今天的行動方案大體是這樣。

請大家注意，我們得到情報，有人準備了硫酸，未知確否，還有的拿了汽油。這個情況，希望大家要有所戒備，當然不要恐慌。有的同志提出希望高校配合，我們今天晚上就準備召開教衛工作委員會會議，明天下午找高校黨委同志來商量。另外，上海學生的家長要把學生叫回去。宣傳工

作要配合，對這次行動，電視、廣播、報紙要報道，表彰這種行動，樹立正氣，上海人民自己起來維護交通，保障生活。要表揚堅持上班的職工和公安幹警，要大力揭露社會渣滓的破壞活動。水、電、煤氣等要害部門要嚴格管好，凡衝進要害部門的，就把他們圍起來。

三

（1989 年 6 月 7 日）

今天開會的人多一點，各局局長、各大廠廠長也一起來了。

昨天疏通交通取得了很大成功，報名 4 萬人，實到 3.6 萬人。早上 7 點以前，59 條公交線路已全線通車，情況大有好轉。利用這段時間，我們組織了搶運。

昨天發生了一起嚴重騷亂，一些人在光新路鐵道口燒火車，把消防車調去了，使運送汽油工作受到影響。

光新路鐵道口的意外事故軋死 6 人，傷 6 人，沒有學生。事故發生後，一下子湧去 3 萬多人，大多是閒雜人員、流氓，把火車乘客趕跑，把車窗玻璃全部砸破，先燒郵政車廂，如果火車頭燒起來，很可能影響附近的油脂廠。根據公安指揮現場觀察，風向還不至於影響到油脂廠。公安幹警經過努力，用消防車把火撲滅了。昨天，警察在現場被揍，曾考慮動用防暴警察，但有人會找借口，他們已經在造謠了。在清理過程中，一共抓了 74 人，他們都是社會渣滓，燒了公交車，推翻了五六輛。我們避免了一場慘禍，但確實發生了一場嚴重騷亂，是壞事也是好事，它教育了人民，如果不制止壞人破壞，我們就不能正常生活。所以上午召開了公檢法會議，確定對證據確鑿、危害很大的破壞分子要進行公審，不嚴懲不足以平民憤。

下一步怎麼行動？我們幾個書記研究了一下，覺得必須採取較大規模的行動。經過三天輿論準備，市民也給我打電話，問政府怎麼還不採取措

施。這幾天如果不打通道路，上海就會停電斷糧，我們就不能保證市民的正常生活。現在只要一個學生往那裡一站，閒雜人員一哄而上，就可以攔車子把輪胎放氣。現在沒有多少學生，能出來鬧的也就四五百人，真正在鬧的是社會閒雜人員。為什麼不採取行動呢？問題就在於，我們還沒有完全爭取到民心，特別是三天以前，一些老教授情緒激動。所以，第一步是爭取民心。這三天市委宣傳部、「三報兩台」做了很多工作。現在不要聽謠言，我就問，上海是要大亂還是要穩定？有人就想把上海搞亂，向北京施加壓力。這三天的輿論準備不錯。上海主要依靠工人階級。昨天上街的有 7000 多人，我們 3.6 萬，他們人少。閒雜人員雖多，但沒有組織。我們要發動群眾，組織群眾。國棟同志說把工人組織起來沒有三天時間不行，現在已經三天了。工人會說，我們是工人，可以保衛工廠，但為什麼要叫我們出去維持交通？要講清不能用警察去對付，特別是在群眾還不理解的情況下。動武完全有力量，但避免激化矛盾。實際上拿出 10％的工人維持交通，就可增加20％至30％的出勤率，現在工廠沒有原材料，交通又不暢，怎麼生產啊？當前首要任務是穩定。

　　還可能有人會說，為什麼不早依靠我們工人？過去靠知識分子。不能這麼說，革命沒有知識分子不行，但工人階級是主人翁，不依靠工人不行。明天組織 20 多萬人，就能保證交通暢通了。今天上海交大的校長、書記帶隊清路障，報紙表揚了，我也表揚了，但學生圍攻，校長被逼得要辭職。有幾個學校要求軍管，這不行！必須考慮群眾能否接受。要用群眾運動對付他，用正氣壓住邪氣。學生現在已經不是很大問題，人不多，堅持鬧事的「鐵杆」更少，報上點了「高自聯」[1]的名，他們開始發生分化。「高自聯」頭頭有的買了車票回家了。有的要求見我，說如果滿足兩個條件，

---

〔1〕「高自聯」，是當時非法組織「上海市高校學生自治聯合會」的簡稱。

可以號令各路清除路障。一是不要軍管，二是不要秋後算賬。我和楊堤同志商量，馬上就答復他了，我們沒有準備軍管。關於第二個條件，我們對他說，只要懸崖勒馬，可以既往不咎。對昨天的光新路鐵道口騷亂，學生也怕，說不是他們幹的。

他們是「麻雀戰」，我們用運動戰對付，組織機動力量，他們在哪個地方鬧，我們就用五倍的力量去對付。我們有幹部帶頭勸阻，讓學生走開，他們一動手，公安幹警就上去抓。除區裡外，市裡也有機動力量，武警待命。我們不能再等了，昨天有的工人捱了揍，情緒低落，路又沒打通。明天中午，我發表一個電視講話，現在我們活不下去了，非要疏通交通不可。下午就行動，堅持一兩天後，問題就解決了。今天要宣佈昨天是騷亂事件，這對社會渣滓是震懾。

這兩天的行動要統一指揮、條塊結合。

今晚的行動還是兩萬五千人，明天交通全部暢通。

明天行動的口號：穩定上海、穩定大局、堅持生產、保障生活。為此，反對堵塞交通，打擊破壞交通的分子。讓學生走開，儘量不要傷學生。

葉青[1]同志給我打電話說，姚依林同志聽說上海發動工人維護交通，說這是好經驗。他要我總結這個經驗。

―――――――――――――

[1] 葉青，當時任國家計劃委員會副主任。

上海不能亂 *

（1989 年 6 月 8 日）

全體市民們，同志們：

我向你們問好！

最近幾天，我們大家都親身體會到，上海已經到了危急的關頭。

6 月 4 日以來，上海全市交通受阻，工人不能上班，生產下降；物資雖然很充分，但是運不到零售點，市民生活發生困難；路上行人沒有安全感，幾個學生把車一攔，刺破輪胎，如要加以制止，一群閒雜人員便上來圍攻起哄。因為交通阻塞，有些醫院搶救危重病人沒有血漿、沒有氧氣；有些地區，人去世後屍體發臭了還運不出去，垃圾、糞便也運不出去。甚至發展到推翻和焚燒公共汽車、警車、摩托車，毆打值勤民警的地步。我作為市長，對於這幾天來暫時未能堅決執法，保護市民的正常生活，深感不安和內疚。很多同志寫信、打電話問我：「市政府到哪裡去了？」我很理解他們的心情，我在這裡向大家檢討。

前天晚上到昨天淩晨，在光新路鐵道口發生了一場上海多少年來沒有過的嚴重騷亂。上萬人圍住了火車，有人放火燒着了郵政車廂，旁邊火車頭裡裝着 3000 公升柴油，如果引起爆炸，再殃及附近的硫酸廠和化工廠，後果不堪設想，不知要死多少人。當時，我們派出的各級負責幹部、公安局的副局長、500 多個武警、80 多個鐵路警察、9 輛消防車，都無法靠近。

＊這是朱鎔基同志向上海市民發表的電視講話。

許多警察遭到毆打，消防車的水龍頭被拔掉。我當時十分焦急，一旦爆炸，死傷慘重，可能引起上海大亂。面對這幾天事態的發展，我憂心如焚，寢食不安。

從 6 月 4 日到今天，是考驗我們上海人民的五天。我在這裡首先要感謝廣大的上海市人民，特別是上海的工人。你們在這麼複雜、困難的條件下，仍然堅守崗位，堅持生產。你們為了上班，在公共汽車不能通行時，把腳、腿都走腫了。在這種情況下，全市還保持了 60% 至 70% 的出勤率，使上海工廠基本上沒有出現停工，財貿系統職工、糧店和菜場的同志千方百計保證了市場供應。我們上海的工人階級是偉大的！

我還要感謝公安幹警和武裝警察。你們這幾天堅守崗位，儘管捱打捱罵，還是十分克制，盡力維護治安秩序。為了顧全大局，我們要你們暫時忍讓，你們受了很多委屈，捱了壞人的打，心裡很窩囊，我向你們表示慰問！

我也要感謝學校的領導、黨組織和廣大的教師。你們在十分艱難的處境下，顧全大局，對學生做了大量說服工作，甚至幫助清理路障，你們不愧為人師表。有一個大學，少數學生搶佔廣播站，要播放國外的謠言，帶頭的是兩個研究生。我們的老教授、他們的導師挺身而出，曉以大義，說服了這兩個研究生，最後把廣播站交回了學校。我認為，這體現了我們中華民族的教師精神！

同志們，對於這種嚴重的局勢，政府為什麼沒有採取強硬的法制措施呢？我們手中不是沒有力量。因為現在的特點是部分學生的感情很衝動，有的學生在謠言的煽動下已經相當程度地失去理智，而社會上又沉渣泛起，混在一起，良莠難分。在這種時候，如果我們採取強硬措施，很可能誤傷好人，而群眾一時還不能理解。所以，我們必須發動群眾，組織起來，做到思想統一，認識一致，全體市民萬眾一心，我們的公安幹警、武裝警察才能夠有效地執行他們的任務。

很多同志要求我們動用武裝警察，甚至動用軍隊。我作為市長，在此鄭重聲明：第一，市委、市政府從來沒有考慮過要使用軍隊，從來沒有打算實行軍管或戒嚴。第二，因為我們相信 99.9％ 的上海市民是能夠在「穩定上海、穩定大局、堅持生產、保障生活」的口號下團結起來，站在黨和政府的一邊的。第三，上海是中國工業最集中的城市，我們有着最強大的工人階級隊伍，有 508 萬職工，其中 230 萬是產業工人。只要他們組織起來，支持我們、幫助我們，我們的公安幹警和武裝警察就完全有力量來維護上海的法制和治安。

最近三天的事實已經充分證明了這一點。過去三天，各區組織工人、幹部協助市政府在晚上清理路障，第一天出動了 6500 多人，第二天 3.6 萬人，昨天 2 萬多人。只用一兩個小時，全部路障幾乎都清除了。這樣就保證了生活必需品和工業原材料的運輸。同志們，如果沒有這三天的夜間搶運，我們早已斷糧了，蔬菜也不會那麼豐富啊！感謝工人同志、公交職工和農民兄弟，你們為保障上海人民的生活做出了貢獻！

同志們要問，路障清除後，他們又給堵上，白天還是走不通，為什麼不能做到保持交通的暢通？因為前三天我們的力量組織得不夠，還需要時間來發動群眾，組織起來。上海總工會組織的工人糾察隊過去在保衛工廠、維護治安方面做出過很大貢獻，現在，他們行動起來了。經過三天準備，每個區都組織起了一兩萬人的隊伍。全市有 32 個骨幹企業，還組織了一支幾萬人的機動力量，對此，我認為不需要保密。因為，工人糾察隊是合法的組織，他們的行動是市政府支持的，他們維護交通的活動是正義的。從我今天講話以後，他們就要行動起來，清除路障，維持全市道路的暢通。我希望全體市民支持他們的工作，幫助他們的工作，而不要妨礙他們的工作。如果有人阻礙他們的工作，就要進行勸阻。如果不法分子採取越軌行動，我們的公安幹警，包括武裝警察，就要採取法律措施。我希望全體市民理解這個行動，支持這個行動。我們的商店要進行聯防，街道里弄也要

1989 年 6 月 9 日晚，朱鎔基在市委副書記吳邦國，市委常委、上海警備區政委楊志泛，市委常委、市委組織部部長趙啟正等陪同下看望工人糾察隊。

加強治安保衛工作。工廠的工人在堅持生產的同時，還要堅決保衛工廠防止衝擊，還要抽出人力來維護交通。上海有 230 萬產業工人，抽 10％就是 23 萬人。現在的出勤率只有 60％到 70％，抽 10％的人出來維護交通，就會有 90％以上的人正常上班，就能更好地支持生產。

在這裡，我要對那些社會渣滓、不法分子發出警告。你們不要把形勢看錯了，不要以為要變天了。1260 萬上海市民，再也不能容忍你們這樣的無法無天了。對於光新路鐵道口縱火焚燒列車、毆打公安幹警、製造嚴重

騷亂的不法分子，其中不少是沒有改造好的刑滿釋放分子，我們已經掌握了確鑿的證據，將他們逮捕歸案，準備進行公審，根據法律程序，依法從重、從嚴、從快予以懲處。

我也要對一些同學再一次提出坦誠的忠告。你們的行動正在走向你們願望的反面，你們現在已經走到一個邊緣，你們要警惕是否和一些社會渣滓站在一起了。你們現在的情緒很激動，我無法跟你們討論問題，我將來再跟你們對話。你們太聽信謠言了，現在從境外傳來的謠言鋪天蓋地，滿街都是。這是一種攻心戰，是要把人們的思想搞亂。最近在北京發生的事情是歷史事實，歷史事實是沒有任何人能夠隱瞞的，事實真相終將大白，你們為什麼現在就要去聽信那些謠言呢？

我們現在需要的是冷靜下來，討論一下是不是應該穩定上海，是不是應該穩定大局，是不是應該保障生活。一句話，上海如果大亂怎麼得了！我們首先應該在這個問題上統一起來。你們應該看到，極少數人策劃的破壞活動，是要置上海人民於死地，叫我們不能生產、不能生活下去。他們是要搞亂上海，是要毀掉上海，是要毀掉我們的人民共和國，製造一場浩劫、一場災難，把上海人民的命運當作他們的政治賭注。如果你們繼續這樣下去，可能出現你們自己也控制不了的嚴重後果，這也是你們自己所不願意看到的。

當然，最近幾天，我也看到了一些好的跡象。由於真相逐漸清楚，很多事情已被證實都是謠言。不少同學開始醒悟，不再參加那些設置路障、危害治安的活動，也不大相信那些所謂「智囊人物」的主意了。我覺得這很好。同時，有些學生頭頭也有節制的表現，我表示歡迎。

同學們，我希望你們接受我送給你們的這副對聯，上聯是「穩定上海，穩定大局」，下聯是「堅持生產，保障生活」，橫批是「上海不能亂」。我們要恢復法制，你們不是講要法制嗎？沒有法制，何來民主，又哪裡有個人的自由呢？希望同學們聽一聽我的肺腑之言。

　　市民們，我非常贊成「三報兩台」[1]提出開展「上海不能亂，我們怎麼辦？」討論的倡議，衷心希望每個市民認真思考這個問題，並做出自己的回答。國家興亡，匹夫有責；穩定上海，命運所繫；維護法制，從我做起。

　　市民們，我是你們合法選舉出來的市長，是經過黨中央、國務院批准的。一年多來，我感謝你們信任我、支持我。我一定盡我所能，按照絕大多數市民的意願來進行工作。雖然我的工作還沒有做好，但我確實是決心把自己奉獻給振興上海、振興中華的偉大事業。在這個危難的時刻，為了穩定上海、穩定大局、維護法制、保護人民，我不惜以自己的生命來保證這個目標的實現。在這個關鍵的時刻，我希望市民們支持我們，信任我們，相信我們的黨、我們的政府。

　　謝謝大家！

---

〔1〕見本書第 275 頁注〔1〕。

進一步鞏固上海的穩定 *

（1989 年 6 月 13 日）

一、前一段上海的形勢。

第一，從 6 月 9 日開始，上海的形勢迅速好轉，發生了很大的變化。這首先表現在隨着北京的形勢逐步穩定，我們上海絕大多數市民在「穩定上海、穩定大局、堅持生產、保障生活」這樣一個口號下團結起來了，行動起來了。可以說，得到了 90% 以上市民的支持。特別是我們的工人階級，已經組織起來了，而且情緒空前高漲。這幾天很多人民群眾來信，有的是全家，有的是一個車間、一家商店、一所研究院，還有的署名「白髮蒼蒼的老戰士」。好多同志都說是流着眼淚寫的信，我看着信也流了淚。由於群眾組織起來了，萬眾一心，所以能夠及時出動 10 萬工人糾察隊員走上街頭，清除路障，交通一下子就恢復了。昨天，1000 輛被損壞的公交車輛全部修復了。

這一次上海在發生嚴重騷亂的情況下，能夠爭取到這樣一個結果，首要一條是由於黨中央、國務院對上海的明確指示、正確決策。澤民同志每天都跟我通電話，及時傳達中央領導同志的指示，所以我們大方向是很明確的。在最危急的時候，我跟澤民同志通電話，他說，你不要寄

＊這是朱鎔基同志在上海市黨政負責幹部會議上講話的主要部分。

希望於動用軍隊，要發動群眾。所以我在電視講話中把不動用軍隊的話說得很明白了，當時如果不是那麼說，我們就不會這麼快把工人發動起來。因為大家可以這樣認為，要動用部隊還要我們工人糾察隊出來幹什麼。如果動用軍隊，再發動工人出來，恐怕工人就不出來了。當時有幾個高校領導，感到工作很困難，要求市委實行軍管。如果不明確表示不動用軍隊的決心，恐怕是很難發動群眾的。所以我們明確宣佈不軍管，現在證明這一條非常得人心。好多人民群眾來信說，不動用軍隊，依靠工人階級，非常正確。大家安心，都踴躍地站出來，前面是工人糾察隊，公安幹警、武裝警察做後盾，這就解決問題了。另一方面，北京的大氣候在那兩天有了明顯的轉變。許多人的思想轉過來了，大家的認識在那兩天有了飛躍性的提高。

第二，在整個事件處理過程中，我們每個決策都是經過集體討論的。市委常委，市人大常委會主任葉公琦同志，市政府的各位副市長和許多老同志，大家一起慎重地研究，反復地討論，敞開思想，提出不同意見。在這個時候，市委常委每個同志，沒有一個顧慮自己發表的意見是「左」了還是右了，是激進了還是保守了，大家都是以對黨、對人民、對上海的穩定負責，對歷史負責的精神，提出各種不同的意見，最後進行民主決策。我們在民主決策以後，大家分頭抓落實，各人負責一方面的工作，具體地去組織落實，一竿子到底。組織工人糾察隊是很不容易的，進行思想發動的那三天，天天晚上開會，每天散會後，黃菊、邦國、傳訓同志再去開有關委、辦、區、局負責人和工廠廠長會議，一個一個地去落實，我們就是這樣把群眾發動起來的。國棟等老同志、市顧委的同志跟我們風雨同舟，出謀獻策。關鍵時候，我們把握不住的時候，總是把他們請出來，一起商量和把關。現在回過頭來看，我們在這一次穩定上海的鬥爭中，全部決策沒有出現什麼大的失誤。

第三，在穩定上海、穩定大局的過程中，我們調動了各個方面、各條

戰線、各個階層、各界人士的積極性，特別是依靠了工人階級，形成了萬眾一心的政治局面。市總工會在這次組織工人糾察隊工作中起了很好的作用。共青團、婦聯也都做了很多工作。我們的機關幹部表現是好的，也做出了他們的貢獻。市委、市政府機關的幹部，在最困難的時候，出勤率還達到99%。我們的工人、幹部在交通斷絕的那三天，都是步行或騎自行車上班。許多同志說，哪怕我走三四個小時，也要堅持上班，表示我沒有臨陣脫逃。參加頭三天維護交通秩序的，首先是機關幹部報名。區級機關、市級機關廣大幹部表現是很好的，市委、市政府機關90%以上的人都報了名，很多機關是100%的人報名。我們的公安幹警、武警官兵，在整個過程中，起了很大的作用。前一個階段，他們是捱打受罵，心裡非常窩囊。是市委要他們不要正面衝突，寧可自己受一點委屈，因為當時時機未到，怕誤傷群眾，引起更大的衝突。最後，工人糾察隊出來了，他們的工作做得很漂亮，公安幹警、武警起了很大作用，安全部門也做了大量的工作，我們向他們表示慰問。解放軍是我們的堅強後盾、我們政權的基礎、我們的鋼鐵長城、我們的柱石，他們也為穩定上海做出了貢獻。

我還要代表市委、市政府向各個區委、區政府表示感謝。這次我們提出的「分區包乾、統一指揮、協同作戰」的方針是非常正確的。我一直主張要放權給區縣，社會治安尤其要依靠他們。對那些不法分子、殘渣餘孽，街道里弄最瞭解，不依靠他們，怎麼搞得清楚？就是要條塊結合、以塊為主。在我發表電視講話以前，實際上，區委、區政府的負責同志已經連續幾天組織隊伍，拆除路障，他們幾天幾夜沒有睡好覺了。6月8號晚上，楊浦區委書記顧燈同志的母親心臟病發作逝世，但他堅守崗位。在今天會上，我向顧燈同志表示慰問，你公而忘私，沒能見上母親的最後一面，我很抱歉。我要表揚區委、區政府的同志們，臨危不亂，堅持鬥爭。

我們今天還要向郊縣的縣委書記、縣長表示感謝，儘管你們沒有處

在第一線，但是，你們穩定了農村，就是對市區最大的支援。各個縣夜間搶運蔬菜，源源不斷地支援市區。我昨天看中央電視台報道，有的城市發生了搶購，但上海沒有發生搶購，這反映人民群眾對政府有信心。我們財貿系統職工的表現也是好樣的，利用夜間清除路障的那一段時間，組織搶運，把市場安排得很好。我聽一些里弄的老太太跟我講，說頭兩天有些恐慌，個體戶的菜價猛漲，就買了一大批高價菜，結果國營菜場供給很豐富，多買的菜都爛了，只好倒掉，後來就罵個體戶發國難財。從這些可以看出，我們的黨，我們的黨員、幹部，我們的工人階級，在關鍵時刻是經得住考驗的。整個過程中，宣傳部門也做了大量的工作，慶紅、至立〔1〕同志和「三報兩台」〔2〕的老總，龔心瀚〔3〕、龔學平〔4〕、市委宣傳部的同志，每天晚上都要精心安排第二天的版面、廣播。對這一段的宣傳工作，市委、市政府表示滿意，你們對爭取人心起了很好的作用。當然，這主要是靠黨中央的正確決策，但我們上海的安排也比較好。

二、下一步的主要任務。

首先是認真學習小平同志的講話〔5〕，統一思想，進一步鞏固上海形勢的穩定。剛才我講了，我們不要把成績說得太滿，不要把形勢的好轉估計得過高，要看到形勢還很嚴峻。我 6 月 8 日發表電視講話以後，沒有想到群眾反應這麼強烈，我非常感動。特別是 6 月 9 日上午，一下子就把交通

---

〔1〕至立，即陳至立，當時任中共上海市委常委、市委宣傳部部長。

〔2〕見本書第 275 頁注〔1〕。

〔3〕龔心瀚，當時任中共上海市委宣傳部副部長。

〔4〕龔學平，當時任上海市廣播電視局局長兼上海電視台台長。

〔5〕小平同志的講話，指 1989 年 6 月 9 日鄧小平同志在接見首都戒嚴部隊軍以上幹部時的講話。

問題解決了，正氣上升，市民拍手稱快。

我覺得，鄧小平同志的講話是一次歷史性的講話，是我們今後一個時期工作的綱領。所以市委決定，第一步先開一個市委全體委員的學習會。先黨內後黨外，先統一黨內負責幹部的思想、黨員的思想，再來統一群眾的思想。群眾中有一些思想認識問題，我們要按澤民同志講的，因勢利導做好思想工作。事實真相已經大白，各種有利形勢會促使他們的思想轉變，這個過程不要太着急，要用小平同志的重要講話去統一大家的認識，工作要抓緊，不必急於要人家表態。現在還是要穩定，要團結，要安定，不要搞得人心惶惶，否則穩定的局面就難以維持。我相信，絕大部分群眾，特別是我們的基本群眾的思想是比較好統一的。

第二個任務是進一步依靠群眾，組織隊伍，鞏固上海的穩定局面，把交通、治安維護好。先要把工人糾察隊鞏固好，對此有三點要求：一是要有必勝的信心，二是要有嚴密的組織，三是要有嚴明的紀律。現在也發現一些情況，儘管工糾隊是由廠黨委書記、廠長帶隊，這保證了隊伍紀律的嚴明，但也發現個別工糾隊員在執行任務時比較鬆懈，這對工糾隊的形象很不利。還是要向解放軍學習，牢記「三大紀律八項注意」，把工糾隊鞏固好，不能鬆懈，不能麻痺，不能形勢一好轉就把隊伍散了，這不行！有同志提出，能不能把工糾隊的任務擴大一點，掃掃「黃」，打擊一下黑市。我們認為，現在不宜這樣做。解決這些問題不能畢其功於一役，這是對外開放以後帶來的新問題，有其社會根源，現在專職執法隊伍都解決不了，叫工糾隊來解決，是不現實的。工糾隊在緊急時刻出動，恢復全市交通，士氣高漲，現在要他們去幹別的事，恐怕也難動員，所以在我們還沒有取得統一認識以前不動。工糾隊現在主要是維護交通秩序，保護交通暢通，協助公安幹警做一些治安工作。

同時，要發揮街道、里弄的作用，人人擦亮眼睛，把壞人舉報出來。現在里弄的老太太都發動起來了，作用是很大的。

　　第三個任務是進一步開展「雙增雙節」[1]運動，把損失的時間奪回來。目標還是原來定的，現在特別要強調思想政治工作，各級機關、企業要抓好學習小平同志的講話。我們相信工人群眾有這個積極性，會把生產搞上去。對「三資」企業要做工作，要表揚好的。這幾天我接到好多來信，如上海大眾汽車有限公司技術執行經理保爾的來信寫得很感人。總部要他回去，他聽了我的電視講話後表示不回去了，堅持騎自行車上班，所以明天我就要去上海大眾看看。英國48家集團[2]給我發了一個電報，說我們過去是你們的朋友，現在還是你們的朋友，我們還是要繼續動員英國商人與你們做生意。這很好嘛。日本丸紅商社的社長講，他深為感動的是中方的工作人員每一個人都堅持上班。他表示不走了，還要動員其他已走的人盡快趕回來。香港一位唐經理給我來信說，他真不明白，鄧小平先生領導改革十年，做了這麼多工作，共產黨取得了這麼大的成績，為什麼還有人要罵他、打倒他呢？他認為這是我們的思想宣傳工作沒有做好。他在幫我們總結經驗了。他說，他看到上海的形勢很好，決定在滬的投資不變。昨天中央電視台報道了一系列穩定外資工作的新聞，我們這方面做得不夠，我們要多做工作，讓離開的外商盡早回來。前段時間把力量都放在組織工糾隊上了，現在要趕快把生產抓起來。

---

〔1〕見本書第 29 頁注〔1〕。

〔2〕英國 48 家集團，即成立於 1954 年的英中貿易 48 家集團，1991 年更名為英國 48 家集團俱樂部，並與英中貿易委員會合併，形成英中貿易集團。1998 年，英中貿易集團更名為英中貿易協會。

社會主義企業家必備的基本素質*

（1989 年 7 月 5 日）

　　什麼是社會主義企業家？對這個問題，有各種不同的說法。去年，我對市政府幹部提出了三點要求[1]，今天我也對廠長、企業家提出三條要求，這三條是社會主義企業家必備的基本素質。

　　第一，要堅持四項基本原則，發揚艱苦奮鬥的作風，善於做思想政治工作，能夠與職工同甘共苦、摸爬滾打。首先得滿足這個條件。資本主義管理都講一套人際關係，使用各種手段、辦法來籠絡人心。而我們的廠長、經理代表工人階級的根本利益，更應該和工人融合在一起。在工作中，思想工作要領先。政治工作是經濟工作的生命線，這句話，我們這幾年講得太少了。我覺得只要做到這一點，很多困難是可以克服的。現在根本的問題是脫離群眾，職工群眾很多本來可以解決的問題也不好好去解決。不能把人心凝聚起來，怎麼可能齊心協力去克服困難呢？這幾年，我們的企業家很講究派頭，西裝革履，成天跑國外、跑「橫向」，當然這也是工作的需要，但是主要的精力總應該放在廠內管理上，主要的時間總應該穿上工裝，沾點油漬，與工人打成一片。把困難向大家講清楚，取得群眾的理解和諒解，工人是會與我們齊心協力、團結一致去真幹、實幹的。你自己不

＊這是朱鎔基同志在上海市企業管理協會和企業家協會年會上講話的一部分。

〔1〕三點要求，見《對全市局級以上幹部的三點要求》（本書第 110 頁）。

發揚艱苦奮鬥的作風，又在搞特殊化，成天考慮裝修自己的公寓、更新自己的汽車，就根本談不上與他們打成一片，又怎麼能向他們請教，從而找到解決問題的辦法呢？

第二，要熟悉科學的管理方法，善於挖掘企業的內部潛力，用最少的物化勞動和活勞動求得最大限度的效益。這就是說，向管理要效益。要懂得世界管理科學的發生和發展，包括瞭解我國古代的管理方法，如孫子兵法。當然，我們主要是要掌握現代管理的方法，從泰勒[1]的科學管理一直到行為科學。我們應當熟悉各種各樣管理的方法，結合實際，形成自己的具有中國特點的社會主義科學管理方法，去管好企業，把內部的各種積極因素調動起來，這樣才能以最小的投入取得最大的產出。可惜，我們的廠長平時時間少，學習很不夠，很多東西不懂，有的連管理科學的 ABC 也不懂，這樣下去是不行的。廠長、經理要成為社會主義企業家，就要努力學習管理知識，加強企業管理，特別是質量管理。現在，上海產品的質量不穩定，今天好一點，明天又下來了，沒有穩定的質量就不可能打入國際市場。要講信譽，要講質量穩定。我們現在不僅缺乏一套科學的方法，而且治廠不嚴。這與第一個問題是相聯繫的。只有自己行得正，坐得穩，又不搞特殊化，與群眾打成一片，才敢於從嚴治廠，鐵面無私，才能夠把廠裡的各項管理制度堅持下去。不然，都等於零。

第三，要瞭解國內外經濟、科技發展和市場變化的動態，善於適應環境，做出切合實際的經營決策。上海要發展外向型經濟，沒有這一條不行。廠長、經理需要及時知道我們的產品跟人家的產品有什麼差距、世界上的名牌產品是哪幾家、有什麼先進技術，還要掌握國際市場變化的動態，今年什麼好銷，明年什麼好銷，對企業還款能力、貸款來源、工人素質等各

---

〔1〕泰勒，即弗里德里克・溫斯洛・泰勒，美國管理學家。

方面也都要熟悉，才能正確進行決策。經營決策非常重要，有時甚至比內部管理還重要，經營決策老是失誤，企業非垮不可。

我希望，大家來探討一下怎麼把我們的企業管好。我們的企業管理協會、企業家協會在這方面要多開展一些討論，多寫一些文章，還要研究怎麼搞活國營大中型企業。我認為，有一條很重要，就是各企業要加強自我積累，增強技術開發、技術改造的能力。資金來源當然主要還得靠銀行貸款，沒有哪一個國家的企業是能夠完全靠自有資金把企業改造好的，也沒有哪個資本家是完全靠自己的資金發展起來的。現代企業都是靠自己的信譽、產品的聲譽、經營管理的能力，取得銀行的信任，靠銀行的貸款發展起來的。但是，企業也得有經濟實力，有償還能力，還不出錢的企業是要關門的。做到這一點，也要靠企業自己。現在我們的國營企業搞了很多聯營企業，把自己的原材料、資金、技術都給了他們，自己的企業停滯不前，幾十年一貫制，老機器、老設備、老產品、老面孔，這麼搞，對企業發展有什麼好處呢？「好處」是企業可以從那裡返利進「小金庫」，然後發獎金，廠長到那裡去吃吃喝喝，一概不算錢，這種情況相當普遍。我也知道廠長們的苦衷，上海的國營企業承擔了上繳中央財政很重的任務，所以你們要利用這個政策使自己能寬鬆一點。但大家要顧全大局，這樣做的結果只能是把上海的企業搞垮了。我不是說不要搞聯營，只是你們聯營返回來的利潤大部分要用於自己的技術改造，把國營企業搞上去。現在多發獎金，擴大了消費基金，這是用吃老本的辦法在搞，不是企業家的長期行為。我們的廠長、經理應先把自己的企業搞上去，然後再去聯營，有多大本事就去聯營多少，自己都搞不上去，還去聯營什麼呢？我相信，只要大家上下努力，一定能把國營大中型企業搞活。只要我們的廠長、經理按照對社會主義企業家這三條要求認真去做，全心全意地依靠工人階級，共同奮鬥，今年上海的困難一定能夠克服，上海的振興是完全有希望的。

穩住經濟，很重要的是穩住物價*

（1989 年 7 月 10 日）

要把今年下半年經濟穩住，一個很重要的任務就是要把物價穩住，不能再漲。要爭取人心，最重要的是懲治貪污腐敗。但是，經濟不穩定，物價上漲或者再發生一次搶購，我們的工作就很難做下去，那將四面楚歌，非常危險。我覺得市政府應該穩定下半年的物價，我不敢說凍結物價，凍結也不行，但至少要穩住，不能搞成一個全面攀比的漲價風、搶購風，那就不得了。所以，市物價局的思想認識、政策水平要提高一點，要看到這個形勢，無論如何要穩住物價。半年以後，生產、出口搞上去了，形勢可以轉變。在目前形勢下，如果馬上來一個物價的波動，那是受不了的。因此，今年下半年，市物價局對物價每個月甚至每旬都要跟蹤、監測，不能放鬆。

說起上半年，我已經把市總工會整理的放開商品價格執行情況印發給大家。上半年放開的小商品漲價很多，原來醬油一斤兩毛多，現在五毛多，這個怎麼得了！這也是失人心的一件事情，而且這裡面好多東西並不是必須漲價，就是我們監督、管理不夠。市總工會的這個材料講的放開商品，佔我們吃、穿、用的 60％到 70％，但市物價局沒有管，這不行！還是要監

＊這是朱鎔基同志在上海市政府第四十一次市長辦公會議上講話的一部分。

督，要管理，查出來亂漲價的要處理。

怎麼辦？我同意市物價局提的這幾條：

第一條是黨中央、國務院的精神，堅決地穩住物價，不要有任何動搖，不要怕企業活不下去，明年再說。這是第一條，政策、思想一定要非常明確。

第二條，要千方百計穩住「菜籃子」價格。別的好辦，衣服三年才壞，「菜籃子」價格天天要碰到，這個不穩定不得了。人家說我們得人心，就是抓了「菜籃子」；要是不得人心，就是「菜籃子」漲價，所以一定要穩住「菜籃子」價格。還有，要保護農民的生產積極性，農副產品的收購價格不適當提高，「菜籃子」也穩不住。那怎麼辦呢？這裡講了一句：「要求財政部門安排好穩定副食品價格必不可少的補貼，否則主要副食品價格穩不住」，我看目前也只能這樣做。要補貼，至少這半年要穩過去，如果三季度以後形勢看好，四季度我們再研究政策。這個補貼是「三級補貼」，只是市政府補貼，受不了。

什麼叫「三級補貼」？首先，縣裡要建立價格調節基金，就是對鄉鎮企業要用稅收調節。要把這部分錢法律化、制度化地收上來，去提高農副產品的收購價格。現在漏洞非常多，鄉鎮企業賺的錢並不是很好地去支農支副，這方面工作要加強。今年區縣財政收入的增長幅度相當大，而市財政收入在下降，要把補貼增加都壓在市財政是不行的。所以，首先縣裡要補貼，提高農副產品收購價。

其次是區，要明確菜場價格的穩定唯區長是問。現在很多財政收入放到區裡去了，實際上也增加了錢，我不是看他眼紅，問題是你增加的錢幹什麼。我講首先辦教育，其次保證副食品價格穩定。現在菜場的虧損不應該由提高零售價來解決，應該由區裡給一定補貼或優惠政策。市裡面的補貼也要增加一點，但不能比原來預算增加太多，已經沒錢了。

對這個問題要進一步研究，還要具體化，而且要把它當作一個非常嚴峻的政治任務來研究。三級負擔，而且各級內部都要加強管理，各級負責。

　　大家看同意不同意？區縣會有意見，但沒有辦法，現在要共渡時艱。每個區長都要下很大力量整頓「黑、白、綠」（煤餅店、糧店、菜場），都得下去幫助他們加強管理，克服困難，不准短斤少兩、坑騙群眾。我們再不為人民服務，就要垮台了。現在要求正區長自己帶頭到菜場去，我們市長也要去菜場、副食品店，都要下去蹲點，加強經營管理。這個環節的跑冒滴漏多得不得了。無論如何要把價格穩住。

　　第三條，「儘量穩住工業品的價格」，我建議後面再加一句「特別是要穩住原材料產品的價格」。我們在埋怨別人給我們的原材料漲價時，我們自己的拼命漲價，這怎麼行呢？有困難，但不能亂漲價，要把它穩住。有一些市管的產品如牙膏、啤酒、燈泡等等是不是要漲價，市物價委員會要慎重研究，能穩就穩。物價不要隨便漲，如果要漲，要公開化一點，要向市人大報告，有的要跟人民群眾講清楚，不要造成人民群眾的恐慌心理，造成攀比漲價。

　　第四條，加強對放開商品的引導和管理，這個就是我剛才講的意思，在市總工會的文件上，我也批了，他的意見非常好。請市物價局牽頭做出嚴格規定，發動群眾監督，他們最怕群眾監督。我覺得這裡面也要採取一點辦法，比方說，他們為什麼要漲價？當然這裡面好多不該漲價，但也有原因，主要是原材料漲價。所以，我們要儘量控制原材料價格，凍結也不行。對這些漲價的東西，我們市政府是應該加強一點宏觀管理，要有一點辦法。有一件事情，現在市場上的頭髮夾子沒有了。這個能用多少鋼材？市物資局要研究一下怎麼給他們吃一點小灶，拿一點平價原材料來供應小商品的生產。人民日常生活的重要商品，要從各種原材料或其他條件方面給他們一點優惠，給他們一點保證。

　　第五條，搞個文件，把這幾條具體化，要有硬一點的措施。對幾種公共產品的提價，我考慮了好久，這個漲價很可能引起全面的漲價，掀起一股漲價風，所以我覺得要非常慎重。另外，對某些行業做一些區別對待，

也有利於調整產業結構，有利於節約用電。我們在年初講過，要用 11 個月的原材料生產出 12 個月的效益，其實就等於強迫你調整，要你節約一點。

我建議，這個方案經過最後修訂以後，能不能找一批企業、找幾個局，分別不同情況進行一下測算，從 1989 年 1 月 1 日開始加上去，看活得了活不了。這個工作不能光由市物價局做，要由市經委配合做，這也是市經委瞭解企業盈虧情況的很好機會。找幾個局、找幾個廠，下去一個一個地瞭解情況，慎重一點，準備工作做充分一點，這個事情由市物價局和市經委牽頭，不必着急，稍微穩一段時間再宣佈。

清理公司是懲治腐敗的重要措施 *

（1989 年 7 月 13 日）

　　有同志反映，上海懲治腐敗、清理公司這項工作是否走得太快了，一刀切是否切得太早了，管得是否太嚴了？還有的同志說，這件事應該中央先動手，有個政策給我們，免得將來被動。也有的同志擔心如果左鄰右舍都不動，我們管得那麼緊，怎麼管得好？市委常委經過討論，認為不能這樣看問題。我們還是要按中央既定的方針、政策，堅決搞下去，不能再等了。澤民同志給我打電話，叫我們不要等中央，看準了可以趕快搞。大家知道，在懲治腐敗這個問題上要中央馬上搞出一個全國性的政策界限不容易，還是要各省區市先搞起來，這也是相互促進的。據我所知，左鄰右舍並不比上海慢，江西的廉政建設、山東的懲治腐敗都搞得很好。再說上海的地位重要，管得嚴一點也是完全應該的。

　　懲治腐敗、清理公司在具體操作時頭緒比較多，不能全面出擊。為了集中優勢兵力，為了最大限度地調動一切積極因素，這項工作的重點要突出，政策要明確，步子要穩妥。今年下半年首先抓懲治貪污受賄，幾個大案爭取都在 8 月份提起公訴，形成聲勢，同時宣佈政策，號召坦白交代，爭取從寬處理。其次是清理公司，清理公司也要分層次，一步一步來。這

＊這是朱鎔基同志在中共上海市第五屆委員會第八次全體會議閉幕會上講話的一部分。

次會上，大家都贊成對在公司（企業）兼職的黨政機關幹部一刀切，贊成不搞特批，不留「尾巴」。但是從具體步驟來說，一刀切恐怕還只能是一刀一刀地切。三季度先解決部委辦局級以上幹部的兼職問題；處級以下的放到四季度再做部署；縣以下暫時不搞，等調查研究以後再說。幹部兼職，要害是兼薪，凡是兼了薪的，油水一般都很大，由此帶來社會分配不公和腐敗現象。對這個一定要一刀切。但是，也有一些幹部是兼職不兼薪的，對這類情況可以採取變通的辦法來處理，即參照市政府市政工作諮詢小組成員的辦法，委派一些兼職不兼薪的黨政機關幹部，包括年齡已經到線和過線的，作為市政府或委辦的諮詢小組成員，代表市政府或委辦到公司裡去幫助工作。在討論中，大家也贊成這種個別情況變通處理的辦法，老同志也支持這樣做。

要加強法制建設。要宣傳政法、監察、紀檢幹部依法辦事、廉潔奉公和鐵面無私、六親不認的形象。現在最頭痛的是，有許多人民來信批了以後幾個月都沒有回音，「泥牛入海無消息」。今年 7 月份，市信訪辦向我反映有不少案子幾個月都沒有處理完，我批了四個字「觸目驚心」。對違紀違法案件必須堅決按黨紀、政紀和法律辦事，對說情、包庇的要堅決揭露，對打擊報復的要罪加一等，不然，懲治腐敗、清理公司這件事就幹不下去。

另外，對行業不正之風要認真剎住。現在敲竹槓成風，裝煤氣、電話、自來水有的要給「好處」，不然就怠慢你，連醫院都要看「議價病」。為這種事給我寫信的太多了，這種事最容易傷群眾的感情，如果每個行業都這樣，發展下去危害國家、危害黨，也腐蝕了我們自己。郁品方[1]同志告訴我，一個工廠門前有一堆垃圾，幾個月沒人去清理，叫廠長組織工人

---

〔1〕郁品方，當時任上海市經濟委員會主任。

去清理，廠長說不行，要清理，先得把錢交給環衛部門，交了錢才准你自己去清理。最可怕的是機關工作人員辦事也要錢，這是機關搞「創收」的惡果。

對以權謀私、弄權瀆職的人要嚴肅處理。以權謀私，利用自己的職權，在房子、待遇等方面，得到非分的好處，對這種人必須給以處分，構成貪污受賄的，必須以貪污受賄罪論處。同時，對弄權瀆職問題也要引起嚴重注意。有些廠長不把心思放在工作上，造成極大的失誤，幾百萬元、幾千萬元的財產付之東流。對這些問題必須嚴肅處理，不是批評批評、罰幾個錢就能解決的，一定要撤職查辦。要把那些堅持四項基本原則、全心全意為人民服務、艱苦奮鬥的同志選拔到領導崗位上去，當然也要求他懂管理，學會正確的經營決策。

關於引進外資的幾個問題 *

（1989 年 7 月 15 日）

我提出幾個問題，與同志們商量。

一、外資投向問題。

鄧小平同志說，借點外債用於加強基礎工業，也是改革開放。現在的問題是如何搞，開哪方面，關哪方面。我來上海工作之後，下放了審批外資項目的權力，簡化手續，成立了「一個圖章」機構——市外資委，調動了外國人來上海投資的積極性。這方面工作有成績，但也有缺點。特別是對區縣下放審批權之後，有些外資項目在審批過程中，繞過了主管部門，出現了項目重複引進、擴大污染、擠佔原有市場、與國營企業爭原材料和能源等消極現象。對這個問題要很好地總結經驗教訓。去年下放權力時，我就擔心 500 萬美元以下的項目審批工作會失控，因此一再呼籲有關部門要加強監督，發現項目重複引進、擴大污染的可予以否定，但沒有監督好。請葉龍蜚同志牽頭總結一下「一個圖章」機構成立後是好處多還是壞處多。我看恐怕是好處多，對壞處則要建立一套監督機制來把關。但政策要穩定，不要收回已經下放的審批權。

今後，中外合資項目不要盲目發展。審批合資項目起碼要符合兩個條

＊這是朱鎔基同志在聽取上海市閔行經濟技術開發區負責同志工作彙報時講話的要點。

件：一是能夠引進先進技術，二是產品能夠出口。這兩條不能放鬆。合資企業的外方一般並不帶來多少資金，如果搞合資後，把原來的客戶和承包基數都「合」掉了，出口又要佔我們原來的配額，這有什麼好處？這個問題請沈被章同志牽頭，由市外經貿委趕快研究出幾條原則來，按照產業政策，明確規定哪些項目可以搞、哪些不可以搞。規定搞出來後，就組織培訓班，層層培訓幹部，讓區縣的幹部掌握開放政策，提高他們的素質，使他們能正確控制外資的投向。

前幾年上海賓館蓋得太多，缺少宏觀控制，有歷史的原因。不少合資經營的賓館，實際上建設資金還是由中國銀行及中資金融機構來擔保。如果當時把這些投資多用一點搞基礎工業，今天上海的工業生產就不至於這麼困難。由此想到，不要盲目發展合資企業，把原有的市場擠掉了，污染反而增加。因此，對屬技術改造的「久事項目」[1]要重新評估。有些高虧產品，如普通輪胎，原材料要靠大量進口，產品卻出口不了，再去搞合資擴大生產就划不來。紡織行業也有類似問題，有的可以只買國外的專利或關鍵性設備，引進技術，消化吸收。1983 到 1985 年這幾年，上海每年花幾億元投資進行技術改造，對保持工業發展後勁起了不小作用。

對興辦外商獨資企業，也要做政策研究，看怎樣發展有利，切忌一擁而上。

二、合資企業中方管理人員的工資問題。

現在為什麼有這麼多人想搞合資企業，甚至全行業的合資經營？我看一個重要原因是一旦合資經營後，中方管理人員的工資可以增長 3 倍、5 倍甚至 10 倍，外國人發的「紅包」還不計在內，這怎麼得了？我收到許多人民來信，強烈要求政府管一管這種嚴重的分配不公狀況。我們有責任去

---

〔1〕參見本書第 71 頁注〔1〕。

解決這個問題。請魯又鳴[1]同志抱着對黨負責的態度，調查一下合資企業
的中方人員工資收入情況，並研究一個政策，對過去拿了高收入的怎麼辦，
以後又怎麼辦。據反映，上海華亭集團公司是一個國營企業，委託外方進
行管理，成立了一個董事會，一當上中方董事長，每月工資就加到 500 元，
這麼容易拿錢，把地方財政收入都挖掉了。如果任其發展下去，幹部隊伍
要受腐蝕，國營企業要垮台，因為國營企業無論如何沒有這個本事發那麼
多的工資、獎金。最近市體改辦搞的材料《本市收入畸高的十種人》非常
好，內容很生動，十種人之一就有合資企業的中方負責人。過去我們曾提
倡在現有企業搞合資經營，現在看來有些問題需要深入研究。

　　對收入分配不公的問題，今年來不及解決。當前首先要解決貪污受賄、
以權謀私等不正之風。解決分配不公的問題要緩一步，但對這個問題可以
組織力量先研究起來。對合資企業中方管理人員高收入的調查，不能大張
旗鼓地進行，也不要去逐個調查個人收入的情況，而是從研究整個合資企
業的工資制度入手，利用合法的、公開的途徑，去核對財務、稅收賬目，
透過賬面上公開的數字，加一點修正係數，從中得到一些比較符合實際的
情況。在這個基礎上，再提出一點意見，看看怎麼解決合資企業和國營企
業的分配不公問題，至少做到兩者職工收入的差距不太懸殊。

---

〔1〕魯又鳴，當時任上海閔行聯合發展有限公司董事長兼總經理。

關於質量管理問題的批語 *

（1989 年 7 月 16 日）

　　請陸吉安[1]同志嚴處，此風決不可長。如屬實，要「殺」一儆百，不惜「犧牲」。（「殺」是嚴厲的行政處分，直至免職；「犧牲」是推倒重來。）

朱鎔基

7.16

---

* 1989 年 7 月 13 日，中共上海市委、市政府信訪辦公室《來信摘報》報送了上海汽車拖拉機工業聯營公司部分職工寫給朱鎔基同志的信。來信反映在「桑塔納」轎車零部件國產化工作中，某些領導片面追求指標、弄虛作假的問題。這是朱鎔基同志在該摘報上的批語。

〔1〕陸吉安，當時任上海汽車拖拉機工業聯營公司副董事長兼總經理。

来 信 摘 报

编号：1140

来信反映，上海汽轮公司投运处个体户在桑塔纳轿车零部件国产化工作中，明知主动齿轮、发电机等某些产品尚不过关，只是为了片面追求指标，唆使丁_颂_手以咨询之名向有关部门的工作人员送礼，使鉴定得以通过。但随后就发生了起动齿轮装车如交流发电机装车因质量问题而被退货，据说"大发装车的700台发电机中有一半是不合格的。来信还反映，某些丁/颂_手同流合数据的手段数上瞒下，却反而被评为厂方管理先进。来信要求本市长检查左制住这股不正之风"救之产品信誉"。

报朱镕基同志。（致付庆人印）

请隆吉安_
同志严处，
此风决不
可长。对
"尿实要求"
一做百不
惜"牺牲"。

朱镕基
7.16.

（"救" 是严厉的行政
处分，真正兔跳；
"牺牲" 是推倒
重来。）

中共上海市委
上海市人民政府 信访办公室

集中力量辦好幾件取信於民的事 *

（1989 年 7 月 22 日）

　　辦好幾件取信於民的事，要有計劃、有步驟地去做，不要四面出擊，兩個拳頭打人。如果弄得局面動盪，人心浮動，事情就搞不好。做一件算一件，扎扎實實。

　　我們目前首先要集中力量打擊貪污受賄的大案要案，集中力量把這件事做扎實，效果一定會很好，做完後也無慚可擊。

　　其次，老百姓痛恨的是一些「官倒」，要查處一些公司裡面的腐敗現象，撤銷一些公司。這件事也得一步一步來，首先把那些腐敗了的公司拿幾個出來處理，公佈於眾。在流通領域中搞倒買倒賣，你倒我倒，加價幾十道，對生產毫無好處，看準了的，撤銷那麼一批公司，但是也不能把生產、流通搞死了。要很慎重地研究這個問題，至於說什麼諮詢公司、行業協會、這樣那樣的學會，這裡面問題甚多，現在不要去動他們。一個是他們現在還能起些積極的作用；另外，他們的問題屬另外一種性質的問題，要通過政策研究來調節，不要急於去解決這些問題。在公司裡面兼職的問題，主要是老幹部的問題，也要慎重，既要一刀切，也要一刀一刀地切，看清了，一步一步做。

＊這是朱鎔基同志在中共上海市委組織部、宣傳部和市委黨校主辦的第一期部委辦、區縣局黨政主要領導幹部學習黨的十三屆四中全會文件輪訓班學員座談會上講話的一部分。

　　至於說黨內的不正之風、以權謀私等等問題，包括行業不正之風，我們放後一些來解決。有些問題需要整個社會大氣候改變以後，再去解決比較容易，現在解決比較難。我們不要企圖一個晚上把所有的不合理現象掃除盡，要一步一步來。如掃黃色書刊，出動那麼多人，掃掉以後 48 小時，依然如舊。這種事一方面要經常掃，另一方面要看到不是一下子掃得絕的，要等到社會大氣候好轉了，才可能掃絕。《解放日報》今天登一條消息，本市公安、工商等部門千餘人上街，取締無照經營，打擊非法交易；但下面又登一條：外灘又被無證攤販佔領。我說對這件事不能小看，要扎扎實實地搞，做到制度化。同時也得估計到艱巨性，一步一步來，太着急了也不行。但是，信心還要有，上海的社會風氣一定會好轉。有的同志說，大氣候這個樣，你上海這樣搞也白搭。不吃白不吃，不拿白不拿，請客送禮

1989 年 7 月 22 日，朱鎔基在中共上海市委黨校與幹部輪訓班學員座談。前排右一為市委常委、市委組織部部長趙啟正，左一為市委黨校副校長嚴家棟。（郭天中攝）

照舊。這個不對。大氣候是小氣候形成的，大家都來創造小氣候，大氣候就能形成。不管別人怎麼樣，我們自己要做好。最重要的是領導幹部要帶頭。我過去講 506 個局級幹部是政府系統的，加上市委系統的，還有其他的局級幹部，共 2000 多人。這 2000 多人是上海真正的精英、上海的「脊樑骨」，他們要都行得正、坐得穩，屁股上沒有屎，不請客，不送禮，不吃請，不拿公款揮霍浪費、給自己修房子。不幹這些事，上海的廉潔風氣就一定能夠形成。上海處級幹部有兩萬人，2000 多局級幹部站住了，那兩萬人也就能站住了。去年一年來，你不能不承認上海的風氣有所好轉。當然不能估計過高，說有所好轉還是可以的。過去一年，我們的局級幹部基本上是站穩了，雖然還是有違規的，也通報了不少，但基本上站穩了。再來一年，兩萬人可以站穩，這就好辦了。我相信搞個三年五年，上海的風氣是可以轉變的，就是我們不能放鬆。我也知道這很難，我現在也沒有做得百分之一百的好，很難。但是只要我們大家有決心來抵制不正之風，上海的風氣就可以好轉，大家應當有這個信心。我願意與同志們共勉，把這個風氣帶出來，帶出 1200 多萬人一個好的作風。到那時，賭博啊、黃色書刊啊，就比較容易解決一些。現在還是要堅持不懈地查禁，但一下子要掃乾淨不是那麼容易。

我還想講講幹部的作風問題。我衷心希望各級幹部在作風上能夠更扎實一些，多辦幾件與人民群眾利益密切相關的實事。我曾提出過對幹部的三點要求[1]。我再次強調我們委辦局的幹部做事情更加扎實一點，能夠貫徹市委、市政府的意圖，扎扎實實地為基層辦一些實事，解決他們的一點困難，調動他們的積極性，把全市的工作做好。現在蔬菜又碰上困難了，上市量比去年同期減少百分之三十幾，數量還不成問題，主要是品種。市

---

〔1〕三點要求，見《對全市局級以上幹部的三點要求》（本書第 110 頁）。

農委的同志要加以重視。我很擔心，在上海取得民心主要靠「菜籃子」，你把「菜籃子」丟了，我們就垮台了。要抓緊，注意這個苗頭，把問題解決在萌芽狀態。對區縣來說，我還是那個思想，要把上海的事情辦好，還是要劃分權責利，分級負責。市和區縣兩級管理上海，一定要明確，一點不動搖，有什麼毛病就改什麼毛病，原則不動搖，就這個辦法。什麼事都靠我一個人是抓不好的。希望 12 個區委書記、12 個區長、9 個縣委書記、9 個縣長比我還積極，你們比我年紀輕一點嘛，要多到基層、多到老百姓那裡去，關心他們的疾苦，解決他們的問題，希望你們成為受到他們愛戴的區委書記、縣委書記、區長、縣長。管理上海，要法制加鐵腕。沒有這個精神，不要想治理上海。當然，總的還是希望各級領導幹部能夠下去同人民在一起，同甘共苦，動之以情，曉之以理，對你那個鐵腕，他也會諒解一些。但如果你自己高高在上，吃喝收禮，替自己修房子不掏錢，盡搞裙帶關係，不以身作則，你那個鐵腕還「鐵」得起來嗎？

下決心整治黃浦江上游水源污染 *

（1989 年 7 月 26 日）

　　這次會議，不僅是保護黃浦江上游水源的會議，而且是保護上海生態環境的會議。黃浦江是上海的母親河，沒有黃浦江，就沒有上海。我們對黃浦江應該懷有對母親一樣的深厚感情。我希望上海的作家、音樂家，能夠創作出一首《我的家在黃浦江上》的歌曲，激勵上海人民愛中華、愛上海，鼓舞起振興中華、振興上海的鬥志，這也是一種愛國主義的教育。

　　黃浦江給上海帶來了多大的好處啊！「城以港興」，沒有港口，就沒有城市；沒有黃浦江，就沒有上海港，也就沒有上海的繁榮。上海沒有礦產資源，黃浦江是上海最寶貴的資源。我們每天要從黃浦江中提取 1000 萬噸生產和生活用水，沒有黃浦江，上海就不能生存和發展。可是，現在黃浦江的水質污染卻日益嚴重。我收到很多人民來信，都非常關心黃浦江上游水源受污染的問題。

　　現在黃浦江水體黑臭狀況逐年嚴重，1988 年黑臭天數為 229 天，比 1963 年延長近 10 倍。我們不能夠再這樣糟蹋黃浦江了，不能用這樣的態度對待我們的母親河了！保護好黃浦江水源，保護好上海生態環境，這是一件關係上海 1200 多萬市民健康和子孫後代的大事。

＊這是朱鎔基同志在上海市黃浦江上游水源保護現場會上的講話。

1989 年 7 月 26 日，朱鎔基在上海吳涇化工廠召開黃浦江上游水源保護現場會。左一為吳涇化工廠總工程師蔡婭娜，左二為副市長倪天增。

　　1985 年以來，市政府為保護水源、改善水質，採取了一系列措施。如起草並提請市人大審議通過了《上海市黃浦江上游水源保護條例》；確定了 162 項水源污染治理項目，現已完成 60 項，把黃浦江水源的污染量削減了 30％；新建了上游引水一期工程，建成臨江取水口，使大部分市民的飲用水水質有了改善。

　　但是，由於黃浦江上游工廠的污染排放沒有得到有效控制和治理，致使水質還在不斷惡化。很多人民群眾，包括市人大代表，紛紛要求馬上建設黃浦江上游引水二期工程，就是說，要把取水口從現在的臨江再上移到松浦大橋附近。這個願望和意見是好的，二期工程遲早也是要上的，但是

目前確有困難。一是沒有資金，這項工程過去預算需要八九億元，現在看來至少要 10 億元以上，上海目前拿不出這筆錢來；二是上這麼大的項目即使有了錢，還需要經過國家計委批准，在嚴峻的經濟形勢下，既沒錢，國家也不會批；三是即使建成了這個工程，不治理污染，松浦大橋附近的水質也會下降。現在看起來，最根本的措施還是要治理污染，這比把取水口往上游挪迫切得多，有效得多，花錢也少得多。揚湯止沸，不如釜底抽薪，下最大的決心來治理污染，這是當務之急。

　　當然，治理污染的工作是個硬骨頭，否則怎麼會拖這麼長時間呢？剛才講了，1985 年以來為保護水源，各方面做了大量工作，要肯定這個成績。但是，治理污染工作不做好，就會前功盡棄。現在突出的矛盾是，要有污染工廠生產的產品還是要保護環境？能夠兩全當然是好的，但難以做到，問題是總得犧牲一點，只能力求把生產的損失減到最低限度。

　　根據這個原則，我們今天開會的目的，就是要下決心整治上游水源的污染。現在上游的 12 個工廠，排放污水所造成的污染佔上游水源污染總量的 85％。如果我們把這 12 個工廠的污染整治好了，就可以使污染總量在目前已經削減 30％的基礎上，再削減 30％，到 1990 年年底前實現上游地區削減污染總量 60％的目標。這樣，臨江取水口附近的水質就可以維持在三級水的水平，恢復臨江取水口投產時的原水質量。當然，潮汐期可能有幾天水質會不好，但總的水質是穩定的。所以，我們就要重點抓住這 12 個污染大戶，一個廠一個廠地確定治污目標。我們今天是面對面拍板，「三堂會審」，請靳懷剛[1]、吳若岩[2]兩位老同志做公證人，當場定下來的事，會後馬上落實去幹。對此，我提六點要求：

───────────

〔1〕靳懷剛，曾任上海市隧道工程局局長、市環境保護局局長等職，當時為市政府市政工作諮詢小組成員。

〔2〕吳若岩，曾任上海市政府副秘書長等職，當時為市政府市政工作諮詢小組成員。

第一，上游地區各工業企業治理污染的目標，必須在 1990 年年底前按期完成，力爭提前。剛才，已把每個治理污染項目的進度要求具體到哪月哪日完成，都記錄在案，明年我要按時來檢查。今天會議上定的治理污染工程的要求和進度，應該作為考核廠長實績的主要指標。所謂主要指標，也就是說，如果這個指標沒完成，其他指標都完成了，也不是個好廠長，因為你沒有貫徹市委、市政府的意圖。我們是在公有制的基礎上建設社會主義的，不能把唯利是圖、見利忘義作為行動準則。每個企業首先要服從大局，以人民的利益為重。黨和政府提出的要求，共產黨員就要以黨性去保證完成任務。廠長要充分發揮主觀能動性，不能強調客觀。如果不是由於不可克服的客觀困難，而是由於主觀沒盡力、工作沒抓緊完不成任務的廠長，要給予處分。

從今天會議以後，所有的工業企業都應該把完成環境保護的指標，作為考核廠長實績的一個主要指標。不抓這個指標，一邊生產、出效益，一邊製造污染，結果把效益抵消了，這樣生產下去又有什麼好處呢？當然，有很多客觀原因，許多問題是幾十年積欠下來的，我們不可能一下子把污染治理好，但一定要努力治理，逐步改善，不能使環境繼續惡化。這個工作要抓得很緊很緊，污染物排放指標一定要控制住。市環保局要負起責任，嚴格考核，鐵面無私，依法辦事，這樣上海的水源污染治理才有成功的希望。

第二，停止審批對上游水源產生污染的一切項目。在水源保護區和準水源保護區裡面，不准再搞任何有污染的項目。凡是增加污染排放總量的項目，都不能在水源保護區和準水源保護區裡面建設。誰審批，誰負責。7月 26 日以後，再新批有污染的項目，一經發現，立即停止建設，所造成的損失及賠償，都由審批人負責。上游水源所涉及的區縣政府必須嚴格執行，負責地把好這個關。劃入保護區內的區縣，主要是閔行、徐滙、南市、松江、青浦、川沙、上海、奉賢、金山，要特別注意鄉鎮企業，還有合資企業、

聯營企業，防止再搞有污染的項目。市環保局對此要嚴格監督檢查。

第三，已經審批的有污染的項目基本停建。我建議，對於已經批准但沒有開工的有污染的項目，原則上應該停建，或者說基本停建。個別已經跟外國人簽了合同、涉及國際信譽的項目，也可以先跟外國人商量，就說市政府做了規定，在黃浦江上游地區搞建設，所有項目的污染都要治理好，這就要增加一大筆投資，沒有多少效益了，是不是可以換個沒有污染的項目進行合作？如果實在沒有辦法，那也要督促外商採取切實措施，保證排放的污染物達到規定的指標。如果是國內的項目，停下來以後也不會造成很大的損失，要下決心停建。

12個大戶排放的污染物佔總量的85％，還有15％主要是鄉鎮企業的排污，因此鄉鎮企業也得治理污染，把這15％的污染量逐步控制住。鄉鎮企業不能把掙來的錢都花掉，要多積累一點，積極把污染治理好。

第四，所有企業都要重視做好治理污染、保護環境的工作。要對全體職工進行治理污染、保護水源的教育，增強職工的環境保護意識。加強管理，發動群眾出主意，想辦法，提合理化建議，群策群力，把污染降到最低限度。同時，對現有的環保設施要加強維護和保養，充分發揮其作用。有些工廠有環保治理設備，但不好好維護，有時甚至不用這些設備，偷偷地排放未經處理的污水。這種做法非常惡劣，弄虛作假，要加以處罰，抓住幾個典型事例在報上公開批評。新聞導向要督促企業進步，督促社會風氣好轉，在這方面輿論監督可以發揮很大的作用。如果發現繼續排放未經處理的污染物，工廠要停產。不能治污設備停着，而有污染的生產卻照常進行；不修好治污設備，有污染的生產就要停止進行。市環保局對此要做出一些硬性的規定。

第五，依靠科學技術治理污染，把科研工作與環境保護緊密結合起來。把污染治理好，把環境保護好，同樣要依靠科技攻關。我藉此機會，向上海的科技界呼籲：科技工作者要到企業去，找課題，接任務，幫助攻關，

解決難題，發揮上海的科技優勢，保護好上海的水源和生態環境。科技攻關的問題不解決，光下行政命令也治理不了污染，這方面要制定並採取一些切實有效的措施。

第六，各級領導和各主管部門都要認真幫助企業解決困難，完成治理污染的任務。這項工作不單是市環保局有責任，市計委、建委、科委等委辦，以及各個工業局，都要認真幫助企業解決困難，使企業能按計劃提前完成治理污染任務。治理污染的資金，主要靠企業自籌。污染嚴重的企業，也要把一部分生產資金用在治理污染上。應該告訴全體職工，如果治理污染的指標達不到，工廠就要停產，獎金要扣發，工資也可能減發。絕對不能允許治污指標完不成，生產照常進行，工資、獎金照發。這方面還要制定一些措施。總之，治理污染主要靠企業，但各級主管部門也要幫助他們想辦法，互相配合好。

我就講這幾條。如果大家沒有不同的意見，就請天增同志到市人大去彙報。建議市人大討論後，通過一個相應的決議，制定一個法規。我希望市人大在我的頭上加一個「金箍」，我也給諸位戴上一個「金箍」。大家嚴格執行法規，不要講關係學，要撕破臉皮，六親不認，堅決依法辦事。

領導幹部不能脫離群眾 *

（1989 年 8 月 7 日）

今年下半年經濟工作的難度還是很大，但我深刻地感到，市委、市政府確定的方針，是足以解決當前經濟工作中的問題的。現在的問題，就在於如何爭取民心，使廣大的工人、農民跟我們一條心，來把工作做好。解決這個問題比經濟工作本身難得多，因為我們有些幹部和黨員在相當程度上脫離了群眾，不能和群眾同甘共苦，而是浮在表面，坐在辦公室裡不下去，以致很多事情貫徹不了，扯皮扯很長的時間。

昨天《新民晚報》有一條消息，說今年街道上沒有灑過水。為什麼？就是扯皮。市環衛局把灑水車下放到各個區了，但原來開車的司機各個區不要，就這麼扯皮，扯了半年多，車子開不出來。老百姓提意見說：你們扯皮還沒有扯夠，怎麼能灑水啊？這樣的事情說明，我們市政府機關有官僚主義，脫離群眾，不關心人民的疾苦。我一再講，你權力下放也好，體制有些改革也好，都不能影響原來的工作。所以我昨天跟天增同志講了，告訴施振國[1]同志，不要再扯皮了，我不管你怎麼弄，反正三天以內你把灑水車開出來，開不出來，你這個局長不要當了。施振國同志本身是勤勤懇懇工作的，也不要為這件事情批評他，但這事本身反映了我們市政府機

＊這是朱鎔基同志在上海市政府第四十四次市長辦公會議上講話的一部分。

〔1〕施振國，當時任上海市環境衛生管理局局長。

1989 年 8 月 3 日，朱鎔基陪同中共中央總書記江澤民在上海市上海縣塘灣鄉吳涇村考察。右三為副市長倪鴻福，左三為市農業委員會主任張燕，左四為市委副書記、副市長黃菊。

關工作作風的問題，應該通報一下，我們以後不能再幹這種事情了。現在什麼事情都扯皮扯得一塌糊塗，不辦事，把人民的利益擺在一邊。包括我們的重大工程，我那天看重大工程簡報反映，市化工局的重點技術改造工作，工人一天只幹三個小時活，三個小時也不是好好地幹，設備、材料亂堆，這還叫重點工程？市政府的重點工程還是這樣子，說明我們的幹部根本不下去。我覺得，市委、市政府再不轉變作風，你有再好的方針、政策、措施，下半年經濟工作還是搞不好的。

　　最近，我們市委、市政府響應中央的號召，中央要辦七件事〔1〕，我們也要辦七件事〔2〕，已經在報上公佈了。我希望我們市委常委和副市長帶頭，要以身作則，說到做到。我也希望市紀委、監察局監督我們。吳德讓〔3〕同志，你上次不是告訴過我嗎？副市長以上的你都不敢監督，是不是這樣？（吳德讓：副市長以上是中央管的。）你監督，為什麼不能監督？我們一樣也是在你的監督範圍之內的。

　　另外，我希望我們市委常委、副市長能做到的，各委辦局的負責同志也要根據自己的情況去做，我們不要求你們跟我們一樣，但你們自己也得有一些約束自己的規定，把這個作風層層地往下傳。政府系統有 600 名局級以上幹部，加上市委系統的，還有其他的局級幹部，共 2000 多人，只要我們這 2000 多人真正地以身作則，那麼上海的作風就可以轉變，社會風氣也可以轉變。2000 多人帶兩萬處級幹部嘛。處級幹部的問題也多得不得了，最近市審計局有個材料，看了也是觸目驚心啊，處長下去作威作福，要吃這個，要吃那個，怎麼得了？！

　　今天的《解放日報》有一個消息，在普陀區一個外貿樓，一個一個的火腿罐頭都扔在垃圾堆裡。因為送的東西倉庫裡堆不下了，吃不了了，都

---

〔1〕中央要辦七件事，指 1989 年 7 月 28 日《中共中央、國務院關於近期做幾件群眾關心的事的決定》指出，近期在懲治腐敗和帶頭廉潔奉公、艱苦奮鬥方面先做七件事：（一）進一步清理整頓公司；（二）堅決制止高幹子女經商；（三）取消對領導同志少量食品的「特供」；（四）嚴格按規定配車，禁止進口小轎車（除執行政府間已簽訂的長期貿易協定和國家批准的技術貿易合同外）；（五）嚴格禁止請客送禮；（六）嚴格控制領導幹部出國；（七）嚴肅認真地查處貪污、受賄、投機倒把等犯罪案件，特別要抓緊查處大案要案。

〔2〕我們也要辦七件事，指為貫徹落實《中共中央、國務院關於近期做幾件群眾關心的事的決定》，中共上海市委、市政府決定辦好的七件事：（一）進一步清理整頓公司，查處單位投機倒把案；（二）重申市委常委、副市長不搞「特供」；（三）嚴格按有關規定配車，不再進口小轎車；（四）嚴格禁止請客送禮；（五）嚴格控制領導幹部出國，嚴禁公款旅遊；（六）堅決查處貪污受賄案件；（七）嚴肅查處嚴重以權謀私案件。

〔3〕吳德讓，當時任上海市監察局局長。

壞了，就扔到垃圾堆裡去了。這是一種亡國的現象，怎麼得了？！所以，我們這2000多局級幹部，主要是我們，如果整天腦子裡只想着自己的房子、自己的汽車、自己要出國，不想工作，那上海就沒有希望了。

我們在下半年要把整頓黨風、加強廉政建設作為頭等的大事。澤民同志要求下半年好好抓抓大中型企業搞活，我們要把這個作為重點。但我首先要抓廠長的作風，特別是那些大廠的廠長。有些廠長，不能夠跟工人同甘共苦，怎麼能夠把企業辦好啊？再給他優惠條件也不行。就這七件事，《文滙報》發了社論，《解放日報》沒有發社論，《新民晚報》發了一個評論，還沒有引起足夠的重視。我希望我們的市委、市政府幹部要足夠地重視。你們監督我們，我們也監督你們。我們能夠做到的，希望你們不久也能夠做到。我們做不到的，你們提出意見，舉報我們嘛，這樣上海才有希望。

企業技術改造要走新路 *

（1989 年 8 月 11 日）

　　我國對現有企業大規模進行技術改造，是從黨的十一屆三中全會以後開始的。當時，鄧小平同志指出，利用外資，引進技術，改造中小企業，要成千上萬地搞起來。在這以前，國家經委也抓技術改造，主要是「挖（潛）、革（新）、改（造）」，但規模不大。學習小平同志的指示後，我們對現有企業技術改造的認識提高到了一個新的水平。1982 年 1 月，國務院頒發了《關於對現有企業有重點、有步驟地進行技術改造的決定》，採取一系列實際措施，大力加強技術改造。1983 年後，每年由國家經委與中國人民銀行等有關部委聯合召開一次全國企業技術進步工作會議，落實技改項目與資金，技術改造工作在那幾年有了點起色。當時，還採取了一條很重要的措施，就是抓了引進技術的擴權試點，主要是在天津、上海。連續三年，每年給上海 3 億美元引進技術。現在看來，起了很大作用，上海工業現在的一點後勁，主要是靠這三年花了 10 億美元用於引進技術改造現有企業。這筆錢是用在刀刃上了，對促進技術進步和國民經濟發展起了很大作用。現在，新增產值的 60% 以上是靠技術改造得來的，這個成績應該充分肯定。上海這樣一個老工業城市，今後必須繼續把現有企業的技術

＊這是朱鎔基同志在上海市技術改造十年總結研討會上的講話。

改造擺在十分重要的地位。

總結十年技改經驗教訓，也要看到當前技術改造面臨着新的情況，現在的困難比過去大得多。一是能源和原材料越來越緊張，國家分配的比重逐年下降，利潤減少，用於技術改造的資金十分困難；二是在當前治理整頓的條件下，基建盤子緊縮，技術改造規模也要壓縮；三是外滙特別困難，搞引進技術，不可能再拿到平價外滙和配套的人民幣低息貸款。

面對這些困難怎麼辦？要挖掘自己的潛力。首先對技術改造的認識要進一步提高。現在企業不是一點錢沒有，要克服困難，擠出錢來，用在生產和技術改造上。工業系統拿出點錢蓋公房，改善職工生活條件，我是贊成的。但聽說今年達到 22 億元，看來是多了些，辦好事也要量力而行。再就是企業獎金發得太多了，現在不管生產經營好壞，工資照發，獎金照拿，而且每年以 20％至 30％的速度在增長，這樣下去是要坐吃山空的。今後，在物價穩定的情況下，工資、獎金總的水平應是基本穩定或略有增長。發獎金要起到獎勤罰懶作用，盈利企業可以多發一點，虧損企業則要扣發工資，停發獎金。在這方面，廠長要有戰略眼光，把獎金控制在適當水平上。同時，廠長要以身作則，不要熱衷於裝修自己的房子、更新車子、跑出國、跑「橫向」。只有自己行得正，坐得穩，保持艱苦奮鬥的作風，同工人一起摸爬滾打，才能把技術改造搞好，把企業效益抓上去。各局和企業的領導，都要有臥薪嚐膽的精神，從各方面節約挖潛，把技術改造搞上去，保持發展的後勁。

有關技術改造方向性的問題，市經委副主任蔣以任同志已講了，我同意。從宏觀方面講，在新的形勢下，上海的技術改造要走新路，要走出口型、集約型、集團型和知識型的發展道路。具體來說：

第一，技術改造要突出為擴大出口創滙服務這個重點。上海的企業能不能生存，就看能不能增加出口能力，面向國際市場。上海紡織行業所需的棉花，去年計劃內給了三分之二，今年只給了二分之一，明年看來更少

了。紡織產品再不轉向出口，把出口創滙搞上去，就無法進口棉花。沒有棉花，只好停產。其他行業也是如此。上海牙膏廠過去盈利很多，現在情況變了，原材料價格漲了好多倍，成本提高三分之一，工廠由盈轉虧，生產無法維持。我同牙膏廠的同志研究，根本出路是產品更新換代，向高檔化發展，擴大出口，提高賣價。而且上海牙膏增加出口，是完全有潛力的。現在我們出口一支牙膏的賣價只有 20 美分，而在美國，買一支牙膏起碼要 1 美元以上。主要原因是我們生產的牙膏不適合國際市場需要，一是紙盒子的開口太鬆，牙膏容易滑出來；二是國外不喜歡用鋁皮做牙膏殼子，因為擠牙膏的口容易發黑，擔心會致癌，所以一般用夾鋁箔的雙層複合塑料做牙膏殼子。只要這些方面改進了，牙膏賣價就可以成倍提高。因此，上海企業的出路只能在於提高質量，擴大出口。我曾說過「質量是上海的生命」，我們要瞄準國際市場，通過技術改造把出口產品的質量搞上去，把產品的牌子「打出去」。市經委一定要同市技術監督局密切配合，抓好上海產品的質量。

第二，要通過技術改造加快上海工業向集約化發展。上海沒有原材料，再搞高投入、低產出，走粗放型發展道路是沒有前途的。受勞動力資源的限制，搞勞動密集型生產，也沒有太大的餘地。因此只能在現有的能源和原材料水平上，通過加強管理，技術進步，提高產品的附加價值，走技術密集、知識密集的集約發展道路。要通過技術進步來提高經濟效益，不能再片面追求擴大產量和生產規模，這是每個企業在技術改造方面都要考慮的問題。

第三，技術改造要注意充分發揮上海的行業優勢。1986 年上海撤銷行政性公司是正確的。行政性公司阻礙了企業自主權的擴大，不適應有計劃商品經濟的要求。五六十年代時，上海的行政性公司發揮了很大作用，組織管理水平是全國第一流的。現在情況變了，計劃分配的原材料拿不到一半，局、公司不能再把企業管得死死的。現在的問題是行政性公司撤銷以

後，相應的措施未跟上。行政性公司的行業協調功能，要有相應的機構來取代。否則，上海有1700多家大中型企業，包括小型企業有上萬家，宏觀上無法管理。上海的經濟優勢就在行業優勢，技術改造一定要與發揮上海的行業優勢緊密結合起來，不能搞得太分散了。最近，市委、市政府反復研究這個問題，決定要把企業組織結構調整作為深化改革的一項重要任務。上海的企業要向集團化方向發展，組成經濟實體型的集團。組建企業集團的主要原則是：有利於組織專業化協作，擴大規模經營，發揮行業優勢；有利於調整產品結構，開發新產品，促進技術進步；有利於開拓國際市場，擴大出口創滙，發展外向型經濟；有利於發揮計劃與市場相結合的作用，保證指令性計劃完成；有利於加強黨的領導和思想政治工作。今年下半年要抓緊研究組建企業集團的方案，在紡織行業先搞出試點方案，按發展外向型經濟和國際市場的要求，根據企業的內在聯繫和特點，逐步建立起一批面向國際市場的企業集團。組建集團能不能搞好，關鍵在於總經理，目前還缺少這樣的人才，要加緊培養、選拔。組建集團這步走好，將更有利於各行業技術改造的規劃、協調，提高技改投資的效益。

第四，在技術改造中特別要重視提高勞動者的素質。企業的生命力在於工人和技術人員的素質。上海技術改造不僅要着眼於設備更新，更要考慮工人和技術人員素質的提高，這是最根本的。企業一定要把職業培訓制度建立起來，包括廠長的培訓，要學習上海大眾汽車有限公司的那一套先進做法。聯邦德國有健全的工廠培訓制度，每個工廠都有職業培訓學校，並且把最好的設備放在培訓學校；培訓的工人、技術人員並不是只為本廠服務，而是實現社會化，形成了一種制度。上海不形成這種職業培訓系統，工人的素質上不去，產品質量就提不高。人的素質提高了，就可以大力開展技術革新和合理化建議運動，普遍推廣小改小革，促進產品質量提高和更新換代。往往一個好主意，就可以節省許多能源、原材料和資金。上海還要推廣微機應用，這對提高工人素質有很大作用。

1989 年 8 月 26 日，朱鎔基在《新民晚報》報社大樓工地觀看五級粉刷工、建築木工技能操作表演。

我們在肯定過去技術改造工作成績的基礎上，還要注意糾正不足的方面，如一搞技術改造就引進整條生產線或買成套設備，這樣花的錢多，效益卻不一定好。特別是原材料價格一漲，生產成本上升，利潤減少，有的引進項目連還款能力都成問題。這方面我們吃過很多虧，搞了一些重複引進或效益不好的項目。今後技術改造要走新路，改變過去主要引進成套設備的做法，主要引進一些軟件，最多進口一點關鍵設備，把重點放在提高技術改造的投資效益上，進一步增強上海工業發展的後勁。

紀檢幹部要敢於碰硬 *

（1989 年 8 月 17 日）

今天來看看大家。對市委的領導工作，我還是個新兵[1]，來聽聽大家的意見。我長期從事經濟工作，工作上不一定能照顧到那麼全面。

對黨風問題，我在來上海工作之前，體會不太深。中央機關幹部，素質相對好些，直接接觸錢物少些，最多是到地方出差，人家請請客，很大的貪污受賄也不大會發生。到地方後，接觸大量群眾來信和一些實際問題，確實感到黨風問題的嚴重性，越來越感到執政黨的黨風是關係到生死存亡的大問題，這是一點也不能含糊的。

我 6 月 8 日的電視講話[2]，之所以能起到一些作用，是由於一年多來堅持講廉政。不然的話，群眾對你沒有信心，在關鍵時候講話沒人聽。我深刻感到，振興上海，把上海的工作做得更好，還是要抓廉政、抓黨風，要把它當作生命線來抓。

當然，這方面的阻力相當大。有時我感到很難抓，很痛苦。看到有些領導幹部的一些問題，我就感到很痛苦。有的同志本身問題可能並不是很嚴重，但他不能嚴格要求自己。如對有的領導同志原來印象也是不錯的，

＊這是朱鎔基同志到中共上海市紀律檢查委員會聽取工作彙報後講話的主要部分。

〔1〕1989 年 8 月 1 日，中共中央決定，朱鎔基任上海市委書記。

〔2〕6 月 8 日的電視講話，見本書第 282 頁。

現在為了自己的住房問題，竟講了那樣的話，我為之擔憂。不抓廉政，黨風怎麼能搞好？如果大家都為自己撈好處，黨的建設、國家建設怎麼能搞得好？

這幾年來黨風方面出現的問題，是改革開放中碰到的新問題，沒有經驗，思想準備不足，對一些是非問題、罪與非罪問題劃不清界限，對分配不公造成的後果和危害體會不深。但是，有的問題也不完全是改革開放以來才有的，在這之前，黨在進城後，黨內的特殊化問題始終沒有解決好。有的人嚴重脫離群眾，有的人封建意識、享受意識很重，黨的優良傳統和作風沒有很好堅持下來。

當前，廉政建設難辦的是政企不分，很多貪污腐化從這裡出來。政府機關掌握很大權力，可以掌握企業的命運，利用職權，卡一下企業，企業就要給你送東西。而我們的企業又是國家的，吃光花盡無人管。資本主義也有行賄，但不像我們這樣，企業破產也無所謂。

機關創收，我認為是完全錯的。我剛到上海工作時，不同意搞創收，後來同意了。現在看來，流弊大得不得了。政府機關的工作人員一定要剛正不阿，收受企業的錢物，就按貪污受賄論處。封建社會用酷刑治貪污，我們用嚴刑總可以吧。武則天時代可以用錢買官，但是官吏貪污受賄，就要殺頭。

不搞創收，又不提高工資，總要讓人生活過得去。我看是三條：一是提高機關幹部素質，嚴格防止機關膨脹。對市政府機關，我把得很嚴。市政府的有些權力可以下放給區，這樣市裡機構就可以精簡些。二是提高機關幹部地位。三是在住房方面照顧一點。將來要逐步提高幹部包括中小學教師、知識分子和警察的工資待遇。

黨風建設，很重要的是靠加強紀律檢查工作。黨風上的有些問題，是歷史原因造成的，要長期努力，不可能一個晚上就把黨風搞好。首先要把市委、市政府的黨風、政風搞好，帶動整個社會風氣的好轉。我一再講要

從嚴，對同志們提出很高要求。紀檢、監察工作很難做，一定程度上比我們的工作還難做，直接得罪人，又沒有什麼油水。應該給紀檢幹部送一副對聯：「一身正氣，兩袖清風」，橫批是「剛正不阿」。

上海的紀檢幹部隊伍，素質是好的，表現也是好的。紀檢幹部本身貪污枉法的還沒有看到，很不錯，應該鼓勵和肯定。這是我們上海振興的希望。否則，「洪洞縣裡無好人」[1] 怎麼辦？紀檢幹部敢於碰硬，堅持原則，有非常堅強的黨性，這就是光榮。我們有這個光榮，為黨爭光，活着才有意義。今後要發揚這樣的傳統。我們市委在原則問題上絕不會讓步，寧可不做官，也不會拿原則做交易，絕對不會。請同志們相信，我們會支持你們的，相信我們會共同把上海黨風治好。

堅持原則，這是不能動搖的，但在堅持原則的同時，要講點靈活性。問題的形成，不是一朝一夕的，上海的問題有些也不能完全由哪個人負責。如果太着急，打擊面太寬，欲速則不達，還會失掉一部分人對我們的支持。我們做一件事情，要使很多人擁護。做一件事如果不具備條件，不是瓜熟蒂落，而是孤軍深入，就收不到預期的效果。這不是原則上的妥協，而是講究策略，有計劃、有步驟、有先有後。這一點要注意。

---

〔1〕源於京劇《蘇三起解》唱詞。

農村幹部廉政建設的五件實事 *

（1989 年 9 月 5 日）

　　上海郊區現在有 25 萬黨員，上萬個黨支部。我認為我們這支隊伍是過得硬的，是好的，是能夠打仗的，這一點必須首先明確。但是也要看到，我們這支隊伍也確實存在着很多的問題，需要整頓。存在的問題有兩個方面。一個是貪污受賄，觸犯刑律，這樣的問題在幹部隊伍裡還是少數，但也是越來越嚴重。現在看來大量的問題還是不正之風，以權謀私，特殊化，脫離群眾。這個問題就是要用廉政建設的辦法來解決。如果不抓好，我們就會越來越脫離群眾，農村的工作也搞不好。

　　怎麼抓呢？我想還是要這麼幾條：

　　第一條，從領導開始，先抓領導。去年我對市監察局說，你們的眼光要盯住 506 個局長，把他們的吃喝風、受禮風剎住。現在，這個看起來還是有一定的效果。局長約束自己要好一些。後來包括市委、市政府局級幹部一共有 2000 人。現在我們的規定延伸到 2000 個局級幹部，還在進一步延伸到兩萬個處長。我想只要這 2000 個局長、兩萬個處長都能夠以身作則，這個廉政的風氣是能夠建立起來的。還要逐步地延伸，最近我們還在制定關於企業幹部應該遵守的原則和規定，已討論多遍，最後這一遍發到幾百

＊這是朱鎔基同志在上海市農村幹部會議上講話的一部分。

個企業的廠長，看你能不能做到。

第二條，扎扎實實地做幾件抓廉政的事情。第一件事情是蓋房子或者裝修房子不給錢或者少給錢，這是群眾指着鼻子罵的最突出的一個問題，一定要剎住。那以前搞過的怎麼處理？市農委可以搞一個妥善的辦法，以後絕對不要再這樣搞了。這一點要好好抓一下，總結一點經驗。

第三條，剎住送禮受禮和吃喝風。開服裝店、開家具店的鄉鎮企業簡直受不了，誰都去拿呀。這方面要剎住，特別是我們的負責幹部一定要帶頭，絕對不能去拿。再就是到鄉鎮企業去吃喝，帶着老婆孩子去吃。去年吃掉一個億，這當中有我們城裡人去吃，你們自己吃的也不少。現在市政府有約束了，有了廉政的規定，不要去吃了，自己在家裡吃算了。我非常注意這個事情，任何人給我送東西，我一概不收。否則的話，領導幹部是不能帶領群眾前進的。要十分注意這個事。

第四條，不許讓自己的子女、親屬到處去搞關係。這也是以權謀私，對群眾的影響是很壞的。

第五條，我希望同志們帶頭剎一剎打麻將、賭博、迷信這個風氣。我現在非常擔憂，這個打麻將要「統治」上海了。這個事情很危險。晚上淨打麻將了，特別是農村，聽說是很厲害的。我不是說在座諸公也打麻將。打麻將不賭博無可非議，但是影響不好。這個麻將和賭博是很難區別的，搞不好「小來來」就成「大來」了。要剎住農村這股不好的風氣，最好不要去打麻將，有的人是通宵地打，第二天還能上班嗎？

總之，抓住一些實事，實施廉政要規定幾條，對以前的處理要寬一點，以後要嚴一點，無論如何要把這幾件實事做好。

把困難講清楚，把勁鼓起來 *

（1989 年 9 月 18 日）

　　當前經濟形勢是比較嚴峻的。8 月份，全國的工業生產速度已經降下來了，1 至 8 月是 10％，8 月份只有 6.1％，有些省的鄉鎮企業降得很厲害。上海 1 至 8 月是 7.2％，8 月份是 3.2％，這是靠中央企業，他的速度高，鄉鎮企業也還有點速度，而地方國營企業已經是負增長了。9 月份，包括鄉鎮企業在內的整個工業可能是負增長，財政、稅收都得下降，而且我沒有看到頭，是不是到 9 月份就降到底了？不一定。所以，這是個非常嚴重的問題。

　　今年農業的情況也不大好，天氣盡搗亂，颱風正面襲擊沒來上海，但龍捲風到了上海。受天氣的影響，菜價很貴。昨天我們開會，要迅速扭轉市場上蔬菜漲價的局面，對農貿市場也要管，也要有最高限價，不能讓他趁機漲價。既然主渠道沒有東西，就要從外地調進來一點菜，同時本市的蔬菜要趕快上市。

　　所以，對整個經濟形勢要看得嚴重一點，特別是鄉鎮企業，現在已經有一批停產了；國營企業的情況，「桑塔納」已經停產 10 天，現在又積壓 2000 多輛，也生產不下去了；「上海」牌轎車更沒人買了，已經積壓了

＊這是朱鎔基同志在上海市政府第四十九次市長辦公會議上講話的主要部分。

1000 多輛；冰箱全國都是積壓，彩電積壓達到 12 萬台，家電產品、耐用
消費品普遍沒人買。針對這樣一種情況，我們確實要想一點辦法。

當前的一個問題是，東西賣不出去，買原材料、能源要付錢，賣出去
的加工產品，人家欠你錢，資金非常緊張，周轉不開。昨天我們市委、市
政府領導碰頭，請顧傳訓同志對這件事情認真地做出部署，想些辦法。

第一，要趕快出去推銷。最近我到內蒙古、山西看了一些情況，他們
的日子比較好過。現在看起來，賣能源的省區日子都比較好過，遼寧等沒
有能源的省區的困難跟我們差不多。廣東、福建財政、外滙留得多，周轉
得開。內地的省，陝西、山西的日子也都比較好過，他們有能源，我們要
把產品銷到他們那裡去。上海的產品還是有信譽的，我們的工業自銷和財

1989 年 9 月 12 日，朱鎔基在內蒙古自治區呼和浩特市考察並給呼和浩特鐵路局贈送錦旗，感
謝對上海的支持。

貿系統，千萬不能還是「大上海，朝南坐」，這不行，必須出去。我跟張廣生[1]同志講，你組織市商業一局、大公司，趕快到山西、內蒙古推銷嘛，他們還是要上海產品的。

裴靜之[2]同志，我看到你寫的一篇文章，你的觀點我覺得還是不錯的，提出了一些措施。我看你趕快把這篇文章發表一下，你提出八條措施，是走正道。搞大傾銷、大拍賣、「大出血」，那些東西到最後都不行。趕快推銷，搞票據結算，利用時間差等等，把三角債解套，採取各種措施，壓縮庫存，加速資金周轉。現在全市要把注意力集中在搞活資金，打開目前的困難局面，「東方不亮西方亮」嘛。

第二，要大量出口。現在工業滑坡，農業也滑坡，唯一就是出口還沒有滑坡。但要完成全年創滙 50 億美元，比去年增加 10％，任務很艱巨。8 月份出口 4.33 億美元，如果要達到 50 億美元，今後四個月平均每個月要出口 4.77 億美元，這就要抓緊。但我相信，沈被章同志那裡還是能完成的，就是要給他錢，另外要有貨源。既然國內銷不掉，出口現在還有市場，就集中力量搞出口。這一點無論如何要明確，就是要靠出口，貨源都集中在把出口搞上去。

我昨天跟陸吉安同志講，你到上海轎車廠去，把「上海」牌轎車的生產停下來。如果再生產幾千輛，放半年就沒用了，「桑塔納」都沒人買了。現在拖拉機好銷，就做拖拉機部件，找米下鍋，搞有人要的東西。

第三，要調整產業結構和產品結構。現在不是調整結構的大好時期嗎？特別是對鄉鎮企業速度降下來不要那麼驚慌失措，那些東西質次價高，消耗大量原材料，本來就該停產了。比如上海的飲料，90％不合格。現在食品衛生是個很大的問題，對不具備生產食品衛生條件的，堅決叫他停產，

〔1〕張廣生，當時任上海市政府財政貿易辦公室副主任。

〔2〕裴靜之，當時任上海市計劃委員會副主任兼物價局局長。

光罰款沒有用。趁這個機會要調整產業結構和產品結構。當然這裡有個工人失業或收入減少的問題，對這個要做充分準備，市經委、勞動局、農機局，還有市農委，你們都得研究這個問題。

上海產品必須向高檔次發展，消耗能源、消耗原材料較多的產品要更新換代，要逼他們向技術更新發展。暫時的痛苦要忍受，我們再採取一些妥善的辦法來安排。

另外就是壓縮固定資產投資。現在葉青同志來了，國家計委決定給我們增加 10 億元的規模。上海今年上半年的基本建設不但沒有壓縮，而且增長了。國務院對我們意見很大，就是對我的意見很大囉，好像朱鎔基為了要市民說他好，所以搞得太急了，搞得太多了。但實際上是過去的「久事項目」[1]還沒有搞，整個錢還是落實「久事項目」的過程，去年剛剛落實，所以今年開工了，它原來這一塊不納入計劃，現在突然一下納入計劃「籠子」，哪能不增長呢？現在依林同志體諒我們的困難，給我們加了 10 億元的規模，雖然跟我們的實際需要差得很遠，但沒有辦法，再不能突破了，再突破我也受不了了，會說我無組織無紀律了。所以，無論如何就控制在102.8 億元，這方面要開會動員一下。

但是有幾樣東西，我們各級領導從市長到各個局長，無論如何要抓緊。一個是彩色顯像管無論如何讓它投產，一個是 30 萬噸乙烯工程無論如何讓它投產，一個是冷軋薄板無論如何今年把土建完成，還有其他一些重點項目。再一個是黃浦江大橋，怎麼也不要推遲，寧可砍地下鐵道，也不要砍黃浦江大橋，趕快見效，這個計劃不變，爭取 1991 年上半年合龍，下半年建成。無論如何集中一切力量抓緊搞重點工程，其他除了已經簽了合同，如不上就違反合同的以外，都停了。

---

〔1〕參見本書第 71 頁注〔1〕。

1990 年 3 月 7 日，朱鎔基考察上海氯碱總廠 30 萬噸乙烯工程氯乙烯廠。左一為市委副書記、副市長黃菊，左二為市人大常委會原主任胡立教。

　　最後，為了穩定企業的思想情緒，振奮精神，要召開一次全市工業企業的思想政治工作會議。市農村幹部會議是趕在我出差以前就把它開了，提出兩條：一要穩定，二要鼓勁。現在對企業講起來也是這個問題。鑒於生產不斷下降，而且下降得很快，呈現非常危險的滑坡趨勢，一定要把廠長和廠黨委書記的精神振奮起來，把職工的精神振奮起來，把困難講清楚，把勁鼓起來，大家一起幹，不然情緒一落千丈就不好辦了，勁可鼓不可洩。總而言之，不要搞得廠長洩氣、書記到不了位，那就麻煩了。要發揮兩個積極性，大家同舟共濟，把目前困難渡過去。

關於上海工業三年調整和
長遠發展的一些意見[*]

（1989 年 9 月 27 日）

工業計劃是長期計劃裡面一個很重要的組成部分。如果不把工業生產和效益以及保證生產發展的重點項目搞上去，上海的發展是不可能的。市經委這次和各個工業局一起，花了很大力量，在很短的時間搞出一個輪廓，很不容易，當然，還要繼續進一步深化。下面我講點意見。

一、調整產品結構和產業結構。

這個問題應該在這個計劃裡有比較突出的體現，現在重點不是那麼很明顯，抓得不是那麼緊。至少現在以下幾個項目應該是沒錯的。

第一個，彩管。我們把它當作最大的工程，儘管現在彩電積壓，但我們認為抓彩管項目始終是正確的，中國不會連這 100 萬個彩管都不要，不可能的，將來 100 萬個彩管出來是俏貨。所以在這個問題上千萬不要動搖，不要放鬆，一定要在今年投產。還有 12 個配套項目，也一定要抓上去。我剛才得到消息，據說國家計委也關心我們的玻殼了，希望我們這個玻殼搞上去，趕快抓緊把 12 個配套項目搞上去。進口彩管現在每隻九十幾美元，

＊這是朱鎔基同志在聽取上海市經濟委員會關於編製《上海工業三年調整計劃和「八五」發展設想綱要》彙報時講話的一部分。

上海的彩管出來後,即使沒有配套,也省了四五十美元,一年就省兩三千萬美元。配套以後,省得更多,效益就出來了。抓了這個,彩電工業才能挽救過來。明年無論多困難,總可以生產 50 萬個彩管吧,那樣明年就救命了,效益就好多了,就不怕降價了。

第二個,冷軋薄板還是努力搞下去。這個不會錯的,不管經濟怎麼滯脹,我看冷軋薄板總會有銷路,圍繞冷軋,熱軋什麼的都要跟着上去,就是要死死地抓住這個重點。我同意大同〔1〕同志講的,一個優質,一個合金。上海不要生產普通鋼材了,當然,我們自己需要的還可以生產一點,主要搞「優、精、尖」、「板、管、帶」,然後出口,來解決生存問題,靠國內很難生存。(陳大同:已經出口 8 萬噸鋼材了,進口 15 萬噸生鐵還是划得來的。)市冶金工業局吃「品種、質量飯」,說得絕對一點,就是要吃「品種飯」。魯冠球〔2〕名聲那麼大,無非是把上鋼五廠的鋼,加工一下就出口了。所以,上海就得靠這個東西。我們上海現在老是「朝南坐」,不是去關心顧客的要求。我這次到內蒙古看乳品廠,市化工機械廠生產的設備太不像話了,那個聲音大得不得了,人根本沒法進去的。我一看就對他們講,上海生產這樣的設備是我們的恥辱。廠裡最近寫了個檢查報告,還是沒有舉一反三,只講客觀原因,上海這麼搞沒有希望。前面一兩台好一點,後面馬馬虎虎,亂七八糟就出去了,不重視質量,這麼搞下去,上海怎麼活下去啊?宓麒廷〔3〕同志,你的發電設備可是要把質量抓緊,別栽在質量上。

所以,我希望能把調整上海產業結構的重點更加突出一點,當然,具

〔1〕大同,即陳大同,曾任上海市經濟委員會副主任等職,當時為上海市政府市政工作諮詢小組成員。

〔2〕魯冠球,民營企業家,當時任杭州萬向節總廠廠長。

〔3〕宓麒廷,當時任上海電氣聯合公司總經理。

體工作是要做到每個企業。各個工業局的局長，你們得要求每個企業，不管廠長還能當幾年，都應該發動全廠工人、技術人員研究怎麼調整本廠的產品結構、開拓市場，要看到五年、十年以後。在這個稿子裡，要把這個重點更加突出一點。

二、發展外向型經濟。

離開了外向型，上海實在是沒有什麼出路，即使國家加強指令性計劃也保不了上海，一定要向外「打出去」。因此要制定一系列鼓勵出口的長遠政策，這裡也提到了，但很多問題沒有具體化。這件事情，我建議還是由市經委、經貿委、體改辦，加上我們兩位副秘書長，結合長遠計劃的編製，趕快研究，特別是現在已經快到年底了，明年再採取什麼大的措施，現在及早研究，鼓勵出口。

今年搞了一個出口代理制，紡織系統首先試點，看來很多問題沒有解決。這是一個過渡，還談不上真正的代理制，但明年代理制的色彩應該濃一點了吧，應該有個什麼政策？我覺得，第一，要首先解決流動資金問題。在實行代理制的情況下，流動資金怎麼解決？今年採取辦法，把錢往外貿公司一塞，看他自己是不是能把工業企業救活。究竟他把多少給上海、多少給外地，多少合理流動、多少壓在那裡、多少在外地收不回來，這裡沒有說清楚。所以明年外貿流動資金怎麼解決，要趕快研究辦法，我們不要把前一階段的研究工作停頓了。

第二，留成外匯的分成問題。我一直講，上半年分成外匯放下去了，第三季度按季分，第四季度按月分，這個工作究竟進行得怎麼樣了？因為分成外匯對企業非常重要。要有超計劃分成，超計劃分成都給企業，可以拿到外匯調劑市場，一塊錢至少賣六塊錢，這對補虧有很大的好處。所以，要及時把外匯分到企業手裡，這個辦法要趕快制定。

1991 年 3 月 4 日，朱鎔基和中國工業經濟協會會長呂東（前排左二）、對外經濟貿易部部長
李嵐清（左一）等參觀在上海舉行的 '91 中國華東出口商品交易會。（新華社記者柳中央攝）

　　另外，對「兩公開，四聯合」〔1〕要制定一些規定。國外是用滙率調整
來刺激出口，我們採取調劑外滙市場，實際上也起了這個作用，看看還有
什麼辦法可以鼓勵企業出口，使他感到出口比內銷有利。明年無論如何要
做到這一點，這樣出口就上去了。怎麼建成外向型經濟，需要一套配套的
政策，這要作為一個大題目來研究。

三、組織企業集團問題。

　　這個工作也不是明年一年能夠完成的，也要幾年。紡織工業，為什麼
過去能夠創造那麼高的勞動生產率？在改革開放以前，上海的紡織工業在

---

〔1〕「兩公開，四聯合」，指工業向外貿公開出口產品成本、外貿向工業公開出口產品換滙
成本，工貿聯合出國考察、聯合對外洽談、聯合對外簽約、聯合安排生產。

全國是最好的，上海的紡織工業又是上海工業中管理得最好的，這裡面有個很大的原因，那時上海是計劃經濟的典型。棉花的分配、上道工序、下道工序，完全在市紡織局的掌握之中，誰敢違抗你的計劃？另外棉花很便宜，是廉價原材料的價值轉移。現在這些條件已經都沒有了，你已經不能再用計劃的辦法來控制各個工廠了，已經不可能享受廉價的原材料了，所以節節敗退，不斷地滑坡。再加上把行政性公司一取消，企業各自為政，各奔生路，約 500 個紡織企業上道不管下道，下道不管上道。所以，現在還想用五十年代的一套思路來解決紡織工業的問題，是不切實際的。我覺得當務之急是要趕快研究，把 500 多個紡織企業按照外向型經濟要求組織成企業集團，上道工序、下道工序連起來，不一定搞得很死，不一定都要緊密型的，但不能搞行政性的公司，特別是不能讓那些原來搞行政性公司的人「復辟」。他們的思想問題沒有解決，不能恢復行政性公司，而是組織企業集團。丁力[1]同志，你回去抓緊研究，這 500 多個紡織企業也不要一口吃掉，先搞兩個、三個不行啊？你如果再不想辦法組織企業集團，開發新技術，你這個市紡織局局長當不成的。沒有棉花，你當什麼紡織局局長？你要想個辦法開發新技術，前後工序要連起來，組織體系，開展售後服務，組織對國外市場的調查研究，得培養人才。對這些事情，市紡織局、經委、體改辦共同來研究一下，從市紡織局開始，研究怎麼組織企業集團。別的比如家電產品能不能聯合，慢慢來，不要着急，方向總是這樣的。電冰箱有三四個廠生產，批量都那麼一點點，沒法開發新品種，質量是半死不活的，一看就知道不夠國際水平。如果不把技術力量集中起來，售後服務、銷售網絡不搞起來，你就不用想打入國際市場。你看「萬寶」就搞起來了，他跟科研結合得很好，「萬寶」冰箱最近通過了優驗的論證。

---

〔1〕丁力，當時任上海市紡織工業局副局長。

廣州有個家電研究所，我去參觀過幾次，很好的，他跟優驗結合，沒有這個不能出口。人家比我們先走了一步，上海老是落後，你們局長着急一點好不好？

四、搞活大中型企業問題。

這個文件裡提了一些觀點，都講得不錯。最近大家都拿出一定的力量，研究開好全市工業企業思想政治工作會議。這個會議也是研究怎麼搞活大中型企業的問題。大家都到廠裡去，我也想在 10 月上中旬別的事情不幹，就到廠裡去，兩個研究室[1]也跟着我一起去做調查研究，這個行動本身可以鼓勵廠長、書記把企業帶出困境。開好這個會，主要解決兩個問題。一個是穩定企業的思想。政策穩定，廠長、書記穩定，同加強思想政治工作不矛盾，不要「兩心不定」。根據中央的提法，廠長和黨委書記兩個積極性都要調動，這一點要很明確地告訴大家，着重的是大中型企業。我們下去調查，把大中型企業的勁鼓起來。另一點是要解決我們廠級幹部的作風問題。我越來越感到，如果我們廠級幹部的作風不改變，無論如何搞不好大中型企業。現在因為國家把錢收得太多了，企業負擔太重了，你再給他議價原材料，他吃不起啊！如果你給他生產任務，給他平價原材料，就要他交這麼多，他就活了。但現在這樣做並不是很現實，關鍵還是要靠內部因素，特別是要靠廠級幹部的積極性。

另外，還有反映幹部到聯營廠去吃喝，這種現象是普遍的。我接到的這種信實在太多了，又吃又拿，這樣搞下去會嚴重地脫離群眾。我是同意給廠長高一點的待遇，收入差距稍微拉開一點，正常地給，不要搞這種歪門邪道。這種情況，很多是大氣候造成的，過去的我們不要過於追究，今後就不能再這樣搞下去了。通過這個會，搞個制度。希望我們的廠長都能

---

〔1〕兩個研究室，指中共上海市委研究室和上海市政府研究室。

夠以身作則、奮發圖強，跟工人同甘共苦，把企業辦好，開發幾個新產品，把管理狠狠地加強一下，使上海產品的質量真正進入世界先進水平。我看還是以表揚為主，激發大家的精神，過去的事情不要太追究。上海的希望就是這 1700 多個企業的廠長都振奮起來，和工人同甘共苦。

此外，在長遠計劃裡要對搬遷有一個具體的考慮。如果那個企業是危房，在那個地區擾民又污染環境，就不要維修危房了，要下決心搬到浦東去。搬的時候不要原封不動地搬，要換一個新技術、新產品、新工藝。污染環境的工廠搬出去，不污染環境的工廠也要疏散，不要在市區搞得那麼密集，能搬的儘量搬，跟規劃結合。這方面要下點決心，至少長遠計劃我們要有這個設想。現在開發浦東可以加快了，因為交通部主要領導同志來了，我們已經說服他們了，首先搞外高橋港口，外高橋的港口一開發，加上黃浦江大橋一通車，浦東就可以開發了。

最後，我希望你們要把這些事情落實到項目和資金上面去，這樣大盤子才好定。比如，你們要計算一下，達到這些目標，要企業自己積累的資金是多少？市計委能夠拿出多少？把產業結構調整一下，能夠搞活多少？有大的輪廓，把線條搞清楚一點。當然，這裡面很重要的是地方國營企業，把地方國營企業搞活，就靠外向型經濟，靠開發浦東，靠調整。

借鑒外國經驗，加速發展外向型經濟 *

（1989 年 10 月 9 日）

　　過去的十年，是中國對外開放和實行改革的十年，也是上海逐步走向世界的十年。我們都在認真思考：怎樣才能進一步發揮上海的優勢、潛力和活力，使上海成為太平洋西岸的經濟、貿易、科技、金融、信息中心和國際大城市。我們的建設事業主要依靠自己的力量，同時也需要朋友們的幫助。特別是在科學技術迅速發展的今天，更需要不斷吸收外國先進的科學技術和管理經驗，上海才能對中國的發展發揮更大的作用。

　　為此，我們在兩年前就開始構想成立一個為上海開放提出決策建議的國際性諮詢組織的方案，這個方案得到了國務院的支持。經過一年多的籌備，終於召開了上海市市長國際企業家諮詢會議的預備會議。作為上海市市長國際企業家諮詢會議的成員，你們的行動不僅反映了你們對中國人民和上海人民的友誼，也顯示了你們的遠見卓識。你們預見到上海的開放和

＊這是朱鎔基同志在上海市市長國際企業家諮詢會議預備會議（後改稱第一次會議）上講話的要點。為深入貫徹執行改革開放的方針，吸收外國有益經驗，加快上海外向型經濟發展，朱鎔基同志接受了時任中國國際信託投資公司執行董事、中國國際經濟諮詢公司董事長經叔平的建議，邀請一批國際著名企業家擔任市長諮詢顧問。經上海市外國投資工作委員會與美國安達信公司亞太地區主管合夥人的共同籌備，上海市市長國際企業家諮詢會議於 1989 年 10 月 9 日在上海西郊賓館舉行預備會議。本次會議討論通過了諮詢會議章程，推選美國國際集團董事長兼首席執行官莫里斯・格林伯格為第一屆諮詢會議主席，並商定每年召開一次市長諮詢會議。諮詢會議成立之初有 7 個國家的 12 名成員，2012 年第 23 次諮詢會議有 16 個國家的 50 名成員。

1990 年 3 月 16 日，朱鎔基出席上海市市長國際企業家諮詢會議第二次會議。前排右一為市委副書記、副市長黃菊，右二為會議主席、美國國際集團董事長兼首席執行官莫里斯‧格林伯格，左一為市政府顧問汪道涵。

發展對未來亞太地區以及世界經濟前途的影響。

當前我們面臨的一個重要課題，就是今年 8 月江澤民同志來上海時向我們交代的一項任務：上海要進一步開放。並且他認為，上海具備進一步開放的條件。上海怎樣進一步開放？我考慮從兩個方面去進行努力。

第一，認真辦好現有的外資企業。上海的投資環境現在有了一定的改善，但仍然不夠完善，外國企業家還有不少抱怨，這方面我們還有很多工作需要做。我們願意聽取你們的任何意見，不斷改進我們的工作。

第二，要加快開發浦東。上海進一步開放的重點就放在浦東開發上，我們正在採取實際步驟加快開發浦東。開發浦東首先要解決越江交通問題，

現在已有兩條隧道，打浦路隧道和延安東路隧道，而且兩條隧道之間的大橋工程——南浦大橋已經開工，1991 年可以建成。我們在浦東長江口的外高橋還要建一個新的上海港，預計 1991 年可以開工。同時，浦東的公路也正在建設，如浦東南路已經修好。浦東大約有 350 平方公里，比浦西老市區面積還要大。現在浦西已經擁擠不堪，城市要發展必須到浦東去。浦東只要把基礎設施和社會公共設施逐步建起來，就可以成為最吸引外國企業家來投資的地方。另外，在浦東開發過程中，我們還準備採取更優惠的政策吸引外國投資。我們歡迎外國企業家來浦東投資，也鼓勵市區現有的工業和人口遷到浦東去。希望朋友們在這個關係上海發展前途的戰略性問題上多提出寶貴意見，以加快浦東開發和上海進一步開放。

振興和發展上海的文藝事業 *

（1989 年 10 月 14 日）

　　我們上海文藝界、戲曲界的 900 名戰士，這次參加第二屆中國藝術節遠征北京、南京和新疆等地，征服了當地觀眾，獲得了成功。同志們為上海人民爭了光，為樹立上海人民新的形象立了功，使上海人民歡欣鼓舞。我代表市委、市政府，並以一個文藝、戲曲愛好者的身份，真誠地向上海的文化藝術工作者表示衷心的敬意！

　　剛才聽了 10 位同志的發言，我很受感動。我希望上海新聞界把今天 10 位同志的發言內容很好地加以宣傳，讓更多的上海人民瞭解文藝工作者的業績和境界，瞭解他們為振興上海做出的貢獻。這不但可以鼓舞上海人民的鬥志，而且也有助於澄清海外某些不負責任的謠言。現在上海政治上是穩定的。在某些高等院校裡，還有一些不穩定的因素。一些青年大學生，他們缺乏新舊社會的對比，政治上比較偏激，對他們要做深入、細緻、艱苦的思想教育工作。而我們上海文藝界、戲曲界表現是好的，這次參加第二屆中國藝術節也證明了我們這支隊伍是過得硬的。不但是廣大觀眾，而且許多專家和中央領導同志都給予了高度評價。特別是京劇《曹操與楊修》等劇目更是風靡觀眾、譽滿京華。希望上海演出隊的同志們認真總結經驗，

＊這是朱鎔基同志與參加第二屆中國藝術節的上海藝術院團部分同志座談時講話的主要部分。

1989 年 10 月 14 日，朱鎔基與參加第二屆中國藝術節的老藝術家俞振飛（右）親切交談。

不驕不躁，再接再厲，更好地發揮社會主義文藝對人民群眾的鼓舞、激勵、推動作用。

下面，我向同志們提幾點意見：

第一，要發揚嚴肅認真的藝術精神，苦練扎實的基本功。我上次看《曹操與楊修》，上台同演員握手時看到，他們額頭上都沁滿了豆大的密密麻麻的汗珠，這是一種精神美。「梅花香自苦寒來」，我們要取得藝術上的成功，必須吃大苦，耐大勞，苦練基本功。舞台上的一招一式不知要經過多少個春秋寒暑才練得出來。基本功扎實，才能贏得觀眾。俞振老[1]是京昆藝術泰斗，他最知道有成就的演員都是苦練成才的。上海文藝界有這麼

〔1〕俞振老，即俞振飛，京劇、昆曲藝術家，曾任上海京劇院院長、上海昆劇團團長等職。

多劇院、這樣龐大的隊伍，要提倡以忠於人民、忠於藝術的態度苦練基本
功，這樣才能出人出戲走正路，才能使上海的文化藝術煥發出璀璨的光彩。
當然，發展社會主義的文化藝術要有堅定正確的政治方向，最重要的是認
真學習馬克思主義，把堅持四項基本原則、反對資產階級自由化的精神貫
徹到藝術實踐、藝術創作中去，使上海的文化藝術在正確的思想指導下繼
續發展、更加繁榮。

　　第二，要深入生活、發展創新。這幾年，不論是京劇、昆劇，都在逐
漸失去青年觀眾，我國傳統戲曲藝術的愛好者在減少。作為嚴肅的藝術家，
對這種現象當然不應當遷就和媚俗。一方面，要着力提高青年觀眾對傳統
戲曲的藝術鑒賞水平；但同時，傳統戲曲藝術本身也需要不斷推陳出新。
如果沒有發展、創新，只能演幾個老戲，就會失去觀眾，特別是青年觀眾。
當然，傳統戲不能丟，還是要演，也要改良。另一方面，就是要根據今天
的現實生活，創作和上演一些新戲。新戲不一定都是現代戲。例如《曹操
與楊修》是傳統的古裝戲，但是它別出心裁，在傳統戲曲的基礎上有創新、
有發展。觀眾在觀看演出時，往往浮想聯翩，甚至比作者想得還多，收到
了很好的藝術效果。這齣戲在晉京演出之前，我就估計會受到歡迎。至於
京劇《盤絲洞》，我原來就認為應該演一些這類風格的戲，因為相當一部
分群眾喜歡看，但對於能否得到正確評價並沒有太大的把握，沒想到同樣
受到首都觀眾的歡迎。我們從中可以得到許多啟迪，其中最重要的是，我
們的編、導、演，也包括音、舞、美，應當深入現實生活，把戲演活，特
別要多編多演反映上海現實生活的戲，把戲曲的觀眾面逐步擴大。

　　第三，上海各級黨政領導應當重視文化藝術工作。社會主義的文藝事
業是一種精神產業，從事文化藝術工作的同志是人類靈魂的工程師。文化
藝術工作抓好了，可以收到精神變為物質的效果。實踐證明，就事論事地
抓經濟，經濟工作不一定搞得好。上海這幾年經濟工作的困難很多，搞好
經濟工作，關鍵是人心齊。為老百姓多辦些實事，例如抓廉政建設、抓「菜

1989 年 10 月 14 日，朱鎔基與參加第二屆中國藝術節的上海各文藝團體代表握手交談。左二為中國福利會兒童藝術劇院演員顧幗一，左三為中國福利會兒童劇院副院長宋捷文，右一為上海雜技團黨總支書記殷秀敏，右二為上海雜技團演員朱剛。

籃子工程」、抓城市基礎設施建設，可以得人心、順民氣；文藝工作抓好了，同樣也能收到這樣的效果。大家只要看一看，一曲《幹部廉政歌》[1] 激勵了多少上海人民，就可以懂得這一點了。

上海文藝界的同志要充分認識自己肩負的歷史重任，多向人民群眾奉獻精美的藝術作品。我對上海的經濟工作是有信心的，因為上海經濟發展

---

〔1〕《幹部廉政歌》，由中共上海市委宣傳部文藝處用《三大紀律八項注意》的旋律集體填詞創作。

具有得天獨厚的綜合優勢，工業門類齊全，科技人才眾多、素質好；我對上海的文藝工作也很有信心，因為上海文藝界同樣具有綜合優勢，有條件做到百花齊放。我贊成發揚上海文化藝術的優良傳統，振興和發展上海的文藝事業。

同志們都要求對文藝工作實行傾斜政策。我們對一些劇種確實要扶持，但也不能吃「大鍋飯」，一味地依賴政府補貼。文藝工作的出路在於贏得觀眾。現在上海財政光是用於補貼糧、油、副食品的，一年就達 37 億元，這還不包括企業拿錢補貼的 9 億元，我們的包袱很重。我們的知識分子，其中也包括文化藝術界的知識分子，現在待遇確實很低。雖然這在社會主義初級階段很難一下子改變，但總要下決心逐步有所改善，不然就留不住人。上海昆劇團最近出走 8 個演員，我希望她們能夠回來。我們正在研究怎麼逐步改善知識分子生活待遇，使大家感到黨和政府沒有忘記知識分子。我相信同志們會體會和體諒黨和政府的心情。同時，我也相信同志們會不斷增強搞好社會主義文藝事業的光榮感、責任感，鼓舞和激勵上海人民風雨同舟，和衷共濟，把振興上海的事業推向前進。

上海的機電產品出口是極有前途的 *

（1989 年 10 月 23 日）

　　上海的出路和前途，就在於實施沿海地區經濟發展戰略，發展外向型經濟；就在於「兩頭在外」，擴大出口。發展外向型經濟，最後落腳到出口。從上海來講，希望就在於機電產品出口，因為輕紡產品出口有原材料的問題，原材料國內不能供應，要靠進口，進口以後是收滙率降低，所以增長會有限。我不是說不要大力發展輕紡產品，還是要大力發展，但希望主要在機電產品，因為原材料基本上可以立足於國內，除了一些最精密的元器件還需要進口以外，進口的比重比輕紡工業小得多。輕紡工業也可以想辦法，比如羊毛，進口很貴，你想出口創滙很多是很困難的，當然也可以考慮深加工，做成服裝，賣得起價錢，所以進口羊毛搞出口也可以考慮。但恐怕光靠羊毛不行，還得考慮自己生產化纖。

　　機電產品的出口是極有前途的。市機電產品出口辦提出來的機電產品出口目標，我認為可以，但也很艱巨，恐怕也不能再高了，實際執行時力爭超過。現在是 8.1 億美元，佔出口創滙的 16％。1995 年是 17 億美元，到 2000 年是 30 多億美元，等於十年翻兩番。出口的比重，現在佔六分之一，1995 年佔四分之一，2000 年佔三分之一。如果這個目標能達到，那上海很

＊這是朱鎔基同志在上海市政府第五十二次市長辦公會議上講話的一部分。

有希望。如果我們不能達到，上海就很困難。所以我們要千方百計想辦法力爭實現或超過這個目標，當然這要做艱巨的工作。

要真正能夠實現這個目標，首先，你出口什麼？要有一個很好的規劃。這一點，市機電產品出口辦選擇了 20 種重點產品，是從宏觀上考慮的，但光這麼說一下不行，要落實到企業。哪些企業能夠出口哪些產品？今後 10 至 12 年，出口比重怎麼樣增長？要有一個技術改造、技術進步的規劃，而且必須落實到每一個廠，每一個廠都要制定他的產品出口規劃。

我昨天聽說最近市二輕局舉辦了一個展覽會，有些新的發明、小的創造、新的產品結構調整，這個非常重要。現在不是一切產品都滯銷，就是老面孔產品滯銷。很多小商品，既美觀，又實用，又新穎，這樣的產品老百姓是會要的。我們的企業現在要擺脫困境，就要調整產品結構，開發新產品。出口也應該這樣，看到世界上行銷什麼東西，馬上就學這個東西，而且有所創新，這樣才能出口。所以，出口首先要有一個比較扎實的具體的規劃，而且要跟其他的規劃結合起來。不重點支持，不給企業投入搞技術改造，他出口不了，出口比重是上升不了的。

其次，出口本身有三個先決條件，一個是質量，一個是市場銷售，一個是售後服務，這些必須採取強有力的措施。

第一，產品質量不單是產品本身的質量，還包括包裝的質量。上海工業縫紉機廠，我去年讓市輕工業局抓了一年，數量上去了，但質量還是不行，特別是包裝質量不行。這個廠是花了一千幾百萬美元用日本最新的設備裝備起來的，甚至比日本東京重機廠還要先進，但生產出來的產品就是不如日本，特別是外觀，加上包裝一塌糊塗，散架，怎麼賣得掉啊？這得好好地抓。我們的產品質量往往是這樣，剛出來時好，過幾天稍微有一點市場，就垮下來了。所以，市機電產品出口辦要想一點具體措施來督促企業改進產品質量。市技術監督局、商檢局都要把重點放在突擊檢查出口產

1990 年 10 月 1 日，朱鎔基到上海市第二輕工業局陳列室參觀新品開發並瞭解出口創滙情況。左一為市第二輕工業局副局長俞南平。

品上。最近，老沈[1]準備把出口產品質量問題搜集起來，我們開一個全市大會再來講一講。不花力量加強管理，不把產品質量抓上去，企業怎麼生存啊？

第二，市場銷售。剛才更舵[2]同志總結了幾點，確實是這麼個情況，我們現在這樣幾種銷售方式是不行的。一個叫「守株待兔」，坐在家裡等客戶上門；一個叫小本經營，小買小賣；還有一個叫「驛馬大會」，現在「驛

---

〔1〕老沈，即沈被章。

〔2〕更舵，即孫更舵，曾任上海市人大財政經濟委員會副主任委員等職，當時為上海市政府市政工作諮詢小組成員。

馬大會」開到國外去了。

對銷售的方式要研究，要想辦法改進。我看是要「打出去」。現在我們也不是沒有出去，還是有人在外面，有的搞得好，有的搞得不好。我在大阪、東京訪問期間看了一下。老沈你們的辦事處、各個公司都派人在那裡，他們還是做了不少工作的。但我覺得，這樣一些辦事處、代表處，已經起不了打進國際市場的作用，其原因是層次太低。低層次的人派得太多也沒有多大用處，現在要派高層次的人出去，就是同當地政府、大工業企業的頭面人物要能夠見得上，不一定官大，就是要水平高，活動能力強，能夠躋身於商業的上層社會，這樣才行。我感到現在急需要加強這方面的工作。你們代表處沒有工業方面的人員，那只能管外貿的環節，工業產品的質量問題、售後問題都難以解決，打多少電報都沒有人理你。所以，黃菊、傳訓同志，我現在考慮要成立海外公司，要派委辦主任一級的人，派比較強的幹部，懂外文，有國際知識、外貿知識的人來負責。要統管，不是管死，而是能夠總結經驗、發現問題，要能夠起這個作用，研究怎麼打入國際市場的戰略，跟當地頭面人物要能夠有接觸。

另外，既要考慮工業部門、外貿部門派強有力的人員到外面去，但不要又興起一股「出國熱」，派那些根本不幹事、年齡也到了的人去。我的意思是不要作為一種安排，要派真正起作用的、懂外文的人員到國外去，而且要有考核條件，你幹的活要值你花的錢。現在跑到外面的人沒做幾百美元生意，但花了多少萬美元。以後要考核每一個公司，你究竟一年做了幾百萬美元生意，花掉了幾萬美元？之所以要設立海外公司，就是要考核每一個駐外人員提供的信息、客戶，考核他提供的打進國外市場的建議值多少錢。如果根本不起作用，趕快把他撤了，不要這種人。

要使上海真正和國際市場聯繫起來。現在信息不靈通，除了派出去，我覺得最好是在國外請僱員，包括上海在外面的留學生。當然，我們對他們的政治素質也要考核，要使這批人真正為上海服務。派出去的，想找全

面的人才很難，又懂生產、又懂外語、又懂外貿，很難。在國外聘一批人，多花一點錢也是可以的。最近中信公司副總經理來找我，榮毅仁辦的海外公司就是他負責的，他辦廠賺了很多錢。他出錢並不多，銀行貸款現在他都能還，而且有盈餘，賺了幾個億。他搞的那些公司都是僱用當地人，他當老闆，他建議我們也這樣搞。我考慮，我們有些原材料，比如紙漿，甚至冷軋薄板、熱軋薄板從哪兒來啊？可多開闢一些來源，比如買一些股份。這都需要由很瞭解當地情況的人來籌劃，才能真正和國際市場融為一體。我們要有戰略眼光，要考慮選拔這樣一批人派出去，上海真要打入國際市場，沒有這樣一批人才不行。

第三，售後服務。特別是機電產品出口，如果售後服務搞不好，不能隨時買到你的零部件，那沒有人用你的產品。我又想到工業縫紉機，現在市輕工進出口公司沒有本事在國際市場站穩腳，索性你就跟東京重機廠談一談，通過他的出口渠道出口，寧可少賺錢，給人家一大塊佣金，等站穩了腳，你再出來搞嘛。好多大資本家都是這樣，先當夥計，學了本事就出來了，自己搞個公司，不然，這麼要死不活的情況怎麼弄啊？這都得研究。我們很多機電產品要考慮和國際上一些知名公司聯繫，通過他們的渠道出去，我們賺小錢，羽毛豐滿以後再賺大錢。所以，明志澄[1]同志，你考慮機電產品出口，一定要考慮零部件的生產、維修，推銷一個產品，首先搞維修站。我們現在「桑塔納」汽車有點優勢，就是零部件的維修站遍及全國，這一點是非常好的條件。「桑塔納」將來有一席競爭之地，就是靠售後服務，靠能夠很方便地買到你的零部件。市機電產品出口辦應該很好地研究一下售後服務，不然機電產品沒有辦法出口。

所以我有一個建議，請黃菊、傳訓同志考慮一下，沈被章、明志澄同

---

〔1〕明志澄，當時任上海市經濟委員會副主任兼外國投資工作委員會副主任。

志再研究一下，就怎麼加強海外銷售和售後服務的機構，提出一個組織方案來。現在要從各工業局、各個委裡面抽調很強的幹部去加強海外銷售和售後服務，要指揮很靈，國外一個電報回來，馬上這裡發貨、這裡去人，不然打不進國際市場。另外，對現有的駐外人員要清理，把在外面混日子起不了作用的人逐步調回來。當然，對駐外人員的待遇應該放寬。我跟沈被章、葉龍蜚同志都講過，在駐外人員真正創造經濟效益的前提下，對他們的待遇要放寬，不然也不能吸引人才。我想要有一個原則，就是一定要使外銷優於內銷，即各方面的待遇都是出口比內銷優越。但幅度不要太大。剛才你們講 20％的幅度太高，因為它不是一個環節能夠決定問題的，你即使把他們的工資增加 100％也出不去，結果他們的工資增加了，那裡的出口並沒有增加，這划不來。但一定要做到外銷優於內銷，這要研究，明年一定要對出口有強大的鼓勵政策。

克服困難，要全心全意依靠工人階級 *

（1989 年 10 月 26 日）

　　這次全市工業企業思想政治工作會議開得很好。有的同志反映，這次會議是在一個關鍵的時刻，組織關鍵的人物，開了一個關鍵的會議。這次會議，我們把 800 個大中型企業的廠長和黨委書記都請來了，大家坐在一起，共商大計。會議取得了三個方面的收穫：一是統一了認識；二是明確了方向；三是鼓舞了鬥志，達到了「一要穩定，二要鼓勁」的目的。

　　下面講三條意見。

　　第一條意見，貫徹中央 9 號文件[1] 和這次會議的精神，關鍵在廠黨委書記和廠長的團結。這種團結，應該建立在講原則的基礎上。剛才邦國同志講了，不講原則的「哥兒倆」是不行的，是辦不成社會主義企業的。現在已經發現個別書記在包庇廠長，譬如，同意拿 30 萬元給廠長蓋一棟房子。這個不行啊！看起來你關心他的生活，結果使他脫離了群眾。我們要的是在講原則基礎上的團結。這種團結有賴於雙方素質的提高。有些工廠的廠

＊這是朱鎔基同志在上海市工業企業思想政治工作會議閉幕會上講話的主要部分。

〔1〕中央 9 號文件，指 1989 年 8 月 28 日中共中央政治局全體會議討論並通過的《中共中央關於加強黨的建設的通知》。

1989 年 10 月 25 日，朱鎔基參加上海市工業企業思想政治工作會議紡織系統討論並講話。前排右一為市紡織工業局黨委副書記鄒木法，右二為市紡織工業局局長梅壽椿，左一為市第一棉紡織廠黨委書記吳金桃，左二為市第二棉紡織廠廠長陳熙寧。（郭天中攝）

長、書記團結不好，工廠辦得不好，很大一部分原因，就是他們本身素質不高，廠長沒有當廠長的本事，書記沒有當書記的品格。上海企業的書記、廠長，總的來說，水平是比較高的。但是還不夠，我們還要努力。這裡要強調這麼幾點：

第一是黨性。大家都要從黨性出發，什麼事情不要去計較一針一線、一言一語，互相要諒解。書記要支持廠長，廠長管人是很難的，有些人無理取鬧，甚至威脅廠長的人身安全，要敢抓敢管是不容易的；廠長要理解書記，什麼事情都要主動接受黨委的監督，遇事要多商量，重大的事情要集體討論。我們好像很久不大講黨性了。黨性鍛煉的實質，就是世界觀的改造、人生觀的改造。有些單位的廠長、書記本來挺好的，就是為了那麼一點事情，要爭個你高我低，怎麼也團結不好，這是黨性不強的表現。

　　第二是作風。作風很重要。廠長、書記都應該有密切聯繫群眾、理論聯繫實際、批評與自我批評的作風。大家都這樣做了，團結就能搞好，工廠就有希望。現在有的同志，不深入實際，不聯繫群眾，老坐在辦公室，老去跑「橫向」，老是出國，把工廠扔着不管，這是肯定搞不好企業的。

　　第三是水平。要學習，不斷提高自己的水平。要學點哲學，看問題不要那麼死、那麼片面；要學點經營管理，瞭解國內外的市場，多考慮一些企業的發展戰略。在這樣的基礎上，大家的共同語言就多了。我對同志們特別是 40 歲、50 歲的同志們，是寄予厚望的。50 歲的人是我們的寶貝，40 歲的人是我們的希望。黨培養你們很不容易。上海具有天時、地利、人和的優勢，將會有大的發展。同志們身上肩負着振興上海的重任。我們現在要搞外向型經濟，要「兩頭在外」，而真正懂國際市場，又懂外文、懂生產、懂技術的人才很難找到。許多人在國內稱王稱霸還可以，到國際上就不行了。現在要培養這樣的人才，造就一支很龐大的隊伍「打出去」，在世界各地為上海服務。我們要組織企業集團，沒有人才行嗎？沒有高瞻遠矚的、有經營管理才能的企業家，集團是搞不好的。同志們要看得遠一些，不要光看眼前的困難。你們的目光要面向全國、面向太平洋、面向全世界，要認識到自己責任的重大，要加緊學習。你們四五十歲，是上海的中堅、骨幹，你們一定要十分珍惜時間，好好學習，不斷提高自身的素質，提高自己的思想、業務水平。

　　第二條意見，從嚴治廠的力量來源於幹部的廉潔。我到過很多國家，看過很多工廠，他們為了佔領市場，很注意產品質量，工廠管理都很嚴格。上海要進入國際市場，要成為一個真正的國際城市，沒有一以貫之的、嚴格的質量管理不行。今年大家都在為完成 50 億美元出口任務而奮鬥，我現在最擔心的就是質量。看樣子，數量還有可能完成，也一定要完成，但我就怕質量出問題。質量出了問題，客戶紛紛退貨，牌子都倒了，明年就糟糕了。我們一定要嚴格管理，從嚴治廠。怎麼才能嚴格得起來呢？首先，

企業領導幹部對自己要嚴，就是我們自己要廉潔。我很讚賞「吏不畏吾嚴，而畏吾廉；民不服吾能，而服吾公」這句中國古話，有很深的哲理，請同志們仔細思考。這次會議的主題，就包括樹立我們企業的廉潔作風。今後，大家就要朝這個方向發展，只有這樣，才能夠把工廠辦好。

　　第三條意見，面對當前嚴峻的困難形勢，我們要全心全意依靠工人階級。同志們，儘管我們講了不少困難，但是中央認為，當前的主要問題還是我們對困難估計不足。也就是說，還有更大的困難在前面，大家要做好這個思想準備。這個困難有外部的原因，比如國外對我們進行經濟「制裁」，給我們製造了很多的困難。也有內部因素，主要是我們為了治理通貨膨脹採取了財政、信貸「雙緊」措施。當然，緊縮銀根是必要的，而且

1989 年 9 月 26 日，朱鎔基到上海新客站為赴京參加全國勞模和先進工作者表彰大會的上海全國勞模代表團送行。右一為市委副書記、副市長黃菊。

確實取得了顯著的效果。十年積累的毛病，就是盲目發展，結構不協調，這必然會帶來困難。東西賣不出去，資金周轉不開，該關的要關，該停的要停，這些痛苦，我們大家一定要忍受。只要我們全心全意依靠工人階級，就一定能夠戰勝這些困難。

　　同志們，我們給你們的辦法不多，但是，我們給你們一顆心，我們把心交給大家，把困難告訴大家。你們要發動工人群眾來想辦法。只要把工人群眾動員起來，認識這個大局，看清楚這個前途，大家就能夠奮發起來。當然，市委、市政府也要加強宏觀的調控管理，幫大家解決一些宏觀上的問題。我們要積極做好思想政治工作，引導群眾樹立勤儉節約、勤儉辦一切事業的好風尚，與黨同心同德，克服困難。澤民同志說，要「活血化瘀」。如果一些同志還有思想不通的地方，也不要操之過急。當然對那些破壞生產的，必須繩之以法；對那些調皮搗蛋、好吃懶做的人，還是要立足於加強教育。關鍵是要廠長、書記帶頭，形成全廠加強思想政治工作的好形勢，這些人也會逐步轉化過來的。我相信，我們企業的思想政治工作做好了，上海就大有希望了。

開發浦東是上海的希望＊

（1989 年 10 月 26 日）

第一個問題，為什麼現在我們要提出加速開發浦東？

我想，這是為了上海的改造和發展。上海目前主要的問題，就是人口十分擁擠，交通非常困難，工業過分集中，污染比較嚴重。浦東實際上是老市區的延伸，所以開發浦東具有最好、最優越的條件。它所花費的，主要在基礎設施、越江工程，除此之外，費用比東進、西進也好，南下、北上也好，都要省得多，而且可以大大利用原來舊市區的商業。浦東也是緩解和疏散老市區的人口和工業的一個最理想的地區。從長遠來看，上海要面向太平洋、面向全世界，要建成現代化的城市，建成太平洋沿岸最大的經濟、貿易中心，當然也要開發浦東。它靠港口、靠海，地理位置非常優越，所以現在提出加速開發浦東。

第二個問題，要加速開發浦東，最主要的問題就是基礎設施建設要先行，基礎設施不搞，開發浦東是一句空話。

現在講開發浦東的基礎設施，第一個就是港口。港口的建設能夠帶動浦東的發展，城以港興啊。所以我覺得加速開發浦東，必須把港口建設擺在第一位。現在，經過交通部同意，上海「八五」計劃期間首先要建設外

＊這是朱鎔基同志在研究浦東開發專題會上的講話。

高橋港口，我說這是對上海建設最大的支持。各個有關部門的同志，都要把優先建設外高橋港口作為最重要的任務，這一點無論如何不能動搖。

第二個基礎施施就是道路。我想應該把環線建設放在最重要的地位，這也是結合進行老城的改造。上海內環裡面的 76.5 平方公里是在浦西，如果這個環線不到浦東，浦東根本不能開發。所以環線作為整體規劃一定要到浦東，這樣將來整個市中心就是這一塊了，浦東陸家嘴實際上是老市區的延伸，將來都是市中心。我想，要盡一切努力，明年無論如何要把環線修起來。學李瑞環同志在天津的辦法，全市總動員，有錢出錢，有力出力。這不但是開發浦東，而且有了一條環線，市區交通可以大大緩解。我們大大落後於北京、天津，問題就在這個地方。所以現在要集中力量把這個規劃做好，這條環線要幾年完成？標準應該怎麼定？都得好好地規劃，這是一件最重要的事情。我這個任期裡面能夠把這個環線搞起來，我就很滿足了，就是為上海做了很大的一件事情。南碼頭黃浦江大橋〔1〕一通，將大大有利於浦東的開發。如果再把寧國路越江工程〔2〕考慮進去，這個地方一通，我看浦東開發的步伐就很快了。這樣將來過江沒有很大的困難，公共汽車一通，住浦東等於住在市區一樣，願意搬去的人就多了。

外環線當然不是五年能搞成的，十年能否完成也是一個問題，但規劃應該做。而且，這個環線應該考慮外高橋和寶山的發展。上海修這樣的環線究竟採用什麼標準都要研究。近期，一個是搞內環線，另一個是把像浦東南路這樣連接的馬路都搞好。

第三個基礎施設是煤氣、水、電等，這些都有規劃，原來投資都考慮了，要進一步考慮分期的規劃。

第三個問題，就是資金從哪裡來？採取一種什麼開發方式？

---

〔1〕見本書第 134 頁注〔1〕。

〔2〕見本書第 134 頁注〔2〕。

　　我想，浦東規劃辦公室應該組織對政策的研究。靠我們政府拿錢，像搞閔行開發區、漕河涇開發區、虹橋開發區的辦法是不行的，沒有這個本事了，一平方公里要我們投上一兩個億，現在沒有這個錢。現在要研究的政策，一個叫吸引內資，另一個叫吸引外資。利用外資和內資來搞，而不是政府拿很多錢。政府拿錢就是建設醫院、學校、商業服務點、公共福利設施，特別是在已經建成的住宅區裡面一定要考慮這些設施，不配套的要趕快配套，而且要把有名的醫院、有名的學校搬去。否則像現在這樣，是沒有人往浦東搬的。所以前面說的四類設施，市政府要拿錢，國家要拿錢。後面講的是研究政策，目前研究什麼政策呢？對外資還是要採取批租土地的辦法，在土地上面做文章。批租土地雖然不是唯一的方式，但可能是一種很重要的方式。現在對浦東來講，第一步不是吸引第三產業的項目，因為第三產業的項目在上海已經太多了，浦西的賓館現在住房率都很低，浦東再搞起來的話，浦西更沒有人來了。浦東現在要吸引工業項目。搞工業，我們的地價不能太貴。給浦東規劃辦公室提出一個任務，你現在要把全市土地的價格定下來，這是一個大政策，因為就要在土地上做文章。這個可以再向梁振英諮詢。每個地方、每個地區的地價都不一樣，越靠近中心區越貴，就像日本東京的銀座一樣。而且根據用地性質不同，地價也不一樣，這個地方蓋工廠便宜，蓋商業區就貴。

　　關於對內的政策，就是鼓勵浦西的工廠和宿舍往浦東蓋，這也要制定一個大政策，不然我們沒錢搞。現在這些污染環境的工廠多少年沒有搬走幾個，就是因為沒錢。我想也是要從土地的補償上做文章。浦西的工廠，佔的都是寸土寸金之地，那個地價非常貴的，如果搬到浦東去，那裡地價便宜。你們各個縣長來了，浦東的地，你們不能敲竹槓。浦東的地價定下來是比較低的。工廠從浦西搬出來，原來那塊地可以賣給別人，可以把地價補償的錢給他，不要大家「幾馬分肥」，市房管局分一塊，市土地局分一塊，這就完蛋了，這個做法要改變。就把地價補償的錢給工廠，再加上

市環保局返回一部分環保費，他再到浦東，地價很低，用多得的錢蓋廠房，這樣就可以搬過去。

宿舍也是這個道理，不能在浦西蓋大樓，越蓋交通問題越不能解決。讓他去浦東蓋，劃地塊，地價又便宜，不敲他的竹槓。從地價和級差地租上來做文章，鼓勵往浦東搬。要想出一系列很好的政策，包括搬遷的政策。現在搬遷「吃唐僧肉」的辦法一定要停止。自己一個錢不拿，一下子一步登天，原來住棚戶，一下子住得很寬敞，結果所有工程的拆遷費用佔很大比例，那怎麼受得了？

所以，各個縣要有思想準備，要有政策，但這些政策最終是有利於你們的，不要看眼前，眼前不要敲竹槓。

關於標準的問題。浦東是將來上海的窗口、上海的希望，那是最現代化的城市，但任何一個城市都不是一蹴而就的。上海老城有 150 年的歷史，外灘是二十世紀二十年代建起來的，現在也 60 多年了，浦東形成一個新的城市恐怕也得 50 年以上。所以，開始蓋住宅也好，蓋其他什麼建築也好，高標準是不行的，還是按現在的標準，力所能及地蓋。我覺得城市的高標準不在於現在幾幢房子，而是在於城市的道路和基礎設施，這一點，我們要看到 50 年以後，甚至 100 年以後。看多遠我不敢講，搞規劃的吳良鏞[1]教授講，要有一點浪漫主義，要考慮天時、地利、人和。上海的發展一定要考慮面向太平洋、面向未來，各種基礎設施的佈局一定要按這個要求。但是現在不一定蓋，規劃在那裡，現在搞臨時設施，將來扒掉也花不了多少錢。現在高標準一步到位是根本不可能的，要分步走。就像名古屋，是日本規劃得最好的城市，他原是航空工業密集的地方，因為在第二次世界大戰中全部被炸掉了，是戰後重新規劃的，確實很漂亮，規劃得比較好。

---

〔1〕吳良鏞，城市規劃及建築學家、清華大學建築學院教授。

據說當時的市長要把馬路修寬一點，大家批評他好大喜功，但他堅持自己的意見。現在一看，馬路都窄了，要不是當時他堅持就更不行了。吳良鏞教授講得很好，要浪漫一點，特別是陸家嘴，就是外灘的對岸這條線，一定要很好地設計，這是上海的最中心了。外灘這一帶的風景確實是了不起的，二十年代設計的規劃，再過 100 年也壞不了。不但陸家嘴的設計，整個這一帶的設計，要向全世界招標。這條線是跟外灘相對的，大家都知道外灘，你這一條線的設計至少不要比外灘次，要有特點。要號召全世界的建築設計師來投標，這就一下子提高了上海的知名度。但是，你一定要做好浦東地區的規劃，一定要把整體設計好，哪些地區擺生活區，哪些地區擺政府區，哪些地區是文化娛樂區，哪些地區是外商投資開發的地方，對地價要有規定。另外，關於沿黃浦江港口的調整也要有個規劃。

　　浦東的規劃是跟老市區的規劃密切結合的，關係到上海的長遠發展，牽涉的面非常廣，涉及政治、經濟等各方面的政策，這件事是傳訓、天增同志在領導，我建議要立刻組織一個強有力的領導小組，吸收各方面的人參加，具體工作可以由葉龍蜚、葉伯初[1]同志負責。這個領導小組的成員主要是建設部門，其他搞規劃的、搞工業的、搞財貿的，都把他們吸收進來，分成若干小組，有的研究規劃，有的研究政策。還要有個綜合組，能夠出題目，總管全局，不要像現在單打一，今天葉龍蜚同志來兩句，一會兒張紹梁[2]同志來兩句，一會兒侯旅適同志來兩句，搞得我沒有頭緒，不知道浦東怎麼開發。總得有總的概念，然後怎麼深入下去。你們都出單子，要多少億元。我的錢從哪兒來？要靠你們想辦法、出政策，現在就要加緊工作。

　　最後，我希望你們搞一個模型。你們如果沒有看過這個模型，到橫濱

---

〔1〕葉伯初，當時任上海市建設委員會副主任兼外國投資工作委員會副主任。

〔2〕張紹梁，當時任上海市城市規劃建築管理局局長。

去看一看。橫濱的規劃有一個模型，在一個大樓裡，電動的，就是給市民看的。我看了橫濱的模型，也很受鼓舞，上海市民並不大知道浦東開發的意義，你就把整個上海，包括浦東的遠景規劃做成一個電動模型，擺在展覽中心或什麼地方，讓市民去看，然後提意見，看這個規劃行不行。然後，我們對這個模型不斷地修改、不斷地實現，這是對上海人民一個很大的動員力量。

堅決落實治理整頓的各項措施 *

（1989 年 11 月 14 日）

我就如何貫徹落實黨的十三屆五中全會 [1] 精神講三點意見。

一、要充分估計上海面臨的經濟困難。

今年，上海的治理整頓取得了比較好的成績，主要反映在以下幾個方面：

（一）今年的生產保持了一定的發展速度。去年我們的工業發展速度是 10%，今年 7 月以前，我們還是保持了這個速度，從 8 月開始下降，9 月和 10 月變為負增長，11、12 月有可能還會降下去，我們要有這個思想準備，但今年總的發展速度估計還可以保持 4% 或者更多一點。

（二）物價指數逐月回落。今年 1 月物價指數是 26.4%，10 月回落到 9.2%，就是說，物價上升的趨勢已經穩定住了。估計 11、12 這兩個月物價還會回落。這樣，全年的物價指數可以控制在 20% 以內。去年物價指數是 21% 多，今年可能比去年下降 3 個百分點。現在的情況，可以說是市場穩定，人心穩定，物價也趨於穩定，銀行的儲蓄大幅度上升，這是一個好現象。

＊這是朱鎔基同志在中共上海市第五屆委員會第九次全體（擴大）會議閉幕會上講話的主要部分。

〔1〕十三屆五中全會，於 1989 年 11 月 6 日至 9 日在北京舉行，審議並通過了《中共中央關於進一步治理整頓和深化改革的決定》。

（三）消費基金的增長得到了一定程度的控制。今年上半年工資總額的增長達百分之二十幾，到 10 月只比去年同期增長 9.5%。

（四）壓縮基本建設規模也取得了成效。今年固定資產投資規模全國壓縮 20%，上海壓縮 35%。從絕對數來看，去年上海固定資產投資是 156 億元，今年要求我們壓到 103 億元，壓了三分之一還多。為什麼呢？就是因為原來的「久事項目」[1] 是不納入計劃「籠子」的，今年把它納進去了。但是，我們根據中央精神，還是堅決壓縮，保重點，把樓堂館所和一般的技術改造項目基本上都砍了。今年 1 至 10 月份，固定資產投資完成 103 億元「籠子」的 65%，估計後兩個月還可能保持在「籠子」裡面，完成中央給我們的壓縮計劃。

（五）出口增長。剛才講生產速度有所下降，但出口還是增長的。1 至 10 月已經完成了 39 億多美元，估計到 12 月份至少可以完成 48 億美元，我們還是要奔原來 50 億美元的目標。因為我們進口原材料的外滙花得多，今年實際的收滙率不比去年高，所以非要完成這 50 億美元不可，還要努一把力。

（六）利用外資的情況還是比較好的。1 至 10 月吸收外商直接投資 3.49 億美元，這已超過去年全年的總和，外商到上海投資的意向、熱情沒有降低。現在有些項目我們不敢簽字，是因為沒有配套資金，要不然，還可以吸引更多的外商投資。

（七）基礎設施的建設取得了成績。地下鐵道、黃浦江大橋、合流污水的治理等重點工程現在都在進行，而且進展較快。前幾天，電話改成七位號碼制，現在全市已擁有 50 萬門電話，其中 28 萬門是程控電話。這對投資環境的改善、經濟的發展，都有很大的意義。

---

〔1〕參見本書第 71 頁注〔1〕。

（八）財政狀況還是不錯的。儘管生產速度有所下降，但估計今年財政計劃是可以完成的。我們今年上繳的 105 億元是要保證的，但實際上上繳的不止 105 億元，而是 125 億元，因為有特別消費稅、國家預算調節基金、國家能源交通重點建設基金、土地稅，這些都是另外加上去的。上海是應該多做貢獻。另外，糧食漲價了，今年光糧、油、副食的補貼就比去年增加了 13.7 億元，這就把我們很大一塊增加的收入沖掉了。應該說，上海今年的財政稅收工作是做得不錯的。當然，我們現在還有點困難，因為今年要提價的公交月票沒提成，城市的煤氣、自來水都增加了補貼，又要好幾億元，現在還沒有解決。

以上是講今年的情況。今年儘管有困難，日子還能過得去。但是我們要看到，明年的困難要比今年大得多，大家要有足夠的思想準備。

第一，市場何時好轉現在確實難以估計。市場疲軟，是很多因素造成的。人心穩定，儲蓄保值是一個重要因素。過去是超前消費、盲目消費，現在普遍的消費心理是「靜觀待降」。當然，從根本上講，我們國家總體上依然是短缺經濟，商品還是供不應求的。像現在這樣彩電滯銷，恐怕不會持續很久，但市場復蘇究竟什麼時候到來就難以預料。在轉機到來之前，生產還可能下降。現在滯銷的主要是輕紡產品、家電產品。值得注意的是，機電產品現在也已經開始出現滯銷的趨勢，因為固定資產投資壓縮，設備的需要量減少了。

第二，能源要漲價。明年煤炭每噸漲 15 元，現在還不知道是否打得住。此外，原油也要漲價，漲幅比較大。這些都要直接增加企業的負擔。我們計算了一下，明年要用 2525 萬噸煤，每噸漲 15 元，就得增加支出近 4 億元，企業的負擔就相當厲害了。大家要知道，企業去年的日子是比較好過的，中央讓了我們一點，我們讓了企業 10 億元。儘管去年原材料漲了一點價，但加工產品也提了一點價，所以，企業還是多拿了十幾個億。今年，這十幾個億都交上去了，因為煤炭加原油漲了十個億。這樣，企業就僅僅能完成承包基

數。當然，企業之間不平衡，有些企業完不成，有的好一點，總的平均是剛剛完成企業承包基數。但還款和留利就發生問題了。去年企業貸款還了 14 億元，今年到現在只還了 6.6 億元，估計全年最多還 8 億至 10 億元。此外，留利也很少。如果明年煤炭價格再漲幾億元，那困難就很大了。所以，我們要千方百計地爭取把煤炭納入國家的運輸計劃，那就可以省一點錢。這就需要市物資局、燃料公司、電力局把這個工作做好。市計委、經委要為企業減輕負擔。明年電、煤氣不能再漲價了，不然，企業受不了。另外，一定要少燒油。

第三，農產品要漲價。國家今年已經把給上海的平價糧食和平價飼料減了一半，商業部告訴我，明年可能減得更多。因此，即使糧食不漲價，由於議價糧的比重提高了，仍然要增加補貼。油也要漲價，但零售價不能動，這又要增加補貼。由於棉花漲價，估計紡織工業要多負擔 2.9 億元，增加了他的成本。糧油補貼對上海來說是個沉重的負擔。1986 年對糧油的補貼只有 2.6 億元，今年達到 27 億元，這還不包括我們企業負擔的 9 億元，加上這 9 億元就是 36 億元。再加上中央給我們 10 億元的補貼，一共有 46 億元補貼在糧、油、副食品上面。如果再加上公用事業和企業虧損補貼，那就是 56 億元。這樣巨額的補貼使我們財政的承受能力到了極限。

第四，明年還要採取穩定物價的方針，這一點絕對不能放鬆，但是，有些東西不漲價也是不行的。全國預定明年物價指數增長 16%，上海恐怕也不能低於 16%。比方說，公共汽車票價不漲恐怕不行，不漲，2.5 億元的補貼怎麼辦呢？月票漲價主要是增加企業的負擔，對人民生活不會有很大的影響，但是不會沒有怨言，不會沒有怪話，對此要有點思想準備。煤氣也是個問題。現在浦東煤氣廠的煤氣一個立方米 5 角 9 分，賣出去只是 1 角錢，這個 4 角 9 分的虧損都壓在政府身上，也受不了。上海的煤氣，民用和工業用各佔 50%。今年工業用煤氣漲價了，民用煤氣沒有漲價，把民用煤氣那一部分煤炭的虧損補貼都加在企業的身上，企業負擔不起，因為這個比例太大。當然，我不是說明年煤氣一定要漲價，但困難是明擺着

的。上海今年物價指數增長幅度預計低於去年 3 個百分點，明年也要明顯低於今年，但還得有一定的增長幅度，因此，對居民、職工的思想工作要做好，使人們對物價的一定增長有思想準備。

第五，國家的困難比上海的困難大得多，有幾百億元的債務，內債到明年就是還債高峰，外債到後年是還債高峰。上海的對外債務期限比較長，債務負擔現在不重，所以，我們要為國家多做貢獻。現在，凡是有上繳任務的省市，都要提高上繳比例。大家要有思想準備，不是 105 億元了。當然，我們實際上今年就已經是上繳 125 億元了，以後恐怕還要增加，具體數字等國家分配。我們從上到下得有思想準備，不能有怨言。

這五大困難不是要大家都原原本本地往下去講，但是，作為領導幹部一定要瞭解這個情況。這樣，才能充分認識當前困難的嚴重性，進一步提高治理整頓的自覺性和堅定性。

二、堅決落實治理整頓的各項措施。

我們現在面臨的經濟困難雖然比較嚴重，但從它的性質來說，畢竟是暫時的困難、前進中的困難，是完全有條件克服的。目前我們克服困難的政治條件和經濟條件還是好的。

當前上海的政治形勢是好的，是穩定的。這是我們克服困難的政治保證。前一階段，市委認真貫徹黨的十三屆四中全會精神，開展了清查清理工作；進一步清理整頓了公司，查處了單位投機倒把案件；開展了反貪污反受賄鬥爭，嚴肅查處了一些以權謀私的案件；全面部署了廉政工作，扎扎實實地做了幾件取信於民的實事，是得到了人民群眾擁護和支持的。特別是把廉政工作從抓局級幹部，延伸到處級幹部以至延伸到企業，制定了有關的規定，群眾反映是很好的。我們唱了一個《幹部廉政歌》[1]，雖然

〔1〕見本書第 352 頁注〔1〕。

還只是唱在嘴上，但人民群眾就很擁護，說市委、市政府這個決心下得好，要求我們把這首《幹部廉政歌》天天在電台廣播。當然，光唱沒有什麼用，關鍵還是要做，言行要一致。現在，人民群眾對市委、市政府還是有信心的，使我們的黨增加了凝聚力。這對於團結全市人民，同心同德，共渡難關，會起到積極作用。

上海有強大的工人階級隊伍，過去建立了很大的功勳，我相信，在克服當前經濟困難中，一定能夠繼續發揮主力軍作用，我們的郊區農民也會發揮積極的作用。

再從經濟條件看。應該說，現在各種條件都比去年的情況要好。首先，能源的準備就比去年好得多。去年我來上海工作的時候，開始是有三天的煤炭庫存、十幾萬噸，最緊急的時候是僅有幾個小時的用量。現在，電力富裕，煤炭的庫存也大大增加了。經過前一段時間的搶運，上海的煤炭庫存已達到 100 萬噸、半個多月的庫存量，到年底可能更多。其次，原材料出現了暫時鬆動的現象，像冷軋薄板過去是很緊俏的，現在都積壓了。只要你有錢，原材料都能買得到。所以，儘管資金非常困難，還是要抓緊做好生產準備工作。另外，去年以來，抓 14 個重點項目的攻關、技術改造、技術開發，現在都逐步見效，很多產品的國產化程度在不斷提高。這些都為我們進一步發展生產準備了條件。

當前，我們克服困難，勁兒往哪裡使？要朝以下三個方面去努力：

（一）迅速扭轉當前工業生產連續下降的局面。當前必須認真分析市場的走向，區別不同的商品、不同的情況，採取不同的方法。這是每一個企業的負責人和各委辦局的負責人都要認真研究的問題。首先是趕快抓出口。出口沒有很大的限制，關鍵是產品的質量和交貨期。國內市場銷不掉，你就把好的東西儘量向國外銷；本市銷不了，就到外地去銷；外地城市銷不了，就到農村去銷。總之，不能守株待兔，要千方百計「打出去」。只要經營有方，產品結構及時調整，技術開發抓住不放，產品還是會有銷路

的。另外，資金調度工作要加強。現在市政府每星期召開一次資金調度會。資金由銀行負責，但也需要政府引導，使資金的流向符合產品結構調整的方向，特別是在連環債、三角債差不多每天都發生的情況下，銀行和有關部門對資金調度工作更要大大加強。這樣也能緩解我們當前的困難。

再一個是要結合清理公司繼續整頓流通秩序，砍掉那些擾亂市場、重利盤剝的中間環節。現在我們許多國營商業起不了主渠道作用，這種狀況要改變。工商、工貿之間的銜接要加強，特別是在出口方面工貿雙方要很好合作，進一步實行出口代理制，「兩公開，四聯合」[1]一定要做好。

（二）各行各業都要支援農業，切實加強農業這個基礎，大力提高和充分發揮「菜籃子工程」的效益。這次黨的十三屆五中全會十分強調以農業為基礎，號召全黨全國動員起來，集中力量辦好農業，強調要增加對農業的投入，增強農業的後勁。對上海來講，同樣必須把農業放在重要地位，各項經濟工作都要貫徹以農業為基礎的方針。「無農不穩」，郊區的糧食生產、「菜籃子工程」牽涉到千家萬戶，關係到我們克服當前經濟困難的信心和動力，所以，一個「米袋子」，一個「菜籃子」，都絲毫不能放鬆，但虧損補貼不能增加。剛才說了議價糧比重在增加，還可能要漲價，怎麼辦？只有提高經濟效益。首先是農業生產要提高經濟效益。我們花了那麼多錢，建了那麼多副食品生產基地，幾萬頭豬的豬場、幾萬隻雞的雞場等，飼料消耗不能還像過去那麼高啊！管理要改善，成本要降低，飼料報酬率要提高，虧損要減少。對農民家庭的養雞、種菜等，都要很好地扶持，同時要教育他們，把產品賣給國營菜場。吃了國家的補貼，不能都到集市貿易賣高價，現在這方面的漏洞還相當大。對市蔬菜公司、禽蛋公司要很好地整頓。最近不是抓出了一些「菜蛀蟲」嗎？這個大漏洞不堅決堵住的話，

---

〔1〕見本書第 342 頁注〔1〕。

虧損減少不了。如果不從這方面想辦法，明年再要求政府增加幾億元、十幾億元的補貼，那是不可能的。這個問題，需要市政府以及市農委、財貿辦等有關部門採取有力的措施。還有，各行各業都要支援農業。今冬明春要大搞農田水利建設，為爭取明年農業豐收打下扎實的基礎。

（三）扎扎實實地開展增產節約、增收節支運動，真正提高經濟效益。對於今年已經見效的治理整頓的措施，包括壓縮基本建設的投資、控制消費基金的增長，這些工作一定要抓緊，要繼續做下去，不能動搖。另一方面，要想一些新的辦法來扭轉虧損補貼大量增加這一狀況。比如糧油補貼的節約潛力是很大的，壓縮 5％也有上億元。對倒賣糧食的人，要按照法律嚴厲處罰。要教育我們的市民，不能去幫助那些倒賣糧食的販子。另外，對行業用糧，請市政府考慮，明年除了經營大餅、油條等大眾化飲食服務行業以外，一律實行按議價供應，不能再用平價補貼了。這對糕點、糖果等的價格可能會有影響，但沒辦法，補貼不起了。對經營大餅、油條等大眾化點心的仍供應平價糧，但一定要定點、定量供應，要嚴格監督，不允許亂漲價。克服當前經濟困難的措施，需要市政府有關部門研究制定具體的辦法來落實。

三、團結帶領群眾戰勝治理整頓時期的暫時困難。

澤民同志在中央工作會議上說，領導者的智慧和領導藝術，特別表現在遇到困難的時候有沒有發現和解決問題的能力，有沒有團結廣大群眾戰勝困難的能力。正確估量和儘快扭轉當前經濟工作的困難局面，是對於我們各級領導機關、領導幹部的嚴峻考驗。為了團結起來，迎接治理整頓時期暫時困難的考驗，我想對黨員、領導幹部提三點要求：

（一）要發揚黨的優良傳統和政治優勢，轉變領導作風，堅持群眾路線，帶領群眾真正過幾年緊日子。我們的領導幹部、黨員要以身作則，言行一致，和群眾同甘共苦，一起去克服困難。這是一個關鍵。

有些企業搞得好，有些企業搞得不好，這與那裡的領導幹部、那裡的

黨組織是有很大關係的。我們有很多廠長、黨委書記團結帶領群眾克服困難，開拓前進，做出了很好的成績。我建議上海的新聞單位大力宣傳這些先進典型，用典型引路的辦法，鼓舞大家增強克服困難的勇氣和信心。

　　堅持群眾路線，改進領導作風，積極參加勞動，認真體察民情，這是激勵大家同心同德、戰勝困難的一個重要途徑，因為任務要依靠群眾去完成，經驗要依靠群眾去積累，困難也要依靠群眾才能克服。我們的各級領導幹部要克服不下基層、不關心群眾疾苦、脫離群眾的官僚主義作風。當前，要大力提倡幹部參加生產勞動。在轉變領導作風方面，這次全會上許多同志提出意見，說要從市委開始。這個意見提得對，應當從我們開始轉變領導作風。我們不但要帶頭勤政、廉潔、高效，而且要帶頭深入基層，

1989 年 12 月 7 日，朱鎔基考察上海市奉賢縣泰青港水利工程進展並參加勞動。左一為中共上海市奉賢縣委書記馮國勤，右二為奉賢縣副縣長沈雲章。

要大興調查研究之風，不要再浮在面上了。這一階段以來，我浮在面上的時間比較多，參加這個會那個會，在報上、電視上露面越來越多。我並不滿意這種現象，但是我也要請同志們諒解，有些會是不是不要讓我們市委、市政府領導同志都去陪會，行不行？大家都下去調查、參加勞動，和群眾同甘共苦。天天坐在上面開會，能開出什麼名堂來？當然必要的會還是要開，現在的問題是會開得太多了、太濫了。另外，各種表彰會、總結會，這個會那個會，都叫我們去參加，好像不參加就是不重視，甚至一個小學、一個中學都要請我去參加校慶、歌唱會等，我實在是不堪負擔。我老是寫信說對不起，我實在沒有辦法去。我覺得要向大家呼籲，從上到下，都來精簡會議，免除這些形式主義，大家都扎扎實實去為老百姓辦幾件好事。

（二）加強集中統一，加強組織紀律性，反對分散主義。我們在中央全會上也表了這個態，擁護中央加強集中統一、擁護中央加強計劃性。上海是全國的上海，我們理應做出更大的貢獻。陳雲同志講，現在各路「諸侯」太多，議而不決，決而不行，各自為政。上海有沒有這個問題？我們自己要檢查。我們各級黨的組織和各級政府機關都要認真檢查這個問題。

我覺得在上海，現在自作主張、各自為政、組織性紀律性鬆弛和淡薄的現象相當普遍。最近國務院通報批評上海擅自邀請伊朗能源部部長訪問，我應該承擔領導責任。我查了一下過程，每一個環節都有分散主義。外事無小事，外交權屬於中央，怎麼能隨隨便便就同意，就畫個圈？這件事很值得我們檢討。我發現現在有些處長、縣長、區長、局長膽子太大，幹什麼事一點不打招呼，自己就這麼搞了，這樣下去將來要犯大錯誤。這次已給我們敲了警鐘。另外還有政策性問題，如漲工資、上項目，這些都不能自作主張，都要請示彙報。

鄧小平同志在 9 月 4 日的講話中特別交代要發揮集體領導的作用。我們市委、市政府要帶頭執行小平同志的指示，各級黨的組織和各級政府機關也要這樣做。什麼事情都不能一個人做主。現在有的委辦局連辦公會都

開不起來，個人說了算，這怎麼行？領導班子這一班人要互相容忍，互相諒解，互相幫助。像小平同志講的，大一點的事，都要拿到領導班子裡來討論，然後再分頭去執行，去講話，去發指示，不能隨便亂講。我們要有民主集中制，領導幹部要發揚民主作風，要聽不同意見。從我本人來講很願意聽不同意見，只要正面提，不管在什麼場合提，我都很願意聽取。但是，市委、市政府決定了的事你必須執行，儘管你有不同意見。如果你陽奉陰違，那是不行的。我希望我們的組織部門在這方面要嚴格，如果老是這樣，當面不提意見，陽奉陰違，這種人要調開。在當前困難的時候，一定要強調黨中央的權威、國務院的權威。對市委、市政府的決定，一定要採取嚴肅的態度，一定要執行，不得擅自做主。

（三）從市委開始，認真學習和研究馬克思主義哲學，學習辯證法，改進我們的思想方法，提高決策的科學性。這個問題，江澤民同志在國慶講話[1]中已經講了，在黨的十三屆五中全會上又講了，要求我們學習哲學，掌握馬克思主義的世界觀和方法論。陳雲同志最近對中顧委多次講過要學習哲學，講得非常深刻，哲學學好了，一輩子都受用不盡。當前，在面臨經濟困難的時候，我們更要學好馬克思主義哲學的基本原理，防止在執行政策、貫徹中央指示時出現片面性。

在困難面前，我們特別要強調穩定，要穩定政策、穩定人心。澤民同志一再講，上海在全國的地位是舉足輕重的，穩定了上海，對穩定全國這個大局會起很大的作用。我們在執行每一個政策時，一定要很周到地考慮，切忌「翻燒餅」。很多問題要辯證地去看，不要強調一個方面，把另外一個方面忽視了。某個政策在當時起過積極作用，現在看起來有些毛病，但你不要馬上就變。如去年市政府對區縣下放權限的決定，我至今認為是正

---

〔1〕國慶講話，指 1989 年 9 月 29 日，中共中央總書記江澤民在慶祝中華人民共和國成立 40 周年大會上的講話。

確的，因為這大大調動了區縣的積極性，增加了區縣的財源，使區縣辦了很多好事。如果沒有這點財源，好事就辦不成，沒有人給我們分憂，自己辦也辦不好。當然，現在出現了新情況，區縣的財政收入增加得很快，市的財政出現了赤字。於是，有的同志提出，政策是否應該改一下？現在要強調集中統一啊！我的意見是，現在還是不要大變，不但要穩定這個政策，還要研究進一步下放權力的問題。有些事由區縣辦，比較接近人民群眾、接近實際，給他們一點相應的手段，還是讓他們去辦好。當然，區縣的同志也要注意，你們現在的財政收入增加以後，支出增長得太快了。有的區長還在叫苦，還要市裡再扶持他一把，我就有點不同意見了。這也得講點集中統一啊！也得講點照顧大局啊！我承認你有困難，你的困難很大，但與市裡比，你的困難還是小的。今年1至10月份，市的財政收入下降5.9％，區的財政收入增加18.9％，縣的財政收入增加18.5％。再說支出。1至10月份，市的財政支出增加4.5％，壓縮得夠厲害的了；區的財政支出增加32.5％，縣的財政支出增加34.6％，支出增加得太多了嘛！不要把好事一天都辦了，分個先後嘛！對區縣，我們不會改變財政包乾這個政策，可能在副食品補貼的負擔上讓你們增加一點，也不會增加得很多，但是你們自己要自我約束。你們機關工作人員的工資補貼發得太多了，比市委、市政府機關發的多得多，這個不好！有的區縣還在蓋樓堂館所，大鋪攤子，這我都知道，這個不對，要改正！我一再講，給你們增加財源，要你們辦幾件事情。第一是要把「菜籃子」搞好。你們把菜場辦好，讓集市貿易搬到菜場裡去，把馬路秩序整頓得好一點。不要嫌什麼把環境衛生、清理垃圾糞便都下放給你們，這些本來就在你們那裡，就是請你們搞得乾淨一點。第二是要把教育辦好，特別是中小學的教育。另外，搞基礎設施建設，市區建住宅要從嚴控制，要盡量蓋到浦東去。你們要根據財力的可能，要分輕重緩急，一件一件地辦，有先有後。有些區委書記、區長做得很好，經常到老百姓那裡去走一走，訪貧問苦，有什麼問題及時幫他們解決，這個

作風很好。我感謝你們，這免得我到處去跑了。你們區委書記、區長多走一走，老百姓就會擁護你們。還有，我們下放了合資經營項目的審批權，500 萬美元以下的下放到區縣。現在我們發現你們搞的許多項目不符合調整上海產業結構的要求，這要吃虧的，將來要揹包袱，也不利於上海經濟發展。這種項目已經有幾十個了。有人提出市裡要收這個權，我看也要穩定一下，這個權不要收了。但區縣一定要用好這個權，一定要根據市裡調整產業結構的要求，不要搞污染環境的、賠錢的、重複的項目。我們不收這個權，但你們自己要很好掌握。另外，我們的主管部門，市外資委、外經貿委有否決權。你們簽了合同，不利於上海發展的，我們也要否決。

關於上海金融業發展和開放問題 *
（1989 年 12 月 2 日）

　　去年，我是 2 月 6 日到上海工作的，早晨下火車，下午就聽市財政局彙報，為什麼呢？我覺得要是不會理財，市長沒法當，首先得把財政情況弄清楚了。搞了一年，感覺到光靠財政還是不行，越來越意識到金融的重要性，差不多每天都碰到這個問題。特別是今年 1 月，羅時林[1] 同志來找我，就是農村要分配了，需要 10 億元，他那裡錢沒有了，頭寸沒有了，沒法分配，緊張得很啊！後來，我跟江澤民同志兩個人給姚依林同志打電話，把鈔票廠的頭寸先調出來；另外讓彩電、冰箱下鄉，一下子拋出了差不多四五億元的物資，就是轉個賬，票子不過他的手。這樣借了 5 億元頭寸、5 億元轉賬，把 10 億元的農村分配問題解決了。

　　由此我感到，金融的問題確實重要，要把企業搞活，首先要把金融搞活，金融搞活了，可以促進企業的經營管理能力、生產能力、生存能力的提高。像現在的企業，有一點點困難都來找我們，這樣搞下去不行。我確實是體會到了金融的重要性。特別是今年銀根一抽緊，感到更加困難，我就跟龔浩成[2] 同志說，我們是不是開一個金融的座談會？上海過去曾經是

＊這是朱鎔基同志在上海市金融工作座談會上的講話。

〔1〕羅時林，當時任中國人民銀行上海市分行副行長。

〔2〕龔浩成，當時任中國人民銀行上海市分行行長兼國家外滙管理局上海分局局長。

1990 年 10 月 14 日，朱鎔基在上海金融國際研討會上發表演講。

舊中國的金融中心，有很多的專家，這方面的從業人員很熟悉金融業務，我們新一代的銀行也有很多人才，熟悉國內外的情況，請大家來共同商討一下，怎麼把上海的金融事業搞好。

至於說要搞金融中心的問題，我要申明，這不是我提出來的，因為這個話要避嫌。這個首先是毛玉亭提出來的，他是香港日本勸業角丸證券（亞洲）有限公司總經理。他到上海來過好幾次。我問他上海怎麼搞活？他就說，上海要恢復他原來金融中心的地位。他講銀行非常重要，上海金融界應該培養出大量的人才，對上海將來的發展會起很大的作用。老實說，現在我們銀行的水平不是很高，跟資本主義國家的商業銀行比起來，對企業的作用不一樣。起碼我們的銀行對每個企業的瞭解，不如西方國家用電子計算機，把企業信用、負債、經營等情況瞭解得一清二楚，我們還做不到。

另外，美國國際集團（AIG）董事長格林伯格也提了金融中心的問題。這家公司是舊中國時在上海起家的，三十年代的《大美晚報》就是這個公司辦的。他從上海發跡，然後到紐約去，變成國際有名的保險公司。我不是請了12個國際知名的企業家組成上海市市長國際企業家諮詢會議嗎？格林伯格是主席，這個人對中國的態度還是好的。他就跟我講了這個意見，他說，上海如何發展？戰略思想就是要搞金融中心，你首先要宣佈上海可以設外資銀行。我說，我們競爭不過外資銀行，把我們的生意都搶走了。他說，任何一個國家對自己的銀行都是保護的，你可以立法，可以設保護條款嘛，這樣就把外資銀行約束、控制住了。這是向全世界發出的一個信號：上海要開放，舉起開放的大旗。他說，這樣可以激發和鼓動外國資本到上海來投資的信心。

根據這樣一些情況，我就跟經叔平[1]同志說了這個意見。他跟張曉

---

〔1〕經叔平，當時任中國國際經濟諮詢公司董事長。

彬[1]同志搞證券交易研究，原來是要設在北京。他們聽了這個消息，把興趣轉移到上海來了。張曉彬同志給我寫了一封信，說他們願意為上海效勞，把證券交易中心、股票市場拿到上海來搞。後來，我跟劉鴻儒[2]同志一商量，他對上海非常支持，表示願意親自到上海來，推動這個事情的發展。我覺得很好。這個事情怎麼搞？劉鴻儒同志發表了指導性的意見。我很同意剛才有同志提出的意見，是不是我們就成立一個專門小組，把這些問題研究一下，提出切實可行的方案來。

我建議不要提在上海建立金融中心，這容易引起誤會，而且，也不是你說中心，上海就是中心了。還要看客觀的發展，政策對頭、中央支持、各方協作，最後能夠發展成為一個中心，那時再叫中心吧。一開始不要打這個旗號，樹大招風嘛。

目前先按照劉鴻儒同志講的，在「深化改革，發展上海的金融事業，把上海的金融搞活」這個題目下來做文章。我認為，當前要研究以下兩個有現實性的問題：

第一，設外資銀行。很多外國人很感興趣。去年不知道有多少外國銀行行長來找我，都是專程來見我一面，就是為了講那麼一句話：希望在上海建立分行。深圳能夠容納13家外資銀行，上海是不是現在的4家就夠了，多設兩家怎麼樣？因為這是個信號，上海設外資銀行的影響就不同於深圳，深圳是經濟特區。上海現在再設一家外資銀行，影響就很大。

當然，那天我見了鄭柏林[3]同志，他有他的苦處，現在的4家外資銀行競爭力相當強。他們財力雄厚，手段非常多。我們中國的銀行晚上加班費是7毛6分，現在加成3塊7毛6了，他們是10塊錢，你競爭不過他們。

---

〔1〕張曉彬，當時任中國新技術創業投資公司總經理。

〔2〕劉鴻儒，當時任國家經濟體制改革委員會副主任。

〔3〕鄭柏林，當時任中國銀行上海市分行代行長。

但話說回來，他們這樣一競爭，確實也把我們中國的銀行的水平拉高了，這就是開放的好處。一方面帶來一些壞事；另一方面，確實把我們的水平拉高了。沒有先進的管理，上海要想搞外向型經濟太困難了。但不搞外向型經濟，上海活不下去。搞外向型經濟，沒有金融做後盾，怎麼搞？設外資銀行我們打了報告，去年國務院也批了，同意上海在年底以前設幾家外資銀行。今年不知什麼原因，這個事情擱下了。開黨的十三屆五中全會的時候，我跟李鵬同志個別說了一下，我說這個是否可以作為開發浦東的政策措施，作為上海進一步開放的政策措施。李鵬同志倒是對我這個意見點頭，他說，要馬上把外資銀行管理辦法搞好。所以，我們正在加緊編製開發浦東的計劃，我想把這個也作為一個措施。但是為了使這個措施站得住腳，我建議研究小組到深圳調查一下：人家這麼一個彈丸之地，他的出口只有 10 億美元，為什麼能夠容納 13 家外資銀行，能夠有飯吃？我們只有 4 家。我們同深圳比較一下優缺點，通過比較，拿出一個有說服力的意見來，提出上海要設幾家外資銀行。設少了還不行，會吵架的。

第二，設立證券交易所。下一次來，你（指劉鴻儒）是否把張曉彬同志帶來，研究一下這個問題。剛才鴻儒同志講了很好的意見。我看還是要大膽試點，雖然有一點政治風險，但是上海不同於其他地方，不採取一點深化改革的措施，怎麼搞得下去啊！我現在是一天一天感到捉襟見肘啊！這兩年，政府的虧損補貼直線上升，去年增加 9 億多元，今年增加 13.7 億元，搞不下去了。今年承包基數都完不成，明年會非常困難。所以，再不想點措施，從國家來考慮，不只是從上海本身來考慮，上海如何為國家再多做貢獻？所以我說，對金融問題的研究，意義非常重大。

這兩個問題對我來講最迫切，至於其他的一定還有很多專題要列出來，而且不是做理論研究，是做可行性研究，要拿出方案來。我要看具體的方案優劣之比較，從實踐裡面來總結經驗。

具體的建議是：人民銀行市分行牽頭，出一個人，市體改辦出一個人，

市政府出一個人，組成一個三人小組，領導這項研究。辦公室還是在人民銀行市分行，你們牽頭，你們是拿總的。具體人員由一些什麼人組成，可以研究。另外，主要是跟上海的各個金融機構和研究機構發生聯繫，給他們任務，組織他們開座談會，出題目，要他們拿成果，諸如此類，多種方式。還要做些實地調查，比如我剛才講的外資銀行資料，有說服力，很生動。上次中國銀行的那個簡報也是非常生動，李鵬同志一看就清楚了。所以，你們得搞些材料。市政府就出李祥瑞〔1〕同志，因為他是市政府市政工作諮詢小組成員，現在馬上要下聘書了。他也是老人民銀行了，責無旁貸。我們希望人民銀行總行能支持我們，指導我們的工作，也希望劉鴻儒同志多關心這個事。他是一身而二任，又是人民銀行總行出身，現在又是國家體改委副主任，他最合適搞這個工作了。希望他把上海作為體改的試點。將來我們要搞個報告給國務院，這樣有個合法的承認，我們再搞金融改革。至於具體措施，我們一項一項出台。比方開發浦東的報告，我希望年底或明年年初能打出去，包括一些金融方面的措施。

---

〔1〕李祥瑞，當時任交通銀行董事長。

新聞宣傳要實事求是 *

（1990 年 1 月 12 日）

一、關於當前形勢的宣傳。

前一階段，我們對經濟形勢，講困難比較多，叫作困難要講夠，這是必要的。現在看來，還要在鼓勁方面多做一點工作。因為現在大家對情況有點不摸底，消極不安，信心不足，不知道治理整頓究竟能不能奏效，過幾年緊日子不知要緊到什麼程度。我覺得今後一個階段的宣傳工作，應該把鼓勁提到更重要的位置。困難還要講，期望值不要過高，還要做過緊日子的思想準備，但是要多做一點打氣、鼓勁的文章。上海沒有什麼太了不起的問題，今年一個很重要的任務，就是要為企業創造寬鬆的環境。我們從去年開始做了一點工作。最近，上海的文藝工作者到山西、內蒙古、北京、河北等地的鐵路、港口、煤礦去宣傳、慰問、演出，反映非常好。我們要大力宣傳這件事情。這次山西省省長王森浩來上海，當面向我道謝。他們省委書記、省長都去看了演出，對李炳淑[1]、

＊這是朱鎔基同志在中央主要新聞單位駐滬機構及上海市主要新聞單位負責人第七次座談會上講話的要點。

[1] 李炳淑，上海京劇院演員。

茅善玉[1]、沈小岑[2]、童祥苓[3]、關懷[4]、嚴順開[5]等同志的表演反映很好。我們送的是精神食糧,送的是上海人民的熱情和心意。這個做法發揚了五十年代黨的優良傳統。現在,上海能源供應的形勢很好。最近,全國煤炭訂貨會議在上海召開。通過這次會議,人們對上海的印象更好了。我們用熱情、誠懇的服務,取得了各地包括中央各個部門對我們的支持。我看要對訂貨會議組織一點報道,宣傳一種好的風氣,宣傳上海熱情、誠懇的接待,宣傳各省區市、中央各部門對上海的支持,也宣傳上海要對全國多做貢獻。總之,要多寫點鼓勁的文章。

今年的生產條件比前兩年都好,只要市場一轉變,上海搞到10%的工業增長速度毫無問題。當然今年還搞不到10%,因為市場還難以在短時間內轉變。現在要強調調整產業、產品結構,把技術進步搞上去,使上海的產品佔據市場,特別是要抓出口。現在出口形勢也很好。去年上海完成出口50億美元,這是很不容易的。對外經貿部指定我們1月份到香港去舉行一個外貿洽談會,給我們的指標是成交1億美元,第一天就成交了1565萬美元。現在完成了1.5億美元,超過了50%。3月份,我們要舉行上海的外貿洽談會,同志們要好好報道一下。

現在有些企業停工或半停工,我認為這是必須的,不這樣做,上海翻不了身。國營企業停工的職工約3萬人,佔國企職工的2%;集體企業停工的職工是3萬多人,佔集體企業職工的17%。對職工待業問題,中央很重視,要防止影響社會的穩定。上海在這方面沒有太大的問題。對國營企

---

〔1〕茅善玉,上海滬劇院演員。

〔2〕沈小岑,上海輕音樂團演員。

〔3〕童祥苓,上海京劇院演員。

〔4〕關懷,上海京劇院演員。

〔5〕嚴順開,上海滑稽劇團演員。

1990 年 9 月 26 日晚，朱鎔基觀看上海昆劇團復排演出的《十五貫》後，走上舞台同演員親切交談，並祝賀演出成功。右一為市人大常委會副主任陳鐵迪，右二為市人大常委會主任葉公琦，右四為上海昆劇團演員劉德榮，右五為上海昆劇團黨總支書記兼副團長史耘，右九為上海昆劇團副團長鄭利寅，左一為上海昆劇團演員計鎮華，左三為上海昆劇團演員梁谷音。

業已經有一個關停併轉的調整規劃。當然，我們要盡量少關停、多併轉，搞點企業集團。上海要翻身，必須「金蟬脫殼」，要有「壯士斷腕」的決心。城市的集體企業比較麻煩，分散、落後，產品缺乏競爭力。最近，我和各區區委書記、區長商量，關於集體企業停工人員的生活問題，由區裡負責，保證每人每月 75 元的最低生活水平，不夠的部分由區政府補足。對通過小改小革能夠把產品更新的集體企業，區政府可以支持，但要進行真正的關停併轉和大的調整，區裡拿不出這麼多錢。最近我有一個想法：要對上海的集體企業實施一個三年調整和技術改造規劃，銀行拿一筆貸款給集體企

業，貸款利息由市、區政府各貼一半。這些企業都是區裡管的，這筆無息貸款可以支持他們翻一個身。要通過三年調整和技術改造，把那些能源、原材料消耗高的產品淘汰掉，讓集體企業改變面貌，技術水平上一個新的台階。

同志們，你們要宣傳關於基本建設要打殲滅戰的思想方法。我們上海有一套基本做法，就是市重大工程建設辦公室對納入計劃的重點項目，加強協調督促，集中全市的人力、物力、財力，專人負責，立軍令狀，限期完成。這個辦法非常有成效，去年幾十項重大項目都按進度如期完成了。市政工程局的工作也有相當大的改變，從浦東南路開始，到虹橋路、龍吳路工程，他們都在短期內完成了，改變了過去馬路到處挖開、竣工遙遙無期的狀況。老百姓年年都看到實惠，勁頭就上來了。

今年在經濟方面還要採取一些重大步驟，希望同志們能夠配合宣傳。調整和治理整頓中的困難沒有什麼了不起，而且必須這樣做。要報道如何去調整，職工怎麼關心企業的經營，企業怎麼通過關停併轉被救活的。另外，要報道企業在提高質量、擴大品種、縮短交貨期、保證出口、加快建設外向型經濟等方面取得的成績。要多宣傳、多表揚，把勁鼓起來。

上海在開放方面將要採取一些新的步驟。比方說，3月份，我們要開一個上海市市長國際企業家諮詢會議，就是請世界上有名的企業家做顧問。先請了18位，發出邀請後，沒有一個人不願意來，沒有被請的拼命往裡擠，有名的人多得很。去年，我們開了一次預備會議，今年3月開正式會議。這件事情，可以大大地報道一下，說明各國企業界還是心向上海的。另外，我們在開發浦東方面，正在研究各種政策，準備向中央打報告。開發浦東的條件很好，黃浦江大橋明年通車，外高橋港口建設項目明年開工，幾條公路修好，浦東就具備外商大量投資的條件了。這方面要大量宣傳。

二、關於如何宣傳上海的問題。

中央駐滬新聞單位的同志講要更多地宣傳上海，我對宣傳上海持慎重態度。宣傳多了，究竟是好還是不好？我贊成適度宣傳，不要大量宣傳。上海的工作是不是就做得那麼好了？上海有他的歷史條件，文化素質、幹部素質相對較好，經濟實力比較雄厚，不一定都是主觀做得那麼好。我誠懇地向同志們呼籲，在宣傳上海的工作時，不要再宣傳我了，突出個人是不好的。離開市委的集體領導，離開上海的特定條件，我是做不出什麼成績的，而且我們是在黨中央、國務院直接領導下工作的。我一再打招呼，不要在報紙上多發表我講的話。為政不在多言。上海的工作有他的連續性，應該把上海現在取得的成績，同過去的成績、過去幾年奠定的基礎聯繫起來報道。譬如，這個「菜籃子工程」，不是從我開始搞的，在我來上海工作以前，「菜籃子工程」計劃已經制訂好了，資金籌集，一年八個億，也已經有了，重點項目都已經佈了點，我不過是在執行。我覺得，應該對上海幾個重大的、老百姓反映比較好的事情，組織寫一些專題報道，對澤民同志所起的突出作用進行一點宣傳。「菜籃子」、基礎設施建設，真正開始實施是澤民同志來上海工作以後。新客站、延安東路隧道，都是澤民同志親自掛帥搞的。提倡廉政、最早提出「四菜一湯」的，也是澤民同志。關於加強思想政治工作，澤民同志在1987年擔任市委書記後，深入各條戰線調查研究，並主持召開了一次市委全會，專門研究思想政治工作，搞了一個決議[1]，也是全國第一份。這幾個專題請市委宣傳部考慮，系統地報道一下。最近，我感到宣傳天津比較系統，這是對的、好的，但上海也有些好東西啊！譬如辦實事，上海很快就抓了，而且有實效。現在看起來，為老百姓辦實事，真是起很大作用。

---

〔1〕決議，指《中共上海市委關於當前加強和改進思想政治工作的幾點意見》。

建議大家來一個分工，新華社上海分社、《人民日報》上海記者站、《解放日報》、《文匯報》、《新民晚報》一家搞一個專題。不要馬上寫出來，馬上寫出來就很膚淺，要寫得深一點，既令人信服，又不過火。這要下點功夫醞釀一下，要讓大家看後覺得確實是實事求是、恰如其分的。

三、如何搞好新聞宣傳工作。

發表消息，同志們要有獨立見解，自主把關。我感覺到上海分散主義相當嚴重，有些部門主意挺多，不大喜歡請示。國務院通報過我們擅自邀請伊朗能源部部長訪問上海的事情。當然，這裡情況很複雜，但反正是不對的。後來我得出一個結論，各個環節都有分散主義，稍微注意一點就不會犯這種錯誤。因此，同志們對各個部門提供的各種消息要獨立判斷，自主把關。

今後，你們搞不清楚的事可以問問主管的副市長、副書記，小一點的事可以問問秘書長。對這種事情，我們從來不嫌你們請示多了而厭煩。沒有把握的事，多打個電話問一問。

總之，關於總體的、宏觀的評價，請你們注意把關，下結論要慎重。至於微觀方面，哪個單位腐敗、哪件事沒有做好，我非常歡迎你們大膽揭發，再尖銳也不怕，這是對改進工作最好的輿論監督。市政府機關已養成一個習慣，只要報上登到市政府工作有什麼缺點、什麼建議，我們市長都要親自過問，同志們是不是感到這一點了？

最後，向大家拜個早年，希望大家過個好春節，同時也希望大家把春節的文藝宣傳工作做好。群眾的口味開始向健康的、有生活氣息的、現實主義的、樸實的方面發展了。好多省市已向這方面轉變，我們上海不要落後。那些單純模仿香港和西方的東西，群眾已沒有多大興趣了。電視台商業性的節目要少一點，我也知道你們的困難，不搞一點活不下去，但要少一點。要強調思想宣傳的作用，你們那個《在你的周圍》專欄節目，辦得非常好。電視台一方面要多宣傳正面的、積極奉獻的新風，另一方面要鞭撻醜惡的、不文明的現象。那些商業性的、軟綿綿的東西要少一點，群眾

1990年2月3日，朱鎔基與赴山西、內蒙古、北京等地巡演歸來、參加彙報演出的上海文藝
演出團演員親切握手。右一為上海輕音樂團樂隊隊長周建華，右二為上海京劇院演員言興朋，
右三為上海滑稽劇團演員嚴順開，右四為上海京劇院演員李炳淑。（崔益軍攝）

也不一定歡迎。我希望把春節晚會辦好，這不大容易啊。我建議至立[1]同
志把我們上海文藝界到山西煤礦、各地方下基層表演的這些演員集中起來，
做一次彙報演出，對他們進行表揚。他們沒有去「走穴」，而是為工農兵
服務，為上海經濟發展服務。

---

〔1〕至立，即陳至立，當時任中共上海市委副書記、市委宣傳部部長。

向楊尚昆同志彙報時的發言 *

（1990 年 2 月 2 日）

　　我們認為目前上海和全國的形勢是好的，絕對不是大勢不好。為什麼呢？黨的十三屆四中全會提出了四件大事[1]，中央政治局又決定辦七件實事[2]，黨的十三屆五中全會提出的方針、任務，都非常適應形勢的要求。雖然人民群眾的信心還有些不足，但人心是更齊了。上海的形勢是這樣，全國的基本形勢也是這樣。

　　今年，我們主要是抓黨風。儘管經濟工作很重要，但黨風不轉變，經濟很難抓上去。我們提出要抓黨風、促廉政，把重點放在這裡，並落實到基層。據我瞭解，上海的農村幹部是比較規矩的，但問題也不少。有些幹部搞特殊化，佔好地，為自己蓋房。我們拍了照片，蓋的房如同花園。另外還存在着政企不分、黨政不分等現象。我們有村民委員會，但負責人又兼任某經濟組織的頭頭，人、財、物都在他口袋裡。鄉黨委書記又是合作

＊這是朱鎔基同志在中共上海市委向來上海視察的楊尚昆同志彙報工作時的發言。

〔1〕四件大事，指 1989 年 6 月召開的中國共產黨第十三屆中央委員會第四次全體會議強調，要特別注意抓好四件大事：一是徹底制止動亂、平息反革命暴亂，嚴格區分兩類不同性質的矛盾，進一步穩定全國局勢；二是繼續搞好治理整頓，更好地堅持改革開放，促進經濟持續、穩定、協調地發展；三是認真加強思想政治工作，努力開展愛國主義、社會主義、獨立自主、艱苦奮鬥的教育，切實反對資產階級自由化；四是大力加強黨的建設，大力加強民主和法制建設，堅決懲治腐敗，切實做好幾件人民普遍關心的事情，決不辜負人民對黨的期望。

〔2〕見本書第 321 頁注〔1〕。

聯社的董事長，賬目也不健全。這種體制，黨、政、經不分，很難實行監督，任用私人、貪污腐化、違法亂紀等都容易發生。我想搞一個文件，來解決這些問題。

關於廉政問題，有些群眾對我們至今沒有抓出個局長來不滿意。的確，到現在為止，還沒有抓出一個局長。當然，沒問題不能亂抓；有問題，抓了出來，就要嚴辦。一個區檢察院的書記員，盜竊了該院保管的沒收的金首飾等贓物，價值 40 多萬元，已經槍決了。

關於經濟問題，治理整頓要抓好。當前的困難是可以解決的，但至少要有五年時間。今年是可以熬過去的，可拖得太久也不行，老百姓有個信心問題。如果工人垂頭喪氣，不幹活，就不行了。關於治理整頓，中央已有文件，我們要加以具體化，要使工人、農民大家都有信心。

上海雖然還能維持幾年，但已經捉襟見肘。長此以往，很難搞下去。要是當「維持會長」，讓老百姓不造反，這還可以做到；但要免於衰落，挽回頹勢，是有困難的。上海是個加工工業城市，現在勞動生產率、產值利稅率、資金利用率還是處於全國領先地位，但趨勢是年年下降。因為上海所用原材料、能源都來自外地，原材料價格不斷上漲，而上海產品不能相應地漲價，國家又沒有大的投入，要維持這個局面，很不容易。

上海現在財政補貼已達 56 億元，其中，10 億元是中央給的糧食補貼。財政收入上繳中央後留下的，幾乎都用到補貼中去了。這補貼是年年上升的，1987 年比 1986 年增加兩億元，1988 年比 1987 年增加了 9 億元，1989 年又增加 13.7 億元。這種情況，值得我們考慮。剛才國棟、立教[1] 同志都已講了，我不具體講了。為了讓上海更多地做貢獻，就要給上海政策，因為他具有特殊的地位，這不是廣東所能比的。我們上繳了 125 億元，佔

---

〔1〕立教，即胡立教，曾任上海市人大常委會主任等職。

1989 年 9 月 21 日，朱鎔基在江南造船廠考察船體車間和「遠望號」測量船。左五為市委副書記吳邦國。

全部地方上繳中央的四分之一；連同中央在滬企業上繳的共 250 億元，佔整個中央財政收入的五分之一。上海這樣的地位，如果經濟下降了，對中央是極為不利的。

上海具備為中央多做貢獻的條件，也有條件利用這些條件。一是上海的政治條件好。我們忠於黨中央，聽中央的話，是堅持與中央保持一致的。上海的幹部也是規規矩矩的，是管得住的。上海很集中，一個廠長、一個區長出了問題，我們都能及時瞭解、糾正。上海比較正統，是不會發生大問題的。二是從經濟上講，我們比廣東的條件好得多，主要是科技力量強。中科院有 10 個最強的研究所在上海。丁肇中[1]前天來了，他在美國主持建設一個耗資 79 億美元的世界最大的加速器，所需 250 厘米長的 BGO[2]，就是上海生產的。上海的工業配套門類齊全，上天入地的都有。上海雖然沒有採礦業，但煤炭部最重要的科研單位煤礦機械研究所設在上海，因為上海工業門類全。上海也有一些與外國人打交道有經驗的人，素質較高。上海的統計工作，利用電子計算機，也比較好。上海的基建項目，用計算機監測、儲存，要瞞也瞞不住。電話通信，上海也上得很快，一年上十幾萬門，現在已達到 50 多萬門，十年可超過香港。中央可以放心，可以給我們更大的自主權。上海堅持開放的旗幟，對外資有一定的號召力、吸引力。上海已經實行了上繳財政包乾，給了我們的政策並不影響中央的財政收入，我們願意多做貢獻。

---

〔1〕丁肇中，美籍華人，實驗物理學家，曾獲諾貝爾物理學獎。

〔2〕BGO，鍺酸鉍（$Bi_4Ge_3O_{12}$）的簡稱，是一種新型閃爍晶體，應用於高能物理、空間物理與核醫學等領域。

對《中共中央關於加強黨同人民群眾聯繫的決定（徵求意見稿）》的幾點意見*

（1990 年 2 月 26 日）

下面我想講三個問題：

第一個問題，為什麼現在黨同群眾的聯繫這麼差？現在是黨和權聯繫在一起。我們是執政黨，我們的社會主義民主和法制還沒有做到在法律面前黨員和群眾一律平等，總是「刑不上大夫」啊。對這個現象，人民群眾非常不滿。所以群眾說，共產黨把黨員標準越來越降低了，過去說為了人民的利益而犧牲自己的利益，黨員要「吃苦在前」，現在變成「同甘共苦」了，甚至連同甘共苦往往也做不到了。這個問題，如果不突出地講不行。我們黨員特別是黨員領導幹部，還是有一些特權的。對這個問題需要提得高一點，得有一個辦法。人大是最高的權力機關、立法機關，要發揮監督的作用，黨在法律面前應該和群眾是平等的。

第二個問題，現在我們的一些體制，往往是黨政不分、政企不分、黨

＊ 1990 年 2 月 26 日，喬石同志在上海召集中共上海市委、江蘇省委、浙江省委負責同志座談會，徵求對《中共中央關於加強黨同人民群眾聯繫的決定（徵求意見稿）》的意見。這是朱鎔基同志在會上發言的要點。

企不分，這也是促成腐敗的一個因素。我這次在農村蹲點〔1〕發現，文件講的房子問題，只是一個方面，還有分配的問題在裡面，黨員幹部的分配比一般農民的分配不是高一兩倍的問題，是高幾倍甚至幾十倍。為什麼會造成這個情況？就是從鄉以下開始，黨政不分、黨企不分。這個文件講房子問題時，提出了「鄉以上」的概念。從上海的具體情況來講，這樣規定就沒有抓住問題的要害，因為在上海，我們對鄉以上幹部抓得比較緊，已經處理了幾個鄉長，也處理了一個市委委員，鄉以上到縣的幹部不敢為非作歹，因為我們盯住他們了。現在嚴重的是「鄉以下」，因為對鄉長、鄉財政，稍微還可以監督一下；但是鄉以下，雖有村民委員會，但村民委員會是群眾性的自治組織，他不是一級政權，而村民委員會的主任一般又是合作性質的經濟組織的頭頭，村辦企業都歸村支部書記主管。也就是說，黨政企、人財物都在他一個人口袋裡，他想怎麼辦就怎麼辦，他說給誰批地就給誰批地，他說提拔誰就提拔誰，他說怎麼支錢就怎麼支錢，沒有監督的體制，黨性再強也難免腐敗。鄉鎮企業的廠長更不要說了，只要當上廠長，什麼賬本都在他口袋裡，他說這個賬怎麼做就怎麼做，他說該怎麼支出就怎麼支出，你管不了他。還有承包，他只要年終完成承包數，其他怎麼搞，也沒人去管。這麼個體制要改革，我組織了一些人在調查研究這個問題，當然一下子改也難，因為村民委員會是憲法規定的，但要想辦法研究，黨政要分開，政企要分開，黨企更要分開。

　　蓋房子的問題，現在的寫法恐怕不行。各地情況不一樣，這樣的處理方法不行。我經過對三個縣的調查研究，感到這個問題不好解決。鄉以下的問題現在是很不好動的，蓋房子的都是書記、村長、鄉長、社隊企業領

---

〔1〕在農村蹲點，指為了貫徹落實黨的十三屆五中全會關於「全黨全國動員起來，集中力量辦好農業」和「各級黨委和政府必須把農業放在重要地位，各項經濟工作都要貫徹以農業為基礎的方針」的精神，朱鎔基同志帶領中共上海市委、市政府幹部，於 1989 年 12 月下旬至 1990 年 3 月初，先後到上海市金山、川沙、嘉定三個縣就農村工作進行蹲點調研。

1990年1月14日，朱鎔基在上海市川沙縣就農村工作進行蹲點調研期間，參加川沙縣青年「創社會新風、做四有新人」集體婚禮。前排右一為市委研究室副主任張不知，右三為中共上海市川沙縣委書記孟建柱，右四為市農業委員會主任張燕，右五為市委副秘書長、辦公廳主任馬松山，左一為共青團川沙縣委書記陳臻，左三為中共上海市川沙縣委副書記項偉民，左四為川沙縣縣長韓坤林，左五為朱鎔基夫人勞安。

導等等。我在川沙縣專門拍了一些房子的照片，你看看就知道了。他們為什麼房子能蓋得這麼好？四條：第一，他有權，隨便批地，他可以批幾百平米，地是不要錢的。我們非得推廣山東省的做法不可，使用土地要有償，不然的話不得了，上海耕地就都沒有了。第二，他蓋房的材料是平價的，國家批給農村的平價建築材料都到這些農村黨員幹部手裡去了。第三，蓋房子的都是單位幫忙的。上海縣一個副縣長，已停職了，18個單位給他出汽車拉磚瓦沙石、大理石，這18個單位出人出車都是不算錢的。第四，拖

欠公款，少則幾千元，多則幾萬元，拿公家的錢，說先借着，但多少年不還，也還不起。過去也發過文件，但是一紙空文，沒有人貫徹。我們在考慮，要有個時限，根據不同時間分別處理，在文件下達前的，做些退賠。對過去的從寬，以後的堅決從嚴。

從上海的情況看，我體會脫離群眾的問題，農村比城市更嚴重。如果把這個問題處理好，農民的積極性就會調動起來，農業生產可以大大提高。我們市委準備在這方面做點調查研究，非常認真地做工作。推動上海農村的發展確實要有點政策。

第三個問題，就是分配不公。現在這樣一種分配政策不利於黨聯繫群眾。它不是哪一個黨員的問題，實行這麼一種政策，就脫離了大多數人民群眾。根據調查，上海收入高的有十種人，這十種人的產生都是政策帶來的。十年改革開放，從總體上說，政策是正確的，要堅持，但也產生了一些副作用。怎麼掌握這個度？問題就比較複雜了。現在中外合資企業和各種公司，工資高得不得了，特別是涉外賓館，一個月拿上千元都是平常的。一個服務員的工資比我們還多，公司經理比我們的工資高幾倍，當然他們的工資比起外國人來低得多了。所以國營企業的職工都要鑽門子跑到中外合資企業去。不該合資的，也打報告要合資。這裡有一種因素，只要一合資，廠長十倍的工資就到手了，整個職工的工資都漲一倍，管理人員的工資都好幾倍地上去。最近全國人大正在討論一個合資企業法，我一再向阮崇武[1]同志提意見，不要定得太高，現在工資這麼高，上海控制得比他低，要不控制，上海會瓦解的。我講，再這麼搞下去，在我們市委、市政府機關工作的人，有本事的都到公司、外資企業去了，這怎麼得了！

---

〔1〕阮崇武，當時任勞動部部長。

向喬石同志彙報時的發言 *

（1990 年 2 月 26 日）

第一點，穩定，這是大局。這一點，請喬石同志向中央轉達。我們決心穩定上海，也是穩得住的。在政治上，我們認為目前上海的情況是好的，有一些不穩定的因素，但是可以穩得住，關鍵是 4、5、6 這三個月。如果這三個月上海能穩住，不出大的事情，今年就沒事，今後也不會有很大的事。

我們準備在黨的十三屆六中全會開完後，馬上召開市委全會，貫徹六中全會精神。馬上做工作，首先要做各個學校的工作，市委書記和副書記、市委常委、副市長，分十幾路到各個大學做思想工作，1988 年我們就是這個做法。我想，政治上我們是可以穩住的。我們對許多事情的處理是慎重的。特別是請老同志為我們把關，既要嚴肅處理，又要慎重，把上海的局勢穩住。

我同意道涵同志的意見，經濟太好是好不了。全國是這麼個狀況，我的態度不是很樂觀，不是說今年搞半年市場形勢就轉變了，恐怕要較長時間。現在看起來，現有的這些啟動措施，都不足以轉變這個形勢。要做比較充分的思想準備。就是說，恐怕不會一下子太好。上海條件是很好的，

＊這是朱鎔基同志在中共上海市委向來上海視察的喬石同志彙報工作時的發言。

煤炭庫存從過去僅有三天到目前一個多月，生產條件比過去好得多，只要有市場，上海就可以開足馬力生產，把速度搞到10％以上，這不是吹牛皮。問題是全國這個形勢，上海一下子轉不過來。上海40％的產品銷往全國，錢回不來，壓在那裡，怎麼能轉得動呢？但是，壞也壞不到哪兒去。我們還是能夠穩住的，經濟上還是能保持一定的增長，市場物價能夠穩住。工人停工待業的問題在上海也不是一個大問題，主要是搞產業結構的調整，不怕關門，我們有足夠的思想準備，這不是個很大的問題。上海社會治安還是好的，流竄作案比較多。我們向中央保證，決心穩定上海。我們有一些措施，有這個信心、決心，請中央放心。

第二個問題，就是國棟、立教同志上次向楊尚昆同志彙報時提出的，上海向何處去？提到了上海進一步對外開放的問題。說老實話，我作為市委書記，是不敢提這個問題的。我是說，中央叫我幹什麼，我就幹什麼，我現在就這麼個想法。我能夠穩住，能夠守成，就覺得不錯了。後來國棟同志提了這個問題，引起了尚昆同志一直到小平同志的重視和關懷，我們感到非常高興。

上海的財政補貼，是三個10億元。第一個10億元，是對糧、油、副食品的補貼，每年以10億元以上的幅度在增長。這實際上都是補貼給外省市的，他們漲價，上海不能不多付錢。第二個10億元，是我們企業的負擔，外地給我們的原材料和能源的淨漲價每年10億元，雖然我們的產品價格也漲一點，但跟不上它。第三個，給中央的上繳，平均每年也增10億元。說是財政包乾105億元，實際上今年要交129億元。一年30多億元，我們從哪兒去找這個錢啊？國家沒什麼投入，沒什麼大項目安排在上海，當然也不是完全沒有，如30萬噸乙烯工程是原來中央安排的項目，但不多。這樣下去的話，難以維持了。不是起飛的問題，是不進則退，要往下退了。我們是很擔心的。那怎麼辦？確實只有走對外開放、發展外向型經濟這條道路，這是唯一的出路。不然的話，一系列的社會矛盾，比如住房問題、交

1991 年 3 月 30 日，中共中央政治局常委、中紀委書記喬石出席七屆全國人大四次會議上海團的討論會。圖為喬石和朱鎔基親切交談。（新華社記者劉建生攝）

通問題、環境污染問題，都不能解決，老百姓的怨氣越來越大。最近幾年，從道涵、澤民同志開始，火車站、越江隧道等城市基礎設施建設一些之後，加上現在黃浦江大橋一搞，老百姓的情緒不一樣了。城市建設一點不搞是不行的。

因此，提出進一步對外開放的問題。道涵同志一直講，關鍵是開放「度」的問題。剛才國棟同志講了三個選擇，我聽起來，實際上只有一個選擇，就是搞深圳經濟特區的政策了，我們的彙報沒敢這麼寫。我送小平同志走時，在車上他的幾句話對我們鼓舞很大。他講：「我一貫就主張膽子要放大，這十年以來，我就是一直在那裡鼓吹要開放，要膽子大一點，沒什麼可怕的，沒什麼了不起。因此，我是贊成你們浦東開發的。」另外一句話說：「你們搞晚了，搞晚了。」馬上，下面一句話又說：「現在搞

也快,上海人的腦袋瓜子靈光。」他還說:「肯定比廣東要快。」這對我們是很大的鼓舞。小平同志又說:「你們要多向江澤民同志吹風。」我和小平同志講,澤民同志是從上海去的呀!我們不便和他多講。所以後來小平同志說話了,小平同志接見香港特別行政區基本法起草委員會委員以後,江澤民同志、李鵬同志都在場,小平同志說:「江澤民同志是從上海來的,他不好說話。我本來是不管事的,我現在要說話。上海要開放。」當天下午,李鵬同志叫何椿霖[1]同志打來電話,講了一些改革開放要注意的問題,講了些意見,同時又問我,你有沒有個東西啊?我說,我們的報告討論了兩三個月了,總是不大滿意,你要催的話,今天晚上我就加班給你送去。當天晚上就改好了,第二天就送去了。這個報告,喬石同志你已經看到了。我們現在希望增強中央下決心的力量,批准我們這個報告。我們保證鞠躬盡瘁,死而後已,為全局做貢獻,讓上海真正在全國一盤棋中做出他應有的貢獻,我們有這個決心。雖然我年紀已經大了,但我們這一班人年紀都是比較輕的,方興未艾,精力都很充沛。我相信在老同志的幫助下,還是能把這件事情辦好的。

---

〔1〕何椿霖,當時任國務院副秘書長兼國務院特區辦公室主任。

為上海人民辦三件實事 *
（1990 年 3 月 3 日）

我希望在上海工作的時間裡，至少為上海人民辦三件事：

第一件大事情，是把「菜籃子」建立在牢固、可靠、穩定的基礎上。報上發表了我在全市蔬菜工作會議上講的一點意見，沒有講全。真正把上海的副食品供應建立在現代化的生產體系上，真正是淨菜加工、小包裝、現代化的運輸管理體系，效益很高，這才能最終解決我們一年幾十億元的補貼問題。我提的目標是一年試點，兩年推廣，三年普及。下面的同志說我是不是要求太高了，但我有信心，上海有這個能力，這是個根本的問題。今天我去看你們的集市貿易市場，好多人把我圍住提意見，說蔬菜太貴了，國營菜場不起作用，全部都是集市貿易，這是一個問題。現在我們市政府每年補貼幾十億元，就像一個很長的竹筒子，上面都是眼，補貼都從眼裡流掉了，好多是流到個體戶的腰包裡去了，內外勾結。菜場好多人「宰」顧客，短斤少兩，賣大戶，弄虛作假。從根本上說是要抓黨風，促廉政，端正社會風氣，這需要一定的時間，但也要從經營管理上下功夫。副食品生產是現代化的，銷售是超級化的，經營管理是一條龍的。這是我們要辦的一件大事情。

---

* 這是朱鎔基同志在上海市嘉定縣黨政幹部會議上講話的一部分。

1990 年 3 月 3 日，朱鎔基考察上海市嘉定縣農副產品交易中心。前排右三為嘉定縣副縣長錢根興，右四為中共上海市嘉定縣委常委、辦公室主任沈永亮。

　　第二件大事情，是要解決上海以道路交通為中心的各項基礎設施建設問題。這要有一個規劃，當然幾年完成不了，需要幾十年，現在先開個頭，要有個規劃、有個目標，不能再亂來。上海沒有兩條環線，交通問題解決不了。現在至少要修成一條環線，規劃要做出來。黃浦江的越江交通問題要解決。將來上海條是條、塊是塊，要有一個目標。

　　第三件大事情，是要解決上海的住房問題。這個太迫切了。前一段時間，停工待業的職工很多，我去訪問過一些家庭，看望過一些市民。我走到他們宿舍，樓道裡面都堆滿了亂七八糟的東西，不要說自行車過不去，人走都困難。每家人都擠得不得了。上海的住房問題比北京要嚴重得多。要解決上海的住房問題，靠國家、企業來建房，幾年也解決不了。現在我

請天增同志組織了很大一批人在研究，拿出一個辦法，拿出個大政策來。香港、新加坡解決房子問題，基本的方法都是國家、企業、個人一起來。我想，上海一定要制定一個國家、企業、個人一起上的辦法來解決住房問題。我們有條件蓋房子的地方就在浦東，過江的交通問題一解決，基礎設施一解決，學校、醫院、商店配套，房子一片一片地蓋。把基礎設施搞好，減少中間盤剝，房子的價錢可以便宜些，我想上海的住房問題是可以逐步解決的。棚戶區苦得很，將來都把那些地方推掉，然後把它們變成綠化用地，不能再在浦西蓋高樓了，否則我們的交通問題還是解決不了。要蓋房子都到浦東去，浦西那些地方要綠化，增加城市的綠化面積，把整個上海都改造過來，那就漂亮了。那是一個遠景，我們要有一個方案讓全體市民來討論，大家都認為這個辦法合理、公平，這樣才能解決上海的住房問題。我看 5 年就會見效，10 年面貌就會有相當大的改變，20 年就差不多了，我這個估計是不是太樂觀了？

會見香港仲量行董事
梁振英時的談話

（1990 年 3 月 14 日）

朱鎔基：目前中國內地市場不景氣。從上海市民的切身利益出發，我考慮啟動上海市場有三條措施：第一，深化「菜籃子工程」，逐步實現副食品生產現代化、銷售超級化、產銷一體化；第二，搞好以道路交通為中心的城市基礎設施規劃和建設，帶動其他產業的發展；第三，改革住房政策，開拓建築市場。

現在上海人民迫切需要解決的一個問題，是住房問題。大量中青年教師和科技人員外流，其中也有住房困難的原因。上海人吃的方面還可以，就是住得太擠，一家人擠在一間小屋裡。如果光靠國家投資造房，我看再過 30 至 50 年都解決不了上海的住房困難。現在企業也很苦，拿不出更多的錢來造房子。借鑒香港、新加坡解決居民住房問題的做法，無非是國家、企業、個人一起上。讓個人也投點資用於造房、購房，像買彩電分期付款一樣，把短期信用回籠變為長期住宅投資。上海有條件這樣做，關鍵是住房建設的各個環節要提高效益，降低造價。另外，上海人的素質、能力和技術、文化水平在全國是比較高的，只要領導得力，把工作抓得很緊，任何事情都能做成功。我們就押這一個寶，只要住房政策得到群眾擁護，就能啟動建築市場，加快住房建設。同時，結合開發浦東，採取新的土地政

策吸引外資，並運用級差地租的辦法促使老市區的工業和人口向浦東疏散。為此，要向梁先生請教香港籌集資金解決住宅問題的辦法。先請天增同志再補充講幾句。

倪天增：上海原來的住房建設主要由國家負擔，採取分配的辦法，這幾年來企業也逐步負擔一部分，但個人基本沒有負擔。原來房改的思路就是想主要靠個人來負擔，但按目前情況來看，完全靠個人解決住房問題是有困難的，只有靠國家、企業、個人一起上。同時，對現有住房分配的辦法也要進行改革。現在住房分配工作很難做，有的房子建設期不到一年，而分配時間卻要一至兩年。另外，籌措建房資金也很困難，全部靠國家投資根本不可能。因此，在住房建設中怎樣做到國家、企業、個人一起上，將建房資金的周轉納入良性循環，進一步提高投資效益，這方面很想聽聽梁先生的高見。

梁振英：朱市長給我出了一個大題目，我只好大題小做，談點個人的見解。

第一，房地產市場問題。境外房產市場上樓宇增長是有一定規律的，基本上同當地的經濟發展速度成正比。南朝鮮、新加坡都是這樣，香港和台灣也是如此。即使香港各類機構的業務範圍擴展很快，但辦公用房的增長速度也只有6%，宿舍這幾年來增長的速度一般也是6%，如果某一年超過了6%，就會有一部分寫字樓或宿舍沒人買，而且房子的價格也會下來。

從浦東開發來看，土地用途無非就是這幾種：蓋辦公樓、商店、酒店、工廠、住宅。這幾類用途的發展是有先後的，一般工業和住宅用地的發展都是較先的。其中蓋工廠和酒店與發展工業和旅遊業有關，因此要創造條件吸引外面的人來投資，特別是要利用上海的工業優勢。蓋辦公樓、商店、酒店，主要看上海有沒有新的需求，如果需求不足，土地賣給了地產商，也是「曬太陽」或蓋了房沒人買。只有工業發展起來了，很多外商來投資，人員進出頻繁，才會形成對酒店和高級公寓的需求；工業和貿易發展了，

外面的金融機構、律師事務所來了，才會形成對辦公樓的需求，同時也形成對商業設施的需求等等。總之，房地產業的發展次序同第一、第二、第三產業的發展過程是一致的，發展速度也基本是協調的。

至於工業用地，地價不可能很高，靠土地批租能把工業區內的開發費收回已經不錯了，但是其帶來的技術、就業、稅收和市場都很有價值。因此，重點不應着眼於地價上，而主要是看社會效益。

土地批租出去搞整片開發，要算一本賬，規定土地用途後再有償轉讓。現在浦東基本上是生地，搞整片開發，市場不會太好，外面人家很少搞土地整片批租開發。浦東這麼大，要分片搞開發，在這過程中，把開發好的地一片一片賣出去，也許會好一些。我建議集中找一些外面的工業進來，作為浦東開發的啟動。工業不起步，其他事業也是發展不起來的，而且只有人口和第三產業發展到一定的規模，浦東才開發得起來。現在台灣有些工業想把投資轉移出來，已轉到印度尼西亞、馬來西亞、泰國等地，但那裡竹槓敲得厲害，勞動力也不便宜，這對上海來講是個吸引投資的好機會。我相信上海有很多優勢可以與印度尼西亞、馬來西亞、泰國競爭。

朱鎔基：總的地價要等形成一定的房地產市場後再考慮，但在目前情況下，外國人還沒來浦東投資，我們要不要搞級差地價，可不可以規定土地的價格政策？

梁振英：可以分級差定地價，比如浦東多少錢一平方米、浦西多少錢一平方米，而且級差的距離要大，這樣才能促使浦西的工業搬遷到浦東去。級差太小，工廠認為划不來就不搬了。

倪天增：現在我們也有級差地價，例如企業交納土地使用稅，每年每平方米 0.5 元至 7.5 元不等，但由於差別不大，沒有真正起到價格政策的調節作用。徵收的土地使用稅有一半要交給中央財政。

朱鎔基：開發浦東要有一個土地政策，前提就是在開發過程中新增加的土地收入不上繳中央，留給浦東開發用。要趕快擬出這一條政策，準備

向中央領導同志彙報。

梁振英：土地使用制度改革要一步一步來。你們過去是無償使用土地，現在搞有償使用，已經跨出了很大的一步。當然，現在的有償使用價值還不能充分反映土地的客觀環境，但也不能一下子搞得太急。

外商到上海來投資，主要是看總成本是否有利可圖。對外商來說，到浦東投資和到閔行投資是一樣的，如果無利可圖，他不會來。地價則要根據開發能力和土地用途、大小及位置等因素來確定，總的原則是這塊地能賣 100 元，絕不賣 99 元。

倪天增：現有的閔行經濟技術開發區只有兩個多平方公里，而且已經快擠滿了。浦東是更大的開發區或出口加工區、外商投資區。

梁振英：上海現有的幾個開發區應該說是搞得很好的，開發區的政策也制定得很好，但奇怪的是外面很少聽到上海開發區的消息。因此在宣傳上要想點辦法，如漕河涇新興技術開發區批租後，就要利用機會宣傳上海的開發區，發佈消息，甚至到外面去做廣告。可口可樂公司的產品已經很暢銷，但直到現在還每天在電視上買廣告做，他們捨得花這筆錢。如果他們不做宣傳，這個市場就會被別人搶去。當然，宣傳的方式還有很多，可以編印小冊子，請駐海外使領館去發放，發給外面的機構，宣傳外商來閔行、漕河涇開發區投資辦廠的經驗和效益。如美國的施樂公司、3M 公司，荷蘭的飛利浦公司到上海來投資，對外界就很有推動作用。這方面的工作，香港的一些公關公司是很有經驗和辦法的，香港貿發局就有機構常駐上海，可以委託他們到外面去做上海開發區的廣告，在當地電視特別節目中宣傳半小時，當然費用不得了，但一定會引起當地商人的興趣。還有，從虹橋機場出來到市區的路上可以做些路標，每隔一公里左右豎一塊指路牌，標明閔行、漕河涇、虹橋三個開發區在哪個方向，這樣無形中就強化了路過這裡的人對三個開發區的印象，至少可以讓人知道這三個開發區的名字。像新加坡有個叫裕廊的地方，雖然是個很小的地方，但名聲很響，他們就

很重視宣傳。其實，上海現在的幾個開發區比新加坡的裕廊、香港的大埔都大。

朱鎔基：梁先生講的都是很簡單的道理，但我們就沒去做。到上海來投資的外商中，有一些是國外很有名的大公司，他們來開發區投資辦廠後，與我們合作經營得很成功，應當好好宣傳。另外，為了開發浦東，上海還需要做哪些工作？今年6月份，我到香港去時再向梁先生登門求教。這次去香港舉行關於上海進一步對外開放、開發浦東的研討會，應該花三分之二的力量去宣傳閔行、虹橋、漕河涇三個開發區，宣傳進來了多少合資企業、經濟效益如何、外商盈利多少等等；只要花三分之一的力量宣傳浦東開發，宣傳上海進一步擴大對外開放的決心和措施，外商就會來投資，浦東開發馬上可以起步。

梁振英：第二，再談談住房問題。我認為土地有償使用主要是技術問題，而出售住房就比較複雜，還帶有一些社會因素，關鍵是既要考慮市民有購房的意願，又要考慮市民具備購買房子的能力，有了這兩條才能做到買房住。市民光有錢，但把錢都存進銀行，就是不願意買房子，也不成。因此，必須做到市民有買房的意願，要宣傳居民在解決住房問題上的責任，也要宣傳個人買房的好處。現在香港、台灣的人基本收入的50%至60%是用於購置住房，那裡的居民已經養成自己買房子的觀念，只要經濟上一有能力就去買房子，即便借錢也要買。一般借錢買房後，第一年收入的50%至60%都用於償還購房的錢，第二、第三年隨着工資收入逐年有所增長，還房錢所佔的比例會適當下降一些，到第四年又有可能把現有的房子賣掉再去買更好的房子住。香港私人房屋的條件在一步步提高，要政府拿錢滿足所有市民的居住需求是不可能的。

上海不能期望在短期內解決住房問題，現在一般的家庭沒有能力買房。新加坡實行一種「公積金」的做法，幫助人民提高購買房子的能力。我看沒有一個國家能包下國民的住房問題。而真要推行買房住，首先要解

決觀念問題，市民要肯盡最大的能力。

朱鎔基：觀念問題確實很重要。過去我們是無償分配住房，實行的又是低房租的政策，所以要改變市民的觀念很難。另外，在不提高工資的情況下提高房租也是不行的，得罪的人可能更多。住房政策改革有一定的政治風險，但不改革，政府也沒有能力再無償分配住房了，就看我們的工作做得怎麼樣。這項改革是非常仔細的，甚至需要公民投票。將來考慮住房有三種情況：一是全價出售；二是補貼出售，打對折或收三分之一的錢；三是國家、企業拿一部分錢，而相當部分由個人分期付款。總之，沒有政府無償分配住房了。同時還要形成房產市場，允許房子可以賣掉或做抵押。

梁振英：香港政府每過幾年就要出售一批公共房屋，把房子賣給原來租房住的人，原住戶買房的錢不夠，可以向銀行借錢。社會上擁有恆產的人越多，相對來說社會就越穩定。一些開出租汽車的司機奔命加班，就是為了攢錢買房子。

朱鎔基：今天梁先生講了許多意見，講得很好。建議把市建委、規劃局和其他有關局的同志召集起來，請梁先生做一個報告。今後上海還要選派一些人到香港去培訓，學習你們土地批租和開發房產市場的經驗。

向姚依林同志彙報浦東開發問題 *

（1990 年 3 月 29 日，4 月 2 日、7 日）

一

（1990 年 3 月 29 日）

開發浦東問題的提出，道涵同志是最大的積極分子，他比我積極得多。這次小平同志、尚昆同志來上海，我們彙報了兩次，是國棟同志首先提出這個問題的。第一個問題是上海向何處去，中央究竟把上海擺在什麼戰略位置？第二個問題是開發浦東是一條出路，要更加開放。我贊成這個意見，立教同志也是這個意見。我現在考慮，要解決上海的問題，擠中央不行，靠其他省市也不行。比如棉花都不肯給我們了，1987 年的 30 萬噸是全數分配的，1988 年的 20 萬噸是靠中央費了好大勁才解決的，1989 年只有 15 萬至 16 萬噸，只佔一半了，今年估計只能拿到三分之一，紡織工業要是這麼萎縮，那麼佔上海出口的 40％就沒有辦法完成。上海這個趨勢，靠中央、壓中央、擠中央不行了；現在的問題是要上海增加貢獻，只能量力而行了。靠兄弟省市當然要靠，但也越來越困難。所以，我想來想去只有一條路，

＊這是中共上海市委、市政府向姚依林同志彙報浦東開發基本思路和總體規劃設想時，朱鎔基同志三次發言的主要部分。1990 年 3 月 28 日至 4 月 8 日，受中共中央、國務院委託，中共中央政治局常委、國務院副總理姚依林率領國務院特區辦公室、國家計劃委員會、財政部、中國人民銀行、對外經濟貿易部、商業部、中國銀行等部門的負責同志到上海，對浦東開發問題進行專題研究、討論，並起草了向中共中央、國務院報告的《關於上海浦東開發幾個問題的彙報提綱》。

能不能在外向型經濟方面打開一點出路，因為上海已經同外向型經濟結下了不解之緣，三分之一的產品是出口，如果不出口，就活不下去了，進口原材料的外滙都沒有了。另外，還有一個特殊問題：目前上海的外債餘額是 27 億美元，其中旅遊賓館 7 億美元是借外債搞的，加上其他投資共十幾億美元，現在沒有客人來，怎麼還債？想來想去，還是只能更加開放，開發浦東，這才能解脫目前上海的困境。同時，浦東開發與上海是聯繫起來的，不向浦東疏散，上海的交通、住宅問題解決不了。向浦東疏散，要解決過江交通問題。只有把浦東開發與上海發展聯繫起來，才能緩解上海當前的矛盾。

另外，我們還考慮上海「生不逢時」，希望中央給上海一點優惠政策。現在這段時間是打基礎，如果沒有一段時間打基礎，是不會有外商來的。所以中央先給個政策，喊出開放的口號，打好基礎，等到國際氣候一轉變，那時上海就「生逢其時」了。國棟同志同尚昆同志談話時，要求給上海比深圳更「特」的政策。正因為上海「生不逢時」，給一點優惠政策，才能有吸引力，不然更不好弄。有沒有危險？根據我兩年工作的感受，上海人基本上還是規規矩矩的，沒有很大的邪門歪道，不會出很大的亂子，不會捅很大的婁子，也不會一哄而上搞什麼大的名堂，因為沒有那麼多的勞動力。最近我在北京時，錢偉長同志專門找我談了一次，說費孝通同志提了一個倡議，他們兩人要聯合向中央提出，長江三角洲比珠江三角洲要厲害得多，建議在上海搞個「香港」。原來小平同志就說過要搞幾個「香港」。費孝通同志正在游說江蘇、浙江，以上海為龍頭，進一步開放，讓他們都跟着上去。我當時說，要上海做好服務，我非常高興，因為現在廣東大量的錢是讓香港賺去了，珠江三角洲就是個加工廠，所有金融、信息、外滙結算等賺錢的服務行業都在香港。上海這方面具有的優勢，比廣東不差，把銀行、股票等搞起來為江浙服務是可以的。（姚依林：不光是江浙，還有長江流域。）我說我們願意為他們搞這個服務，但上海不能當「盟主」，

這裡還有好多矛盾，希望中央給上海一點政策，使我們能夠為長江三角洲服務。另外，我們也代替不了香港，多少年以後也代替不了香港。

總而言之，我們感覺到現在是上海的一個轉折點。依林同志你兩年來一次上海，這一次我希望你能徹底地解決問題，別再兩年來一次了。那時再有問題，用不着你來就行了，那時是來視察，看一看。

二

（1990 年 4 月 2 日）

依林同志受澤民同志和李鵬同志委託到上海來研究浦東開發問題，聽了依林同志的講話，以及何椿霖同志和陳光健[1]同志還有其他負責同志的講話，我們確實受到很大的鼓舞。一方面，依林同志明確表示支持浦東的開發；另一方面，各部門負責同志也給了上海實惠。當然，我們知道中央有困難，要拿出很大的力量來辦這件事也不是很現實。中央的同志幫助上海，考慮得很周到、很穩妥，給我們很大的支持，確實是體現了黨中央、國務院對上海的關懷，同時也體現了依林同志和其他同志對上海的理解和支持，這是我內心想講的話。說實話，本來我們碰到這麼大的困難，精神有些疲軟了，困難是看得多了點。依林同志一行來了以後，給我們帶來了希望和鼓舞。

今天我跟天增同志講，我是過了 60 歲的人了，他們也 50 歲出頭了，我們真正要拼搏也只有這幾年了，我們還是有幹頭的，還可以好好地為上海人民辦一點事。剛來上海工作的時候，我的勁頭是很大。經過這兩年多的磨煉，我深深體會到上海現在像是一個進入了晚年的老頭，老態龍鍾，

---

〔1〕陳光健，當時任國家計劃委員會副主任。

精疲力竭。我不是強調困難，而是如實反映情況。我這兩年來沒有在這裡偷懶，一直在喊這個、抓那個，拼命地搞，但是確有困難。不是說你批評了，施加壓力了，嚴格要求了，就能改變，而是確有歷史的原因、客觀的困難，形成了這麼一種狀況。所以，每兩年需要依林同志來打一次「強心針」。其中，1987 年的財政包乾這「針」打得最有力，而且給上海安了一個「心臟起搏器」，給上海很大的支持。所以那時我接手市長的工作蠻有信心，中央給這麼大的支持，勢頭確實也不錯，一直到去年上半年，勢頭也還是不錯的，這裡面還主要靠中央各部委的一些支持。但到後來，一個是碰到了政治風波，國際形勢也改變了；另一個是碰到了治理整頓，我們承受市場疲軟的能力不如兄弟省市，從去年第四季度開始，生產負增長一直延續到今年第一季度。確實沒有別的招了，只得還是請依林同志來。上海是以加工業為主，負擔很重，競爭能力很差，而中央要揹他又揹不起。能源、原材料根據價格改革的原則不斷地提價，而上海的加工工業產品不能夠相應地提價，形成了財政滑坡。兄弟省市的同志說，我們要學習上海的經驗就是財政滑坡，意思是財政一滑坡，中央就來支持了。但是說老實話，誰願意滑坡呢？用財政滑坡來爭取中央支持，誰願意幹這件事情？滑坡是客觀的趨勢。

剛才有同志提出要求中央維持平價糧食分配，這是不可能的。這幾年的經驗證明，平價糧食是不斷地減少，一年增加十幾億元補貼進去。原材料、煤炭不斷地提價，一年 10 億元補貼進去。棉花計劃分配的比重不斷減下去，只能靠進口或者工廠被迫停工，這種情況必然提高產品的成本。為什麼我跟項懷誠[1]同志講上海幾年內財政收入達不到 165 億元呢？上海實際上是達到了 165 億元，但被每年增加的糧、油、副食品、原材料虧損補

---

[1] 項懷誠，當時任財政部副部長。

1990年4月2日，中共中央政治局常委、國務院副總理姚依林聽取中共上海市委、市政府關於浦東開發問題的彙報。圖為姚依林和朱鎔基親切交談。

貼沖掉了。所以，我估計幾年以內是達不到165億元的，收入雖然增加了，但是都沖抵了，都轉給兄弟省市了。（姚依林：上海負擔過重，對於這一點，我的觀點始終沒有變，原來設想從生產的增長中求得上繳的絕對數不變，上繳比例可以減少。在1987年時，我是這樣想的，現在看起來這一點也做不到。因此，上海反映的這些困難，我認為是事實。）

我認為別的都不可怕，可怕的是現在的國營企業，他已經像個老頭，老態龍鍾，老牛破車。第一，上海的企業沒有廣東、福建、江蘇、浙江的優惠政策，企業包乾上繳負擔很重，無法搞技術進步。第二，上海的企業缺乏山東、東北、內地省市的能源、原材料優勢，這樣就形成財政滑坡的

趨勢。上海唯一的優勢就是人才、科技，但是這個優勢正日益喪失，最近
上海最好的胸外科專家到美國定居去了。真正在高校、科研機構中有本事
的人，現在也紛紛到國外去定居。目前，企業裡的工人和技術人員的素質
也大大下降。上海這樣一個地方，住高層樓還要搬煤餅。上海有 110 萬個
煤球爐子，煤氣化的比例大大低於北京與天津，幾十萬戶的煤氣管子都接
到門口了，但現在沒有氣源。上下班交通困難，喝的水不像水，住的房子
擠得一塌糊塗，這種情況下，你要調動人們的積極性是不大容易的。國棟
同志提出一個問題：上海向何處去？逼着上海面向國外，就是怎麼能夠吸
引一點外資，引進一點先進技術和管理，產品能夠趕上國際水平，銷到國
際市場去。在國內，上海競爭不過兄弟省市，勞動力貴，能源、原材料貴，
他們的政策又比上海優惠，上海怎麼也競爭不過他們。唯一的希望寄託在
開發浦東上。

上海提出開發浦東的設想後，得到了黨中央、國務院的支持。在這麼
短的時間裡，形勢發展這麼快，可以說是出乎意料。現在的問題集中到一
點，就是怎麼啟動？上海想利用外資，就必須有基礎設施，基礎設施建設
又必須從全市來考慮，不可能只在浦東搞個基礎設施，全市沒有搞，這是
不可能的。這裡就需要有啟動資金。這個啟動資金，我們的意圖是這樣的：
前提是我們並不想挖中央一塊，就是我們不減少對中央的上繳。但是，剛
才市財政局也說了一些困難，無非是說明，現在不是挖一塊、不是減少上
繳的問題，而是每年上繳都有相當大幅度增加的問題。我們只希望財政部
考慮一下，使上海的負擔穩定在一定的程度上。再增加負擔，確實是無法
再搞技術進步了。另外一點，希望中央能夠支持我們一點啟動的資金。上
海現在是精光的了，財政是赤字。開發浦東，外資不可能一下子來，三年
以內不可能來得很多，中央如果不給一點支持，開發浦東就可能是一句空
話。（姚依林：這個估計，我很同意。）我們的工作主要就在這三年，這
三年，我們把基礎設施搞上去，有個大的改觀。三年以後，基礎設施完善

了，軟件、硬件都完善了以後，上海起飛就有可能，那時國際形勢會有所好轉。所以希望三年裡面，中央支持足以啟動上海所需要的資金。

我向依林同志彙報了，我確實想拼命做這個工作，就是從「菜籃子」、住房、交通，包括煤氣等方面，如何能夠從老百姓那裡把錢拿出來啟動市場。從上海的情況看，不是不可能，因為老百姓現在不買彩電等家用電器了，衣食住行、吃穿用的方面不多花錢了，都存到銀行裡去了。如果通過解決上海人民的切身利益問題，鼓勵大家把錢用各種形式拿出來，集資也好，基金也好，分期付款也好，我相信是可以調動上海人民的積極性來解決他們的切身問題。但是必須有一個前提條件，就如我向依林同志彙報的煤氣問題，必須先把煤氣廠搞上一兩個，然後你這個辦法一出來，他們把錢一拿，半年以後，你把煤氣接上了，這個才有信用啊。如果你叫他們拿了錢，兩年三年看不見煤氣，他們認為你是騙人，所以這個事情需要資金啟動一下。

另外一個土地批租，要是還維持原來按比例上繳的政策，我說實話，誰也沒法去搞土地批租，你那個錢也收不到。還不如讓上海先試個點，就留給我們算了。總的我們感到，如果中央給我們這樣一個支持，可以推動上海的生產，啟動上海的市場，其結果是保證上繳。如果不是這樣啟動，像現在這樣工業生產始終保持負增長，那絕對上繳不了。

最後一個問題，就是宣佈上海進一步開放的時機。那天依林同志提出這個問題，我覺得提得很好，這是一個重大的問題。我個人認為，最好是在李鵬同志到上海來以後宣佈這件事。這是一張政治王牌，是會有利於國際形勢的轉變的。外國人現在是看我們在4、5、6三個月能不能穩得住。有些人希望我們垮台，但也有些人希望我們穩住了以後，他們好說話。如果在這個時候宣佈上海進一步開放，公佈若干優惠政策，加上上海目前在外國人心目中仍是一個有利於投資的地方，我想可能對轉變形勢有一定的好處。所以我希望依林同志考慮一下我的意見，建議李鵬同志在4月中旬

到上海來的時候，能夠宣佈這個政策，這個宣傳效果將是非常好的。

三

（1990 年 4 月 7 日）

這次依林同志和中央各部委的負責同志到上海來，受黨中央和國務院的委託，在很短的時間裡面給予上海人民以鼓舞，點燃起我們的希望，振奮了我們的精神。從某種意義上來講，我沒有想到。怎麼說呢？就是開發浦東這件事醞釀了很久，原來我們的設想是中央能不能給個政策，就像小平同志講的，要把開放的旗子一下子打出去，要有一個大的動作，這樣有利於改善上海的形象，吸引更多的外資，收到宣傳的效果。我一再講，我這裡投資十幾億美元的旅館，要是沒有人來住，這個債都還不起。外國人即使不來投資，哪怕就來住一住，我這個負擔也能減輕。說老實話，當時只想到這一點。我也想到，如果沒有啟動資金，這個宣傳也是一句空話。因為你雖然有這個政策，但基礎設施不改善，人家也不會來的。我們也考慮到中央很困難，所以依林同志來，我們也沒有想出要提什麼要求，當時我想中央可能給個政策讓我們自己慢慢去爬。現在採取這麼個決策，我認為確實是黨中央、國務院，特別是依林同志和中央各部委同志對上海深刻的瞭解、正確的判斷和英明的決策。過去我一年雖然來上海三次，但還是沒有親身體會，瞭解不深，這兩年有一點體會。就像昨天的絹紡廠，依林同志去看了一下，比較代表上海基本的面貌，主要的就是這個類型。改造了一批，就是靠這個一年 3 億美元。但是那裡面也有不成功的，買了一套設備進來投不了產，這個情況也不是沒有。基本上搞了三年，總共是 10 億美元，改造了一批廠，現在能夠有點市場的還就是這批廠。從這個廠子可以看出什麼東西呢？上海的工業基礎還是不錯的，工人的素質確實比外地高，我在全國看了好多廠，對這一點深有體會。就是說，你只要給他一點

啟動資金，給他一點改造的資金，他的潛力和效益的發揮要比其他地方大得多。上海人比較講求實惠，但要求也不很高，有承擔任務的光榮感，現在就是精神疲軟，這個勁鼓不起來。如果能夠給他們鼓一下勁，這個潛力就能夠得到很大的發揮。因此，我認為這個決策的影響，遠遠超出了上海的範圍，這樣做對國家的好處要比對上海本身的好處大得多。上海這一塊確實是沒有人揹得起。說老實話，現在我們自己心裡也不大好受，每年跑到北京去要煤、要原材料、借庫存棉花，給國家增加很大的負擔。當然，上海對全國的貢獻也要講。上海的產值只佔全國的十分之一，但從上海的上繳，以及作為一個僅次於北京的經濟、文化中心，他確實起到一個舉足輕重的作用。（姚依林：過緊日子，在上海很多工廠裡就是這樣。）

我們的幹部也是這樣。上次《人民日報》發表了上海幾個副市長在一個房間辦公的報道，有些人不大相信。也有人說辦公室擠一點，宿舍是不是那樣？我今天可以這樣講，住房就我跟江澤民同志兩人好一點，市委副書記、副市長家裡沒有洗澡的設備，他們要洗澡就要到外面浴室去洗。就是這麼個狀況。上海有一個傳統，保持了艱苦樸素。所以剛才國棟、道涵同志都講了，中央可以相信我們上海不會亂來，不會把這個權使用壞了。

對《彙報提綱》[1]，我沒有更多的意見，寫得很好。中央各部門負責同志對上海考慮得很周到，但是，後面的幾條能不能考慮稍微再肯定一點，因為根據我的瞭解，這個文件中央很快可以拍板的。這一拍板以後，幾年都不好改這個文件，這要耽誤事情。所以，我懇切地請依林同志和中央各部門負責同志再次考慮一下幾個問題：

首先一個是土地批租政策和土地級差地租的政策，這對上海是至關重要的兩條政策。如果要改變上海的面貌，就要靠這兩個政策。土地批租的

---

〔1〕《彙報提綱》，指中央調研組《關於上海浦東開發幾個問題的彙報提綱》。

收入如果還是按現在的辦法上繳，上海是寸步難行，沒法再搞了。土地批租的收入是我們開發浦東的一個重要資金來源，所以我希望這個《彙報提綱》有個肯定性的意見，就是讓上海先試點。如果要攀比，那無法攀比，我們也從來沒有去跟廣東攀比過。先試試看嘛，每一個項目都可以經過中央審批。另外，這個級差地租的政策就是我們要逼迫現在集中在浦西七十幾平方公里內的工業企業趕快疏散到浦東，然後得到技術改造。像昨天看的那個絹紡廠，再在裡面蓋房子也沒法搞了，只有搬遷才行。遷移，你必須給企業一筆啟動資金，不然他怎麼遷移，房子怎麼蓋？這就要靠地租，就是企業到那邊去，他的土地使用費交得少了，成本降低了。當然，我們實行這一政策時會非常謹慎，因為我們知道現在企業已是不堪負擔了。

我贊成依林同志批准我們一個幅度，我們可以在財政部規定的那個城鎮土地使用稅上面，再加一塊。這個幅度由上海自己通過試點逐步地來試行。我們會很慎重地來試行，不會過多地加重企業成本，否則沒有後勁了。但是如果搞得好，很可能使企業改變面貌。這是第一條意見。

第二條意見，《彙報提綱》第六頁裡的寫法是：「不改變現行的財政體制和外匯管理體制，不影響上海市對中央的財政上繳、外匯上繳任務以及在滬的中央直屬企業的利潤上繳任務」。我覺得是不是前半句可以不要？因為現行的財政體制也說不清楚，上海實行的是一種跟別的地方不一樣的財政包乾，外匯也是一個包乾的體制，這個包乾的體制即將到期，只有兩年半了，究竟將來怎麼辦，都在可變的情況之下，事實上現在每年都在變。所以，就說「不影響上海市對中央的財政上繳任務」這一句就可以了，這是我們的本意。我們也沒有提出要減少，只要求穩定一下，只提出新增加的稅收不要再增加上海的負擔了。

會見世界銀行
高級副行長庫萊希等人時的談話 *
（1990 年 4 月 8 日）

朱鎔基：世界銀行與上海一直合作得很好，我們對雙方合作的前景寄予很大的希望。上海已經準備了能夠利用世界銀行幾億美元貸款的合作項目，有些項目已進行了評估，有些項目正在評估。現在是萬事俱備，只欠東風。不知副行長先生這次到上海帶來了什麼好的消息？

庫萊希：我這次來華是一次很重要的訪問，在北京很高興與中國領導人進行了會見；來上海訪問，也是訪華日程中的一個內容。上海在中國過去十年改革開放中起了非常重要的作用，我期待上海進一步同世界銀行合作。在這之前，我的同事已經與上海討論過一些直接利用世界銀行貸款的大項目，希望這些項目儘快得到實施。我也知道上海有幾個很重要的工業技術改造項目，正在等待世界銀行董事會討論通過。世界銀行還準備與上海一起舉辦研討會，專題討論上海的發展戰略，包括如何集中人力、物力和各種資源來搞好建設，並探討在這過程中世界銀行能起什麼作用，怎麼起作用。上海是這次來華訪問的最後一站，我想從中得到更多的收穫，為

---

* 1990 年 4 月 8 日，朱鎔基同志會見世界銀行高級副行長莫伊恩・庫萊希、世界銀行中國局局長沙希德・賈維德・伯基、世界銀行駐中國代表處首席代表林重庚等人。

此向市長先生提出三個問題：第一，上海的企業將朝着哪個方向進行改革？第二，你們目前的經濟是穩定的，但按照市場經濟的要求，你們的金融和外貿體制改革準備向什麼方向發展？第三，今年3月份，你們召開了上海市市長國際企業家諮詢會議，不知這些外國顧問對上海發展抱什麼態度？下一步有什麼打算？如何吸引外資到上海來？

朱鎔基：我很願意回答你所提出的問題。李鵬總理在會見你時強調指出：中國的政治形勢和經濟形勢是穩定的，過去十年中出台的各項改革政策都不會改變。下面，我就上海的情況，結合李鵬總理談到的這兩個方面內容，回答你的問題。

副行長先生來上海的時間很短，但可以看到上海的政治、經濟和社會是穩定的，最重要的是老百姓消除了對通貨膨脹的恐懼，人民對黨和政府的信心也比過去增強了。現在我們不是擔心市場緊張，而是擔心市場疲軟。上海市場上商品很豐富，老百姓可以隨意挑選，商品價格也是穩定的，特別是上海的副食品供應情況，大概在中國的大中城市中是屬於最好的。這些都說明近兩年來我們貫徹治理整頓的方針是正確的，已經收到了效果。當然，現在也存在着一些問題，如生產處於負增長狀態，不過這個負增長的幅度也不是很大，今年一季度生產與去年同期相比下降了1%左右。出現這個問題的主要原因，是過去的生產增長速度太高，同時也由於產業結構存在很大的缺陷。前幾年發展了大量的耐用消費品工業，所以當治理整頓中抽緊銀根、市場需求下來後，這部分工業就發生了困難，有些工廠只得停工或半停工，影響了工業生產的發展速度。但上海企業出現停工、半停工的面大概只佔職工總數的2%，並沒有影響到上海的穩定。

我們的對策就是調整產業結構和產品結構。例如，上海的彩電生產能力是每年100萬台，今年大概只能生產50萬台，所以產品要趕快轉向，開發新的電子工業產品，並按照市場需要來組織生產。當然，這種產業結構、產品結構的調整，離不開技術改造和產品開發，既需要時間，又需要資金。

這項調整工作，上海從去年開始已經進行了一年，今年還要繼續進行一年，沒有兩年或更多一點時間，調整是很難取得效果的。因此，我認為上海經濟今年不會有很大增長，能有點增長就滿足了，如果調整工作做得好，明年經濟就可能有較大的增長。但在整個調整時期，經濟還是低速穩定地發展，這比過去盲目過熱的發展要更扎實。現在的一個問題是怎麼啟動市場？目前上海的生產條件比以前好得多，電力充裕，煤炭的庫存比以前多得多，原材料也不成問題。我考慮的辦法，就是生產上調整結構，需求上大規模地開展城市基礎設施建設，包括修環線、蓋住宅，滿足市民的需求，啟動當前的市場。

我還要告訴你一個有關上海的好消息：今年以來，黨中央、國務院特別支持上海進一步開放，加速開發浦東。最近，黨中央、國務院委派姚依林副總理率領一個代表團來上海視察工作，對上海怎麼進一步開放、改善投資環境、吸引更多外資改造老市區和開發浦東新區進行專題研究論證，還同上海市有關部門就一些重要問題和政策細節做了充分討論。在中央沒有對外宣佈這些政策之前，我向你先透露一點情況。

外灘一帶過去是「銀行街」，舊上海就是從這裡開始發展的。解放前的市區面積並不是很大，現有老市區的許多地方是解放後逐步建設起來的。現在的市中心區主要在浦西，以外灘為中心，浦西只有半個圓，另外半個圓在浦東，還沒有開發。浦西這一邊的老市區有 300 多平方公里面積、近 1000 萬人口，已經很擁擠。而浦東這一邊規劃開發的新區也有 350 多平方公里，但目前只有 100 多萬人，因此有很大的發展餘地。現在已經確定把黃浦江以東、川楊河以北、長江口西南的這塊地區 350 平方公里劃為經濟技術開發區，在區內可以享受目前中國最優惠的投資條件。當然，上海的情況與深圳、珠海、廈門有所不同，但這些地方的特殊政策基本上在浦東開發中都可以實行，包括土地批租期限和外商投資企業合作期限都可以經過商量做適當延長。

伯基：浦東開發區內現在不是空的，已有 100 多萬人，請問上海在開發浦東時，對這部分人打算怎麼安置？

朱鎔基：現有這 100 多萬人基本集中在浦東靠近市區一帶，居住的條件也並不好。我們打算結合開發浦東，有計劃地成片建造住宅，對原有居民重新進行安置。

當然，開發浦東是一項跨世紀的工程，需要一步步開發。不僅要宣佈更大膽開放的政策措施，以吸引更多外資，還要進行大量的基礎設施建設。我們已經有了一個關於開發浦東基本建設的龐大計劃。首先要在浦東外高橋建一個新的港口，明年開工先搞 4 個順岸式的萬噸級泊位，以後再陸續建一批挖入式泊位，總共建 40 多個萬噸級泊位，相當於現有上海港的泊位數。現在的港口碼頭都在黃浦江以內，等新港建成後，很多運輸船就不用進黃浦江了。目前中國最大的造船廠江南造船廠也在黃浦江邊上，將來要逐步搬到外高橋去。外高橋還要建一座裝機容量為 120 萬千瓦的電廠，另外還要搞加工區、保稅區，發展出口加工工業和轉口貿易。總之，外高橋港口周圍將成為浦東開發的重點發展地區。

庫萊希：在浦東開發區內建一個新港的設想很好。我還想請問一個問題：整個浦東開發與老市區發展有什麼關係？

朱鎔基：我們規劃把老市區的企業結合工業調整和技術改造搬遷一部分到浦東去，緩解老市區人口過分密集和市政設施緊張的狀況。浦東陸家嘴—花木地區，與老市區僅一江之隔，遙遙相對，這裡將逐步建設成為上海新的金融、貿易、信息、諮詢和對外服務中心。

開發浦東首先要解決過江交通問題，現在過江主要靠輪渡，還有兩條越江隧道。明年年底，南浦大橋就可以通車。緊接着在你們世界銀行專家主張修越江工程的寧國路，明年再開工造一座大橋，也是兩年建成，1993 年通車。建設這兩座大橋的同時，還要修市內交通環線，把浦東與老市區連接起來。考慮到老市區比較擁擠，拓寬道路拆遷量太大，所以準備利用

空間，在老市區造一條有四車道的高架公路。這些基礎設施建設需要大量的投資，如大橋、地鐵等項目已經利用了亞洲開發銀行和外國政府的長期低息貸款。我們儘量爭取世界銀行、亞洲開發銀行、國際貨幣基金組織和各國政府的優惠貸款，加上自己的力量，把浦東地區的基礎設施建設搞好。我們將採取多種形式吸引國外資金，在修建基礎設施和標準廠房後吸引外商來投資，也準備通過土地批租讓外商來成片開發或帶資金和項目來浦東建設，以加快開發的步伐。

庫萊希：聽市長先生介紹後，給我的印象是你們的這些工程是非常巨大的。因此，在吸引投資方面你們也要有更大一點的動作，比如利用國外私人的投資，不僅可以蓋飯店、辦企業，也可以用於搞基礎設施建設。這部分私人貸款不用國家擔保，可以通過將來項目建成後收費償還。

朱鎔基：我們當然歡迎外商來投資參與開發浦東，但在開發起步階段主要是搞基礎設施建設。我擔心外商可能不願投資給基礎設施，因為近期無利可圖。

林重庚：在吸引私人投資方面，世界銀行已經取得一些經驗，把私人投資加上世界銀行的一部分貸款用於道路、橋樑、電站等建設。如巴基斯坦的一個電站項目利用世界銀行貸款 15 億美元，其中就吸引了一部分私人投資。

庫萊希：這是世界銀行發展的一種新的籌資技術。吸引的這部分私人投資是與世界銀行貸款一起來的。世界銀行準備召開的上海問題研討會，其中一個研究課題就是怎麼在基礎設施建設中吸引私人投資。我回去後可以先寄一點有關的資料給市長先生，讓你有個初步的瞭解。

朱鎔基：對你們的提議和世界銀行將要研討的這個問題，我很感興趣。我們可以通過一切渠道、採用一切國際通用的做法來籌集開發浦東的資金。今年 3 月份召開的上海市市長國際企業家諮詢會議，也提議要邀請世界各國的銀行家來研討上海金融業的發展問題。為了浦東和整個上海更多地吸

1990年5月3日，朱鎔基出席上海市人民政府浦東開發辦公室新聞發佈會。右一為副市長倪天增，右三為市委副書記、副市長黃菊，右四為市政府副秘書長夏克強，右五為市科學技術委員會副主任沙麟。

引外資，中央已經允許在上海開設外資銀行。

庫萊希：據我所知，已經有好幾家外國銀行在上海開設了辦事處，但目前還不能開展正常的銀行業務。

朱鎔基：上海現有41家外資包括僑資銀行及國外證券公司駐上海辦事處，另外已有4家外資銀行分行，包括滙豐銀行、麥加利銀行（即渣打銀行）、東亞銀行、華僑銀行。目前這4家外資銀行只做結算業務，不做存貸款業務，因為外資銀行現行的所得稅稅率比較高。

庫萊希：新的外資銀行什麼時候成立？

朱鎔基：現在要求到上海設分行的國外銀行很多，我們只能有步驟地一家一家設立。在浦東開發前期準備階段，重點是加強基礎設施建設，在

這方面中央給了上海很大的支持，加上上海地方自己的積累，前三年的啟動資金已經準備得差不多了。當然也希望得到世界銀行的支持，歡迎你們參與浦東開發。相信通過這些措施，今後幾年上海經濟一定會穩步發展，在吸引外資上會有很大發展。

副行長先生很關注今年 3 月出席上海市市長國際企業家諮詢會議的顧問們對上海的發展抱什麼態度。我可以告訴你，他們對上海發展的前途非常有信心，對來上海投資也很有興趣。當然也有一個擔心，就是美國對中國的態度會如何。特別是日本人等着看美國的態度。

林重庚：我看這方面，美國企業家還沒有日本企業家擔心多。

朱鎔基：我衷心希望中美關係很快得到改善，這不僅是為了中國的利益，更多的還涉及美國的利益。中國不怕經濟「制裁」，無非是發展得慢一點。沒有美國的幫助，中國絕對不會垮台，經濟照樣穩定發展。

我們希望你們多做工作，促進世界銀行與中國，特別是與上海的合作。

市委今年的工作重點是
抓黨風和廉政建設 *

（1990 年 5 月 5 日）

今年市委要下最大的決心，用最主要的精力去抓黨風，把廉政建設搞好。現在頭痛醫頭、腳痛醫腳也是必須的，產品質量出問題得抓質量，市場疲軟得抓市場，這些都是必須做的，但最根本的一條是，如果不把黨風抓好，不把廉政建設好，群眾的勁就總是鼓不起來，心氣就不順。怎麼抓法？市委報告中提了六條措施，大家認為還是切實可行的，但是覺得還不夠具體，希望還能具體一點。我們還要研究、修改一下，使落實的措施更具體一點。

今年抓黨風，究竟抓哪幾個方面，是不是也可以突出一下重點？貪污受賄、犯法的事畢竟還是少數，這方面我們查處得還是比較得力的，我們的公安機關、檢察院、法院、紀委、監察局的工作還是比較得力的，群眾對我們還是有信心的；在實行舉報制度，審查、調查、處理問題這方面，群眾也是有信心的。現在我們的黨風大量發生的問題主要在以下三個方面：

一是以權謀私，包括有些人雖然自己手裡沒有權，但他們可以通過各種關係來達到個人目的。比如千方百計地為自己撈好處，為自己搞到更好

＊這是朱鎔基同志在中共上海市第五屆委員會第十次全體會議閉幕會上講話的一部分。

1990 年 10 月 17 日，朱鎔基在中共上海市委、市政府召開的加強廉政建設、糾正行業不正之風動員大會上講話。

的房子、撈到更高的收入，或者是安排自己的親屬。歸根結底，這是嚴重的個人主義。老百姓沒有辦法來做這些事。這就是黨風不正。這個問題應該很值得我們注意，這是脫離群眾的一個很要命的因素。

二是庸俗的官僚主義、自由主義作風。什麼事情都當老好人，什麼人都不敢得罪，不能堅持原則。現在很多企業、事業單位和機關死氣沉沉、管理混亂，主要還是黨員領導幹部不能從嚴治廠、從嚴治黨、從嚴管理造成的。發生了很多很嚴重的問題，從來沒有聽到領導班子內部有什麼自我批評，一直到群眾揭發了、問題很嚴重了才知道，領導幹部沒什麼相互的監督。這也是當前黨風中存在的一個很嚴重的問題。

三是行業和企業裡存在的不正之風。每一個行業、每一個單位、每一個企業都可以利用手中掌握的一點權力或者職權，來謀取好處。苛捐雜稅、

攤派，加重了人民群眾的負擔。我們黨員領導幹部應該教育職工，不能這樣搞。這種不正當的手段，會激起人民群眾的不滿，影響我們黨和人民群眾的關係，必須管。郵電局、自來水公司、煤氣公司、公交公司等，不能老是縱容職工出去敲竹槓，脫離群眾。所有這些直接關係到人民群眾利益的機關和企業、事業單位，都要把自己行業的風氣整頓好。我們一直提倡公開辦事制度，開展廉潔為民的教育活動，要牢記這個宗旨，我們一切單位都要廉潔為老百姓。我希望在今年的後八個月，下很大力氣從這三個方面糾正當前黨風方面存在的嚴重問題。

在措施方面，很多同志提出來儘管有六條，但這六條還不是很便於檢查督促，還應該更具體一點。我想我們還要有進一步的要求：

第一，這次會後，市委、市政府系統各級領導幹部都要根據本系統、本部門、本單位的實際情況，抓住群眾意見集中的問題，通過組織系統，通過一定的會議形式，一件件地去抓落實，扎扎實實地抓出成效來。

第二，要貫徹整風的精神，開展批評與自我批評來加強領導班子的建設，自我監督。就是學習延安整風的精神，發揮我們黨的優良傳統，大家在學習文件、提高認識的基礎上，自覺地聯繫思想實際，清理思想，開展批評與自我批評，達到弄清思想、團結同志的目的，恢復和發揚我們黨的三大作風。這方面，市委首先要帶頭。去年下半年，我們開過一個市委常委內部的民主生活會，在會前，我們市委常委之間進行了交談，然後互相之間開展了批評與自我批評。在這次會上，包括過去同志們對我們市委常委、對我們市政府的領導同志所提出的問題，我們都進行了認真的檢查，並且把群眾的意見都一一告訴了當事的同志，提請他注意。請同志們相信，我們絕對不會搞自由主義，也不會搞官官相護，是什麼問題就是什麼問題。但應該講，我們經常的批評與自我批評開展得很不夠，民主生活會開得很少，今後要加強這方面的工作。同時我們希望，各級黨委和政府部門的領導班子都要定期地或者不定期地，但是要比較多一點地開展民主生活會活

動，進行批評與自我批評，思想見面，不要搞自由主義。對我們領導班子同志的思想作風上存在的毛病早一點給他提出來，對他是個幫助，不要讓他越陷越深。另一方面，市委組織部要通過會議的形式把這件事很好地抓一下，定期地督促檢查。

我過去引用過岳飛講的一句話：「文臣不愛錢，武臣不惜死，天下太平矣。」[1] 儘管當前我們面對很多困難，確實存在精神不振、信心不足的問題，但是只要我們黨員，特別是黨員領導幹部振作起來，把自身的作風建設好，我看這些困難是可以克服的。也就是說，黨員不謀私、幹部辦實事，上海就振興了。我說黨員不謀私，大家說是否要求太低了？我看能夠做到無私，他就無畏，他就會去全心全意為人民服務。現在就是私太多了，部分黨員謀私，嚴重地脫離群眾。不管你有權沒權，你謀私，就脫離群眾。幹部要辦實事，現在很多幹部是不大關心群眾的疾苦。我們也有很多好的幹部，比如說區長裡很多同志很重視人民來信。前天報上表揚了普陀區的何全剛[2] 同志。據我所知，還沒有發現一個區長是官僚主義地對待人民群眾的來信，完全不關心人民群眾的疾苦，恐怕絕大多數的區長都不是這樣的。但這裡面有做得好一點的，有做得差一點的。有些區長接到了人民來信就馬上去拜訪、去研究解決問題，這個多好！這樣，人民群眾的心氣就比較順了。所以歸根結底，要把今年「一要穩定，二要鼓勁」的總要求落實好，根本上還是要靠抓黨風，把廉政建設好。

---

〔1〕見《宋史・岳飛傳》。

〔2〕何全剛，當時任上海市普陀區區長。

在上海市海外交流協會
成立大會上的講話

（1990 年 5 月 11 日）

我首先對來自世界各國的海外華僑、父老鄉親們回到祖國，訪問上海，表示熱烈的歡迎。

我想大家都跟我一樣很高興，最近上海是喜事臨門。開發浦東、開放浦東的決策基本上是在三個月中間決定下來了，這是上海人民盼望多年的事。姚依林同志最近在會見一個外國企業家時說，開放浦東意味着中國的開放和經濟發展的部分重點已轉移到長江流域這方面來了。也就是說，以上海的開放促進長江三角洲經濟的發展，使上海和長江流域各個省在中國的經濟發展中做出更大貢獻。對上海，這是一件鼓舞人心的事情。

現在全市人民都很高興，很多同志寫信、捐錢。有位老同志身體不好，寄來 5000 元，要為開發浦東做出自己的貢獻。一位工人同志寄來了 3000 元，贊成我講的，用國家、集體、個人一起上的辦法來解決上海的住宅和煤氣問題。

中央的決策得到上海各階層人民的擁護，而且熱情非常高。現在決策已經有了，我們的工作要跟上去。首先要改善投資環境，這有軟的和硬的兩方面。軟環境方面，儘管我們有十年改革開放的經驗，但還很不完善，外商意見很多，我們正在研究如何進一步改善。首先上海人的思想要轉變。

外國人說，上海人太精明、不高明，「too smart, not wise」。太精明了，什麼事都要斤斤計較。斤斤計較要有一點，凡事要講經濟效益嘛，但過分計較就不好了。應該看到，只要對我們有利的事，我們就要去辦，不管對方有多大的利。人家賺錢多，是人家本事大，不要眼紅。過分計較的思想要改變，不然，外國人還是覺得廣東、福建、大連、青島好，上海不好。思想首先要轉變，要解放一點，膽子要大一點。

各位父老鄉親，我不是自吹，上海有兩個別的地方無法比擬的優點：

第一，中國沒有一個地方像上海的工業這樣配套齊全。上海除了採礦業沒有，其他什麼行業都有，一般來講水平還不錯。這對你們的投資是一個有利條件，也是將來為你們的投資降低成本的一個有利條件。

第二，上海人的科技素質是中國別的地方無法比的。我在國家計委、經委工作了 30 多年，深刻體會到上海幹部的水平是高的。現在辦事效率提不高，是上海人的弱點。上海一些人總覺得自己高明，互相扯皮，互相卡，把事情耽誤了。分工、職責、辦事的規則要搞得嚴密些，不要互相卡、互相推、互相拖。我相信，隨着上海的開放，隨着對十年改革開放經驗的總結，我們的工作一定會改善。請海外父老鄉親要有信心，我們確實在改進。

硬環境不是馬上能解決的。交通基礎設施要解決，不解決，你們不會來。我請市僑辦組織父老鄉親去看看南碼頭黃浦江大橋[1]，工程很雄偉。兩個主塔高 150 米，樁打到地下 50 米，橋面離水面 46 米，6 個車道。這個橋是用亞洲開發銀行貸給我們的資金建設的，前年年底動工，明年通車。北京來的同志問是造五年還是十年，我說明年通車，他們不相信。這件事感動了我，上海人辦事還是扎扎實實的，是能幹的。這個橋的設計在世界上是先進的，主跨度 423 米，世界上列在前幾名。兩年多不到三年的時間

---

〔1〕見本書第 134 頁注〔1〕。

就通車，8億多元的投資，很不容易。這個橋修完，我們還要修第二座橋，這樣才能形成一道環線。把上海全城環起來，把老城區環起來，修立交橋、高架公路，估計要兩到三年時間。港口建設的時間還要長一些，將來整個黃浦江的港口有可能搬到外高橋去，因為那兒可以建45個萬噸級的泊位，現在全上海也就45個萬噸級的泊位。碼頭搬一部分到黃浦江以外去，那樣黃浦江就可以變成一條非常美麗的城市河流，為上海的景色增光。

當然，45個萬噸級泊位的建設時間很長，但兩到三年的時間內，浦東的基本規模、基本框架就形成了。我估計上海真正大量吸引外資搞基礎設施建設，使軟環境比較完善，需要兩到三年的準備時間。我向大家交個底，不要認為現在宣傳浦東開發喊得那麼厲害，到那兒一看什麼也沒有。現在是我們披荊斬棘開拓的時期，遠景是宏偉的。林同炎[1]先生說，世界上再也找不到一個城市像上海這樣，能在市中心的旁邊有這麼一塊900平方公里的沒有開發的寶地。兩座大橋一通車，環線一修成，從浦東到市中心——外灘非常方便。天時、地利、人和的條件，上海都具備。

在兩到三年的準備過程中等不及了，怎麼辦？上海已有三個開發區：閔行，兩個多平方公里，已經有60多個中外合資經營項目，其中已投產的有40多個項目，地方還有，我們還準備擴大；漕河涇，是高科技開發區，項目更沒有擺滿；虹橋，第三產業比較多，從機場出來，一路上可以看到已建起許多大樓，也還沒擺滿，還可以建很多大樓。這三個開發區可以享受的條件與浦東一樣。

中央宣佈浦東不但享受經濟技術開發區的優惠條件，還可以享受某些經濟特區的政策。我們不一定要深圳、珠海全部的政策，有些並不適於上海的情況。經濟特區有的優惠政策，浦東基本上都可以享受。上海這三個

---

〔1〕林同炎，華裔美國工程專家、美國加州大學伯克利分校教授，當時任林同炎國際顧問公司董事長。

1990 年 3 月 30 日，朱鎔基陪同中共中央政治局常委、國務院副總理姚依林考察正在建設中的上海南浦大橋浦東工地。前排左一為南浦大橋建設總指揮朱志豪，左三為財政部副部長項懷誠。（新華社記者張劉仁攝）

開發區，姚依林同志來滬時，授權我們協調，可以參照浦東的優惠政策，享受經濟特區的政策。現在有興趣來上海投資的可以先到這三個開發區去，因為那兒的基礎設施完全配套了，條件已很好。你們不會失望的，投資是會有地方的。

如果要在浦東批租土地的話，現在就可以批租。所謂批租，就是土地轉讓使用權為 50 到 70 年，可以在上面進行基礎設施與廠房的建設。現在你可以劃一塊，你願意要哪一塊都可以，只要條件合適、雙方滿意。這樣就可以快了，我們共同來開發，因為等我把基礎設施搞起來，要三年以後，你現在着手搞就比我快。主要的基礎設施還要我們來搞，比如公路、電信。

電信、電話我們搞得很快，因為上海有個貝爾電話設備製造有限公司，對這個技術的轉讓，比利時政府給了很大的幫助。設計能力為年產程控交換機 30 萬線，一年訂貨已達 40 萬線，而且很快可以把生產能力擴大到 50 萬線、60 萬線、80 萬線。集成電路的技術也轉讓給上海了。我們專門成立了上海貝嶺微電子製造有限公司，生產 2.5 微米的通信專用大規模集成電路。我們投了很大的資金來發展集成電路，還有一年左右就可以完全掌握技術，這樣，程控電話技術就完全國產化了。

與此同時，根據形勢需要，我們正集中力量解決上海人民迫切希望解決的三大問題：

第一是「菜籃子」問題，解決得還可以，大家比較滿意，但也還有待改進。我們還要把「菜籃子工程」建立在現代化的技術基礎上，從生產、運輸到銷售，通過各種環節的現代化來降低成本。

第二是交通問題，修環線、修大橋。上海的交通問題，需要三到五年的時間才能從根本上扭轉。

第三是住房問題，包括煤氣問題，這在上海是個非常難辦的問題。最近我們提出一個口號，要解決這個關係上海人民切身利益的問題，需要國家、集體、個人一起上。這個口號已得到上海人民的響應。我們打算在住房、煤氣方面發點公債，來加快住房和煤氣的建設，這樣，煤氣問題用三年、住房問題用十年就可以解決。最近想把這個方案[1]拿出來，供全市人民討論，掀起一個高潮。我們要開展大規模的公共設施建設，特別是住宅、煤氣的建設，吸引老百姓口袋裡的錢，拉動市場需求，建築材料、化學工業、鋼鐵工業都可以發展起來，這是推動生產的一個重要措施。

我們市委、市政府提出八個字：廉潔、高效、求實、為民。政府是廉

---

〔1〕方案，指《上海市住房制度改革實施方案（草案）》。

潔的，辦事是高效的，做事是求實的，我們全部出發點是為人民的。

　　我相信，在黨中央、國務院的領導下，在全市人民的支持下，在海內外僑胞、國際朋友的幫助下，上海一定能振興起來。我熱忱歡迎海外父老鄉親到上海來，對我們的工作多提寶貴意見。希望你們在上海就像在自己家裡一樣過得愉快。

做好城市規劃工作 *

（1990 年 5 月 16 日）

　　為什麼我一直想到市規劃院來？因為規劃很重要，也聽說大家有些意見。今天來主要是溝通一下思想。首先要講的是規劃的重要性。建築工程質量是百年大計，而規劃是關係子孫後代的大事，能影響到很長一個歷史時期。規劃搞得好不好，直接影響到經濟效益和社會效益。虹橋路為了幾棵香樟樹當時修兩車道，只過了一年多就不行了，現在四車道一修，中外人士都拍手稱快。要是規劃時堅持一下真理，堅持修四車道，這個效益該有多大，會給國家節約不少錢。城市規劃不單是經濟效益的問題，還是個社會問題、政治問題。市規劃局、規劃院的同志應該意識到自己所擔負的責任重大。你們的工作是否細心、是否認真負責，都關係到上海人民的前途和幸福。我希望同志們意識到自己責任的重大、光榮，安心地、鼓足幹勁地做好自己的工作。這是第一條。

　　第二條，應該肯定上海市的這支規劃隊伍，素質還是比較高的。你們做了大量工作，做出了很大貢獻。同志們很辛苦、很努力，應該肯定這個基本的方面。

　　第三條，上海的規劃工作有它的困難，也有好的條件。上海是從半殖

＊這是朱鎔基同志在上海市城市規劃設計院同五十餘位規劃專家及管理人員座談時講話的主要部分。

民地發展過來的，所以造成上海城市總體佈局很不合理，道路也不合理，各種設施也不配套；但上海是較開放的城市，吸收了各個國家城市建設的優點，堪稱世界建築博覽，各種各樣的建築都有，這樣的城市恐怕全國僅此一家，這為人們保留了一筆好的財富，能看得到各個國家的風格，城市就不單調。在城市規劃中要注意保護城市的特點，年代久遠的房子不要隨便拆掉，應該修復。對上海今後城市規劃的要求是，既要保持上海城市本身的風格，又要符合現代化城市發展的潮流，這兩方面都要兼顧。要考慮對外開放的、國際化的、以外向型經濟為主的這樣一個城市特點。一定要考慮到城市的遠景，不能把標準定得太低了。

第四條，要考慮到人民的切身利益和迫切需要解決的問題。這是城市規劃的一個很重要的內容。一方面，眼光看得遠一點，遠景是建一個很大的國際城市；另一方面，要考慮現在老百姓迫切需要解決的實際問題。住宅小區建設要有學校、醫院、幼托、花園、購物、娛樂等配套，正像有同志所說的「建一片、管一片、美一片」。上海的土地是很珍貴的，要成立一個高層住宅的研究小組，論證一下上海住宅究竟蓋多高最經濟。煤氣化非搞不可，規劃裡面要補地下管道，堅持先地下、後地上的建設程序。所以，規劃工作要把國際化的大城市和人民迫切需要解決的生活問題結合起來。

第五條，規劃工作應具備三個觀點：一是全面統籌的整體觀點。全面規劃，統籌安排，特別是市規劃局、規劃院一定要整體觀念非常強。有同志說現在只有道路規劃，沒有交通規劃，沒有很好地研究交通的佈局。現在成立城市綜合交通規劃研究所、浦東開發規劃研究設計院，就是要加強整體性，加強整個上海市的總體規劃。市規劃院要對這兩個部門加強工作指導。最近浦東準備劃塊地給台商投資，但所劃的那塊地已經蓋了好些工廠，劃給人家怎麼得了？上海已經搞了總體規劃，但工作還太粗，詳細規劃沒有，分區規劃也沒有做得很仔細。所以，要下決心加強規劃的力量。市規劃院一線技術人員有 90 多人，這不夠，是否搞到 150 人左右？另外，

還要強調加強區縣政府的規劃工作，也要充實人員。從區到市規劃院、規劃局都要加強一下。上海市要加強規劃，不然將來要吃虧。

開發浦東就是為了疏散上海的人口，上海人口不疏散，交通問題解決不了。今後每年建 500 萬平方米住房，可以解決 10 萬戶 30 萬人，10 年 300 萬人，其中 200 萬人要安排到浦東去。另外，浦東的發展，要調動各個區縣和外省市的積極性。我主張規劃裡面每個區、每個縣都在浦東搞一塊「飛地」。這要有優惠的政策，吸引住宅往那裡蓋，工業往那裡擺。再劃幾塊地讓外省市來。崇明的開發是很值得研究的問題，上海最好的地方在崇明，氣候也好，規劃部門要趕快規劃。以後岸線的批准可不能隨便，一寸地都要慎重考慮。

二是高瞻遠矚的發展觀點。規劃要有超前意識。李瑞環同志修了三條環路，一下子把天津的交通和城市佈局定了下來，這就是有超前意識。一個城市沒有快速環線不行。要根據其他城市的經驗，把上海的快速環線修起來，整個浦西段用高架，與兩座大橋相接，浦東段可以修立交。究竟如何修，要快點論證拿方案。時間不等人，要趕快搞。如果三年搞不好交通，開發浦東就是一句空話。

三是上下結合的群眾觀點。做規劃一定要上下結合，調動各方面的積極性，傾聽各方面的意見，絕對不要坐在房子裡做規劃。現在要總結經驗、理順體制，做得不對的改過來。首先要依靠區縣，從基層就開始加強規劃力量，成立區縣規劃機構。市規劃局要加強監督檢查，嚴格管理，辦訓練班，組織區縣長來聽上海的規劃，學習《城市規劃法》，講上海的發展遠景，講規劃的原則，使他們掌握一些知識，不要瞎指揮。其次，總結這兩年的經驗、教訓，趕快制定出相應的規章制度，以法治城。

你們的工作是超前的工作，如果你們的工作不超前，我們整個上海就要落後。希望同志們要百倍地鼓起自己的幹勁，進一步做好規劃工作，以不斷適應上海戰略重點轉移、飛速發展的形勢要求。

「雙增雙節」工作要扎實、敢管、真幹＊

（1990 年 5 月 24 日）

　　當前上海工業生產遇到了不小的暫時困難。從去年 10 月份開始的產值負增長，一直持續到今年的 3 月份，4、5 月份才開始回升，1 到 5 月份恐怕勉強維持去年同期的水平。我們現在碰到的是新問題，它不是局部性的，而是全國性的問題。應該說，我們是有條件克服當前面臨的困難的。從政治上講，上海人民的凝聚力比過去有所增強，埋怨、謾罵少了，對黨和政府的信任感增強了。從經濟上講，現在人心和物價穩定，生產增長雖是低水平的，但還是穩住了。另外，生產條件比那個時候要好得多。煤炭已有一個月以上的庫存了，沒有哪個月出現拉閘限電的情況，原材料供應也比過去寬鬆多了。現在的問題就是要幹。今天開「雙增雙節」[1]動員大會，我就講三條意見、六個字：第一，扎實；第二，敢管；第三，真幹。歸納起來也就是一個「幹」字。

　　第一，扎實。這是針對當前的經濟形勢來講的。現在碰到一個新的問題，叫作市場疲軟、資金困難。沒有市場，很多東西生產不了或者積壓在

＊這是朱鎔基同志在上海市工業系統「雙增雙節」動員大會上講話的主要部分。

〔1〕見本書第 29 頁注〔1〕。

倉庫裡，造成資金周轉不靈，生產轉不動，部分勞動不能創造價值。我們現在開展「雙增雙節」運動，就是要開拓市場，加速資金的周轉。因此，絕對不是要大家回去增產不適銷對路的產品，否則，那就糟糕了，那叫不扎實，是颱風。大家要看到，3、4月份生產雖然回升，但付出的代價較大，因為產成品資金比去年同期增加了30％，比今年年初增加了15％。這說明東西賣不出去呀，是把銀行裡的錢或者是把企業的自有資金壓在倉庫裡面了，沒有變成效益，這樣越搞越困難。另外，虧損企業增加了，虧損額增加兩億多元。特別嚴重的是，調出去的商品數量下降了21％，上海貨賣不掉，這個問題相當嚴重。現在財政赤字八個億，這樣下去，今年的計劃就要吹了，開發浦東不就成了空話？所以，我們在這裡開「雙增雙節」動員大會，叫大家回去鼓實勁，不要鼓虛勁。如果回去開足馬力生產那些老面孔的產品，那是錯誤的，那是不扎實。應該抓什麼？就是抓質量、抓品種、抓效益。首先要抓質量，沒有質量就沒有一切。這次「雙增雙節」運動中，企業千萬不能離開質量盲目追求速度。當前上海貨調不出去，為什麼？質量下降了嘛。市技術監督局檢查產品質量，12種葡萄酒沒有一種合格，沒有嚴格執行檢驗制度嘛。另外就是財貿系統拿回扣，把那些假冒偽劣產品都弄進來，看了觸目驚心，報紙上應該多揭發。同志們，上海已經不是過去的上海了，外省也不是過去的外省了，好多都趕到上海前面去了。我們生產的煤餅大多是不合格的，對這個我就奇怪透了。上海連火箭也生產出來了，人造地球衛星也生產出來了，合格的煤餅卻做不出來，這真是笑話！不認真到這個程度了。去年外貿索賠的產品為149萬美元，比前年增加105萬美元，這樣的產品質量怎麼開拓國際市場？質量是上海的生命，我希望不要光是在嘴上說得漂亮，大家要幹，要認真去貫徹。

今天來了1500個廠長、1500個廠黨委書記，你們每個廠長要親自抓質量。我一再講，正廠長是抓質量的。居然有這麼一個廠，說我這個正廠長是不抓質量的，那你趕快下去嘛，不要當廠長了，你廠長不抓質量誰抓？

1990 年 5 月 17 日，朱鎔基考察上海航天局衛星工程研究所。

大家要認識到上海產業結構的弱點，我們沒有能源，沒有原材料，能源、原材料從外面運來，加上上海的工資高、成本高、設備陳舊，上繳國家的利潤又佔了很大一個部分，價格降不下來。因此，上海的產品在國內越來越沒有市場，競爭不過人家。現在好幾個省已經趕上上海了。我們唯一的出路就是發展外向型經濟，就是利用上海的科技優勢，搞一點高精尖的產品，打到國際市場上去，賣得出一點價錢。國內市場不是要放棄，但是，要看到你佔的市場份額越來越小，你還想保持上海原來那個比例？保持不住了，這是發展的趨勢。所以說，你得趕快轉外向，搞外向就得靠質量啊，沒有質量，怎麼能打進國際市場？廠長、書記同志們，你們要對工人同志進行教育，質量確實是我們的生命啊！要是產品質量下去了，我們是活不了的，生存不了的。每個人都要有強烈的質量意識，每一個工人都要有強

烈的質量意識。不單是你們廠長管、書記管，每一個工人都要自己來管，誰要是對質量不認真，你就告訴他，你這是損害上海的聲譽，你這樣做是叫上海垮台，包括你自己也好不了。

當然，還有個品種的問題，要抓品種，調整產業結構、產品結構。現在上海產品還是老面孔多，廠長同志們要趕快調整產品結構，更新產品，提高質量。你得有新面孔、新花色、新品種、新標準，符合顧客的要求，這個產品才能銷得出去。那天我開廠長座談會，聽第三製藥廠廠長黃成新同志講，他就是把原來的產品都甩掉了，搞新產品，冒風險啊，最後問題都解決了，效益上去了。如果你不去研究市場，加強開發，敢於冒風險，把新產品推出去，當前的困境是很難擺脫的。當然，我知道調整產品、更新產品、調整結構，是要有投入的，沒有錢幹不了。我就給黃菊同志建議，今後上海的技術改造，還是一個口子，由市經委負責。一些重大的技術改造項目、一些投資大的項目，還要經過市計委綜合平衡，但基本上由市經委安排。我就認市經委一個頭，搞不好，你負責。金融機構要支持技術改造，不要卡企業，看準了的事情，市經委拍了板的事情，要大力支持把它搞上去，上海才有希望。企業自己也要千方百計積累資金增加投入，把技術改造搞上去。

第二，敢管。這當然是對今天在座的廠長、黨委書記講的，企業現在再不嚴格管理不得了。首先，廠長、書記要以國家利益為重，要敢管。敢管的首要條件，就要自己行得正、坐得穩，所以首先要抓黨風。現在我們不少廠長、書記之所以不敢管，就是他們自己不那麼「正」。我們最近做了一些調查，有些廠長、書記在剛上任那兩年積極肯幹，能夠跟工人同甘共苦，工人群眾反映比較好。幹了兩年以後，房子到手了，工資提了，出國每年有那麼一兩次，什麼高級經濟師、高級工程師的職稱評上了，他們就認為「革命」到頭了，工廠裡再也看不到他們了，跑「橫向」去了，還帶着個女秘書。這樣的工廠必然垮台。這樣的廠長、書記是絕對不敢管工

1990 年 4 月 30 日，朱鎔基為上海市全國五一勞動獎章和五一勞動獎狀獲得者頒獎。前排左二為市委副書記、副市長黃菊。（郭天中攝）

人的，他們敢管嗎？他們敢處分一個人嗎？今天應該把這個問題提到政治高度來看。我們共產黨人是一切為了人民群眾的，我們一切要依靠人民群眾，要和人民群眾同甘共苦，應該吃苦在前、享受在後，否則算什麼共產黨員！沒有這一條，你們能調動群眾的積極性嗎？所以，我提醒我們的廠長、書記同志們，你們都是黨組織苦心培養、精心挑選出來的，我希望你們還應該保持上台時的那種本色，這樣才能取得工人群眾的擁護和信任，他們才服你們管。

其次，我們的黨委，我們的其他組織，包括工會、共青團等群眾組織，要合力地支持廠長去管，支持他們的工作。現代化工廠必須有嚴格的紀律和統一的指揮，誰違反了紀律，就得處理，直到開除。沒有這一條，不能進行現代化的生產。當然，我們的廠長要置於群眾的監督之下，但是他們

的指揮大家必須聽。

再次，我們工人也要增強主人翁責任感，積極參與企業民主管理，不要遷就落後意識，自覺地同違反勞動紀律等歪風邪氣做鬥爭。我相信，只要經過我們細緻的思想政治工作，把馬克思主義理論和黨的政策交給工人群眾，廠長、書記經常同工人群眾談心，瞭解他們的疾苦，幫助他們解決實際問題，他們會支持嚴格管理的。

第三，真幹。同志們，現在我們既處在困難之中，也面臨一個千載難逢的機會，至少是 40 年沒有遇到過的機會。我聽到各個地方的反映，對上海開發浦東、開放浦東羨慕之極，認為中央的決策是完全正確的，發展戰略重點應該轉移到上海來。現在人民群眾精神很振奮，外商、港商、台商對浦東都很感興趣。我們要抓緊幹，不能讓這個熱情冷下去。如果人家來問了幾次，一問三不知，他就再也不來問了。所以，我們現在要加緊制定浦東開發的規劃、政策，並具體化。各級領導幹部要以身作則，帶領全體人民群眾，趁熱打鐵，認真幹下去。基礎設施的建設，比如說兩個大橋、一條環線、一個港口、「七通一平」[1]，大體上用兩年半到三年可以完成。到 1993 年，吸收外商投資就具有比較好的條件，上海經濟就有可能起飛。所以，從今年開始的兩年到三年是關鍵，我們一定要把這個道理給工人講清楚。大家要拼搏，要實幹，要真幹，要披荊斬棘地幹，要開拓前進。我們講「一要穩定，二要鼓勁」，廠長、書記同志們首先要把勁鼓起來。你們的精神振奮，工人的精神一定振奮；你們的精神不振奮，工人的精神振奮不起來。所以，我們在這裡樹標兵，學先進，就是希望在座的 1500 個大廠的廠長、書記的精神振奮起來，來帶動全市的工人。大家都要講奉獻，要跟這 14 個標兵企業、14 個標兵個人比，每天問一問自己，我們究竟比

---

〔1〕見本書第 184 頁注〔1〕。

他們做得怎麼樣？究竟為開發浦東、振興上海做了些什麼，做了多少工作？我相信只要大家都能像這些標兵一樣，上海經濟就會上去，開發浦東、振興上海的事業，就一定會在我們手裡完成。

在上海市計劃委員會幹部大會上的講話

（1990 年 6 月 1 日）

我跟大家是同行，我是搞計劃工作出身的，跟大家有一種淵源的關係。我是很關心市計委的工作的，下面我講幾點意見：

一、計委在國民經濟發展中的重要作用。

大家應該充分認識到上海市計委在上海經濟社會發展中極為重要的作用，要意識到自己肩負的重要責任。可以說，市計委應該是上海市政府的參謀總部，是管理全市經濟的參謀總部，當然也包括社會、文化事業的發展。我在國家計委工作了二十多年，在國家經委工作了近十年，我始終認為計委工作是最重要的。中國經濟搞得如何，很大一部分責任應在國家計委。1988 年我到上海工作後，一直是這麼想的，計委應該是一個出方針、出計劃、出政策的單位。當然，不可能什麼東西都由計委自己搞出來，要依靠各個部門，方案要從那裡先提出來，到計委來綜合平衡。目前，市計委還沒有完全起到這個作用，同各委辦局的關係也沒有完全理順，好多事情不順手，層層耽誤了，該放的權沒有放，該集中的權沒有集中。我今天到這裡來，再一次地明確市計委是市政府管理全市經濟的參謀總部。怎麼起到這個作用？市計委要好好研究。

二、在當前經濟模式下計委的作用。

　　黨的十三大確立了「一個中心、兩個基本點」的基本路線，經濟上叫作有計劃的商品經濟，「國家調節市場，市場引導企業」。鄧小平同志在去年政治風波後的講話非常重要，他說，黨的十三大制定的路線不能改變。現在統一的提法是計劃經濟和市場調節相結合。這究竟是什麼具體內涵？還需要探索。我希望同志們考慮一下這個問題，我也準備對這個問題結合上海的情況進行一點研究。

　　我認為有中國特色的社會主義，關鍵就是堅持公有制為主體。堅持公有制為主體是為了實現共同富裕的目標，但這並不排斥股份制。堅持以公有制為主體，要有一個統一的計劃，同時又要充分發揮市場的作用。單靠主觀的計劃去確定價格，確定上什麼項目或不上什麼項目，幾十年來我們犯了很多錯誤。行政手段是必要的，但行政拍板一定要根據市場來決定。每個企業不僅要對領導負責，更要對市場負責，對企業效益負責。這一點與計委今後工作的指導思想有關係。如何搞活市場？企業要成為一個有機的實體。企業要有自己的利益，才能對市場負責，而不只是對領導負責。像過去那樣過分迷信企業放開，什麼東西都下放到企業，不僅下放到工廠，還要下放到車間，這個搞法是不行的。我們要考慮到在公有制條件下，監督制度如果不完善，誰都能挖一塊。如果把權力都下放給廠長，他是完全可以把企業挖空的。如果沒有其他手段，光靠市場也是引導不了企業的。沒有上面直接的行政干預，企業可能就無法無天了。我們的企業不能只強調下放權力。要做到企業完全由市場引導，需要很長的時間，首先是企業的監督制度要完善，其次是企業的領導班子要成長。所以，在相當長一段時間內還是要有計劃，完全靠市場調節不行。一方面要看到行政手段有許多弊病，但另一方面還得用行政手段，否則要亂套。特別是在上海，分散主義嚴重，「能人」很多，各自為政，並不是真正代表企業的利益，往往是瞎指揮。如果不加強計劃，重點就保不了，經濟就搞不上去。所以，特別要強調計委在建設有中國特色社會主義中的重要作用。

　　計委要有手段。對這個手段怎麼理解？我覺得最重要的是政策手段，不是直接確定一個項目、一個計劃指標，這不是很主要的，最終還是要靠政策措施、經濟槓桿來調節市場，市場引導企業要有賴於剛才講的幾個條件。國家調控市場，還是要靠政策槓桿，包括價格政策、金融政策、財政補貼政策、勞動分配政策等。重要的是要把政策制定好，這個手段應該是計委的。一個政策往往能產生預料不到的效果，把大家都動員起來，計委就掌握了最大的手段。

三、對計委工作提幾點具體要求。

　　市計委的機構設置，由市計委黨組根據我上面說的去研究，怎麼順怎麼走，但目前不要動，要穩定。對機構分工不合理的問題，目前可以通過以下兩條解決：一是每個專業處室都應有綜合平衡的觀點，都要搞綜合平衡，委領導不能分兵把口，工作可以有所側重，但情況要經常溝通，加強橫向聯繫；二是專業處室不要變成各部門的代言人，要全面權衡，對各委辦局提出的意見，都要有個揚棄的過程，然後提出自己的看法供領導研究。下面對市計委的工作和工作方法，提四點要求：

　　第一，重視搞好經濟分析。

　　在進行深入細緻的調查研究基礎上，進行經濟分析，特別是數量分析，這是計委最重要的任務。調查研究需要深入基層，收集大量的資料。經濟信息中心要想辦法用最簡短的文字壓縮最大量的信息，「高手過招，點到為止」，這對領導才有用。我希望處長要帶頭看大量的經濟分析、綜合材料，包括上海的、全國的、國際的，以及人民來信。不收集大量的情況，很難做出正確的判斷和決策。在現階段，計劃對經濟干預的作用是很大的，搞不好就會犯錯誤，揹上很大的包袱。市計委是參謀總部，市政府決策層的主意是要從你們這裡來的，你們判斷失誤是要影響我們的。比如當前的經濟形勢如何？有許多數字，對這些數據如何判斷？現在有兩種判斷：一種是認為從今年4月份開始，工業生產走出低谷，開始爬坡了，國民經濟

已經好轉。我看這種判斷有點過於樂觀。第二種判斷是悲觀失望，認為上海今年的財政收入任務完不成了。到目前為止，我還相信上海的人民，相信上海的企業，只要大家正確認識形勢，扎實、敢管、真幹，下決心抓產品質量和產品更新，下半年還會補上，完成今年的任務還是有希望的。請市計委的同志討論一下，我的估計對不對。一方面要充分認識困難，另一方面要看到轉機。我們不強調抓產值，而強調抓調整。另外，三大實事即交通道路、住房和煤氣、「菜籃子工程」的建設，隨着資金投入，也會推動市場，這個工作做得好，下半年會見效。

經濟分析要強調數量分析。計委掌握了大量的數字和信息，有條件用數據說話。只有進行數量分析，才能指導我們做出正確決策。我現在每兩個月請理論界、經濟界、文藝界的同志來開座談會，今後，經濟方面的這類座談會可以由市計委來組織。市計委應該經常邀請各方面的理論家、研究工作者、教授、廠長、財會人員、技術人員召開座談會，進行經濟分析，出一些主意。

第二，編製計劃方案，提出政策措施。

計劃出自各個口，計委要綜合平衡，關鍵的問題要抓住，重複的工作不必做，要抓大的方面，不去爭權。我現在擔心，一個決策錯誤會造成幾年的工作很被動。在這方面，市計委要替市委、市政府把關。在經濟上想不犯錯誤，很大程度上要靠計委把關。我到上海工作以後，定的重大項目只有一個冷軋薄板，搞多了不行。現在的一些大項目都是原來定的，我只是落實。現在有很多項目要搞，工業要技術改造，利用外資要配套資金，如何綜合平衡，市計委要慎重，量力而行。計劃要保重點，幾個骨幹項目搞不好，今後要吃大虧。要做好資金、外滙、信貸和物資四大平衡。平衡是相對的，不是絕對的，又不是靜態的，而是動態的，情況在不斷變化。現在有很多問題得不出結論，希望同志們很好研究。主要有以下幾個問題：

價格問題。價格是最重要的經濟槓桿。許多外國人說現在是中國進行

1990 年 10 月 1 日，朱鎔基到上海益昌薄板廠建設工地看望節日堅持生產的職工。左一為市委副書記、副市長黃菊，右一為市經濟委員會副主任、冶金工業局局長李其世。

價格改革的好時機，他們最反對的是財政補貼。我從兩方面考慮：一方面，1988 年的搶購風記憶猶新，如果再動盪一次，人民群眾對政府會失去信心；另一方面，價格不調一點也不行，老是一年幾十億元補貼下去，什麼事也辦不成了。因此，價格槓桿如何運用得出神入化，既不造成恐慌，人民群眾能夠接受，又能刺激生產發展，計委要很好研究。

分配問題。現在很大的問題是分配不公，機關幹部、知識分子的工資太低，挫傷了他們的積極性。合資企業工資水平高，對國營企業影響很大，弄不好要瓦解國營企業。這些矛盾如何解決，要拿出辦法。

能源戰略問題。上海的弱點是沒有能源。這幾年電搞了不少，但代價

也很大，一旦沒有煤，仍不解決問題。一方面要從開源上去研究；另一方面，節約也是個很大的問題。你們提出成立能源節約和綜合利用辦公室，看來有這個必要，辦公機構可以設在市經委，但市計委要抓這件事，包括粉煤灰的綜合利用。對解決上海的能源問題要有數量的概念，分幾步走、花多少錢，都要具體化。

冶金行業發展方針要趕快定，不能再爭論下去。上海鋼鐵工業今後要吃「品種飯」、「質量飯」、「效益飯」，向深加工發展，基本配套，多了不要，一年搞 500 萬噸鋼，主要在現有能力上進行技術改造，填平補齊。對冶金行業當前的虧損也要趕快研究對策，能否提高質量，多搞一點出口，市計委要拿出辦法。

紡織行業發展方針。紡織工業也是要向深加工發展，以出口為主，打向國際市場；在國內搞不過別人，只能萎縮。棉紡紗錠少一點沒有關係，關鍵是改進產品質量、品種，提高賣價。

高技術產業發展方針。究竟怎麼發展？像上海貝嶺公司的產品很有前途，我們的工作卻沒有做好。對看準了的高技術產業一定要下決心搞上去。要有全盤的計劃，把現有設備利用起來，引進技術、管理、資金、市場，與外國人搞合作。

第三，加強對計劃執行情況的督促、檢查和反饋。

不加強對計劃執行情況的檢查，想靠一個本子安天下，是不行的。過去曾說過，要把 90％ 的力量用在對計劃執行情況的檢查上，及時瞭解執行中的問題，並把情況反饋上來。比如現在推行外貿代理制過程中，矛盾還是很多，市計委要與外經貿委、經委、體改辦等抓緊研究。一是今年已定的改善代理制的辦法要執行好，協調解決執行中的矛盾；二是要趕快考慮明年的改革，明年要再走一步；三是要建立海外銷售網絡，組織定點出口工業企業集團，開拓國際市場，提高產品賣價，搞好這方面的調研和試點。又比如當前財貿經營問題上，外地許多偽劣商品靠回扣手段打入上海市場，

而上海產品卻被外地封鎖住了。對這些問題，市計委都要參與研究，加強檢查。

第四，協調解決計劃執行中的問題。

對檢查中發現的問題，要及時協調解決，有的要對計劃做適當調整。計委是最大的協調機構，一般問題下面解決，下面解決不了的問題，計委要主動協調，這是計委的責任。計委如果否決別人的計劃，一定要提出替代的計劃，不要輕易使用否決權。

市計委要同市政府的主要決策者如我和黃菊同志，保持密切的聯繫，隨時反映情況。經濟方面的主要決策會議，市計委可以多去一些人，對你們不加限制。只有這樣，才便於決策，便於協調，便於及時溝通情況，及時解決問題。

四、加強對戰略目標的研究。

對上海今後五至十年發展的戰略一定要明確，需要集中辦哪幾件事情，要很清楚。我初步想，五至十年內，上海要解決這麼幾個問題：

第一，完成工業企業的調整和產品的升級換代。大體上，五年要明顯見效。所有企業，起碼百分之七八十的企業要改變面貌，或是合資、合營了，或是引進了技術，總之要換個樣。要根據市場來決定生產，對技術改造要有一系列的政策，虧損的企業一律關停併轉。

第二，市政建設和三件實事無論如何要辦好。交通，五年要形成基本格局；煤氣，五年完成，已經有了方案；住房，每年搞 500 萬平方米，估計要十年解決；「菜籃子」主要是消滅補貼、理順價格。其實我所講的都是爭取在五年內辦成，實在辦不了的延長到十年。

第三，企業改革要完成。實行有監督的企業自主權，企業要研究設立監事會，既有約束，又能充分放開經營。

第四，把幾個大項目安排好，這很要緊。高橋石化公司的乙烯擴建項目完全可以搞合資經營，引進一點技術，搞深加工，風險少，搞大路貨沒

有前途。貝嶺公司要搞好。浦東開發一定要拉幾個世界上有名的大公司來
投資，沒有這些大公司帶頭，中小企業是不敢來的。我們搞證券交易市場、
搞外資銀行都是一種姿態，讓外國人對我們改革開放有信心。轎車生產，
主要是把質量搞上去，改型要考慮，但根本的是零部件國產化體系要形成，
而且是大批量生產，佔領了國內市場之後，再考慮下一步，集中力量搞零
部件出口，市場需要量很大。將來很可能轎車工業成為上海的第一大產業。

投資諮詢公司很重要，在項目評估論證方面是市計委這個參謀總部中
的一個參謀部，市計委要支持他們的工作。投資諮詢公司也要儘量提高項
目評估的科學性，對寧國路越江工程〔1〕、黃浦江上游引水二期工程等大
項目，要抓緊評估論證，關鍵是要把各方面的意見、不同方案的優缺點講
清楚。

最後再講一句，我今天到市計委來，是為大家撐腰的，希望市計委的
工作要硬氣一點。

---

〔1〕見本書第 134 頁注〔2〕。

上海要進一步向世界開放 *

（1990 年 6 月 12 日）

　　衷心感謝各位接受我的邀請，光臨這次研討會。上海經濟代表團這次到香港來，第一是考察和借鑒香港的發展經驗、城市建設和管理的經驗；第二是為了增進上海和香港相互之間的瞭解，尋求發展滬港之間的合作。幾天來，我們看望了許多老朋友，對他們曾經為滬港之間的經濟合作做出的卓越貢獻登門致謝；也結交了許多新朋友，和他們一見如故，坦率交談，我從中獲益良多。到港那天，香港某家報紙發表了一篇評論，這個評論的最後一句話是：「市長不遠千里而來，亦將有利吾港乎？」我想我的回答可以是：「君何必單曰利？以友誼合作互利而已矣。」只有增進瞭解，才能導致友誼，友誼才能導致信任，信任才能合作，合作必須兩利。上海經濟代表團抱着真誠的願望，到香港來尋求瞭解、友誼和合作。這就是我們在這裡舉行研討會的目的。我的發言稿已經發給大家了，我想沒有必要再宣讀了。根據幾天的接觸，我想就大家所關心的幾個問題做一點補充。

　　第一個問題。很多朋友都問我，在當前國際國內的形勢有很多不利的情況下，提出這麼一個雄心勃勃開發浦東的計劃，是否能夠實現，或者只是黃浦江上的「南柯一夢」？對於這個問題，我想做三點分析：

---

* 1990 年 6 月 8 日至 15 日，朱鎔基同志率上海經濟代表團訪問香港。這是朱鎔基同志在香港舉行的「九十年代上海經濟發展——滬港經濟合作展望研討會」上的演講。

　　第一，所謂國際不利形勢，就是指對我們實行的經濟「制裁」，這確實有一些影響。比方說，世界銀行跟上海有很多合作關係，對上海的基礎設施建設有很大的支持，但是，已經達成協議的幾億美元貸款現在暫時被推遲了。但大家都會看到，經濟「制裁」終將結束，國際間的經濟合作總要發展，因為這是有利於合作雙方的，有利於世界和平的。同時，我們從來是把本國的發展和建設建立在自力更生的基礎之上，我們完全有信心用自己的雙手把浦東開發起來，把上海振興起來。國際合作能夠加速我們的發展，如果這個條件差一點，也無非是延緩幾年。我對於前景是非常樂觀的。至於國內的不利因素，無非就是現在正在治理整頓，抽緊了銀根，產生了一些暫時困難。但是，中國的經濟，包括上海的經濟正在逐步好轉，雖然這種好轉是緩慢的。上海正在進行扎扎實實的產業結構調整、產品的更新換代、企業的技術改造以及管理工作的加強。我相信經過一段時期，經濟會從根本上好轉起來。還有很多朋友關心國內的政治局勢能不能穩定，能不能保證投資者的利益。我想，經過去年的政治風波之後，全國絕大多數人都已經認識到，中國不能夠再亂了，中國只有安定團結才能發展。中國要亂起來，那就不像東歐，世界就會大亂。根據我對上海人民的瞭解，我經常接觸上海的大學生，根據對他們的瞭解，絕大多數的學生、知識分子是希望穩定的。所以我可以說，到上海來投資，政治局勢保證穩定，不會發生什麼大問題，而且這種穩定的局勢會繼續發展下去。

　　第二，中央給了上海一個政策，這個政策將會釋放上海所蘊藏的巨大能量。中央做出開發浦東、開放浦東的決定是一個戰略性的決策。有些朋友問，中國已經有很多經濟特區和經濟技術開發區，包括上海已經有 20 個了，在這種情況下，浦東究竟有什麼特點或突出的地方能夠保證這個計劃的實現？和現有的經濟特區和經濟技術開發區相比較，浦東開發開放有四個特點：第一個特點，我們以建立一個「自由港」為目的，建立一個保證商品、人員、商船關稅豁免，自由出入的自由貿易工業區。在這個區內，

可以允許外商來進行轉口貿易，發展批發業。這一點在其他經濟特區是沒有的。第二個特點，我們要以引進外資銀行、搞活金融為先導，開放和發展各種配套的服務性行業。當然，設立外資銀行不僅上海有，深圳、廈門等經濟特區內也有設立。我們正在一家一家地審查外資銀行的申請，力求很快根據業務進展情況一個個批准。我深刻體會到：銀行金融、資訊信息、會計等各方面的服務行業是經濟發展的潤滑油，應該說香港在這方面是做得非常出色的，有許多值得學習借鑒的地方。我們要致力於這方面的發展。第三個特點，我們將要在土地的使用權轉讓，或者叫作土地批租和發展房地產市場方面，做一些新的探索。香港在這方面也有很多成功的經驗。我們將對此制定一些靈活的政策來加速開發浦東。第四個特點，我們要進一步改進吸收外商直接投資的辦法，準備採取股份制的辦法，包括在基礎設施建設方面也可以吸收私人投資。這是世界銀行高級副行長庫萊希先生到上海時向我建議的。他說世界銀行到上海來貸款支持上海的基礎設施建設，但是你們也應該採取一些辦法吸收外國的私人投資。在這方面，我們將會保證他們投資回收並允許他們參加管理。此外，我們將要改變單純的地區傾斜政策，實行一種產業傾斜政策，將允許所有的現有企業出讓他們的股權，或發行股票來吸引外商參加企業的改造和發展。關於這四個特點和一系列政策，我們正在制定實施細則和政策法規，如果抓緊的話，將於今年8月份公佈。我已經和一些香港朋友商量，準備邀請香港工商界的一些頭面人物，如香港總商會、香港中華總商會、香港廠商聯合會、香港工業總會等團體組織的一些高層人士到上海座談。我將熱烈地歡迎他們對制定這一類法規發表意見，使這些法規能夠適合各方面的投資者。

第三，上海所特有的優勢。與其他經濟特區和經濟技術開發區比較，對上海的劣勢，大家都很清楚。但是，我們也有自己的優勢，包括三個方面：一是工業配套的優勢，二是科技人才的優勢，三是服務配套的優勢。所謂工業配套的優勢，上海除了沒有煤礦、鐵礦因而沒有採礦業之外，中

1990年6月12日，朱鎔基在香港舉行的「九十年代上海經濟發展——滬港經濟合作展望研討會」上發表演講。右一為市政府顧問汪道涵，右三為香港恒生銀行董事長、香港聯合交易所主席利國偉，右四為香港工業總會會長、香港立法局議員張鑑泉，右五為香港上海總會會長王劍偉。

國所有的工業，上海都有；而且有相當一部分工業，技術是領先的。這個條件在中國其他任何一個城市是找不到的。所以在上海要搞一個大項目，只要談成了，建設將會很快，許多配套協作和服務都可以就地解決。所謂科技人才的優勢，上海有51所大學、15萬在讀大學生，還有500多所職業專科學校、大量的成人教育；有1100多個科研院所，中科院10家最有名的研究所設在上海，包括電子、原子能、生物科學等；有140萬技工，佔現有400萬工人的很大部分。這個優勢可以保證項目建設獲得成功。關於服務配套的優勢，上海是中國最早和國際經濟社會進行交往的城市之一，他有大量的適應和熟悉市場運行機制的人才。我們要發揮這些人才的優勢。

　　根據以上三點分析，我相信儘管當前有種種不利因素，但對浦東的開

發開放、上海的進一步振興,我們是完全有信心的。夢想也好,理想也好,最終都會實現的。

第二個問題,大家都很關心,上海的投資環境和其他經濟特區比起來,名聲不大好。跟上海人談生意十談九不成,所以一直到現在,很多朋友都說上海人保守,我們上海人頭上戴着的保守的帽子至今還沒有摘掉。投資環境包括兩方面的內容:一是硬件,二是軟件。硬件指基礎設施方面的建設,我認為,這方面在汪道涵、江澤民前後兩任市長主持工作時就已經打下良好基礎,使現在能夠大規模地進行基礎設施建設,並且已初具規模。和其他城市比較,我們的硬件並不存在明顯劣勢。浦東現在並非一塊荒地,沿黃浦江岸已經建設了上千家工廠、發電廠、煤氣廠、自來水廠等等,電信、公路也都建設起來了。我預計在三年內,浦東的基礎設施就比較完備了,包括建成現在正在建設的兩座跨越黃浦江的大橋和一個快速的環形公路系統。明年 7 月,浦東外高橋的現代化港口打樁,28 個月建成。同時,外高橋的大型發電廠和其他基礎設施也在加緊建設。三年左右,浦東一定會成為發展工業和各種產業比較理想的地區。如果有興趣把大項目放進浦東,現在正是時候,從談判到建成總要兩三年時間,完全可以同步進行。最重要的是軟件,很多朋友抱怨上海這方面很不理想。之所以造成這種現象,第一是歷史的原因。大家知道上海過去是吃「大鍋飯」的,中央給原材料、能源,然後把產品調走,上海的財政收入 80% 上繳中央。因此,上海人對於是否要搞對外合作、合作後有什麼好處興趣不大,不像江蘇、浙江,特別是廣東、福建,對外合作的好處可以明顯地看出來。因此,推動力就小一些。中央從 1987 年年底對上海實行財政包乾後,情況有所改善,這方面的動力機制比以前好得多。第二是上海人心態的原因。上海一直是中國最大的工業技術中心,從來是朝南而坐、老大自居。現在地位下降,但架子仍然不小。大家都說上海人精明,其實我看並不見得。上海人論精明不如廣東人,更不如香港人,也就是缺乏商業意識。幾十年搞計劃經濟,

導致上海人的市場觀念、商業意識、開放意識都比較差，往往見小失大，盤算很精，卻疏於深謀遠慮。我常講：「決千金者不計錙銖。」[1]沒有這種氣魄，如何同別人合作呢？這種情況，我認為正在改變。第三是體制方面的原因。在實行了幾十年的計劃經濟體制下，上海的管理非常集中，市政府一個命令一下子就可以到企業，管得很死。很多問題在廣東，村長一個圖章就解決了，在上海就要跑到市政府來。現在情況也有所改變。我們設立了市外資工作委員會，「一個圖章」解決問題，儘管兩年來執行得還不甚理想，但我認為已有很大改進，今後會越來越好。在這一方面，我特別希望香港朋友多提意見，因為你們對上海已經看透了。你們提的意見，我們一定會非常重視。諸位是否注意到上海《解放日報》開闢了專門刊登批評上海意見的專欄？現在已有兩篇，都是轉載香港《南華早報》的。我是非常注意看的，但光我一個人看不行，要上海1000多萬人都來看才行。儘管存在種種投資環境上的弱點，但香港在滬投資企業的成功率在內地數第一。十談九不成，但一談成就能成功，經營運作都是好的。全國評選十大優秀合資企業，上海佔了一大半，這一點也是不可忽視的。

所以，我認為上海的投資環境正在改善，我們會迎頭趕上，有信心、有決心不斷改善，使之滿足國際慣例的要求，讓境外企業家、投資者在上海能夠獲得一個公平發展的機會。

最後一個問題。中央決定浦東開發、上海進一步開放，是不是意味着要和廣東、福建競爭，超過他們，甚至取代他們？還有香港的朋友也提出來，是不是搞一個上海來取代香港？這就更玄了。對此，我認為應當這樣看：隨着浦東的開發開放，上海肯定會同一些經濟特區和經濟技術開發區進行競爭。競爭可以促進進步，有一點競爭比沒有好，但我相信總體上還

---

〔1〕語出自《淮南子·說林訓》，原文是：「逐鹿者不顧兔，決千金之貨者不爭銖兩之價。」

是合作多於競爭。因為上海和其他地區產業結構的層次不同、優勢不同，很多產業在其他地區能搞，在上海不能搞；相當多的產業在上海搞得快，在別的地區則搞不成。我想，這樣一種競爭會成為互相補充，各自發揮自己的優勢，更多的是合作的局面。至於說超過廣東、福建，現在我們在很多方面，如科學技術實際上是超過他們的；但另一方面如輕工業等等，華南地區這幾年產品的花色品種超過上海，各自的特點不同。開發浦東，上海進一步發展以後，就可以帶動長江三角洲、長江流域、東南沿海這整個中國經濟的精華地區的發展，這將有利於中國國民經濟的整體發展。上海也一定會按照中央的政策，為其他地區做好服務工作。我們將正確地引導這種競爭的關係變為服務關係，更好地促進兄弟省市的發展，對這一點是可以放心的。至於某些香港報紙說上海在不久的將來就可以建成一個與香港媲美的金融、技術、經濟中心，我想這只能說是對我們的鼓勵，但幾乎不可能，至少在幾十年內不可能。香港發展到今天這個地步，是由於各種條件的綜合，有許多天緣機遇，不是隨隨便便地就形成的。所以，香港作為東南亞地區最大的金融、信息、貿易中心，我們是很難趕上的，當然更談不上取代。而且為什麼要取代呢？但在某些方面，上海早已超過香港。上海作為內地最大的工業技術中心，尖端科學技術等都超過香港。今後如果上海不睡覺的話，這些方面仍然會保持領先地位。所以我認為，香港之所長，正是上海之所短。我們要借鑒香港的經驗，雖然兩種制度有很大差別，但是很多經濟運行機制和操作方法是完全可以借鑒的。上海之所長亦為香港之所需，我認為上海和香港的合作可以是一個發揮各自優勢、互利互補、共同繁榮發展的模式。這種合作是有着光輝前景的。

綜合前面三個問題，我可以斷言，開發浦東，進一步開放上海，不是一句空話、一個招牌、一個廣告，而是上海人民的根本利益之所在，是上海經濟發展現實的前途。我們相信自己有能力來完成這個事業。在北京工作時，我就瞭解上海；當了兩年上海市市長，更知道上海人民能夠幹出什

麼樣的事業來，我確實以作為一個上海市民而自豪。我相信，上海人民能
夠用自己的雙手振興上海，建設上海光輝的未來。同時，我也抱着真誠的
願望到香港來尋求友誼，尋求信任，尋求合作。這種合作不但將有利於上
海、香港的繁榮，而且一定會促進上海、香港乃至中國經濟在東南亞、亞
太地區經濟中崛起，這是有利於國際合作與世界和平的。

在結束講話前，我特別要提及香港貿易發展局為舉辦這次研討會所做
的努力，也要感謝所有聯辦、協辦此次研討會的各個團體、各界人士。再
一次向他們表示衷心的感謝。沒有他們的支持和幫助，這次會議是難以成
功的。

訪問香港、新加坡引起的一些思考*
（1990年7月4日）

　　6月8日到20日，我和道涵、儲文[1]同志和有關委辦的一些負責同志到香港、新加坡進行了一次訪問。下面我給同志們彙報一下這次訪問引起的一些思考。

　　第一，要進一步解放思想，轉變作風，改革體制，提高效率，來適應改革開放的新形勢。在香港、新加坡，特別是香港，有很多人對上海目前存在的思想保守、辦事拖拉、生意談不成，是很有意見的。最近，我特別請上海的報紙注意把境外尤其是跟我們聯繫較多的香港對我們一些缺點的評論，大膽地登在我們自己的報紙上，不要害怕。我不是說登那些惡意的攻擊，凡是善意的帶有批評性質的意見，哪怕是諷刺挖苦的都可以登，這有利於我們警惕自己存在的問題，找出這些問題的根源並加以改正。報紙已開始做了，但不夠經常。外國人談上海，不都是提批評的，表揚的也可以登，但也用不着以表揚為主。登批評意見，目的是為了揭露缺點，為了改正嘛。我們有好多事幹得確實使人感到有點氣憤，對這些事情應該予以揭露，不然上海沒辦法成為一個國際城市。兄弟省市對我們也有很多批評。這次黃菊同志帶了一些人到廣東、福建去考察，也深有體會。很多同志都

＊這是朱鎔基同志在上海市黨員幹部會議上講話的主要部分。

〔1〕儲文，即李儲文，當時任上海市政府外事顧問、市政府市政工作諮詢小組召集人之一。

反映：上海的同志如果還是這麼思想保守，中央再給你們多少優惠政策，你們也搞不好的。你們如果還是架子那麼大，總是老大自居，你們就什麼都搞不成。福建某個市的市長說：你們「一個圖章」對外是假的，什麼「一個圖章」？還是多少個圖章在那兒扯皮。這些事情值得我們高度警惕，沒有一個高效率的政府，沒有一支高效率的隊伍，上海的開放是搞不好的。中央宣佈了浦東的開發開放是一個戰略決策，確實震動了中外，外國的評論非常多，都認為將來對中國經濟的發展是有很大好處的。這同時也刺激了好多兄弟省市，他們現在開放的速度比上海快得多。但我發現上海是循規蹈矩，搞來搞去還是中央給我們的那幾條。我現在非常擔心這件事情。我這話，意思不是說我們不要循規蹈矩，可以亂來，而是說我們現在這樣搞法，喊了半天浦東開發，我們還沒有做，別人都上去了，我們還在原地沒動，很可能出現這個結果，這很值得我們注意。好多事情並不一定是靠優惠政策能解決問題，而是要靠我們自己的辦事效率。從這個意義上講，我們每個人都是投資環境。我在香港引了一句話，「決千金者不計錙銖」，你是做大買賣的人，就不要計算小錢了，着眼於未來、着眼於未來的經濟效益，最後就會賺大錢了。

第二，從香港、新加坡的經驗看，還是要集中力量把城市的基礎設施建設搞上去。這個認真地搞上去了，而且面貌有顯著的改變，中外投資者才不會把浦東開放看成是一句空話，才會真正地來了。基礎設施建設不先行，工業是發展不起來的，外資也是不會來的。過去我們常常有一種想法，包括我自己，總認為生產是根本，首先得把工業搞起來，把錢都花到這方面去，搞一些大項目。我不是說這個觀點不對，工業生產確實是個基礎，要很好地重視發展和技術改造，但基礎設施沒有，效益就發揮不出來。所以，基礎設施建設必須先行，對這一點，我們必須有更深的認識。

第三，要充分認識第三產業在國民經濟發展中的作用。第三產業不光是旅館，還包括金融、信息、諮詢等為整個經濟和工業生產服務的行業，

這些行業非常重要，發展起來賺的錢要比工業企業賺的錢多得多。上海是一個沒有原材料、沒有能源的城市，想過多地把工業發展到多麼高的地步是不大可能的。你就搞高精尖，又能搞多少？高精尖那麼容易搞？所以，真正把經濟搞上去，還是要靠發展各種各樣的第三產業。香港為什麼這十年發展這麼快？我是 1983 年路過，住了三天，現在已經不是那

1990 年 6 月 12 日，朱鎔基訪問香港期間在上海實業公司酒會上與長江實業集團董事局主席李嘉誠親切交談。

個時候可以比的。他是前店後廠，前面店在香港，後面廠在廣東，我們幾千萬人給他做後盾，大部分錢都是他賺了。為什麼？因為值錢的東西都在香港，就是第三產業，包括金融。當然，廣東也得到了很大的好處，經濟也發展起來了，特別是工人能就業了，人民生活水平提高了，但最大的好處是給香港得了。上海旁邊沒有香港，上海要發展起來，只有靠我們自己。我們要把第三產業發展起來，才能為長江流域、為長江三角洲服務，把他們帶動起來。作為一個窗口，我們在這方面的作用，比單純搞幾個工廠的作用大得多，而上海本身的繁榮也是要靠這個。上海也有這個基礎，特別是人員素質，幾十年前上海一直是作為遠東很大的國際城市，超過香港。我們應該很好地考慮浦東開發、上海開放走什麼道路、採用什麼模式、朝什麼方向發展、抓住幾個什麼產業來發展，確實值得我們大家來思考、討論。

最後一條，根據香港、新加坡的經驗，就是要大規模地選拔、培養、吸引人才，提高各類人才的素質。沒有這一條，上海很難很快地發展。現在上海進來的能源、原材料不斷漲價，自己的產品總是老面孔，成本越來越高，利潤越來越少，財政越來越困難。這樣搞下去有何前途？必須考慮向高一些的層次發展，工業要向深加工、高精尖、效益高、賺錢的方面去發展，開拓新的市場，搞人家不能搞的；另外一方面，發展第三產業，這是人家搞不了的，我們作為一個集中的國際城市，有各種綜合的優勢，要揚自己之長，避自己之短。這首要的是要有人才，有一批熟悉國際慣例、能夠與國際社會交往的人才，沒有這個本事，怎麼把錢從外國人口袋裡賺回來？最近有一個外貿界的老前輩給我們提了個建議，比如出口到美國，不是跟美國的用戶直接接觸、掛上鉤，而是通過好多中間商，隔一個中間商，錢就給賺了一半，你最後收到的沒幾個錢了。現在工業為什麼外銷不如內銷，不願出口？就是最後收購價很低，中間商把錢賺掉了。所以，現在外貿出口要真正打開局面，真正把虧損變成盈利，你就要直接與用戶掛

上鉤。與市場直接掛上鉤很不容易，至少要跳過幾個環節，這就要靠我們的本事。他們做了個調查，如醫療用品，我們生產的醫療用品，賣紗布是一大捆、賣棉花是一大包、賣醫療器械和刀叉剪子是一大把，這沒人要。人家醫院怎麼用呢？紗布是一小卷，棉花是一小包，裡面配上一把剪刀、一把鑷子等，然後弄一個包裝，這個價錢就高得不得了。這位老前輩建議我們直接和美國的幾個大醫院掛上鉤，按他們的需要都做成成套的小包裝賣給他們，這個需要量大得不得了。所以，我請沈被章同志專門為這事到美國去考察，帶回來許多樣品，證明這條路子是走得通的。但掛鉤也不是那麼容易的，他要招標，一個大醫院一年需要多少東西，他看誰的便宜、誰的質量好就買誰的。我們應該有競爭力，我們的勞動力成本比人家低啊！我們要組織一批專業廠去生產這些東西，所以必須培養一批瞭解國際市場、國際社會，能與高層的人打交道的人，有的甚至要聘用我們的留學生，他不回來也沒關係，我們僱用他，這樣來改造我們的外貿體系。在這方面，要選拔、培訓人才，提倡幹部學英語，作為一個國際城市要普遍提倡學英語。

聯繫上海的工作，當前我們主要應辦好市委五屆十次全會提出的三件大事：一是「菜籃子」，二是交通，這兩個問題我已經講過了，第三個問題是住房和煤氣，這也是人民群眾迫切需要解決的問題。煤氣的問題已經基本做了安排，開過幾次會議，決定少則三年多則五年，把上海的煤氣問題基本解決。關於解決居民住房的問題，去年建了 371 萬平方米的住房，我們考慮今後每年要搞到 500 萬平方米，現在就開始，加快建設的進度。但完全靠國家是不行的。靠企業？企業現在已給擠得精光了，也很困難，拿不出錢來。還是要國家、企業、個人三家都來努力，要有住房制度改革的辦法。這個問題，我們借鑒香港、新加坡的經驗，結合我們自己這幾年房改的經驗，成立了市住房問題研究小組，由葉伯初同志負責主持，研究了幾個月，廣泛聽取了意見，討論了多種方案，最後確定了這麼一個方

案[1]。這個方案，我建議提交全市人民討論，把這個方案發到各個機關、各個企業、各個街道，大家討論，討論半年，明年1月1日起實行，有充分的時間聽取大家意見，進行修改。我認為這個改革是我們上海最大的改革，因為它牽涉到人民的切身利益。房子問題解決了，就極大地鼓舞了人民的鬥志，一定會促進生產和各項工作的進展。但是如果得不到人民的支持，住房問題就解決不了。靠我們現在這樣的建房速度，20年、30年也解決不了，而且會越來越擠。要得到人民的協作和諒解，大家都要盡心盡力。

這個方案的要點基本上是三點，我今天可以給大家透露一點，但不是最後定了。

第一點是實行住房公積金制度。參考新加坡的經驗，每個人從工資中交5％，企業也拿5％，作為住房公積金，存到國家銀行裡，現在是由建設銀行作為住房公積金的專業儲蓄銀行，專門用於購房和建房。現在已經有房子的也得交公積金，也得做點貢獻，因為過去房子是無償分配的。

第二點是認購住宅建設債券。完全像新加坡那樣個人拿25％的公積金，我們是受不了的，25％扣下來就沒有飯吃了。所以這個5％只能是「意思意思」，你還得要買公債。大家都提出來浦東開發要賣公債，我們不主張賣很多公債，因為人民群眾的負擔能力、承受能力有限。但是我想，為了解決自己的住房問題，買一點公債還是可以的，買了還要還給你嘛！不採取新加坡那種辦法，完全把房子賣給你，這個我們現在還做不到，只能夠你先借點錢給國家，房子造好分配給你，將來過了五年、十年再把借的錢還給你。利息要低一點，只能按單利，不能按複利計算。當然，利息要跟活期存款的差不多，就這個水平。交多少錢呢？就按你分的房子的地段好壞和面積多少定，大體上每平方米為20元到80元。具體到一個人是多

少呢？如果按平均數計算，每平方米為 50 元，一對小夫妻結婚只要一間房子的話，可能就要買 1500 元的公債；如果房子比較大一些，就要買 3000元的公債。大體上就是兩三千元左右，五年或者十年還清。我為什麼要大家討論呢？因為這裡面的怪話很多。有人講，你們這些當官的，過去都把房子分完了，都有房子了，現在輪到我們小老百姓分房子，你們就要收錢了。我們考慮，你說你不付這筆錢也可以，但是國家是沒有辦法解決這個問題的，那你就等着吧，十年、二十年你拿不到房子。那怎麼辦呢？國外都是這樣，從一參加工作就省吃儉用買房子。你也應該先別考慮買彩電、冰箱，而是先把住房的錢出了。這個錢是國家借的，並不是不還給你，因為國家現在勻不開這筆資金。這要做點工作，要大家討論，自己教育自己。如果大家都不同意，那只有不改革了。另外一個是承受能力，兩三千元是不是拿得出來？這就要讓各個不同收入水平的人討論了。一般認為是可以的。這次我從北京回來，在火車上和列車員談話，拿這個方案徵求他們的意見，他們都舉雙手贊成。我想，列車員的工資也不是太高吧，他們說承受得了，只要有房子，願意拿這個錢。當然，不光是住房的兩三千元，還有個煤氣。煤氣怎麼辦呢？交 500 元初裝費，用於發展，再買 1000 元公債，五年以後還給你。對一個新的居民來說，又是住房，又是煤氣，你就得買3000 元到 4500 元的公債。

第三點是提租發補貼。現在的房租太低了，連維修的錢都不夠，把房子都糟蹋壞了。今後要改革，要加強管理，改善維護狀況。因此，房租要提高一些，大體上提高一倍，才能保證它有良性的循環。提了房租以後怎麼辦？增加工資。這一點已經決定了，我們把你的錢補回來，但補只能按平均的補，每人平均多少平方米，就按這個標準補多少錢。如果你住的面積超過這個標準，住得多了，就得多付錢。這個叫作累進，我看也公平嘛！提租這個政策對大家的生活水平不會影響很大。

如果這次改革能夠成功，上海就會進入一個欣欣向榮的階段。我們現

1989 年 10 月 12 日，朱鎔基考察上海市曲陽新村小區並聽取彙報。左一為市委副書記、副市長黃菊，前排右一為市居住區開發公司副經理黃永林，右二為市建設委員會副秘書長沈冠軍。

在已做好準備，可以進行大規模的住宅建設。建設資金投下去以後，又會啟動市場，促進生產。建築材料如鋼材、水泥等都會發展起來，就業問題也會解決，購買力也可以提高。有一個好的條件，那就是開發浦東。把大橋修通、環線修成以後，在浦東離黃浦江不遠或者離環線不遠的地方，一個區一個區地修建住宅，交通非常方便，從浦東到市中心就比從閔行等到市中心方便得多。我估計居民是願意去的。當然，住宅建設要配套，包括學校、醫院、商業網點，方便居民，現在正在做詳細的規劃。這個計劃不會是空的，只要我們下定決心，堅定不移地去搞這件事情，就一定會把它搞成。

現在我只擔心一個問題，大家考慮一下，特別是市建委的同志要很好

地考慮一下，就是資金一投下去，大規模地展開城市基礎設施建設，每年500萬平方米的住宅，需要大量的建築工人。現在工程質量是一個大問題，大家看了昨天的報紙嗎？上海實驗幼兒園是上海最貴的一個建築，完工以後被評為全優工程，但漏水，從頂一直漏到底。這是哪個工程隊施工的？誰給它評全優的？這方面的反映多得不得了，質量差極了，還沒用就漏水，有的都垮了，什麼原因？就是招標問題，來投標的公司沒幾個人，用了不正當的或者正當的手段中標以後，再包給外地的一個什麼公司，這個公司再包給另一個什麼公司，再包給幾個農民，給你弄得一塌糊塗，還找不到人。那些經理都沒有責任啊？層層轉包，中間盤剝，搞得造價高得不得了。這怎麼辦？如果大規模地開工，一系列的問題都會發生。有關部門要共同商量一下，改革現在的建築體制，要組織幾個專業化的建築隊伍，硬碰硬的，由上海人來施工。如果外地人來，不能搞轉包，進來的就是成套的施工隊伍，負責從設計到安裝。要審查他是否有施工隊伍，沒有施工隊伍轉包給農民的不能進上海。搞住宅建設，幾個專業隊伍，5萬人、10萬人，年年都是由他們施工，把1500萬平方米住宅搞完。這樣就專業化了，提高施工隊伍的機械化水平，加強管理。要組織指揮部，確實固定隊伍，打硬仗。

關於訪問美國的情況 *

（1990 年 8 月 25 日）

　　這一次訪美，是經過中央批准的，中國人民外交學會應美國的美中關係全國委員會的邀請，組織了一個中國市長代表團，從 7 月 7 日到 7 月 26 日訪問了美國。7 月 26 日以後，我和汪道涵同志又應美國工商界的邀請，多留了幾天。代表團在美國先後訪問了 11 個城市，我和汪道涵同志訪問了 13 個城市，這裡面主要是大城市，也有中小城市。我們計算了一下，大概一共會見了幾千人，包括聽我們報告的人。從東部到西部，從北部到南部，我們都去了。

　　在四五月份的時候，中央就已經考慮這次訪問，江澤民同志親自過問這個事情。因為當時考慮美國要取消我們的最惠國待遇，一年要議一次。如果美國對華最惠國待遇取消了，我們就要反「制裁」，這就必然會導致雙方外交關係的大倒退，影響我們對美國 120 億美元的出口和美國對我們 80 億美元的出口，這樣整個 200 億美元的買賣就吹了。這個影響相當大。因此當時要去美國做一下這個工作，曉以利害，主要是做議員的工作，因為主要問題在國會。這件事，當時一直由江澤民同志親自過問，跟國務院、外交部一直在研究怎麼去法。四五月份，江澤民同志就給我打電話說準備

＊這是朱鎔基同志在上海市黨員幹部大會上講話的一部分。

1990 年 7 月 7 日，朱鎔基率領中國市長代表團抵達紐約肯尼迪機場，並回答記者提問。右一為代表團顧問、上海市政府顧問汪道涵，左一為美國美中關係全國委員會主席蘭普頓。

讓我去，美國專門邀請上海市市長和其他的市長去訪問，正好有這個機會，也符合我們的要求，所以我們就接受這個邀請去訪問了。

這次去一共是六個市長，上海、武漢、重慶、合肥、寧波、太原。我們接受這個邀請的時機是比較好的，因為在我們去之前，布什總統已經向國會提出來要延長對華最惠國待遇，就是說我們去的主要目的有了個很好的開頭。當然這個問題還沒有解決，因為還需國會批准，中間還有很長一段辯論的時間。但開頭是好的，便於做工作。這次去的目的是要鞏固最惠國待遇，使美國國會最終能夠通過。另外一個目的，就是在取消對華經濟「制裁」方面能夠闡述我們的觀點。

我們接受邀請以後，美國政府通過駐華大使表示了熱烈的歡迎。美國

現在是不允許中國高層人士訪美的，所謂高層人士是指部長級以上幹部，對中國部長級以上幹部不予接待是布什總統宣佈的。但這一次我們這個代表團去，美國政府特別表示熱烈歡迎。我們這個代表團，是去年政治風波以後中國派出的規模最大、層次最高的代表團，也是受到很熱烈歡迎的代表團。我們到了 13 個城市，都受到了非常熱烈的歡迎。我們在幾個大城市都舉行過報告會和聚餐會，每一次都是上百人出席，最多的一次達到 300 人。他們必須是知名人士才被邀請，同時吃飯還得交錢。像在洛杉磯那一次，原來說一個人交 100 美元就可以了，後來要來的人越來越多，沒那麼大地方，門票漲到 250 美元，就是說吃這頓飯要花 250 美元。場場爆滿，特別是我們會見的僑胞很多，上海人很多。招待會、聚餐會前有小的交談會，大家可以自由交談。我們每到一個地方，都被上海人包圍了，有老的上海人，最近十年過去的上海人也有不少，都是非常熱情。我們這次去的目的也是想廣泛接觸美國的各界人士，通過人與人之間的接觸，增進相互之間的瞭解，消除一些誤解，從而能夠達到改善中美關係的目的。

政界方面，美國政府這次對我們還是比較友好。美國總統國家安全事務助理斯考克羅夫特出來見了我們，而且非常友好，講了很多友好的話，還代表布什總統向江澤民同志問好。美國國務卿貝克當時不在華盛頓，國務院的第二把手、副國務卿伊格爾伯格和白宮的辦公廳主任出來會見。這種接待規格，據駐美大使朱啟禎講是比較高的。我們也去了美國商務部，當時部長也不在華盛頓，是常務副部長莫林出來接待。我們跟他們談話的時候，他們都表示了要改善中美關係的願望。

美國一些在野的政界領袖，我們也都會見了。尼克松非常友好，請我跟道涵同志到他家裡去，談了很久。基辛格前後出席了我們三次會議。一次是在紐約，外交關係委員會舉行的宴會由他主持，這個機構是非常重要的一個機構，都是很知名的人士在裡面。到那裡去演講的都是比較高層次的人。這次特別邀請我和其他市長出席宴會，由我演講而且回答他們的問

題。然後我們在駐紐約總領事館舉行了一個招待會，基辛格也出席，並在會上發表了長篇講話。第三次是他召集了一個早餐會，請了很多知名人士。在這個會上，大家都比較坦率和友好。

　　之後，我們到了國會，因為我們這次主要是做國會的工作。由於我們事先做了很多聯繫工作，使我們能夠在華盛頓一天的時間裡面會見了 24 位參、眾議員。我們會見了參議院多數黨的領袖多爾，他很友好。我們邀請他訪問上海、訪問中國，他當場就接受了邀請。朱大使講這就是一個突破。多爾是美國共和黨的國會領袖，迫於民主黨的壓力，他也不敢到中國來。朱大使說：「我多次請他到中國去，他始終沒有肯定。他今天很痛快地答

1990 年 7 月 12 日，中國市長代表團在華盛頓中國駐美大使館舉行記者招待會。圖為朱鎔基發表演講。右一為武漢市市長趙寶江，右二為代表團顧問、上海市政府顧問汪道涵。

應了，這是個突破，說明中美關係的氣候變暖。」我們會見的主要是民主
黨的領袖。大概這一次訪問美國二十多天，最難受的就是這一天，你要改
變這些議員的觀點幾乎是不可能的，他們不跟你提尖銳的問題也不可能。
比如國會人權小組最厲害的幾個議員，我們還沒有到，就約我們到他們那
兒，我們就去了。他們這次還比較有禮貌，儘管還是提「人權」問題。一到，
他們就給我遞了個單子，說你們抓了多少人，北京一個單子、上海一個單
子，完了還提出好多問題。我都一一答復了，反正就是跟他們針鋒相對。
我講完以後，他們也不反駁。我們在任何原則問題上都沒有放鬆，但是我
們的講法是比較策略的，所以這樣的辯論不是吵得面紅耳赤、不歡而散，
而是雙方闡明了各自的觀點。我認為還是消除了很多誤會，因為好多話我
講完以後，他們無法反駁，當然也很難改變他們的觀點。所有這些議員都
還是表達了對中國的友好。每個參、眾議員不管他是怎麼反華，我都邀請
他到上海來。我說你們來看一看嘛，你們對好多情況不瞭解，不是你們想
像的那樣。他們都接受了邀請。

我們這次主要是做人民中間的工作，政界、國會的工作。工商界我們
訪問比較少，但是也去了一些，像黑格[1]的聯合技術公司、美國電話電報
公司、3M 公司，還有麥道公司這些在上海有合作企業的公司。這些公司
對我們的接待都是很友好，接待的規格都是一把手和二把手出來。

我們本來 7 月 26 號就要回來了，但是布什總統的哥哥非要我們再到伊
利諾伊州的狄克多市去看阿丹米公司。阿丹米公司是美國最大的植物油精
煉公司，是年產 50 萬噸的大規模的工廠。現在他要在上海浦東建一個年產
100 萬噸的工廠，就是全世界最大的。他非要我們去看不行，所以我們只
好去，還有達拉斯的工商界、舊金山的好幾個公司、美洲銀行也邀請我們

---

〔1〕黑格，即亞歷山大·梅格斯·黑格，曾任美國國務卿，當時任美國聯合技術公司董事會
主席。

多待兩天。

代表團到了 11 個城市，我和汪道涵同志到的是 13 個。有 8 個城市的市長是在家的，我們都會見了，他們都非常友好。在這十幾個城市裡面，特別是華僑，熱情得不得了。每到一個城市，華僑總是要請我們吃一頓飯，發表一次演說，照相。我們所到這些城市，每一次的歡迎會上都有很多華人，當然美國人居多。特別在加利福尼亞，不僅開飯館、打工的有好些華人，好多科學家、管理學家、辦公司的也都是華人。對於加利福尼亞的建設，華人出了很大的力氣，做出很大的貢獻。但是他們對國內的真實情況瞭解不夠，所以在這個會上我講了一些情況，他們都說：「我們都沒有聽過這麼說的，你這樣一解釋，美國人就接受了。」

如何能夠把我們的觀點很巧妙地在美國宣傳，這是很重要的。美國的新聞媒介是很難弄的，對我們是封鎖的，我們講的很多話，他無可辯駁，想造謠也無法造謠，他就不報道。所以我到處去講，你們美國不是講新聞自由嗎？但我講了好多話，你們都不登。我到處去講這個問題，後來當地的報紙聽了我這個講話就登了。代表團每到一個地方，當地的報紙都還是比較熱情的，都有報道，但紐約、華盛頓的大報還是不登我們的消息。在華盛頓由福特基金會舉辦的復旦大學留美知名人士的聚會上，我又講了一下這個問題。美國一家比較有影響的大報《洛杉磯時報》的記者說：「我來給你登。」他就專門派了一個編輯在洛杉磯對我進行採訪，採訪以後全文發表，而且事先把這個稿子給我看，我修改以後再發表。這篇文章後來發表了，但我修改的地方，他實際上沒改，當然也無傷大雅。此後，我們就感到還是要搞電視採訪，不搞電視採訪，就不能夠直接跟美國人民見面。美國人要提問題也就提這些東西，我差不多都把這些問題摸透了，就按這一套答復他們。所以，我們在舊金山搞了一個電視採訪。美國公共廣播電視公司（PBS）有專門採訪公眾人物的欄目《新聞一小時》，主持人叫麥克尼爾，這一次電視採訪在美國還是產生了很大的影響。我在那裡聽到的

反映是很好的。在達拉斯，我在所住的安娜托旅館的大廳裡等着出去參觀的時候，就有美國人跑到我面前來說，你是不是上海的市長？我昨天在電視裡看見你了，你這個講話非常好。還有一個美國人跑到我面前來跟我握手。在舊金山我住的旅館旁邊有一個書店，我去逛了一下，也有人跑過來問我，你是不是上海的市長？可見這個電視採訪還是產生了一定的影響。

我回來以後收到了很多信，當然好多信是朋友寫的了，也有美國的老百姓給我寫的信。我唸一封佐治亞州一個普通老百姓的來信給大家聽：「朱市長，上星期在麥克尼爾的《新聞一小時》節目裡面見到了你，並且聽到了你的講話，深感榮幸，你向我們精彩地談了一整套有關你們偉大國家中國發展的事實情況……」所以我覺得這一次訪問，還是一次非常成功的訪問。

朱啟禎大使跟我講，這次訪問是一個突破，是去年政治風波以來的一個轉折。他自從去年上任以後，沒有見過一個美國國會議員，過去對華很友好的議員現在也不見他，沒有任何一個高級一點的美國官員到駐美大使館來。很多知名的學者，過去都是很友好的，去年政治風波以後就不到中國大使館來了。但是這一次，朱大使跟我一起見了二十多個議員，白宮的官員也都見了。在駐美大使館為我們舉行招待會的時候，從美國國務院的第一副國務卿開始，第二把手、第三把手、第四把手，美國國務院全體管中國事務的官員都到了。那天晚上，我們舉行記者招待會，我跟朱大使兩個人站在那裡與來賓一一握手，站了一兩個小時。記者招待會完了以後是招待會。來賓幾百人排得很長，一直排到大使館外面。很多過去不來大使館的學者現在來了，包括任之恭[1]教授、顧毓琇[2]先生等人都從很遠的地方趕來。所以說，外交的形勢是在逐步地轉變。

我的意思就是講，不要聽信那些謠言。在美國的報紙上，儘管也有一

---

〔1〕任之恭，美籍華人物理學家。

〔2〕顧毓琇，美籍華人教育家。

些保守的話，或者是懷疑的話，但整個沒有不友好的話。7 月 17 日，《紐約時報》——這是美國的大報，用很大的篇幅介紹浦東開發，有浦東開發的彩色地圖。這是很少有的，看來美國對浦東開發還是很感興趣。當然這裡面也有一些保留的話，比如說「朱鎔基能不能把浦東開發搞好，我們表示懷疑，這還在於中央能夠給他多少權力」。你要知道，這些話它不講是不可能的。但它能夠用這麼大篇幅來宣傳浦東開發，就說明我們國家和上海的影響。

關於浦東開發開放政策答記者問

（1990 年 9 月 10 日）

美國《時代》週刊記者：浦東新區的開發與中國其他經濟技術開發區是否一樣？浦東開發的前景令人鼓舞，但目前吸引外資的優惠條件還不夠，基礎設施還很差。另外，上海的官僚主義像長城的石頭一樣堅硬，你們如何來改變這種狀況？如何使浦東新區對外商投資更有吸引力？

朱鎔基：國務院總理李鵬今年 4 月份在上海宣佈開發和開放浦東，這是黨中央、國務院的重大戰略決策，這個決策是中國繼續堅持改革開放政策的一個重大的發展。我在今年訪問香港、新加坡的時候就講過，根據中央的決策，我們正在制定具體的法規。這些法規的制定工作經過差不多四個月的努力，在 8 月份已經完成了。黨中央和國務院對上海開發浦東十分關心，江澤民總書記、李鵬總理對這項工作親自過問。今天有三個法規[1]由國務院有關部門的負責同志到這裡來宣佈，這就增加了立法的權威性和嚴肅性，而且一定能夠更加堅定外國投資者的信心。

---

〔1〕三個法規，指在 1990 年 9 月 10 日上海市政府舉行的新聞發佈會上，國務院有關部門發佈的關於浦東新區開發開放的三個法規文件，即：中國人民銀行總行頒佈的《上海外資金融機構、中外合資金融機構管理辦法》，財政部頒佈的《關於上海浦東新區鼓勵外商投資減徵、免徵企業所得稅和工商統一稅的規定》，國家海關總署頒佈的《中華人民共和國海關對進出上海外高橋保稅區貨物、運輸工具和個人攜帶物品的管理辦法》。

　　我要告訴大家，我們在這麼短的時間裡，把九項法規〔1〕制定出來，都譯成了英文和日文，而且舉行了這麼一個隆重的新聞發佈會，這不是官僚主義而是高效率。我們相信，在黨中央、國務院的支持下，這些法規對促進浦東的開發、吸引外國投資者是很有作用的，浦東開發的前景是非常光明的。當然，對這些法規我們還將繼續加以研究、完善。

　　但是我覺得，一個好的投資環境並不完全在於減免稅等一些優惠政策，而在於綜合的投資環境。這就是我經常講的，上海的工業是配套的，科技的力量是雄厚的，管理水平是相當高的。這就是上海的綜合優勢。

　　當然，基礎設施的完善是我們的一個重大任務，我們正在大規模地開展這方面的建設。但我認為目前上海的基礎設施也並不是那麼差，已有閔行、虹橋、漕河涇三個經濟技術開發區，在那裡有很多成功的外資企業，而且還可以吸引更多的外資企業到那裡去。浦東新區有一些地方也具備了基本的基礎設施條件，現在就有條件開始進行項目的建設。

　　順便說一下，現有三個經濟技術開發區的優惠政策跟浦東新區的優惠條件是完全一樣的。當然，保稅區設在浦東，這是一個比較大的政策，但現有的三個經濟技術開發區裡也有保稅倉庫。外資銀行可以允許在上海設立分行，但不一定要設在浦東，浦西也可以設立。所以，我們不但歡迎大家到浦東去投資，也歡迎大家到現有的三個經濟技術開發區去投資。

　　至於你說的官僚主義，這個我也不否認，我跟你一樣痛恨官僚主義。但也可以說，官僚主義是世界流行病。上海過去批准一個項目要蓋一百幾十個圖章，我們已建立了市外國投資工作委員會，目標是審批外資項目只蓋一個圖章。儘管現在還沒有完全做到，但工作總還是比過去改進了，要

─────────────

〔1〕九項法規，指除第488頁注〔1〕所述的三個法規外，由上海市政府頒佈的六項法規：《上海市鼓勵外商投資浦東新區的若干規定》、《上海市外高橋保稅區管理辦法》、《上海市浦東新區土地管理若干規定》、《關於上海浦東新區規劃建設管理暫行辦法》、《關於上海浦東新區外商投資企業審批辦法》、《關於上海浦東新區產業導向和投資指南》。

1990年9月10日，朱鎔基出席上海市政府舉行的新聞發佈會。前排右一為財政部副部長項懷誠，右二為市政府顧問汪道涵，左一為中國人民銀行副行長陳元，左二為市委副書記、副市長黃菊；後排左三為市對外經濟貿易委員會副主任兼外國投資工作委員會副主任葉龍蜚，左四為市對外經濟貿易委員會主任沈被章。

不然為什麼全國評選的十個「最佳合資企業」中，上海就佔了六個呢？那不就說明上海的投資環境還不錯嗎？我這次訪問美國也經歷了你們那裡的一些情況。你如果說我們這裡的官僚主義像石頭一樣，我看，你們美國有些地方的官僚主義就像不銹鋼一樣。

英國路透社記者：剛才朱市長提到的投資環境不僅僅是指稅收減免，而且涉及全面的投資環境，這是否包括政治上穩定和法律上保護外國投資商的權利？我個人認為，去年以來這兩個方面在退步，這種退步是否會影響浦東地區的開放和開發？

朱鎔基：投資環境當然包括政治上的穩定。我認為上海的政治環境是

穩定的，其穩定的程度超過了去年政治風波以前，很多到上海來訪問的外國朋友都可以證明這一點。我希望外國投資者、企業家對上海的投資環境應該有信心，這裡是穩定的，投資風險很小，是一個很好的投資環境，歡迎你們到上海來。

英國《金融時報》記者：剛才介紹有關外資銀行在浦東搞分行，可以享受減免稅。那麼，四家已經成立、營運的外資銀行，他們的稅收如何算，是不是按照現有 50％ 的稅率？剛才朱鎔基市長也提到，現在浦西的三個經濟技術開發區的企業都可以享受與浦東一樣的優惠稅率。那麼，四家外資銀行分行是否可以享受與浦東一樣的優惠政策？

朱鎔基：關於在上海設立外資銀行分行的文件，昨晚才由陳元〔1〕副行長帶來，我只能談我對這個法規的理解。就是說，只要外資銀行向中國人民銀行提出申請，並經過批准，就可以在上海設立分行，不論設在浦東還是設在浦西都可以，其所得稅稅率從 50％ 減到 15％，與現在深圳經濟特區的外資銀行享有同樣的優惠。但是現在已在上海設立的四家外資銀行如要享受法規規定的業務範圍和優惠稅率，還要重新提出申請，並不能自然地享受這個優惠。總之都要按法規辦理，一視同仁。

英國《獨立報》記者：朱市長，你在香港訪問時說，外灘要成為「銀行街」，現在上海市政府很多辦公室要從過去的銀行大樓裡搬出去，是不是有困難或有什麼問題？另外，在海外，浦東開發在很大程度上是同你的名字聯繫在一起的，今後一旦你離開上海，這個局面將會怎樣？

朱鎔基：我是希望外灘成為一條「銀行街」的，至於說搬出來有什麼困難，那就看你出什麼價錢了。因為我們批租土地都要作價，外灘這個地方的地皮作價是比較高的。

---

〔1〕陳元，當時任中國人民銀行副行長。

我認為浦東開發不是與我的名字聯繫在一起的，而是黨中央和國務院的戰略決策，不管誰在上海當領導，這個決策是一定要實現的。至於我嘛，我的任期還有三年。

美國《時代》週刊記者：上海目前發展落後或者比較緩慢，都是由於上海上繳中央財政過多了。今後，浦東的稅收有多少要上繳國庫？目前上海已經有三個經濟技術開發區，為什麼還要建立浦東新區？這個新區的成立，是不是表明你們現在正在制定一個新的經濟政策？

朱鎔基：上海之所以能先期進行開發浦東的基礎設施建設，是得到了中央的大力支持。中央對上海實行財政定額包乾，完成這個定額上繳任務後，多餘的財政收入就可以用於浦東新區的開發和其他建設。

目前上海現有的三個經濟技術開發區內的項目基本上已經擺滿了，而浦東恰恰是一塊可供開發的寶地，是外商投資的理想地方。中央批准浦東新區的 350 平方公里為開發區，這是我國迄今為止最大的一個開發區；中央批准外高橋地區建設保稅區，這在國內也是從來沒有過的，說明上海擁有足夠的實力和優勢來進一步執行開放政策。浦東新區實施的政策，基本上是經濟技術開發區的政策，加上經濟特區的某些政策，基本上是現行開放政策的繼續，但也有上面說的一些新的內容。

給上海市環衛工人的信

（1990 年 10 月 9 日）

　　最近，周杏喜、陸燕飛等 16 位環衛職工和楊浦區長陽環衛分所的同志先後給我來信，要求我當一名名譽環衛工人，並提出了許多搞好環衛工作的意見。我深為感動，感謝同志們對我的信任。

　　我覺得，問題並不在於我當不當名譽環衛工人，重要的是環衛工作必須得到全社會的理解和支持，環衛工人理應受到全市人民的關心和尊重。

　　我去年訪問日本，觀看了橫濱市的一次節日遊行。走在最前面的是着特別制服的消防隊員，我以為這很有道理，城市消防隊員是不惜自己的生命來保護人民的生命、財產安全的。但是，環衛工人卻是成年累月，櫛風沐雨，在非常艱苦的條件下，同糞便、垃圾打交道，這也是一種默默無聞的無私奉獻。

　　城市是一個社會大家庭，每個市民都應當愛護自己的環境，尊重他人的勞動。支持環衛工人的工作和服從市容監察人員的執法，應當成為一種社會公德。請同志們相信，我的心始終是和環衛工人連在一起的。我一定會和你們一起，為美化和淨化上海市的環境做出堅持不懈的共同努力。

朱鎔基

1990 年 10 月 9 日

搞好浦東新區的規劃設計 *

（1990 年 10 月 15 日）

今後十年上海的城市規劃和建設，前五年還是着重解決浦西的問題，兼顧浦東起步；後五年再把重點轉到浦東去，因為開發浦東要依託浦西。從目前內部條件和國際條件看，也考慮到經濟效益和社會效益，首先要解決浦西的交通問題。如果三年以後兩座大橋、一條快速高架環線到不了浦東，開發浦東就是一句空話。按現有的資金和力量，用三年左右時間完成兩座大橋和一條環線是不成問題的。除此以外，浦西的南北交通也要打通，在中心區修幾個立交橋；還要加強管理措施，設機動車專用線和單行道等；加上三年後地鐵一期工程投入營運，上海整個城市的交通狀況就會明顯改善。這對經濟的影響、對社會的影響、對人心的影響不可估量。在這基礎上，後五年再把建設重點放到浦東去。

浦東開發既要考慮給外商提供良好的投資環境，又要提供良好的生活環境。這是開發浦東的一個目標。不僅是給外國人提供良好的投資環境和生活環境，而且也是為浦西的工業向浦東搬遷提供條件，給市民在浦東安家提供理想的居住條件。

第一步，在浦東主要是大量蓋住房，市政、商業、醫院、學校都要配

＊這是朱鎔基同志在上海城市發展規劃研討會上講話的一部分。

套。此外，再分片建設若干個開發小區，如外高橋保稅區、金橋出口加工區、陸家嘴金融貿易區等。相信內環線修成了，大橋通車了，輪渡再改善一點，在浦東沿着內環線兩側蓋大量住房，浦西的市民是肯搬過去居住的。與此同時，要把與外灘隔江相望的陸家嘴地區規劃好，搞幾個現代化的建築，如中銀集團的金融大樓、電視塔、大歌劇院等。

第二步，把外環線浦東段儘量往海邊靠，沿着東海邊修一條外環線，連接新的航空港。這樣把路一修通，路邊的地就有人買了。可以設想從延安東路隧道過江，經過花木地區一直到海邊機場再修一條幹道。我主張學習天津市修環路的做法，規劃要跳出來，修好外環線，裡面全活了，而實施規劃時可以「組團式」發展，一塊一塊逐步地搞。

第三步，再回過頭來改造、整治整個黃浦江的東岸，沿江邊修一條林蔭大道。

最後，還設想在浦東新區最北端（外高橋港口上面的一塊地方）建一個迪斯尼樂園。總之，要按現代第一流國際城市的要求搞好浦東新區的規劃設計。

會見世界銀行副行長
阿蒂拉·卡勞斯曼諾古時的談話

（1990 年 10 月 31 日）

朱鎔基：今年 7 月我與原市長汪道涵先生一起訪美時，訪問了世界銀行總部，受到了熱情接待。今天歡迎副行長先生來上海訪問。你已經聽取了有關方面的介紹，還去浦東看了一下，對上海有什麼意見，請你談一談。

卡勞斯曼諾古：這次來中國訪問的時間很短。除了到北京和上海之外，還去杭州參加了一個關於中國體改問題的研討會，因為我對中國的體制改革很感興趣。我認為，上海在中國的經濟地位是舉足輕重的，因此對上海方面進行的經濟體制改革試驗特別感興趣，相信上海的改革會影響到中國其他地區的改革，進而找出中國經濟體制改革的路子。我來上海後，聽了有關部門領導的介紹，瞭解了上海改革的進展情況及今後計劃，覺得你們做得很成功，也很謙虛。當我問到在改革方面與中國其他地區相比較，上海是否先進時，回答是除了金融改革之外，其他改革都落後於人家。（朱鎔基：就是在金融方面，上海的改革也落後於廣東、福建。）總的來說，這次訪問給我留下了深刻的印象，回去後將把你們對改革的討論及實施的情況向世界銀行領導彙報。

至於開發浦東，我認為是一個非常雄心勃勃的計劃。就其基礎設施的建設規模來說，不僅是中國的一個大項目，也是太平洋西岸的一個大項目，

而且浦東的發展將帶動上海乃至中國對資源的進一步開發利用。如果世界
銀行被邀請參加這樣一個大項目的合作，在參與投資時必須考慮到以下一
些問題：第一，宏觀計劃問題。開發浦東是上海整個發展計劃的一個組成
部分，還是單獨的一個發展項目？從世界銀行準備明年春天在上海召開宏
觀經濟研討會來看，浦東的發展計劃應該是上海整個發展計劃的一部分。
第二，環境方面問題。浦東的發展項目對周圍環境會有很大影響，特別是
上海人口密集，工業集中，未來的發展對環境影響是非常重要的。第三，
財務方面問題。開發浦東需要大量投資，這個問題你們已予重視，並合理
編製了財務計劃，大體估算了開發成本。就世界銀行來說，只被邀請參加
過多次有關開發浦東的會議，但還沒有直接參與深入的研究，我期待着明
年召開的宏觀經濟研討會將成為世界銀行參與開發浦東的開端。

　　朱镕基：感謝副行長先生提出這些值得思索的問題。上海的改革方案
是完全按照中央對「八五」期間改革的要求制定的。實際上，上海的改革
落後於其他省市，並沒有走在全國的前面。在價格改革方面，廣東、福建
比上海做得好，上海每年用於這方面的財政補貼高達幾十億元。因此決定
明年要進行主副食品的價格改革，像廣東現在那樣，放開一些價格，逐步
減少財政補貼。但聽說廣東的改革又要進一步，幾乎把食品價格全部放開，
又走在我們的前面了。金融改革方面，深圳現在就有十多家外資銀行，福
建也已經有外資銀行。而上海說要設立外資銀行，實際上還沒有開始。不
久前剛批准一家中外合資財務公司[1]，原來的四家外資銀行僅限於做結算
業務，沒有存貸款業務。目前上海的證券交易量是全國最大的，今年12月
份將成立第一個聯合證券交易所，也有可能到那時不是全國第一個了。另
外，正在進行住房制度改革，目標是逐步實現住房商品化。這項改革其他

---

〔1〕一家中外合資財務公司，指上海國際財務有限公司，由中國銀行上海市分行、交通銀行
上海分行、日本三和銀行、香港東亞銀行有限公司合資組建。

很多省也都走在上海前面，只是他們實行小規模的改革，而上海這樣大規模實行住房制度改革，將會走在全國的前面。現在這項改革的方案正在市民中討論，還沒有實行。總之，上海要加快進行改革，不改革，我們就無法前進。堅持改革開放的政策是上海的首要任務，我們希望改革的步子走得快一點。

關於開發浦東的問題，我們始終把開發浦東作為上海發展的一部分。當前最重要的是基礎設施建設，而這些項目主要在浦西，不是在浦東。比如正在建設的南碼頭黃浦江大橋[1]和明年將開工建設的又一座大橋，以及連接這兩座大橋的一條環城快速高架公路，都主要是為了疏解浦西的交通，把浦西過於擁擠的人口向浦東疏散，浦西的一部分工業經過技術改造後也要搬到浦東去。我們的目標是把浦東建設成為一流的國際城市，與此同時，浦西由於人口和工業的疏散，也會得到更新。所以，最近幾年的建設投資主要還是花在浦西，特別是基礎設施沒有完善之前，浦東不可能吸收大量的投資。在未來的五年內，浦東主要是開發三個地區，每個區域2至3平方公里，這就是浦東新建港口邊上的自由貿易區、外灘對面的金融商業區和快速環路旁邊的工業加工區。這大體就是浦東開發與上海發展的關係。我認為將來不管浦東怎麼發展，城市的中心還是在浦西。浦東可能會建設得很漂亮，有很大的綠化面積，有高技術產業和發達的商業，但最繁華的商業中心還是在外灘附近的這塊地方。

最大的問題是建設資金。現在中央給了上海一筆啟動資金，利用這個條件，我們可以不失時機地大規模開展基礎設施建設，使一些交通項目同時上馬。但要把這些工程很快建成，還要大量地利用外資，這也是迫切需要解決的一個問題。到目前為止，有些項目的資金已經解決了，有些項目

―――――――――――――

〔1〕見本書第134頁注〔1〕。

還沒有解決。如地鐵在德國政府貸款的幫助下進行得非常順利；合流污水治理工程在世界銀行貸款的支持下進展很快；南碼頭黃浦江大橋在亞洲開發銀行承諾貸款的條件下，建設進度也很快，去年開工，明年建成。最近一個美國工程專家代表團參觀南碼頭黃浦江大橋工地後，驚歎地說：「這種建設速度在世界上也是罕見的。」每一批來上海的亞洲開發銀行官員或專家都說大橋項目的貸款很快就會被批准，但至今還沒有批下來，我們是借了商業貸款在搞建設。另外，計劃明年開工的第二座黃浦江大橋，特別是連接兩座大橋的快速高架環路需要很大投資，兩個項目大約要 10 億美元，這些資金都沒有落實。環路有一部分是與世界銀行合作搞的，但項目貸款還沒有被批准。我坦率地說，這個項目不管你們批不批准，明年我們都要開工建設。上海與世界銀行的合作關係一直很好，我們非常希望已經評估過的項目能加快批准實施。我在美國訪問世界銀行時，副行長庫萊希先生對我說，以後一個月批准一個項目。我希望「一個月批准一個項目」能趕快實施。你們的行長科納布爾先生也說過，上海的交通項目應列為世界銀行對中國貸款項目的第一位。我認為快速高架環路這個項目完全符合世界銀行所提出的「滿足人類基本需要」的投資要求。交通問題解決了，也有利於改善上海的投資環境，吸引更多的外商到上海來投資。

卡勞斯曼諾古：我也希望科納布爾行長和庫萊希副行長所說的意見現在就能兌現。世界銀行執董會已經討論過一批中國貸款項目，有關援助中國「星火計劃」的項目也包括了上海崇明的項目，即將在執董會討論。期待下一批討論工業項目時，也會把上海的項目擺進去。我並不滿足於一個月批准一個項目，希望比這還更快一點。世界銀行過去提出的「滿足人類基本需要」並不是一項長期的投資原則。執董會在審批項目時，特別是利用國際開發貸款，往往要考慮到一個國家或地區資源總的配置情況，相當部分貸款是用於扶貧和人力資源開發，同時還要考慮到項目對環境的影響以及當地改革進展的情況，包括產業結構調整和組織機構調整。因此，希

望上海方面予以合作，在開始選擇項目的時候就注意到扶貧、改革、機構調整、環境保護等方面的問題。現在，歐洲共同體已經宣佈取消對中國的經濟「制裁」，預期亞洲開發銀行的態度也會有所改變。我們希望提供給中國更多的貸款，對此不會多加限制。但上海如此之大，世界銀行也不能完全滿足你們的需要，因為世界銀行提供的貸款總金額和軟、硬貸款比例都有限制，這些因素制約着上海能利用世界銀行貸款金額的多少，只有等整個資本增加了，才能增加。希望下次我們會見時，能就具體的項目再交換意見。

朱鎔基：我欣賞副行長先生所說的貸款不能僅是滿足人類基本需要，而且還應超過一個月批准一個項目的速度。希望儘快實現這個目標，並感謝你為此做出的努力。我認為，解決上海的交通問題對上海的發展是至關重要的。上海對城市總體發展規劃已經研究過多次，明年在聯合國開發計劃署的支持下，還將在上海召開國際城市交通研討會來討論這個問題。上面提到的大橋、環路等交通項目都是非常具體的，希望世界銀行幫助我們建設，在投資方面給予支持，目前最重要的項目是環城快速高架公路。至於改革的問題，我們一定要堅持改革的方針，而且還要加快改革的速度，這些改革包括了產業結構調整和組織結構調整。中國不能像有些國家那樣在幾百天內就要使改革達到什麼樣的目標，也不準備這樣做。我們的辦法是把改革方案交給人民群眾討論，比如上海這次實行的住房制度改革。因為改革牽涉到傳統觀念的轉變，不得到人民的支持，改革不會成功。副行長先生下次來上海時一定會進一步看到我們改革開放的成果，看到上海基礎設施建設取得的成就。

談上海市十年規劃和「八五」計劃＊

（1990 年 11 月 3 日）

今天，我主要是和大家交換看法，溝通思想，談幾點意見，供你們思考。

一、關於「八五」規劃彙報材料。

向市委常委彙報「八五」規劃，主要講觀點、講思想、講政策，數字可以少一點。規劃要多講一點長遠的東西，把今後五至十年的發展講清楚就可以了。還要把上海過去的發展戰略、規劃找出來，認真看一看，有用的東西不能丟掉，因為我們的規劃是建立在歷屆市政府工作的基礎上，要體現工作的連續性。但也要看到現在情況發展了，不能完全照搬過去的規劃，要結合實際，繼往開來。規劃的目標要十分明確，才能鼓勁，最好能提幾句簡單明瞭的話，做到家喻戶曉。對發展遠景要有鮮明的描繪，不然，起不到鼓舞士氣的作用。同時，綜合平衡也要合情合理。總之，要把規劃的骨架搞清楚，不必太細，對細節問題可以有不同的意見，繼續進行討論。

二、戰略設想。

九十年代是至關重要的歷史時期，我們如果再找不出一條計劃經濟與市場調節相結合的道路，把經濟搞上去，就很被動。現在，兩德統一後，

＊這是朱鎔基同志在聽取上海市計劃委員會關於上海市十年規劃和「八五」計劃準備情況彙報時講話的主要部分。

歐洲會很快強大起來；日本越來越厲害，東南亞國家也發展很快，連越南也想趕上去。中國是社會主義國家的中流砥柱，我們如果再搞不上去，社會主義的優越性如何體現？這關係到社會主義、共產主義事業的生死存亡。上海作為中國的經濟中心，在這五至十年裡找不到解決困境的辦法，就沒有時間了，我們將愧對後人，要有這種危機感和責任感。在這樣一種形勢下，我考慮九十年代上海發展的戰略應是「振興上海，開發浦東，服務全國，輻射全球」。

三、目標的制定。

我們的目標是要在五年內集中優勢力量做幾件事情，把人民的信心鼓起來，使人民真正感到生活的確改善了，上海一天天在起變化，城市面貌改觀了，社會經濟綜合發展了。具體來說，我想「八五」期間要完成三大實事和十大基礎設施工程。你們提出的浦東十大工程要重新排一排，不要光講浦東。開發浦東，意在振興上海；振興上海，主要靠浦西，至少五年內靠不了浦東，五年後也只能部分靠浦東，十年後浦東才有可能崛起。因此，我們要利用浦東，做好浦西的文章，不要提「把開發浦東作為重點」。開發浦東，首先是把浦西搞好，進一步把企業效益提高，把潛力發揮出來，作為開發浦東的基地。

三大實事也是三大目標或三大任務，一定要完成。一是市內交通。五年內必須完成兩座大橋、一條高架快速環線和幾個市中心立交橋，加上地鐵（規劃要考慮地鐵和輕軌系統結合，並延伸到浦東），我看可以基本解決上海的交通問題。二是住房建設和煤氣。五年基本實現城市煤氣化，住房明年竣工 450 萬平方米，十年竣工 5000 萬平方米，平均每年建房 500 萬平方米，配套設施要全面統籌安排，基本解決住房問題。三是副食品供應。要立足於本市，做到穩定、可靠、便民。

提出上述目標，總的思路是在五年內主要搞基礎設施建設，通過重點抓交通和住房建設，提高社會效益，改善外部環境，啟動市場，降低企業

成本，並且要用改革的辦法去推進和實現這些目標。

四、改革問題。

深化改革要認真考慮。我想，除了中央出台的財政、外貿體制等改革措施外，上海要着重抓五大改革。現在已經明確的住房制度改革、主副食品價格及購銷體制改革和社會保障制度改革，要進一步測算，並研究需要建立一些什麼具體制度和措施。此外，再抓兩大改革：一是企業體制改革，內容很多，如組建企業集團、重點企業建立監事會等，改革的中心環節是提高企業經濟效益；二是金融改革，主要包括建設證券市場、吸引外資銀行等等。

五、規劃的基本方針。

我覺得要研究制定四條基本方針：

（一）集中優勢兵力打殲滅戰，搞好城市基礎設施建設。

城市基礎設施建設主要是十大工程，重點是改善交通。這步棋走活了，上海就全盤活了，城市繁榮，效益提高，人民群眾高興，整個面貌會有明顯變化。十大工程主要包括兩座大橋、一條快速高架環線、外高橋港口，還有地鐵、合流污水治理工程等大項目。引水工程要不要擺進去？看來上海的引水工程要放到「九五」期間去完成，但最好能在五年內解決，是取水口從黃浦江上移，還是從長江取水，要認真比較、論證。煤氣建設，關鍵是石洞口煤氣廠建不建，要趕快論證。十大工程究竟怎麼擺？你們去研究。但要排出進度，包括三大實事，什麼時候開工、什麼時候完工，都要明確。「八五」期間，就是要集中力量打殲滅戰，把這些基礎設施建設搞好，要一天到晚抓住不放。

（二）有重點、有步驟地穩步進行現有企業的技術改造。

上海的工業結構調整和技術改造，我概括為兩句話，一是「金蟬脫殼」，二是「返老還童」。「金蟬脫殼」，就是浦西的工業不能再鋪新攤子，要適當收縮、「減肥」，要下決心關掉一批虧損企業，有的要經過技術改

造後搬到浦東去。「返老還童」，就是傳統工業要逐步更新，把老的甩掉一點，使工業年輕化。同時，要發展新興工業，主要搞技術密集型的，高技術、深加工、精加工和成龍配套的產業，資金和勞動密集型及耗用能源、原材料多的項目，我們搞不了，更不能再鋪攤子了。

關於冶金工業，現在有不同看法。我認為，要從現實出發，上海的500萬噸鋼是出品種的，全國70%的品種就在這500萬噸鋼之中，歷任市長都沒有把鋼減下去，因為鋼鐵工業在中國還不是「夕陽工業」。因此，不要輕易講減少生產能力，至於生產多少，根據當時市場需要決定，少一點產量、多一點品種也可以，但500萬噸鋼的能力不要動。今後上海鋼鐵

1989年3月4日，朱鎔基考察上海梅山冶金公司梅山鐵礦。

工業就是向兩頭發展，一頭是前道填平補齊，一頭是後道搞高質量、多品種、小批量。冷軋搞好後，馬上搞熱軋。生鐵儘量配套，現在的一個750高爐先搞上去看看，如果污染情況和成本、效益還可以，「八五」期間再搞一個，「九五」期間再搞一個。可以考慮搞大一點的，這樣三個高爐就有200萬噸生鐵，加上梅山的150萬噸生鐵，再吃一點廢鋼，就基本滿足需要了。你們按這個設想，認真算一算究竟要花多少錢。利用一點外資，還是拿得出的，十年就能解決問題。這樣搞上去，上海鋼鐵工業還可能是一個積累資金的來源。現在，之所以不賺錢，一方面因為生鐵靠外地運來，成本不斷提高；另一方面，一部分鋼材平價供應給機電工業，保證了機電工業的競爭力。沒有鋼材，上海的機電工業就不可能發展，因此，有鋼的時候，要想到沒有鋼的後果。對鋼鐵工業怎麼發展，爭論還可以爭論，該動手的還是要動手，不這樣搞，上海鋼鐵工業就保不住了。冶金工業的體制，準備以上鋼一廠、三廠、五廠為主搞成三個集團，把承包基數也劃到三個集團。不一定把市冶金局所有工廠全搞到集團裡去，集團裡面的企業是緊密型的，有的企業可以游離在外面，黨政關係在市冶金局。三個集團的改造要規定任務和目標，重點把一廠搞好，三廠、五廠進一步完善，提高質量、增加品種。

關於紡織工業，我的看法是要減少一些錠子。紡織工業要大改組，要組建企業集團，現在的管理辦法基本上還是過去那種靠計劃安排、棉花統購統配的老辦法。行政性公司取消了，市紡織局面對550個企業、80萬工人，鞭長莫及，權、責、利關係不明，這樣不行。紡織工業要多搞深加工，要發展針織和紡織機械，逐步使其變成盈利的行業。原材料來源要多樣化、多元化，要定點，要考慮每年究竟能吃多少進口棉花，能否與澳大利亞簽訂長期供應棉花合同。同時，要結合外貿體制改革，研究擴大出口問題。代理制沒有成功，因為是壟斷的代理制，現在不是要退回到收購制去，而是要研究怎麼進一步前進。除了吃進口棉花，本市郊區還可以多種點棉花，

我看在「八五」期間發展到 40 萬到 50 萬畝棉田沒問題，不能僅穩定在 20 萬畝水平上。現在種棉的政策對農民來說還是能調動積極性的，而且自己種棉花總比進口棉花便宜。可以考慮適當少種一點糧食，只要能保證郊區農民的口糧就行了，當然還有市區居民的大米供應問題。郊區要多發展經濟作物，採取紡織企業集團與鄉、村直接掛鉤的辦法，用經濟手段調動農民種棉的積極性，也提高農民的收入。

關於儀錶工業，最近市儀錶局在開展大討論，這很好。上海儀錶行業犯了一個歷史性的錯誤，這是全國性的，大家一哄而上搞電視機、錄音機，結果吃虧了。儀錶行業是上海的新興工業，是發展方向，除了要搞裝備性的電子儀錶，還要認真研究市場，找出拳頭產品。比如彩管是搞 21 英寸，還是搞 25 英寸，我說要出奇制勝，現在大家都搞 21 英寸，我們就搞 25 英寸，搞人家不搞的產品。

關於機電工業，我不贊成提「上海工業重點向機電傾斜」的口號，光搞機電工業也不行，可以具體點出哪些項目需要重點支持、優先發展。機電工業要到部裡去爭項目，主要是發展一些有特色的、有基礎的行業，如轎車、發電設備等，一般通用的不一定發展了。我看上海還是要發展輕工業，包括食品、鐘錶、自行車等，恢復過去在全國的領先地位。上海輕工業要成為積累資金的大戶。

我總的想法是，「八五」期間，工業不能花更多的錢去改造，只能維持在原來的規模上，主要靠企業的自我積累、自我改造。中央給的開發資金，3 億元用於技術改造的不要動，其餘新增的財力都用於集中搞基礎設施建設，上鋼一廠改造的錢也要算在技改裡面。我是搞工業出身的，現在看來，搞工業風險很大，往往投下去，出不來效益，所以，技改項目一定要看準，有效益再幹。對工業技改還要研究一點政策，比如一部分技改項目在建設初期，可以搞一點貼息貸款，扶植它一下。14 億元專項基金能留住，這幾年主要用到基礎設施建設上去。

（三）大力發展第三產業。

上海的第三產業究竟發展什麼？要具體化。我看首先是發展商業，把上海變成商業中心。浦西的商業設施要擴大，南京路、淮海路本來就很繁榮，要把沿街商店後面的居民搬出來，疏散到浦東去，這樣商店的規模就可以再擴大。二是外貿中心。三是金融中心。四是旅遊，這非常重要，考慮要成立一個上海市旅遊委員會，把旅遊、交通等統管起來，加強協調，提供從航空到出租車，從飯店、商店到旅遊景點的一條龍服務，特別是把上海對外友好城市的外國人組織來上海觀光旅遊，還可以組織從上海到蘇州、杭州、南京甚至西安的旅遊。搞迪斯尼樂園是最生動的科技教育，辦法是我們出地皮，外商出錢，門票收入大部分用於還款，但我們可以賺遊客消費的錢，這樣可以帶動市場繁榮。當然，目前還不具備條件，先進行談判、接觸，規劃要留出地皮。總之，第三產業的發展要很好規劃一下。

（四）適當加強科教文衛事業建設。

上海的文教衛生設施太落後了，今後五至十年要考慮適當增加投資。教育是最根本的，這方面要花錢。浦東應建一所大學，也可以是職業學校，可以從浦西搬一所過去，也可以新建。地方大學可以適當收縮一點，多發展職工教育和培訓。根據今後十年上海大規模開展基礎設施建設的需要，可以多辦一些土木建築專業的技工學校。我認為，上海教育的重點應該放在中小學。1988年我剛到上海工作時就講，上海歷來中小學教育基礎很好，要恢復上海中小學教育在全國的領先地位。文化事業的發展，現在沒有全面規劃，要認真研究。每個區都要搞一些文化設施，現在區縣有錢，市計委可以給點指標，讓他們自己拿錢建一些文化、體育設施。

六、綜合平衡問題。

市計委對財政、信貸、外匯、勞動力等幾大平衡都要搞，但主要是資金平衡。十大工程究竟要花多少錢？要算一算。如果初步匡算要200億元投資，考慮到土地、拆遷的改革等節約投資的因素，除掉已經落實的一部

分項目，剩下的估計還要 150 億元左右，平均每年 30 億元，中央給一部分（除了 3 億元技改貸款外，還有 10 億元開發資金，全部用於基礎設施建設），自己再拿一部分。只要工作做得好，14 億元專項基金還能留得住。人民群眾在煤氣、住房上集一點資，加上再利用一些外資，基本可以解決資金問題。

浦東的三個開發區，包括你們設想的科學園區，都要採取集資的辦法搞。土地作為政府投資，按最低需要補償的價格由政府徵地後交給開發公司去開發，讓開發公司自己去滾動經營，基礎設施也可以收費還款，政府不能再在開發區裡花更多的錢。關鍵是要改革體制，借鑒新加坡、香港的做法，十大工程成立十個公司，都具有法人資格，把責、權、利結合起來，先建後管，自己搞開發經營。同時，成立十個監事會，由政府代表、人大代表和經濟界人士參加，一年至少開兩次會，一次聽計劃目標，一次搞審計檢查，發現問題及時糾正，以至罷免公司總經理，這樣才能保證開發建設順利進行。

勞動力不僅要加強培訓，也要注意平衡。能不能把第二產業的勞動力轉向第三產業，把工業的勞動力轉向建築業。今後地鐵、大橋、住宅建設都要培養專業化的施工隊伍，不斷提高技術水平和質量。

十大工程投資很大，要改革現行投資辦法。武漢修一座長江公路橋只花 5 億元，九江的長江大橋只要 2 億元，而我們搞一座黃浦江大橋就要 8 億至 10 億元，其中一半的錢都用於動遷，這樣搞不起。因此，要修改動遷辦法。一律按房改政策執行，拆遷戶只給分房的優先權，債券要照買，任何單位都要為開發浦東、振興上海做貢獻。

市計委要把各種基金、收入都管起來，要檢查基金使用情況，監督用途，防止流失。現在資金不夠，要想辦法集中一點上來。

一定要保護好崇明這塊淨土 *

（1990 年 11 月 6 日）

　　我實地看了崇明，崇明確實還是我們郊區裡面比較窮的一個縣，還屬上海的「第三世界」。老百姓富裕的程度甚至還低於金山。市裡有關部門要支持崇明，幫助崇明更快地發展。但另一方面也說明，現在不能搞得太快，條件不大具備，大量吸引外資還不夠條件，外國人來了連招待所都沒有。我想崇明應該貫徹這樣一條方針：揚長避短，因勢利導。現在崇明的長處和優勢究竟在什麼地方？短處又是什麼？要搞清楚，因勢利導，該發展什麼就發展什麼，這樣搞下去，積蓄力量，讓人民能夠富裕起來。老百姓要再富一點，積累還是要多一點，不能消費得太厲害，蓋房子要慢一點。崇明新房子很少，一方面說明人民還不夠富裕，另一方面也是一個優點，一片白紙，將來蓋高樓大廈就好辦了。現在寧可慢一點，要搞就要搞得好一點。對崇明的發展，我就是這麼一個看法：揚長避短，因勢利導，積蓄力量，打好基礎，「八五」準備，「九五」起飛。「八五」以後上海投資的重點就要轉移了，可以轉移到崇明來，「九五」期間崇明就可以起飛了。我對崇明的這個看法，不知大家同意不同意，可以議論議論。崇明開發不要着急，一着急就搞不好。根據這個戰略考慮，我下面講幾條設想：

＊這是朱鎔基同志在上海市崇明縣縣鄉黨政負責幹部、市屬國營農場黨政負責幹部會議上講話的一部分。

第一，一定要堅持以農業為基礎的方針。崇明還是要搞農業。一定要保護好崇明這塊淨土。現在上海已經沒有多少乾淨的地方了，空氣是污染的，水是污染的，土地也是污染的，解決這個問題要幾十年。崇明這樣一個好地方，不要把它搞壞了，要堅持以農業為基礎，保持這樣的特點。我和老姚[1]、老田[2]講過，你們在崇明保留一點田園風光吧，城區居民到了假期能夠到崇明來領略一下田園風光就好了，所以要把農業搞上去。農業搞什麼呢？我還是說糧食要穩定發展。我在這裡吃新米，好吃得很，在上海市區吃不到。還要大力發展經濟作物，一是種棉花，二是種桑養蠶，三是種柑橘，還要建成創滙農業和特色副食品生產基地。甜玉米是出口的，要多搞。之所以說副食品是特色的，是因為這裡蔬菜是沒有污染的，農副產品沒有公害，金瓜絲也有特色，除了崇明，別的地方不生產金瓜絲。我今天吃的香芋，也是崇明的特產吧。我還吃了一次螃蟹，螃蟹雖然很小，但裡面蟹黃很大。所以，要建立有這些特色的副食品生產基地。將來城區居民到崇明來，可以帶一點回去，把金瓜絲、香芋、螃蟹、蘆筍做成小包裝，要包裝精緻，這樣效益就高了，就賺錢了。總之要揚長避短，有什麼優勢就搞什麼。將來賣出去的牛奶要貼上一塊牌子「崇明無公害牛奶」。崇明大白菜是無公害大白菜，到一定時候，崇明的蔬菜價格可以貴一點。我們的土壤比市郊其他縣的土壤好啊，所以一定要把農業放在第一位，搞有特色的農業、創滙的農業，經濟作物及糧食發展更穩定。

第二，集中力量建設崇明的基礎設施。現在不要着急地蓋房子，應該着急解決崇明的交通問題。一個港口、一個公路，要把崇明搞得四通八達，交通非常方便。崇明的開放對誰開放呢？我看首先對上海人開放。上海人都到崇明來，崇明就好了。我看了幾個單位，看了光輝自動化儀錶廠，

---

〔1〕老姚，即姚明寶，當時任中共上海市崇明縣委書記。

〔2〕老田，即田長春，當時任上海市崇明縣縣長。

看了長江農場儀錶廠，確實幹得好，效益也高，還有前衛村的牙膏廠，都是和市區的聯營廠。崇明人勤勞，勞動力也比較便宜。交通要方便，一定要做到一個港口半小時一班船，這就方便了，城區居民肯定會來，遊覽的人也就多了。港口也要規劃得很好，不能湊合。整個港口區要搞規劃，要搞第三產業，商店很多，特產金瓜絲、香芋什麼的都有，大包小包，買幾包回去，這不就賺錢了嗎？效益不就好了嗎？要規劃好。將來要增加一個車客渡，要做廣告。我建議要修一條沿江大道，沿着長江的、環島的、高標準的公路，周圍都種上樹，非常漂亮。這樣的話，外商就會來的。經過「八五」期間的建設，全島的交通就會發展。崇明島的綠化要發展，昨天我到綠華鄉，公路旁的綠化搞得不錯，到處是林帶，一片一片的，這種田園風光，在上海市區就看不到。上海有 1300 多萬人，這裡只有幾十萬人，城市人口 700 多萬，一年來一次崇明就夠了。

第三，大力發展旅遊業。崇明要變成上海的明珠、一個非常漂亮的田園風光的島，周圍要綠樹環繞，這件事我回去後要商量一次。現在上海要成立一個全市性的旅遊組織，可能叫旅遊規劃建設管理領導小組，把市園林局、民航局、交通局、旅遊局都包括進去，統一規劃上海的旅遊業。總之一條，要搞旅遊業，要把崇明變成一個點。你們這裡的東平林場也好，其他幾個景點也好，都要統一規劃，看怎麼樣使外國人願意到這些地方來，使城區居民願意來旅遊，這個效益肯定也是好的。現在沒有錢，你們就慢一點搞，別把景點搞壞了，將來後悔莫及。要搞就標準高一點，沒錢就不搞，我就提這麼一個方針。要請高手來規劃，不要只聽一兩個人的，要請專家包括國外的專家來研討，怎樣把崇明的旅遊業搞上去。

第四，發展工業。我不是說崇明島搞了農業、旅遊業，工業就不要搞了，工業還是要搞，要搞沒有污染的，精加工、深加工的工業，符合上海產業結構調整的方向，這一點特別重要。現在不要急於去搞亂七八糟的東西，搞了將來要後悔的。現在有幾個工業項目的發展是不錯的。一個是儀

1990 年 11 月 6 日，朱鎔基考察上海市崇明縣前衛村牙膏廠。

錶，崇明的空氣好，環境比較乾淨，人民比較純樸，發展高技術的產業，像儀錶是很有前途的。另外搞點輕工業，不要搞重工業，搞食品工業也可以，你們的農產品可以就地深加工，環境條件、衛生條件都比較好。食品工業的產品可以出口創滙，也可以供應上海的高級賓館。

重視和做好信息工作 *

（1990 年 11 月 28 日）

　　市政府的信息工作還是很有成績的，這與大家的努力，與各個區縣、委辦局信息員的努力分不開。在前面就座的都是信息工作先進單位的代表，我向你們表示祝賀。最後我走的時候一定跟你們握握手，表示一下我的心意。希望各個單位都向你們學習，把信息工作搞得更好。

　　市委、市政府對信息工作是非常重視的，因為我們的黨和政府要代表人民群眾的根本利益，我們沒有任何其他目的，我們的一切工作都是為了人民。要為人民服務得好，就需要瞭解群眾的疾苦，瞭解他們的要求，同時也要瞭解我們工作中的成績和缺點，特別是各種制度的弊端和我們隊伍中的腐敗現象。如果我們不能瞭解這些情況，就沒辦法為人民群眾服務好，執政黨的前途就有危險。

　　在這一方面，大家做了很多工作。市政府信息系統的工作還是做得不錯的，辦的一些刊物，如《每日動態》就辦得很好。我認為它是目前上海辦得最好的一個刊物，裡面能夠反映很多問題。全市各級領導都非常重視這個刊物。從這裡面瞭解到的問題，各位副市長、有關委辦局都非常重視，及時去解決。市政府辦公廳是不是現在還在做這個調查？例如《每日動態》

＊這是朱鎔基同志在上海市政務信息工作會議上講話的一部分。

反映出來的問題，過了一天兩天，去查問一下，有關的副市長和委辦局對這個問題有沒有批示？有沒有去查辦？這個事情要檢查。

同志們當信息員，就是要宣傳、聯繫群眾，把大家的勁鼓起來，報道我們中間很多鼓舞人心的事情。我們確實有各種各樣的先進事跡，也有先進的人物，像最近在宣傳的曾樂[1]同志。大家都這樣，上海就有希望了。我想，這方面是比較好做一點的，只要大家認真地去做。有一個比較難做的，就是揭發缺點，特別是揭露我們的腐敗現象。這個不容易，同志們，這是要得罪人的。但是，如果不解決這個問題，我們一定會脫離群眾。所以，你們報道的時候，不僅要報喜，而且特別要報憂。報喜比較容易，報憂比較難，難就難在要突破關係和情面。但是，你們報憂的時候，一定要實事求是。這個問題，我上過很多當的。同志們，我剛來上海工作時，對好多揭發、批評、暴露的東西，過分地相信了，結果我就批得很嚴，但最後一查，沒有那麼回事，這樣人家就要罵我是「瞎批評」。所以現在我就比較聰明一點，批的時候，先加上一句「如情況屬實」。希望在報憂時扎實一點，那樣起的作用也大，我批的時候也放心一些。

對各種不正之風、官僚主義也要揭露，以引起大家的注意。雖然沒有達到犯罪的程度，但是由於不負責任、搞不正之風、以權謀私等等，給國家造成的損失可是大得不得了。而對這種人往往沒有辦法把他們繩之以法，現在還沒有瀆職法，但是可以叫他們下台。現在一些領導幹部就有點手軟，有一位局長就當面跟我講：「我是下不了手。」你為什麼下不了手？你要是為人民利益着想的話，有什麼下不了手？當然，很重要的一條，就是自己要行得正、立得穩。你自己吃吃喝喝，接受人家送禮請客，講交情、關係，你敢得罪人嗎？所以，我們應該扶持和鼓勵正氣，一定要壓倒這個邪

---

〔1〕曾樂，焊接專家、全國勞動模範，當時任上海寶山鋼鐵總廠工程指揮部副總工程師，1989 年被評為上海市科技精英，1992 年被評為上海市科技功臣。

曾乐同志是知识分子与工人
结合的典范。上海人民在振兴
上海、开发浦东的伟大事业中
要学习曾乐精神。

朱镕基
一九九一年元月

圖為 1991 年 1 月，朱鎔基給曾樂同志的題詞。

氣。大家都來根據黨性、黨的原則辦事情，絕對不能講情面、講關係，不要怕得罪人。

從我個人來說，很多同志都很愛護我，說我的脾氣太大了，批評人家太狠了，往往當着別人的面使人家下不了台，而且今天要撤這個人的職，明天又要撤那個人的職，有沒有想到自己將來是怎麼樣的下場？同志們，我不是沒有考慮到這個問題，但是我看到另外一面，就是看到人民群眾疾苦的時候，看到我們的事情辦得這樣慢吞吞，特別是那種不負責任的情況時，我的心裡就發急。當然，我這個毛病要改，批評要注意方式，要注意效果，要肯定成績，多進行個別談話。但是不公開批評，往往難以使大家吸取教訓。所以，我把自己個人的安危置之度外。同志們，我沒有別的目的，我只是要為上海人民服務好。特別是我作為第一把手，如果不能嚴格地要求大家，我不來說話，誰來說話呢？我想應該提倡一種精神，就是為了人民的利益，不惜犧牲一切，什麼情面、關係也不要講。我將來是什麼下場，我從來就沒有考慮過。當然，首先得嚴格要求自己，這方面，我不能說我做得夠了，還有很多要求自己不嚴格的地方，但是我每做一件事情，總得考慮一下這是不是符合人民群眾的利益，會不會帶了一個壞頭。我想只要我們上海有一個好的黨風，有一個好的社會風氣，大家都一心一意奔着工作，上海一定可以搞好。

希望你們深入生活、深入群眾，把他們的先進事跡報道出來，把他們的喜怒哀樂反映給我們；同時，你們要大膽地揭露和鞭撻各種腐敗現象和社會陋習。這樣，在振興上海的事業中，你們會起很大的作用，就可以帶出一個好的風氣。所以，我不但希望你們成為好的信息員，而且是好的黨員、好的幹部、好的群眾，在各方面都發揮先進模範作用，來帶動我們黨風和社會風氣的好轉。

對發展證券市場的幾點意見 *

（1990 年 12 月 21 日）

剛才劉鴻儒同志做了系統的發言，我完全同意。

第一，發行證券寧肯慢一點，但要穩一點。搞亂了，出了大一點的問題，就搞臭了。

第二，希望中央允許我們試點，不要收。證券交易所[1]已經開業，上了馬，下不來了。如果不允許我們一步步往前走，改革就會受挫，國際上的影響也不好。

第三，這件事要搞成，要爭取中央的支持。考慮在黨的十三屆七中全會期間，向江澤民同志彙報一次。回來後，包括定法規、搞試點等各項工作就往下做。爭取明年一二月份正式向國務院領導彙報，到那時，交易所已開業一個多月了，到底搞得怎樣也有眉目了。向中央正式彙報時，我們要講清楚搞這事政治上沒風險，社會主義性質不會因此改變，擴大股份制改革試點工作可以交給上海辦。

第四，有關幾項工作：

＊這是朱鎔基同志與來上海研究金融體制改革和證券市場問題的國家經濟體制改革委員會負責同志談話的主要部分。

〔1〕證券交易所，指上海證券交易所，1990 年 12 月 19 日正式開業。

1990 年 12 月 19 日，朱鎔基出席上海證券交易所開業儀式。前排左一為市政府顧問汪道涵，左二為香港貿發局主席鄧蓮如，左四為市委副書記、副市長黃菊，左五為國家體改委副主任劉鴻儒，左六為市政府外事顧問李儲文；第二排左一為中國人民建設銀行行長周道炯，左二為香港聯合交易所理事、第一副主席黃宜弘。

1.利用發行證券，籌集外國資金。同意先搞 A、B 股。同一家企業發股票，設 A 股向境內居民發行，設 B 股向境外發行，A、B 股之間暫設「三八線」。上海特別重要的是要籌集基礎設施建設的資金，憑上海的信譽，不是沒有可能。我考慮搞一個試點，利用發行債券、股票籌集基礎設施建設資金，目的就是用於建高架快速環線，還有集裝箱碼頭。

2.制定股份制公司法規。上海已經有一個搞股份制公司的五十條草案，

國家體改委同志如認為可以，建議請錦華[1]同志再看一看，如認為沒問題，就告訴我們。上海就作為地方性法規先試行。同時要排一個時間表，排出一批準備搞股份制，發行債券、股票的企業和項目。江澤民同志已經說過，要擴大股份制試點。企業發行債券、股票要經過批准，希望中央要給地方政府這個審批權。

3.加強管理，防止投機。

（1）證券交易的管委會要迅速成立。發現內外勾結要判刑，要搞得非常嚴格。

（2）適當增加籌碼，緩解供不應求的矛盾。

（3）贊成借鑒外國搞基金的辦法搞「合作基金」試點，也可以按系統組織起來去買股票，這也要搞試點。

（4）請曉天同志通知新聞處：一段時間內停止對股票市場的一切宣傳。有關股票市場、股份制試點的工作都在內部搞。

---

〔1〕錦華，即陳錦華，當時任國家經濟體制改革委員會主任。

十年內基本解決上海人民的住房問題 *

（1991 年 1 月 3 日）

今天，我們市委、市政府的同志來慰問參加中原小區住宅建設會戰的職工同志們，向你們表示感謝！

借此機會，我想通過電視與市民同志們談一談房改的問題。房改方案[1]交給市民群眾討論有一個多月了，現在已經告一段落。根據討論的情況來看，絕大多數人贊成這個房改方案，擁護市委、市政府關於住房要商品化和由國家、集體、個人共同集資，加快住房建設這一方針。大家認為，這個方案增加市民的負擔並不太大，經濟上是可以承受的。當然，心理的承受能力不是一點沒有問題，要由過去無償分配住房改為大家做點貢獻，這

＊這是朱鎔基同志在考察上海市楊浦區中原住宅區建設情況並慰問建設者時的講話。

〔1〕房改方案，指《上海市住房制度改革實施方案（討論稿）》。1990 年 9 月，上海市第九屆人大常委會第二十一次（擴大）會議聽取朱鎔基所做《關於當前上海經濟形勢和住房制度改革方案（草案）的報告》，通過《關於同意市人民政府〈上海市住房制度改革實施方案（草案）〉交市民廣泛討論聽取意見的決定》。之後，《上海市住房制度改革實施方案（草案）》交由上海市 17 個單位內部討論。同年 12 月，《解放日報》、《文匯報》和《新民晚報》全文刊登《上海市住房制度改革實施方案（討論稿）》，供全體市民討論。據統計，上海全市 80% 的職工和居民參加了討論。1991 年 2 月，國務院批復原則同意這個方案，並於同年 5 月 1 日實施，上海在全國各大中城市中率先實行住房制度改革。這次住房制度改革的基本原則是：逐步實現住房商品化和自住其力，改變低租金、無償分配住房的制度；建立國家、集體、個人三結合籌資建設住宅的機制，改變由國家、集體包下來的建房辦法；建立公正、權威的推行住房制度改革的決策研究、管理和監督機構，糾正住房分配中的不正之風。主要內容是：推行公積金，提租發補貼，配房買債券，買房給優惠，建立房委會。

個心理的轉變不大容易。但是通過討論，大家也看到這幾年地方財政很困難，企業效益在下降。從 1986 年以來，本市蓋的房子一年比一年少，如果再不進行住房制度改革，解決上海的住房問題就會遙遙無期，所以大家達成了一個共識：房改勢在必行，不改不行。我看沒有哪一次改革像這次房改這樣深入人心，吸引了這麼多的群眾參加討論。這給了我們一個啟示：深化改革要走群眾路線，群眾擁護改革，改革就能夠成功。所以我相信，這次房改一定能夠成功。

下一步怎麼辦？首先，要根據討論中大家提出的許多非常好的意見，來修改完善這個方案，然後提請市人大常委會審議批准，時間可能是在今年 1 月底或 2 月初。然後再用兩個月的時間來試運行，或者叫「空轉」。什麼叫「空轉」呢？就是「實習」，把收公積金、分房買債券、提租給補貼，都來個實習。不這麼試一下就沒有經驗，工作上可能銜接不好。我們估計如果試運轉順利，4 月 1 日就可以正式實施這個方案；如果準備不足，還可以再延長一點時間，到 5 月 1 日實施。總之，要讓這個改革能有條不紊地進行。

下面，我想對討論中大家提出的幾個比較集中的問題，講幾點意見：

（一）不少同志建議，過去已經分配到住房的住戶也要做貢獻、買債券。對這個問題，房改方案中已經規定了，所有的人都要交公積金，已經分配到住房的人也要交公積金，這就是做貢獻。將來房改進一步深化，對這些老住戶也要實行住房商品化，他們還會做貢獻。但如果要求他們現在也買住宅建設債券，牽涉的面就太廣了，具體規定也很複雜。所以我們認為，可以在房改方案中加一條，提倡大家根據自己的經濟條件，自願買一點債券，做一點貢獻，來支持房改，但不做硬性規定。

（二）不少同志提出，那些多住房的同志應該多付房租，既不要封頂，也不給補貼。對這個問題，我想先說明一下，房改方案中規定了提租發補貼，提高一點房租是為了彌補修房的費用，發補貼是為了盡量不過多增加

個人的負擔。這樣，房改方案才能得到絕大多數人的擁護。對於老住戶中少數住得比較寬裕的同志也要做具體分析，這些同志大多是對革命、建設有貢獻的人，他們住得寬裕一點，也是過去政策規定的，是歷史上形成的。我們不能否定過去的分房政策，再要他們多付很多房租，那也不一定合理。所以這個問題，還是交給每個單位根據實際情況處理比較好。這裡，我順便講一個問題，現在大家都強調要公平、公正，我相信通過這次房改，由於有了一個比較合理的經濟機制，再建立一個公正的、有權威的住房委員會，一定會有助於公平地分房、公正地處理住房制度改革中的問題。但是大家也要看到，這個問題不可能在房改中一下子解決，只能隨着體制改革的深化、黨風和社會風氣的好轉逐步地解決。

（三）房改資金如何返回的問題。在滬的一些中央企業，還有那些經濟效益比較好的企業，都要求把房改資金全部返回原單位，而那些困難的單位、經濟效益差的企業則要求國家給予照顧。我們認為本單位籌集的資金，包括公積金、債券、買房的資金，原則上全部返回原單位，不能夠搞一平二調。搞平調，會損害單位的積極性，事情就辦不好。但是，資金返回原單位一定要有兩個條件：一是資金一定要用於蓋房，不能挪作他用；二是建房計劃、施工準備一定要落實。至於有困難的企業，政府應該給予支持，實際上去年我們就已經這樣做了，對一些有困難的企業給予貸款，甚至是貼息貸款。要不然，去年400萬平方米的住房是蓋不出來的。當然，任何一個單位都不能躺在國家的身上。現在政府的負擔很重，要蓋房子首先要搞好基礎設施建設，政府今年要花幾十億元來進行基礎設施建設，包括道路交通、上下水道、公用設施配套，不可能拿出更多的錢來支援有困難的企業，所以每個企業還是要自力更生，提高效益，勤儉節約，擠出更多的錢來蓋房子。

（四）關於解決住房困難戶問題。第一，我們打算在三年以內對人均居住面積在2.5平方米以下的住房特困戶，由政府提供一定的貸款或貼息

1990 年 9 月 27 日，朱鎔基在上海市第九屆人大常委會第二十一次（擴大）會議上做《關於當前上海經濟形勢和住房制度改革方案（草案）的報告》。

貸款給企業來幫助解決。第二，對危房和棚戶區要進行成片改造，這樣既有利於改善居住條件，也有利於城市面貌的改變。閘北、虹口、普陀、南市等幾個區的棚戶和危房比較集中，其他區也有一些。各區要做出規劃，採取自建公助、合作建房等多年行之有效的改造辦法，市、區財政也給一點支持，來進行成片改造，在五到十年以內，使上海居民的居住條件和城市建設面貌有一個顯著改變。

　　現在有個問題，實行房改以後，大家期望值很高，都想早點拿到房子，如果房子蓋不出來，就會大失所望。去年，我們在研究房改方案時，就已經考慮了這個問題：能不能在十年裡建 5000 萬平方米住宅，基本解決上海人民的住房問題。現在看起來，只要大家齊心協力，不僅可以完成，還可

能提前。去年一年，我們做了大量的準備工作，採取了各種措施。現在的問題就在於各行各業、全體市民要齊心協力，做出自己的最大貢獻。為了實現這個目標，當前我們要做好以下幾方面工作：

第一，要做好規劃。去年年底，上海在建的住房面積共 800 萬平方米，今年一定要保證再開工 500 萬平方米。在這 1300 萬平方米中，今年一定要竣工 450 萬平方米，明年要竣工 500 萬平方米。「八五」期間（1991 至 1995 年）一定要竣工 2500 萬平方米，這是有保證的。我們已經規劃了 11 個住房基地，共可建住宅 250 萬平方米，分佈在今年就要開始建設的高架快速內環路的兩側。我們準備用三年時間建成這條快速環路。這樣，11 個住房基地的交通就十分方便。當然，我們還要把其他配套設施，包括學校、商店、醫院等建設好，提高居住環境質量。規劃工作是非常重要的，規劃設計人員應該把這個工作做好。

第二，設計問題。今天我一下車，看到這裡有一種房子的式樣相當漂亮，但更多的還是過去傳統的「鴿子籠」、「火柴盒」，這就不行了。當然，這個方便又省錢，但太單調。可以多搞幾種式樣，組合在一起，總之要適用、經濟、美觀，這是一個原則。在設計中特別要考慮如何提高使用面積係數，我相信只要發動全市的設計人員，大家都來開動腦筋，我們一定能夠把使用面積係數提高，使大家住得更舒服。最近市政府決定，選擇康健新村，發動設計人員，進行設計競賽，在這裡設計建造一批樣板房，然後讓全市群眾參觀，評出優秀獎，再把優秀設計推廣到全市的住房建設中去。

第三，施工問題。施工一定要搞工業化、機械化、標準化。不但是構件，還要包括房屋裝修、組合家具。現在好多工廠沒有任務，可以組織起來生產室內裝飾用品、組合家具，這有利於調整結構，推動工業生產。質量問題是個關鍵，我們決定了一條：所有在上海蓋的房子，也包括市政建設工程，在住戶搬進去以後一年內要實行包修，一年後才算真正竣工。不實行這個制度，上海大規模住宅建設的質量是不能保證的。

1991年1月3日，朱鎔基考察上海市楊浦區中原住宅區。左二為市建設委員會代主任吳祥明，左三為副市長倪天增，左四為市委副書記、市委宣傳部部長陳至立，左六為市委副書記吳邦國，右三為副市長莊曉天。

　　第四，科技攻關問題。要拿出一筆錢來，鼓勵上海的科技人員投入到住宅建設中去。比如說高層建築，有些同志反對在上海建高層建築，我看這種看法有些片面，上海也要建一點高層建築，不然，像個國際城市嗎？另外，高層建築能夠節省用地。但是蓋高層建築，造價要比多層住宅高一倍。怎樣去降低造價？這裡面大有科研文章可做。剛才我們看到的那個房子，塗料就沒有過關。1988年，南京路上的房子粉刷過一次，現在有的變成花臉了。總之，科技攻關是有許多工作可以做的，能夠多快好省地推進住宅建設。

　　第五，徵地拆遷。這是一個非常重要的問題。要蓋2500萬平方米房子，

需要幾億元的徵地費,拆遷費更多。我在這裡向郊縣的黨政負責人、各級政府、農民同志發出呼籲,你們大家都要為上海的住宅建設做點貢獻。所有被拆遷的單位,不管是在郊區還是城區,都不要去吃「唐僧肉」。南浦大橋投資花了 8 億元,其中 4 億元是拆遷費,這怎麼得了呢?

有些被拆遷的單位態度非常惡劣,乘機敲竹槓,挖國家牆腳,應該受到譴責。我相信,只要大家齊心協力,發揚多做貢獻的精神,住宅建設和基礎設施建設投資就可以大大節省,建設的速度就可以大大加快。

讓國營企業走出困境 *

（1991 年 1 月 11 日）

昨天的市委常委會上，很多同志都要求對今年的工作向大家交個底，我想就這個問題講點意見。

有的同志講：難忘的 1988 年，難過的 1989 年，難熬的 1990 年，難測的 1991 年。這四句話，前面三句有一定道理，但這個「難測」的 1991 年，我看現在不難預測，應該說看得還是比較清楚的，是可以預測的。1988 年是上海實行財政包乾的第一年，中央財政給上海的企業讓了十幾個億，國營大中型企業的日子是比較好過的，確實是「難忘」的 1988 年。但是 1989 年，大中型企業的留利水平大大降低了，企業就比較困難了，就叫作「難過」了。1990 年呢？因為 1988 年緊縮方針的影響是到 1990 年體現的，所以 1990 年國營大中型企業就更加困難了，就是說這一年就有點「難熬」了，但是熬過去了。我認為，今年總的形勢一定會比去年好。政治形勢不用講了，這幾年是一年比一年好。總的經濟形勢也是一年比一年好。這幾年裡面，我們的城市基礎設施建設有很大的進步，我們的財政還是保證了上繳，人民的生活水平得到了提高。但企業是越來越苦，這是不可否認的，

---

* 這是朱鎔基同志在中共上海市第五屆委員會第十一次全體會議閉幕會上講話的主要部分。本文中的國營企業均指上海地方國營企業。1990 年的上海地方工業企業單位數為 12990 家，佔上海全部工業企業單位數的 98.3%；地方工業企業總產值 1372.08 億元，佔上海全部工業總產值的 84%。

1990 年 4 月 17 日，朱鎔基陪同中共中央政治局常委、國務院總理李鵬出席上海寶山鋼鐵總廠二期工程冷軋、連鑄投產和熱軋負荷試車儀式。圖為李鵬在寶山鋼鐵總廠熱軋廠控制室按下啟動電鈕。右一為寶鋼工程指揮部副指揮、副總工程師楊廣，右二為冶金工業部部長戚元靖，左三為冶金工業部副部長兼寶鋼工程指揮部總指揮黎明。（新華社記者夏道陵攝）

應該看到這個問題的嚴重性。所以，我覺得今年已經是時候了，應該提出來制止國營企業的經濟效益進一步下降的趨勢。我們希望能夠一年穩住，兩年扭轉，三年走出困境。今年先穩住，留利不要繼續下降。1988 年，14 個工業局的國營企業留利是 30 多億元，到 1989 年只有 20 多億元了，去年只有十多億元。如果再這麼一年七八個億滑下去，就什麼也沒有了。所以今年要穩住，至少穩定在去年的水平。明年無論如何要回升，要扭轉。三年後，到 1993 年無論如何要恢復或者超過 1988 年的上繳或留利水平。同志們，上海的國營大中型企業不僅僅是留利下降了，上繳財政的收入也減少了，實際上，市財政局去年對企業做了很大的減稅讓利，光減免稅就 8 億多元，對紡織工業掛賬兩個多億，這個掛賬實際上就掛掉了。將來還能

繳得上嗎？恐怕是繳不上了。實際上，財政也少收了十幾個億。所以，這個趨勢無論如何要制止，不能夠讓它再滑下去。

今年把國營企業經濟效益穩住有沒有可能？我們認為是有條件的。起碼有三個條件：第一個條件，就是宏觀控制的影響在今年應該對我們的經濟產生正面的效應。怎麼講呢？1988 年，緊縮基本建設、緊縮銀根，1989 年全國固定資產投資規模減少了 11%，上海減少了 12%，這種效應反映到生產上面主要體現在 1989 年第四季度，對上海的影響是去年一年。後來，中央感到緊縮的力度太大了，在 1989 年的下半年特別是 1990 年又大大地放鬆了，1990 年全國固定資產投資規模增長 4.5%，上海增長 5.7%。這種效應一定會在今年感受到。特別是去年第四季度，我們上海自己也大量地投入，技術改造貸款增加了 3 個多億，開發貸款我們提前拿兩個億用於搞基礎設施建設。這也必然會啟動市場、推動生產。1991 年的計劃是，全國固定資產投資總額增長 14.8%，上海是 15.8%。所以我想，外部環境、市場的情況，今年可能好一點，至少比去年好一點。

第二個條件，就是結構的調整。我們在 1988 年制定的產業結構和產品結構調整兩年規劃，到今年會收到比較好的效果。儘管調整做得很不夠，有重重困難，特別是投入太少，但是經過兩年多的努力，我們相信今年會收到比較顯著的效果，這樣可以促進上海商品市場的開拓。

第三個條件，就是由於基礎設施建設進展比較快，為人民辦實事做得還比較好，所以我們相信今年上海市民生產和工作的積極性會提高，心情會順一點。如果我們大家齊心協力，一定能保證經濟形勢比去年好，制止國營企業經濟效益滑坡是可能的。

接下來大家就提出問題了：怎麼讓國營企業走出困境呢？昨天大家討論說，這個問題應該讓全市人民去做文章，特別是我們黨和政府的各級領導幹部要深入實際調查研究，走群眾路線，找出辦法來，把國營企業搞活，促使國營企業走出困境。歸納一下大家討論的意見，初步提出這麼幾點：

　　第一點，無論如何要把重點行業、重點企業的技術改造和結構調整抓好。這次搞不能夠再撒胡椒面了，一定要真正地對上海的產業結構、產品結構進行一個實質性的比較大的調整，要抓出若干個拳頭產品和拳頭行業。比方說轎車，我今天看報紙上說，上海大眾汽車公司的「八五」計劃是1995年達到生產「桑塔納」轎車10萬輛。我看這個目標應該是三年完成。現在轎車的幾個主要生產車間，包括發動機、車身已經達到年產七八萬輛的能力了，發動機是10萬輛的能力，關鍵是一些小的零部件只有3萬輛或6萬輛的生產能力，要趕快趕上去。所以，我想上海大眾提出的「八五」計劃也不要改它了，對外面不要吹牛，不要說得很大。文本這麼寫可以，1995年達到生產「桑塔納」10萬輛。實際目標應該是1993年年底達到10萬輛的生產能力，1995年年底達到15萬輛的能力。達到這麼一個目標，

1989年12月30日，朱鎔基到上海磁帶廠考察並調研企業困難。左一為市經濟委員會主任郁品方，左二為上海磁帶廠廠長唐秋明。（張蔚飛攝）

是完全可能的。這樣，轎車就成為上海第一大產業，有幾百億元的產值，上海就活了，因為它的配套廠有 170 多個，這個行業搞上去以後，零部件還可以出口。這個行業的規劃一定要做好，這個行業是了不起的行業，是投進去幾十個億、出來幾百個億的行業。

以程控電話為代表的電子工業也要搞上去，去年搞 40 多萬線，今年搞 60 萬線，這樣「八五」期間搞 100 萬線沒問題。集成電路要相應跟上，2.5 微米的集成電路一定要搞出來，實現國產化。

紡織工業要進行大調整。要根據現在的棉花供應情況，有計劃地關掉幾十萬錠子。有些廠房是危房，就拆掉搞市政設施或綠化，好的廠房騰出來發展新興產業。紡織工業要往高精尖方向去發展。現在全市搞服裝太多了，有工業系統、外貿系統，有國營企業、「三資」企業、鄉鎮企業，誰都搞。怎麼把服裝行業真正地搞上去，應該有個統一規劃。紡織工業的結構調整是我們這三五年的一大課題，這篇文章要做好。

冶金行業要配套，要向質量、品種、效益發展。這還是上海的一個大產業，還是一個出效益的產業。市計委、經委、科委、財政局都要行動起來，把規劃做好，建立貼息貸款，有重點地把它抓好。

第二點，積極地利用外資，加快國營大中型企業的技術改造。這次小平同志說要想辦法抓緊時機多利用外資，在搞活國營大中型企業方面冒點風險也要幹。有些同志問，冒點風險指什麼？也有的同志理解冒點風險就是放手多利用點外資，沒什麼危險。當然各人理解不同，但是小平同志指出來了，改造現有企業要利用外資，這是很重要的。在黨的十三屆七中全會上，中央領導同志也都強調了利用外資改造現有企業這個問題的重要性。對上海來講，現在特別要發揮這個優勢，因為我們有一個 350 平方公里的浦東開發區，這在全國其他地方都沒有。我們為什麼不充分運用中央的政策，把上海的國營大中型企業搞活呢？所以現在就要很好地規劃，拿出一部分國營企業，有的不能夠拿出整個企業，就拿出一個車間、一個部分，

利用各種形式跟外國合資經營，以合作經營或者是股份制的辦法來吸引外資。這既可以加快搞活國營大中型企業，也有利於浦東開發和上海繁榮。

但是，一定要有兩條。第一條，上海搞合資經營有我們的特點，我們一定要按產業政策辦，絕對不搞那些重複建設、盲目建設，跟人家碰頭搶國內市場的事不幹；也不去搞那些勞動密集、根本沒有什麼技術、到處跟現有企業碰頭的事，這個是沒有前途的。儘管對上海也許還有點利，我們還可以擠得過別人，但那不還是把中國人擠了？也不行。勞動密集型我們也搞不起，沒有那麼多勞動力。所以，我們的兩個主要方向，這是國務院都有規定的。一個方向就是搞外向型，就是要出口，市場在國外。另外一個方向，一定要引進先進技術或者是先進管理經驗，沒有這個，我們就不去搞。所以，項目的選擇、項目的導向是非常重要的，市外資委一定要牢牢掌握這一條。前個時候，浦東有些地方提出來要跟香港人搞出租汽車合營，我說我們出租汽車管得挺好，搞出租汽車合營幹什麼？是引進了什麼技術，還是引進了什麼管理？而且你搞出租汽車合營，很明顯的就是外國人或者香港人要求你進口汽車免稅，合資企業可以免稅進口汽車。你進口汽車幹什麼？他得利很大，外國汽車便宜得很，但是我們的「桑塔納」汽車賣給誰呀？所以，項目選擇一定要抓好。第二條，就是一定要研究調整合資企業的中方職工和管理人員的工資水平。我不是講要調整現有的這些合資企業，那要引起恐慌了。我是講今後市勞動局以及有關部門要很好地調查研究，中方職工特別是高級管理人員的工資跟我們現在國營企業工資待遇的差距要縮小一點。我們國營企業的廠長一個月拿兩三百塊錢，跑到合資企業去能拿 1000 多塊錢，這樣搞下去的話，國營企業只有瓦解。對這個問題要很好地進行研究。我相信，只要我們能夠很好地解決這兩個問題，多利用外資來改造現有企業，就沒有什麼風險。

第三點，要研究逐步擴大債券和股票的發行，開闢一條籌集資金的渠道。關於這個問題，中央在關於十年規劃和「八五」計劃的建議講了：繼

續鼓勵居民儲蓄，開辦住房儲蓄和住房信貸。逐步擴大債券和股票的發行，並且嚴格加強管理。同時提出，要繼續進行租賃制、股份制等改革的試點。所以，我們這樣做是符合中央精神的。現在老百姓手裡的錢很多，拿上海來講，去年年底儲蓄的餘額是 250 億元，如果加上手持現金，恐怕要超過 300 億元。這個錢我們直接拿來搞建設是搞不起的，因為這個資金的成本很高、利息很高。我們現在為什麼要搞房改呢？就是通過房改利用這些儲蓄資金，降低籌資的成本。因為賣公債，利息只有 3.6％。但這究竟是有限的，我們只能搞一個煤氣公債、一個住房公債，不能再搞了，再搞老百姓就有意見了。現在怎麼搞？同志們在討論中也提出，是不是讓企業發行債券？也有同志提出發行股票。關於這個問題，國家體改委副主任劉鴻儒同志帶了好幾個專家，到上海來工作了一段時間。市政府在國家體改委的幫助下制定了一個逐步擴大股份制試點的方案，制定了 51 條管理的辦法。我們準備有計劃地、逐步地擴大一些股份制企業的試點，然後從中選擇若干比較成熟的到證券交易所去上市。對這個試點，我們是非常慎重的。我們不準備幾十個企業幾十個企業地來試點，我們只準備幾個企業幾個企業地來試點，寧可慢一點，但是一定要好一點。上海的證券交易所是全國第一家，中央批准的，但是現在有危險，上市的股票太少，只有 8 種股票，發行額很少，真正發行個人股票只有 6000 萬元，供不應求，這就會引起股票市場的波動。拿電真空公司的股票來講，現在已經是 1 元股票賣到 4 元、5 元了。如果我們不逐步擴大股份制企業的數量、上市股票的種類，遊資沒有出路，股票的投機就更厲害。所以我們認為，逐步地擴大一點股票的發行是有好處的。這沒有什麼很大的風險，只要我們加強管理就行了。這次在參加黨的十三屆七中全會時，我已經把市政府制定的這個法規和擴大股份制試點的計劃，送給了陳錦華同志，請他轉呈李鵬同志，批准我們來逐步實行，授權上海來試驗。最近錦華同志有個電話來了，說李鵬同志現在委託李貴鮮同志到上海來，跟我們共同研究怎麼樣實行。所以市人民銀行

的同志還要抓緊，請貴鮮同志早一點來，早一點批准這個計劃，早一點實行。這樣反倒可以穩定證券市場，越是不搞，市場就越是穩定不了。深圳前一時期股票波動得很厲害，最近我們上海吸取他的經驗教訓，加強管理以後，情況還是比較好的。現在深圳的情況也還是穩住了，所以我看有計劃、有步驟、有秩序地加強管理的試點，沒有什麼很大的風險。但是我們要採取非常慎重的態度，剛才我講，搞一批試點，只能幾個企業幾個企業地搞，絕對不能一哄而起。

第四點，通過深化改革來改善企業的外部環境，減輕企業負擔。現在企業負擔還是非常沉重，各方面的攤派名目繁多，另外，各個部門對他經營自主權的限制也很多。我希望各個部門的同志在新的一年裡都深入到大中型企業，去調查、分析這些問題，主動地提出改革方案，來減輕企業的負擔和束縛。我把這種負擔和束縛概括為「卡、拿、要」。一個是主管部門「卡」他。卡企業，沒有必要。總以為自己去卡一下、管一下比較好，實際上不見得，這是費力不討好，害人又害己，你也管不住的。你那個管法，增加了好多官僚主義的手續，層層審批增加了企業的負擔，所以最好減少審批，加強監督，發現問題及時查處嘛！這樣讓企業能夠有適當的經營自主權，把企業搞活。一個是「拿」，都到企業去攤派，包括我們各種名目繁多的學會、協會，還有文藝界，都到企業裡去「拿」，美其名曰「贊助」，實際上是攤派，搞得企業負擔很重。這裡有的也是可以搞一些的，但是大家都得考慮一下企業的前途和命運。另外一個就是「要」，要企業搞這個、搞那個，多種評比、檢查不勝其煩，形式主義花樣很多，對企業經營管理沒什麼實際幫助。當然，有些是中央規定的，有些是國務院的有關部門規定的，我們不實行也不行。但屬於我們自己職權範圍裡的事是不是應該少搞一點，或者不搞。有關部門規定的那些東西，我們搞得簡單一點，別越搞越煩瑣，勞民傷財。我想，這方面還是需要各部門去做文章。

第五點，深化企業內部經營機制的改革，挖掘企業內部的潛力。企業

雖然很困難，但潛力也很大，大家都得承認這一點。我們上海也出現了很多的廠長，在同樣的條件下帶領企業走出了困境，克服了困難，搞得很好，效益很高。這個在報上經常有報道的，上海確實有一批這樣的很有作為的企業家。他們能搞好，其他企業為什麼搞不好呢？所以，我希望我們的廠長不要躺在國家的身上。一講要搞活國營大中型企業、要冒風險，就什麼都依賴國家，這樣不好。還是要眼睛向內，挖掘自己的潛力。市財政局減免企業的稅收也減免得不少了，但是有些企業減免稅收後發高額獎金，這就不對了。你已經很困難了，國家的稅收都給你減免了，那你就刻苦一點嘛。也有些廠長反映，上海抓廉政抓得太厲害，使他們搞不活。我對此有不同看法，我們不能跟外地的企業比這個東西，不能亂來，不能搞「小金庫」，不能個人拿回扣。搞這種事是不行的。我們要在管理上拿出真功夫，拿這個跟人家比，我相信比得過他們，這些方面我們有優勢，搞歪門邪道沒有優勢。我們在管理上面的真功夫、在技術上面的真功夫、在工人素質方面的真功夫，是完全可以克服我們的弱點，把企業搞活的。

關於上海舊城區改造的幾點意見 *

（1991 年 1 月 18 日至 2 月 26 日）

一、舊城區改造要跳出原地拆建的老路子，確立「打到外線去，挺進大別山」的戰略思想。

這次我跑了五個區，親身感受到上海棚戶區居民居住困難的情況和困難的程度，深感這個問題再不解決，就會嚴重影響群眾的積極性。今年春節中央領導同志在上海視察工作時，勉勵我們要把上海的工作搞得更好、更快、更大膽一些。現在哪一方面可以搞得更好、更快一點呢？我看是住宅建設。現在上海人的吃、穿、用都不成問題，就是住宅不行。怎樣加快解決棚戶區的住宅問題呢？我們通過調查，形成了一個「打到外線去，挺進大別山」的戰略思想。實行這個戰略思想，是從根本上改變上海舊城區面貌的唯一出路，也是最快、最好、最行之有效的解困舉措。

上海住宅建設的「大別山」就在內環線兩側，特別是在浦東新區。各個區要先集中力量把自己的新區建設好，例如南市區、楊浦區都有相當一塊面積在浦東，要集中力量到浦東去成片建房，等到有了一批周轉房後，一次性把棚戶區居民搬出去。我們不要擔心居民不肯搬出去。規劃中的新

---

* 1991 年 1 月 18 日、24 日，2 月 1 日、12 日、26 日，朱鎔基同志率領上海市有關方面負責同志深入閘北、南市、普陀、楊浦、虹口五區調查棚戶區改造問題，先後察看了這些區的居民新村和居住條件比較困難的棚戶區，並聽取了這些區負責同志的彙報。這是朱鎔基同志在調查期間講話的要點。

住宅區都緊靠即將建設的快速高架內環線兩側，將來再建一條外環線，把住宅區都包在裡面了，交通很方便，居民是願意搬出去的。

在騰出的舊址上原則上不搞回搬，也不蓋一般的居民住宅。棚戶區拆掉後，第一，搞商業設施。像南市區是商業很發達的地區，靠地租差可以賺很多錢，這錢歸到建房資金裡去，就形成良性循環了。搞商業也不能像過去那樣完全由國家包下來，應該叫個體戶集資搞商業設施，標準要高。另外，大量的區屬工業很困難，可以把他們調整過來搞商業，每個區都有商業特色、旅遊景點的特色，把上海變成一個萬商雲集的地方。第二，搞土地批租。讓外國人來蓋房子，蓋花園洋房，蓋高樓。香港在 1997 年回歸，很多香港人考慮葉落歸根，台灣很多人也考慮要回大陸。所以就是土地價格高一點，也會有人要，總比台灣、香港要便宜多了。我們準備定個政策，批租土地的收入一半歸市政府，一半歸區裡。實際上，我們賺的錢是地皮的錢，這也是積累住宅建設資金最好的辦法。第三，也可以蓋點高標準的商品房賣掉，一部分高收入的人還是買得起的，原來住在這裡的人只要出得起錢也可以買。第四，要騰出地方搞點綠化。這樣一搞，把市區面積充分利用，發揮它的效益，形成資金的良性循環。這是改造舊城區的最好辦法。各區領導要好好研究怎麼規劃、怎麼擺商業設施。市財貿辦也要搞全市規劃，發展有特色的商業設施。這樣一片一片地改造十年、八年，上海的面貌就會大大改變。

二、舊城區改造要着眼於疏解，着力於改造，做到幾個結合。

舊城區改造首先要與市容改造結合起來，特別是與整治上海幾個重要「窗口」結合起來。一片一片地改造舊城區，首先要去改造最繁華、最容易被人看到、經濟和社會效益最好的地方，如商業區、交通幹線和車站等。其次，舊城區改造要與每個區搞一條特色商業街結合起來，這要作為一個專題研究。第三，舊城區改造要與工業搬遷、污染改造結合起來。工業搬遷、污染改造要優先考慮那些位於需要成片改造地區的工廠，把他們列入

技術改造規劃，有的要安排貼息貸款予以支持。

三、當前加快住房建設的中心問題是提前預徵建房基地，並加快基礎設施建設。

選建房基地的工作要很科學，浦東、浦西都得找。浦東好找一點，但浦西也不是沒有，浦西要找拆遷量很小、離現有市政配套設施又很近、按照規劃將來交通比較方便的地塊作為建房基地。為此，需要徵地1.2萬到1.5萬畝，目的是為了實現1993年一年能夠竣工700萬到800萬平方米住宅。如果沒有這個規模，這兩三年內不形成一個住宅建設高潮，人民群眾對黨和政府、對房改還有什麼信心呢？北京城區人口比上海少，但一年竣工住宅1000萬平方米。所以，上海一年竣工800萬平方米是做得到的，關鍵是思想認識和具體工作要跟上去。看看棚戶區居民住房那樣困難、解困解危的心情那樣迫切，我們還能按部就班慢慢來嗎？作為領導幹部，我們每辦一件事情，就要讓老百姓對黨和政府建立一次信心。

吸取以往的教訓，住宅基地要先把基礎設施建設搞好，這樣後兩年蓋房的速度就會大大加快。1993年要開工和竣工的800萬平方米住宅基地的基礎設施建設，今明兩年就要預先搞好。為此，要把幾個市一級的房屋開發公司改成基礎設施建設公司。要求明年年底完成這些住宅基地的基礎設施建設，1993年施工隊伍就能開進去大規模建房。這樣建設速度就可以大大加快。

四、加快住宅建設，在體制上有幾個問題需要解決。

第一，市、區要明確分工，各有側重。今後，市一級施工力量要逐步轉向搞基礎設施建設，區一級施工力量逐步轉向建房。市建委的工作重點要放在通盤規劃、搞基礎設施配套上。市建委在劃地給區裡建房時，就要考慮把大市政配套設施跟上。為此，區規劃機構要把規劃做好，與市政工程局密切聯繫，搞好銜接。每個區的領導同志都要親自過問住宅區建設的

規劃問題和住宅設計問題。要學習上海縣馬橋鄉旗忠村的辦法，在一個住宅建設區內，先搞一批各種設計型號的樣板房，組織群眾參觀、挑選，然後再去建設。

第二，條塊要結合，逐步增加以塊為主的比重。住宅建設採取以塊為主的做法看來比較合理、比較科學，但現實情況是條條手裡有錢，而且各條條的建房機構比較完備。為此，要採取一些合乎經濟規律的辦法，吸引條條同塊塊搞合作，充分調動條塊兩個積極性。市建委可以考慮採取一些宏觀調控的措施，例如少分點地皮和建房周轉金貸款給條條，多分一點給區裡，讓區裡把房子蓋好以後，發動企業去向區裡買房子。當然，區裡也不要敲條條的竹槓。如果區裡蓋的房子比條條自己蓋的還便宜，質量又好，條條就會把建房的重點放到區裡來了。

第三，建房審批手續要簡化。過去蓋房時間長，一個重要原因是審批手續太繁雜，「條條專政」太厲害。其實一些條條大事辦不了，小事何必卡得那麼緊？98個圖章必須結束了。今後就是吳祥明[1]、沈冠軍[2]、桑榮林[3]幾個人到現場聯合辦公、當場批，我來簽字，大刀闊斧地把那些繁雜的手續、圖章砍掉，用革命性的辦法來加快住房建設。

第四，要選一批黨性很強的同志來辦這件事。這些人要一心一意為人民謀利益，為子孫後代造福，而不能趁機以權謀私，甚至幹出傷天害理的事情。過去有的區出現過這樣的情況，要從中吸取教訓，防微杜漸。

五、加快住房建設，資金是關鍵問題。

我們要充分估計到棚戶區居民解決住房困難的迫切心情，充分估計到他們的承受能力。從五個區實地調查的情況來看，棚戶區居民對解決住宅

---

〔1〕吳祥明，當時任上海市建設委員會代主任。

〔2〕沈冠軍，當時任上海市建設委員會副秘書長。

〔3〕桑榮林，當時任上海市房產管理局局長。

1991 年 1 月 18 日，朱鎔基在上海市閘北區考察蘇家巷棚戶區。

問題的承受能力大大超過房改方案，他們願意自己出錢集資建房。我們要認真總結這幾個區發動群眾聯建互助的經驗，把辦法搞得更加完善一點，包括棚戶區的拆遷法規也要抓緊搞好。這樣，我們在房改基金之外，又可以增加一塊棚戶區居民集資建房的資金。

為了多積累資金，區政府要發展經濟，使投資形成良性循環。你們提出「三個一點」的集資辦法，即區政府、企業、個人各拿一點，我看再加一點，市政府也拿一點，主要是貼息，變成「四個一點」的辦法。今後市政府在這方面的責任，就是負責提供貼息貸款，支持和鼓勵各區的積極性。

今年，市財政準備拿出 2.5 億元，交給建設銀行，建設銀行按一比二的比例發放建房貼息貸款 5 億元，作為住宅建設徵地周轉金和建設資金。市里用於建房的貼息貸款要統一平衡，重點是幫助解困。舊城區改造要儘量利用級差地租的效益，求得資金平衡。

在中共上海市紀委
全體擴大會議上的講話 *
（1991 年 1 月 24 日）

這次市紀委全會擴大會根據黨的十三屆七中全會和市委五屆十一次會議的精神開了三天，開得很好。我來和大家講話，就是來支持市紀委的工作，表示市委的態度，和大家交交心。我任市委書記後第一站是到市紀委來。這一段時間，市紀委對端正黨風、懲治腐敗、提高黨員素質做了很多工作，我認為應該再一次對市紀委、對紀檢戰線上的各級幹部表示感謝！也代表市委再次表示支持！我和第一次來市紀委時的態度一樣，我本人始終是紀檢工作的後盾，絕對不會拿原則做交易。紀檢工作中如果發生了什麼問題，責任由我承擔，那都是我們指導工作的偏差，不是同志們的問題。你們的工作很努力、很辛苦、很負責，我們始終支持你們的工作。下面講幾點意見：

一、未來的十年是關鍵的十年，任務既艱巨又迫切。

這十年如果再不能解決把社會主義經濟建設搞上去的問題，不能完成我們黨第二階段的戰略任務，那麼社會主義的優越性就不能體現，我們會處於被動的地位。所以在九十年代開始的一年，就要給人們樹立這樣一個

＊這是朱鎔基同志在中共上海市紀律檢查委員會全體擴大會議上講話的主要部分。

信心，能把這個任務完成。對上海來講，我們一定要實現「振興上海，開發浦東，服務全國，面向世界」的戰略目標。不完成這個任務，上海也難以穩定。

最近我去了閘北區，今天上午到南市區，都去看了棚戶區。到閘北區在車站大樓上看，到南市區在招待所大樓上看，上海的棚戶區改造任務太艱巨了。普陀區、虹口區、楊浦區的棚戶區也不少。我兩次到棚戶區看，老百姓確實是苦。棚戶區住的都是普通職工，有些是模範職工。今天我們去了被評為「全國十佳老人」的一位老人家裡，這位老人93歲了，住的條件差極了，危房、閣樓，頭頂天花板，閣樓爬上爬下。棚戶區裡面人山人海，我一進去，人都出來了，但沒有一個老百姓指着我鼻子說要我解決一下問題。上海的老百姓是顧全大局的，反倒認為市長來看他們是關心他們的，說現在什麼都不缺，什麼都不要，就要房子。所以，要解決上海人民的生活問題是非常艱巨的。面對這樣一個任務，我覺得我們黨應該有信心、有能力，一定要完成這個任務。要完成這樣一個艱巨任務，必須有一個有戰鬥力的黨。如果我們不深入聯繫群眾，代表群眾，全心全意為人民服務，這個任務就完不成。我們黨一定要站在最前線，密切地聯繫群眾，跟人民同呼吸、共命運，時時刻刻瞭解他們的脈搏和意願，身先士卒，帶領群眾前進。一定要這樣，我們也一定能夠這樣。但是，要建設這樣一個有戰鬥力的黨，必須有一個好的、鐵面無私的紀律檢查委員會。我今天講話沒什麼新的觀點，就講這麼一個觀點：要完成本世紀最後關鍵十年的艱巨任務，必須有一個好的、有戰鬥力的黨；要建設這樣的黨，就必須有一個好的、鐵面無私的紀律檢查委員會。

為什麼這麼講？當前我們在肯定抓黨風、促廉政取得成績的同時，必須看到我們黨存在的種種問題是相當嚴重的。舟山漁民到上海來賣魚、蝦，要層層「進貢」，要過幾道關卡，經過港監、水上派出所、漁政管理所、加油站，都得送「外煙」，沒有就得把魚、蝦扣下。最近，市人大常

1991 年 1 月 24 日，朱鎔基到上海市南市區棚戶區居民家慰問。左一為副市長倪天增，左二為南市區區長顧啟良，右三為副市長莊曉天。

委調查菜場，菜場裡面的問題到了相當嚴重和相當普遍的程度，這樣搞下去怎麼得了？這些單位都有我們的黨支部，黨員佔相當的比例，但貪污受賄成風、坑害顧客成風。現在貪污受賄案件越來越多、越來越大，過去是幾千元、幾萬元，現在是幾十萬元。最近發生的經濟要案涉案金額越來越大，比去年成倍地增長。有三個區是相當出格的了。閘北區一個物資部門被人家坑騙了 1500 多萬元，收不回來了。虹口區建房辦公室到一個鄉鎮企業訂貨，明明已經倒閉了，還把幾百萬元滙出去。南市區去年拆了棚戶區幾千戶的房子，集資 1200 多萬元借給外地的鄉鎮企業，房子蓋不起來，錢也沒有了。這些住戶投親靠友，五六年都回不來。這是瀆職，嚴重的官僚主義。看起來這是不負責任，實際上是犯法，是對人民犯罪，這都是人民的血汗錢。以權謀私、動用公款，這種事例多得不得了。這次查了農村建房，這裡面問題也相當嚴重，開除了好幾個人的黨籍。城市突擊分房，報上公佈了一個例子。現在我們有些幹部經不起考驗，但群眾的眼睛是雪亮的，幹部的一舉一動，群眾都看得清清楚楚。我每年收到人民來信 4 萬多封，沒有減少，說明人民群眾對黨還是有信心，不然就不寫信了。寫信就因為我們有個紀律檢查委員會，還有個監察局在那裡。另外，有些黨員幹部革命意志衰退相當嚴重，有的局一級領導幹部，亂搞男女關係，還有什麼心思搞工作？這些都說明，我們黨在新的形勢下，黨員的素質存在着嚴重的問題。

黨內有問題不可怕，黨總是要新陳代謝，要純潔自己的隊伍，這樣，我們黨才能發展、前進。可怕的是資產階級庸俗作風在腐蝕我們黨，講情面，拉關係，「與其種刺，不如種花」。40 多歲的人想着怎樣上去，能為自己說好話的人多一些好；50 多歲的考慮自己要下來了，何必得罪人呢，為自己謀一個後路。這種作風傳染到我們的同志身上、領導幹部身上，這個黨就好不了。很多事情在一開始的時候就要注意，可我們被這種庸俗的作風耽誤了。我不知道各大口、各區的黨委民主生活會開得怎樣，是不是

認真地開展了批評與自我批評。我反思自己做得不好，不是說我做好了坐在這裡批評你們。一年過不了幾次黨內小組生活，過去我在市政府研究室過黨內生活，參加過幾次。市委常委民主生活會，中紀委規定，一年必須有一次，我們是開了，還是認真的。事前委託市紀委廣泛徵求意見，然後，我找市委常委一個個談心，最後召開市委常委的民主生活會，相互提意見。上次會我們開得很好，有很多同志尖銳地給我提意見、提批評。這種民主生活會一年只有一次，太少了。我不知道你們怎樣。市紀委有過一個報告，說一般開一次是有保證的。我現在越來越感到，平常的批評與自我批評很重要。最近，我準備找區委書記、大口黨委書記、縣委書記談談心，今年起碼有一次。應當經常開展批評與自我批評，不然的話，大家不願意提意見，不願傷面子，許多幹部陷進去不能自拔。現在有人民來信，無論是涉及哪一個領導幹部，我們都要交市紀委查處。也可能沒有來信說的那些事，一般道聽途說的比較多，但有不少是確有其事，只是程度不同而已，誣陷、誣告的還沒有發現。有一點要講清楚，就是如果市紀委、本單位紀委在調查你的問題，你不要對黨有任何不滿的情緒，這也是組織原則。不論告的是哪一個同志，是市長也好，局長、處長也好，既然有人檢舉揭發，就要調查瞭解，查完了沒事就沒事，每個人都要胸懷坦蕩，不必計較。有時我也知道是一件小事，沒有什麼大問題，但還是要告訴他本人，讓他自己提高警惕，嚴格要求自己。我們各級黨組織，不管是黨委領導，還是紀委領導，都要建立黨的正常生活制度，不要講情面，嚴格的要求是愛護和幫助。因此，我希望市紀委和各級紀委能根據黨的戰略任務、上海的戰略任務，把我們的黨建設好，把我們的紀律檢查委員會建設好，保證經濟建設、發展規劃的實現。一定要從我們的隊伍裡清除庸俗、腐敗的作風。剛才聽說，去年全市共處分黨員近 2900 人，佔黨員總數的 2.8‰，說明黨存在的問題相當多。但是根據市紀委的檢查，處理過輕的還有相當大的比例。比如貪污受賄，在 3000 元至 6000 元的，有 40 多人沒有開除黨籍。一般 3000 元

以上就要刑事處分了，貪污受賄 6000 元的還留在黨內，這值得考慮了。還是要從嚴治黨。我不是提倡處理過頭，現在絕不是過分的問題，而是處理太輕，紀律鬆弛，已經不大害怕了。

疏浚黃浦江的挖泥船，挖了泥，本該送到長江口以外去的，但 1 萬多立方米挖了以後就倒在長江主航道旁邊。怎麼處分的呢？罰那船 2000 元，對船長沒任何處罰，這能解決什麼問題？我感到我們的物價局、工商管理局、公安局，以罰代法，罰得很輕，沒人害怕。我想我們市紀委要堅持原則。在這樣的環境裡，如果我們不硬着頭皮，從嚴治黨，我們黨就會慢慢地在群眾中喪失威信，非常可怕。我們作為一個黨員把一生交給了黨，在這時候確實要下決心，堅持原則，在原則面前不動搖，不怕得罪人，這樣才能使我們黨恢復原來在人民群眾中的光輝形象。

二、繼續抓好廉政建設，糾正行業不正之風。

很多同志提出，對廉政建設不要自我感覺良好，不要估計過高；問題還是很嚴重的，對存在的問題不能估計過低。特別是行業不正之風相當屬害，今年要突破一下菜場。今天我給各區的領導同志打招呼，菜場整頓的主要責任在各區。請你們從各機關抽調比較得力的人，把主要的菜場整頓好，年底進行評比，領導同志親自動手。我們市裡面也派人幫助，市人大常委會要抽人出來幫助。現在商業系統的服務態度老是突破不了，好像頑症，顧客來了不給好臉看。出租汽車那麼難以監督也能搞好，為什麼菜場就不能搞好？關鍵是你有沒有決心。這可是牽動千家萬戶，服務態度好了，影響很大，同時也為今後的改革打下基礎。再好的體制、再好的改革，隊伍不行也難以成功。上海有幾個行業整頓得不錯，大樓的電梯服務這兩年是有所改進的，群眾覺得是好的；公共汽車不如出租汽車，但也有點進步；市煤氣公司、自來水公司比過去稍微好一點，都還是有進步的。所以只要領導親自去抓，都還是可以搞好的。要恢復到五十年代的黨風、社會風氣，大家都重視，那就好辦了。菜場究竟怎麼抓好，我們還要具體化。各區要

討論、研究一下這項工作。國營企業壟斷起來以後，腐敗比個體企業還厲害。比如菜場，如果黨支部失掉戰鬥力，整個菜場就都腐敗了。是不是把區屬工業調整搞些商業設施，發展一點個體經濟。市工商局加強管理，工商局的人進菜場，進商業網點，天天監督，接受人民群眾投訴，重罰也可以。個體戶有一個競爭的機制，弄虛作假、短斤少兩搞久了就沒人光顧了。希望紀檢部門圍繞這幾個方面開展工作。

三、建設一支好的、鐵面無私的紀律檢查隊伍。

要加強自身的建設，建設一支黨性強、自身硬、能戰鬥的紀檢隊伍。上海的紀檢隊伍是好的，是經過 1989 年政治風波考驗的一支隊伍。紀檢幹部在政治上、思想上、行動上與黨中央是保持一致的，立場堅定、旗幟鮮明。從黨的十三屆四中全會以後，紀律檢查隊伍在抓黨風、促廉政方面做了很好的貢獻。

今後要繼續重視這支隊伍的建設。一是要黨性強。如果紀檢幹部黨性不強，是很危險的。紀檢幹部在黨性原則上應毫不含糊，什麼事都要講黨性原則。紀委堅持了黨性，事就好辦了。二是要自身硬。打鐵先要自己硬，這一點，市紀委還是不錯的。紀檢幹部確實是兩袖清風、一身正氣，基本上是做到的。我也接到人民來信反映紀委幹部的問題，查了一下，基本上沒有什麼出格的事情。我們紀檢機關的幹部應以自己兩袖清風感到光榮。獎金少一點，物質利益少一點，但看作是光榮，黨就有希望。這樣想想，自己也可以得到一點安慰。最大的幸福就是人民群眾把希望寄託在你的身上，這就無愧於做一名共產黨員。三是能戰鬥。關鍵是掌握好政策，發揮政策威力。自己的政策、思想水平要提高。你堅持原則是很重要的，但過分了會起反作用，往往做得過分容易，做得恰如其分不容易。現在主要傾向不是過頭，主要傾向是鬆，是紀律鬆弛，處理時總是下不了手。現在還是要強調從嚴，但也不要太過分。對一個案子要反復推敲，要對人極端地負責任。掌握政策還有一個很重要的事，就是要深入群眾，重視人民來信

來訪工作。三年來，我是很重視信訪工作的，每天不斷批人民來信，當然不可能每封都批，有專門的人負責催辦，每封信都有着落。現在有人反映，有些問題非要到我這裡來批才能解決，這怎麼得了？這裡有兩方面的道理：有些問題確實不是我批就解決不了，這裡有責任的問題，沒有主要領導做決定，下面的人不好辦；另一方面，有些事不需要我來批，各級領導自己負責，大家分擔一點。有些是條條塊塊的矛盾，要耐心協調，不行再向上反映。

不克服官僚主義，上海沒有前途 *

（1991 年 1 月 31 日）

　　此文可稱「官僚主義大全」，嗚呼上海，不改革，要完蛋。請送與「黑
箱」有關的所有人員看看（如有一萬人，就印一萬份，市政府出錢），議
論一下，看這樣下去，浦東能否開發，上海有無前途，然後請葉龍蜚[1]、
楊昌基[2]同志拿起大斧來砍。我希望不要一砍又要砍幾年，成為另一個「黑
箱」。我只提一句忠告，我們為什麼要自己跟自己過不去呢？！

朱鎔基

1.31

＊ 1991 年 1 月 12 日，中共上海市委研究室《內部資料》增刊總第 1 期上發表了調查報告《對「投資黑箱」的初步剖析與若干建議》。「投資黑箱」是上海市一些外國投資商對投資項目批准後，申請項目基本建設開工這一漫長而複雜過程的描述。報告以大量資料列舉了外商在這一階段中需通過上百個關卡，蓋上百個圖章；剖析了「投資黑箱」內涵及消極影響，分析了其特點和成因，並提出了規範化、公開化、變「黑箱」為「明箱」等九條改進建議。這是朱鎔基同志在該報告上的批語。

〔1〕葉龍蜚，當時任上海市對外經濟貿易委員會副主任兼外國投資工作委員會副主任。

〔2〕楊昌基，當時任上海市浦東開發領導小組常務副組長兼浦東開發辦公室主任。

此文可称"官僚文义大全"，呜呼上海，不改革，要完蛋。
清查与"黑箱"有关的所有人员看々（如有一万人，我们一万份，
市政府出钱），议论一下，看这咋办，浦东能否开发，上海
有无前途，然后请叶龙蜚、杨昌基的～胆级～拿起大斧来
砍。我希内望碚部要资一瓩料又要砍几年，
成为另一个"黑箱"。我只提句忠告，我们为什么要自己
跟自己过不去呢?!

朱镕基
1.31.

增刊 总第 1 期（经济第 1 期）

中共上海市委研究室编　　　　　　1991 年 1 月 12 日

·调查报告·

对"投资黑箱"的初步剖析与若干建议

關於做好幹部工作的四點意見 *
（1991 年 3 月 9 日）

　　這幾天和同志們一起學習、討論，與幾個同志個別談話，我有一些感受。下面講四個問題：

　　第一個問題，幹部的培訓和選拔、考核。我在學習班開學時講過，中央對上海的期望是很高的。小平同志在上海期間，要求我們要把上海的工作搞得更快、更好、更大膽一些。回顧這幾年，主要在澤民同志直接領導下，上海的工作進展不錯，形勢很好。儘管有困難，但也有對策。現在看來，上海工作搞得更快、更好、更大膽的關鍵在幹部，幹部是決定因素。上海幹部隊伍的思想水平、領導水平，特別是宏觀管理水平，還不適應發展的要求。現在，我們做黨的工作，要將重點轉到幹部培訓、選拔、考核工作上來。我們已經抓晚了，如果現在還不抓，將來會後悔，而且會對工作造成不可彌補的損失。上海人很聰明，會打小算盤，把自己的小家庭經營得非常好，但房子外面不管；很能幹，但善於扯皮，一說別人的毛病頭頭是道，對自己不嚴格要求，力量都抵消了，像一筐螃蟹，你咬住我，我咬住你，誰也走不動。現在我們雖然還沒那麼嚴重，但你抓我一下，我抓你一下，反正是走得

＊這是朱鎔基同志在中共上海市委黨校第一期區縣委書記和大口黨委書記研究班結業式上的講話。

慢了。為什麼我們引進外資、利用外資不如廣東、福建、大連、青島，甚至不如其他一些兄弟省市？就是 126 個圖章把你拴住了。一個圖章蓋不上，項目就引進不了。加上好多人事關係，互不服氣，效率很低，好多事被耽誤了。總之，要把上海的工作搞好，必須抓好幹部工作。在座的很多同志快到退休年齡了，誰來接我們的班，我們心中要有數。我們的幹部應該是既有堅定的馬克思主義立場，又掌握唯物辯證的工作方法、思想方法，思想解放，熟悉業務，勇於開拓，能獨立負責，大膽決策。我希望同志們這次學習回去後，要將幹部的培訓、選拔、考核作為重要一環抓起來。

我們搞改革開放，要努力學習和吸收外國的先進技術、科學管理經驗。要建設一個有中國特色的社會主義經濟體系，就要把人類歷史幾千年，包括資本主義發展幾百年來所有優秀的東西都吸收過來，為社會主義所用。我感到就是公有制這一條絕對不能變，其他經濟形式都可以根據我們的需要來鑒別和選擇。堅持公有制，就能防止貧富懸殊，防止產生兩極分化。我們作為領導幹部，要進一步把社會主義制度的優越性體現出來，就要有一點魄力，敢於去探索。在探索的過程中要準備失敗，失敗了也不要緊。

今後十年是關鍵的十年。我們的經濟如果能蓬勃地發展，各項制度都上軌道，形成一套有中國特色的社會主義經濟體系，那麼我們社會主義就穩住了，下世紀就可以較快地發展。要做到這一點，就要學習。我們說要有魄力，要有開拓精神，都要基於你懂。你無知、不懂，哪兒來的開拓？我現在還有很多東西不懂，到處去聽，到處去問，和人家談話、向人家學習。

1988 年我到上海工作時，就提出幹部培訓問題，要求把全市幹部培訓的問題統一起來，但三年來這件事始終沒有什麼成果。現在要把這件事再

抓起來，我要石濤[1]同志開 100 個局級幹部的名單給我，要 40 歲上下的。我們如果能在五年、十年之內培養 100 個企業家，上海的經濟就有希望了。上海要成為一個改革開放的國際性城市，就必須培養一批企業家。另外，也要培養一批專門和外國人打交道的人。上海要利用外資、吸引外商，就要有懂得這一套的人。我們還必須有一批熟悉市政管理的人，瞭解世界上主要大城市的問題是什麼、是怎麼解決的。要有這個知識，懂得市政管理。現在上海的管理水平太低，譬如垃圾的處理，就是大學問。一個大城市的管理，都是有一套辦法的，要真正地去鑽研這門學問。

當然，最重要的是黨的領導幹部。我們要培養一批高瞻遠矚、有比較高的馬克思主義水平、能夠看出問題、保證社會主義永不變色的人。我今天在學雷鋒會[2]上講，我們既要高舉改革開放的大旗，又要堅持四項基本原則，防止資本主義的和平演變。總之，要有掌握全局的人，不然的話，上海要是走歪了，就不得了。我們當黨委書記的人，腦子裡要有一根弦。

今天我提出這個問題，希望大家共同研究一下，應該如何培養、選拔、考核幹部？要用什麼標準？有人說，八十年代初選拔幹部，着重選拔了一些出身好、老老實實聽黨話的人，這樣選拔出來的幹部開拓性比較差一點；現在選拔幹部又太看重業務，不重視品德。考核幹部，還要敢於開展批評。我們現在領導幹部之間缺少一點批評和自我批評的精神，抹不開面子。我們對幹部還是要嚴，現在幫他一把，免得他日後犯錯誤。

第二個問題，如何精簡機構，將重點放到基層，提高辦事效率。這次大家都談到，我們有一個共同的認識：政府機關過於龐大，效率很低，相互牽扯，把精力都消磨掉了。看來，政府機關非精簡不行。精簡方向是減

---

〔1〕石濤，當時任上海市人事局局長。

〔2〕學雷鋒會，指 1991 年 3 月 8 日至 9 日召開的上海民兵為民服務、南京路民兵為民服務十年總結表彰大會。

1991年3月9日，朱鎔基和市委副書記倪鴻福，中國人民解放軍總政治部副主任于永波，南京軍區副政委裴九洲，市委常委、上海警備區司令員徐文義及政委朱曉初到上海市南京路看望並慰問堅持十年為民服務的上海民兵。

少條條，增強塊塊。對條條，根據情況「拆廟」、減人、放權，這樣使塊塊裡有更高素質的幹部隊伍去完成為人民辦實事的工作。政府無非是辦兩件事：一是把經濟搞上去；二是把市政建設搞上去，為老百姓排憂解難。經濟如何搞上去？要靠企業。企業要靠自主經營、自負盈虧、自我積累、自我改造，光坐在上面指揮是絕對搞不好的。我們在宏觀方面掌握要穩，一切微觀決策的責任都要交給企業。為人民辦實事，就是要靠區縣，區縣接近群眾，瞭解群眾的疾苦，掌握群眾的情緒，能把事情辦得多快好省。那天我去看菜場，幾百人圍在外面，有幾個人在裡面拉住我，又哭又說的。他們生活上有極大的困難，無處投訴，沒有人幫他們解決問題，好像我市長一句話，什麼都能解決。這些事，如果我們的街道關心群眾的疾苦，解

決了多好，何必要到我們這裡來！人民群眾對我們共產黨是信任的，是有血肉感情的，問題是你如何幫他們辦實事。現在這個機制，想辦事的人辦不了，能辦事的人不辦事。怎麼辦？我看，將來什麼環衛、環保、上下水道管理等統統都得下放到區裡。發送電力搞不了，供電可以管，不然連路燈都不亮了。路燈不亮，我說了好多遍，誰聽你的？他不害怕，他想你總不能為了路燈不亮，把我電力局長撤了。當然，把這些工作下放到區裡，也要加強幹部隊伍建設，提高幹部的素質。現在就區裡這個力量，什麼權力都下放給他，也會出很多問題，因此，不調一批幹部到區裡不行。看來，上海要真正解放思想，改革走在前面，把工作飛躍地推向前進，必須改革體制，這個任務一定要提出來。

有的同志向我建議，說現在正是調整行政區劃的一個最好時機，把上海的行政區劃搞少一點，分區分少一點。有的同志甚至提出搞城鄉一體化。這個問題不是不可以考慮，如果將 12 個區、9 個縣共 21 個單位合併成 10 個單位，甚至再少一點，有一定的好處。浦東 350 平方公里，一個行政區。但這種合併一定是成建制的合併，不要再調整區縣之間的邊界，原來是這個縣的，統統合到那個區去，幹部好安排，扯皮的事情也可以減少。現在研究這個問題時機正好，1993 年換屆時一次性解決，免得以後把這 6 套班子統統配齊了，你再調整，人往哪兒安排？因此，政府機構精簡，既有必要性，又有可能性。必要性是現在抵消力量大；可能性是政府放鬆對企業的束縛，企業獨立經營，組織集團，政府機關的經濟管理職能大大減少。條條向塊塊放權，管理職能交給區裡，有些要市裡統一管理的還是要保留，但很多的職能可以下放，加上行政區劃的調整，市級機關可以精簡。根據過去的經驗，每精簡一次過後，機構反而更加膨脹。如果要真正收到實效，就要有充分的準備，不能倉促從事。從現在開始的三年，是上海的關鍵時期。方針定了，基礎設施建設的錢也投下去了，這三年的工作做好了，上海今後十年發展的格局就定下來了。所以，不能讓機構改革的工作干擾了

我們在三年內集中力量把上海的經濟建設和市政建設搞上去。我想，精簡機構這件事情三年內還是不動，但要做好這個準備工作。到1993年換屆時，機構、人員、幹部一起搞。那時的形勢更好，人心較順，幹起來也較方便。當然，在這三年裡也不可能一點不動，因為三年裡幹這麼大的事，如果還是126個圖章怎麼受得了？要做一些必要的調整，但是不搞大規模的調整，以免搞得人心惶惶，還是要穩定，一心一意去搞建設。為了使機構改革、幹部選拔、人員調整有條理地進行，我建議委託吳邦國同志抓這件事。在這一兩年裡，集中力量把這個問題研究一下，怎麼改革機構、怎麼調配幹部，要組織一批智囊來研究。

對同志們來講，你們多數人年齡快要到線了，但絕對不要以為「船到碼頭車到站」，我今天講話最重要的就是這句話。上海能不能振興、今後的工作能不能開創出新局面，就在於這三年，也就在於你們。你們一定要奮發圖強，絕對不要以為自己年齡差不多了，都在想將來自己的出路。你們的出路由組織上來考慮，你們自己不要想。集中力量把這三年的工作搞好，這是有決定性意義的。因為這三年，我們要進行大規模的基礎設施建設，要進行一系列關係到國計民生和經濟發展的改革，要有很大的魄力才能進行這些改革。我希望同志們要鼓起勁來。當你們有一天離退休時，上海人民不會忘記你們。

第三個問題，談談工作方法。我現在感到幹部越來越脫離群眾，這不是怪幹部，是我們這一套工作程序、工作方法、機構、體制把人都拴死了，一天到晚開會，一天到晚發文件。文件發得很多，好多人沒有好好看過。我要把送給我的文件全看過，什麼事情都不要幹了。我這個人又喜歡看東西，還老要翻一翻，所以累得要死。我不是說不要掌握情況，而是要到下面去體察民情，瞭解真實情況。特別是對區一級的工作，我希望你們第一把手帶頭，擺脫事務，深入基層，沉下去，到群眾裡去。這樣，你們才知道這個區的工作怎麼抓？重點抓什麼？如何抓上去？我們提出這個辦法、

政策，群眾會有什麼反映？我們既不要犯急性病，更不要犯慢性病。上海現在急性病不太多，慢性病是常發，領導落後於群眾的覺悟。

我們怎麼帶頭擺脫一些事務，深入基層，深入群眾？空談誤國，空談恐怕還少些，但清談不少，清談也誤國。成天開會，什麼事情也辦不了。我們有的區長主持開會，一講話三個小時，從主持會議第一句話講起一直講到散會，這個習慣要改。哪裡有這麼多話要講？第一次肯定可以講這麼多，還有不少新的內容，第二次我相信你有 20% 是重複的，再講第三次肯定有一半是重複的，幹嗎要浪費大家時間？盡是自己講話，怎麼能聽別人的不同意見呢？我們的區委書記、區長要帶頭少講話，多幹實事。

區委書記當然要抓黨風，抓黨的建設，抓思想政治工作，這些工作都要落到實處。一些重大的經濟建設問題，區委書記也是要抓的。比如，為人民辦實事，就是一個重大問題，這關係到人民群眾的利益。當前，如何使幹部適應形勢的發展，你們也要抓一抓，要結合具體事例來抓。首先，如住宅建設這件事我去抓，你們是不是也可以抓一抓？這個抓，不是代替區長去抓，你們要去調查研究，體察民情，瞭解各方面關係的平衡、矛盾的交叉，最後給區長提出一些比較切實的原則性意見，讓他去組織實施。這着棋是很重要的，因為你把全區的困難戶都摸清楚了，然後對這個區有多大的財力，人民群眾有多高的積極性，經過我們的工作可以搞到什麼程度、開闢哪幾個新區、在幾年裡改造到什麼樣的情況，怎樣把騰出來的地方成片改造成商業區、步行街或者商品房，做一些深入的調查研究，堅持不懈地把這件事抓實了，不但聯繫了群眾，而且繁榮了經濟，整個區都活了。我認為這着棋是調動人民積極性、為人民辦的最大的實事，也是繁榮經濟的重要的一着棋，走對了，老百姓滿意，子孫後代得益。其次，對於以菜場為代表的關係人民生活的迫切需要解決的問題，大家要去做調查研究，一個個地解決。區委書記帶頭解決一個，區政府就會舉一反三。千萬不要認為體制還沒有改革，權力沒有下放，既無權又無利，什麼事也辦不

了，就無所作為。只要你們過問，總還是可以辦不少事的。這種實事辦得越多，上海就越穩定，人民群眾的情緒就越高，對完成三年的轉折大有好處。現在人心較順，人們迫切想改變現狀，人心可用。我們要更加深入群眾，把勁鼓起來，我看工作會搞得更好。

第四個問題，如何當第一把手。上海各級領導班子，包括區這一級的領導班子，黨政一把手的關係基本上是好的，是團結的。但據我瞭解，你們區委書記和區長多多少少有點矛盾。有一種情況，區長是區委書記培養下帶出來的，矛盾不太大；另外一種情況，兩個人的資歷、經驗、水平差不多，這就難免產生矛盾；還有一種情況，是從外面調進來的，彼此不瞭解，更是有點問題了。這個問題值得注意。黨內的團結，最重要的還是領導班子的團結，其中最重要的是黨政一把手的團結。如何搞好黨政一把手的團結？我覺得關鍵的一條是書記要主動把責任擔當起來。黨政一把手的團結，責任在書記。我們大家要統一這個認識。作為第一把手，應該嚴格要求自己。如果我們總是將團結的責任放在自己身上，這個班子就會團結得更好。

為什麼會引起一些問題呢？往往是由於個人的經歷不一樣，經驗不一樣，因此對工作的看法就會不一樣。有幾個區委書記是從區長上去的，對後來的區長的缺點看得特別清楚，往往覺得自己可以幹得更好一點。你要幫助區長，也要講點藝術，不要讓人家難堪，感到是在教訓他。也不必什麼事情都去指點，還是放手讓他工作，這樣才能鍛煉人。我這樣講，並不是說我搞得好。我是搞經濟工作出身的，許多事情都管得很具體，這就是我的一個缺點。靠一個人，再有本事也搞不好。我一天最多時看上百份文件，批了92件，管得很具體。你解決了92件，上海還有92萬件。現在，我就想得開一點了，儘量少批，除了我非批不可的才批。現在我明確一條，我是市長，但屁股坐在市委，市政府那邊黃菊同志沒有表態，你不要送到我這裡來。黃菊同志表態了，我就畫圈。錯了，他好吸取教訓，總結經驗。

但有些事情我認為是重大的，必須參與。比如住宅建設，我覺得我不去下這個決心，別人都很難下這個決心，當仁不讓。因此，我花了很多時間到各個區跑，聽大家的意見。每當要決策時，必須把黃菊同志請來。重大事情，拿到市委常委會上討論，不要個人決定，要發揮集體的智慧，包括老同志。澤民同志這點做得很好，大事都在市委常委會上定，包括冷軋薄板工程。但他非常信任我，放手讓我去工作。我們都應該學習澤民同志的工作方法，氣量大一點，特別是大家應該從全局的利益出發。今後三年，是振興上海關鍵的三年，上海的工作搞得好不好，與我們在座的第一把手有重要的關係。同志們一定要有高度的責任感，胸懷坦蕩，氣量宏大，勇於負責，嚴於律己，把整個班子團結起來，擰成一股繩，把工作做得更好。

對於領導班子中的問題和缺點，要進行誠懇耐心的幫助，可以進行個別談心。我們應該根據黨的原則，滿懷熱情地對同志進行幫助。通過批評和自我批評，一個熱情，一個誠懇，總是可以得到諒解的。我想，大家只要以誠相見，不搞權術，同志之間的關係是會處理得好的。

改革開放是上海發展的動力 *

（1991 年 3 月 13 日、15 日）

　　改革開放是上海發展的動力。我們改革的目標是要在本世紀末以前，按照發展社會主義有計劃商品經濟的要求，把中國創造的計劃經濟與市場調節相結合的運行機制具體化。我們已經進行了十年多的改革開放，取得了很大成績。今後要在這個基礎上繼續深化改革。

　　首先，住房制度改革。

　　住房制度改革的目的是要實現住房商品化。過去市民住房都由國家（包括國營企業）全部包下來建設，而且無償分配，租金很低。上海住房制度改革的第一步，就是要把住房完全由政府和企業包下來改變為由政府、企業、個人共同建設。目前還不能一下子實現住房商品化，因為我們不能把工資水平提高到市民都擁有買房的能力。所以，第一步改革只能採取居民交住房公積金、買住宅建設債券的辦法籌集一部分建房資金；對於收入水平比較高的人，也可以把房子便宜一點賣給他，用這個辦法可以籌集到三分之一的住房建設資金。隨着居民生活水平的提高，公積金的提成比例還將增加，逐步達到更多的建房資金由個人承擔，最終實現住房商品化。這個改革方案經過全體市民的討論，得到了絕大多數市民的擁護。這是很

＊這是朱鎔基同志在 1991 年 3 月 13 日會見世界銀行高級副行長托爾維茲，3 月 15 日接受美國《新聞週刊》記者、日本廣播協會（NHK）記者採訪，介紹上海改革進展情況時談話的要點。

重要的，因為改革首先要使人們的傳統觀念有轉變。

雖然住房制度改革的方案經過國務院批准後從 5 月 1 日開始實行，但我們已經有能力進行較大規模的住房建設。上海去年竣工住房 420 萬平方米，預計今年可達到竣工 500 萬平方米，明年竣工 500 萬至 600 萬平方米，後年竣工 700 萬至 800 萬平方米。這樣，上海市民的住房狀況會得到很大改善。

這次改革在上海經濟發展的歷史上具有重大的意義。從未有過一次改革像住房制度改革這樣經過市民如此廣泛的討論，而且深入人心，這是很不容易的。我們從中也得到一條經驗，即改革要求人民在利益上做出一點犧牲，但只要像住房制度改革方案這樣，交給他們討論，當他們看到實行這項改革可以加快住房建設進度，同時也可以改變住房分配不公，符合人民的長遠利益，絕大部分人就接受了，要他們多拿一點錢也願意。

最近，我和分管城市建設的負責人一起去看了部分居民住的地方，愈加體會到，住房問題是上海市民最大的困難，因此實行住房制度改革並加快住房建設是最得人心、最受市民歡迎的一件事。

第二，金融體制改革。

搞活金融是開發浦東的最重要條件。去年 12 月份，上海開設了中國第一家聯合證券交易所。在這之前上海已經開始有證券交易，但成立交易所以後，使證券交易更規範化，交易量也有增加。另外，上海原來有 4 家外資銀行[1]，最近中央又批准了 6 家外資銀行[2]，他們的業務經營範圍比原來規定的擴大了。有兩家中外合資的財務公司[3]也已開張營業。今後還

---

〔1〕4 家外資銀行，指滙豐銀行、麥加利銀行（即渣打銀行）、東亞銀行、華僑銀行。

〔2〕6 家外資銀行，指三和銀行、日本興業銀行、花旗銀行、美洲銀行、東方滙理銀行、里昂信貸銀行。

〔3〕兩家中外合資的財務公司，指上海國際財務有限公司、上海聯合財務有限公司。

將陸續批准一些外資銀行來上海開設分行，如日本第一勸業銀行、法國巴黎國民銀行都提出了強烈的要求，我們儘量幫助他們能如願以償。

目前，股票市場上市的股票數目比較少，我們正在選擇一批國營企業，擴大股份制試點，增加股票的上市量，準備不僅向國內發行股票，而且還向國外發行股票。股票實行 A、B 制，A 股向境內居民發行，B 股向境外發行，這兩種股票暫時還不能融通。

我不認為，只有搞計劃經濟才是社會主義，而利用市場機制就是資本主義。社會主義和資本主義的主要區別不在這個地方，社會主義的重要特徵是以公有制為基礎。在社會主義初級階段並不排斥其他經濟成分的存在，我們只要求社會主義公有制佔主體地位。所以搞股份制和股票上市，只要把私股的比例控制在一定程度內，就不會出問題。既然要對外開放，就要利用國際慣用的辦法來融通資金，使股票買賣規範化。股票行情要能反映企業經營的狀況，股票交易要符合國際金融體系的規範。這方面，我們還缺少經驗，正在試驗和探索之中，所以不能着急，要一步一步來。但改革的方向是肯定的，在不久前通過的黨的十三屆七中全會文件〔1〕中已明確提出，要逐步擴大股份制企業的試點和股票的發行。

第三，社會保障制度改革。

目前國營企業的勞動用工制度，不管勞動好壞，工人的生老病死都是包下來的，這不利於調動勞動者的積極性。同時，這種制度也給企業帶來了沉重的負擔，使勞動紀律和產品質量受到嚴重影響。這項改革的第一步是先搞待業保險制度，工人與企業簽訂合同，職工可以退出企業到社會上去待業，享受社會救濟，而不是由企業把他包下來。第二步搞養老保險制

〔1〕黨的十三屆七中全會文件，指中國共產黨第十三屆中央委員會第七次全體會議於 1990 年 12 月 25 日至 30 日審議並通過的《中共中央關於制定國民經濟和社會發展十年規劃和「八五」計劃的建議》。

度，第三步搞醫療保險制度。這些改革是非常難的。如公費醫療制度為人民謀了很大福利，但也造成極大浪費，現在要改革很難，而且不是上海一個地方能夠改的，要在全國範圍內一起改。

第四，價格體制改革。

價格體制改革一直在進行。目前是要搞主副食品價格改革。這個改革意味着食品價格要放開，按市場機制來定價。現在我們平抑物價，主要靠財政補貼，每年用於主副食品的價格補貼至少 40 億元。而放開價格後，這 40 億元補貼都得變成工資，不然百姓承受不了。因此實行主副食品價格改革，要進行比住房制度改革更廣泛的市民討論。而且，這項改革要分步走。大米現在的銷售價是 0.17 元一斤，而收購價是 0.6 元一斤，如把大米價格一下子提高到購銷同價，漲價太多，百姓就會不滿意。現在有把握的是把蔬菜價格先放開，因為上海蔬菜的供給大於需求。

第五，企業體制改革。

企業體制改革除了組建企業集團、加強內部管理、試行股份制等內容，還包括外國人關心的一個問題：中國的企業讓不讓倒閉。我很早就贊成，辦得不好的企業應當破產。我們所說的工業調整，就包括了對企業的關停併轉，其中企業關門、停產、兼併，實際上就是破產。現在要關掉一個工廠，很不容易。如上海紡織企業約有五分之一的紗錠，由於沒有棉花，就不得不關掉。企業關閉後對生產第一線工人的安排問題不大，因為上海缺少第一線勞動力。問題是後勤人員不好安排，所以現在要立即實行企業關門也有困難，只能一步一步來。如果將來社會保障制度完善後，工人可以實行社會待業保險，企業宣佈破產就好辦了。

還有政府機構改革。

現在外國人抱怨我們辦事效率低，官僚主義嚴重。我認為：第一，官僚主義是常見病、多發病，哪個國家和地方都有，至少上海的官僚主義不是最嚴重的。第二，對上海在吸引外資方面表現出的官僚主義問題，我們

已下決心解決，如成立了市外國投資工作委員會，這方面的工作已有改進，但還不理想。有改進，表現在外國投資者稱讚上海這兩年來在辦理投資手續上有改進，基本表示滿意；不理想，表現在還有外國人批評上海在審批項目過程中手續繁，時間長，效率低。我覺得根本原因是政府機構太龐大，人員太多，部門太多，而且每個部門都有法規，不執行這些法規就是瀆職，所以不好辦。解決這個問題的根本辦法是精簡機構，只有精簡機構才能克服官僚主義。我想，企業和勞動工資制度改革後，不需要有這麼多部門去管企業了，政府機構會逐步減少。當然現在也不是無所作為，我們正在採取措施精簡審批項目手續。針對文件周轉速度太慢、耽誤時間的狀況，我建議市外資委現場辦公，把計劃、工業、土地、稅收、環保等幾個主要部門的負責人都找來，並且帶着圖章，一周開兩次會審批項目，做到開完會，蓋上章，當場就把問題解決了，真正體現「一個圖章」辦事的效率。

總之，改革的方向已確定，改革的步伐不會停。現在一些省、市的改革已走在上海前面，經濟發展也比上海快。我們希望在今後幾年內把上海的改革搞得更好一點。

開創街道工作新局面 *

（1991 年 3 月 20 日）

下面我想談幾點感想。

第一，要充分認識街道工作的重要性。市委常委會在討論時都感到街道工作十分重要。現在我們面臨着一個重要的戰略任務，就是要把上海建設成為開放型、多功能、產業結構合理、科學技術先進、具有高度文明的社會主義現代化城市。這個任務怎麼完成？我看首先是人的因素，要形成社會主義的道德風尚，提高人的思想覺悟，提倡我為人人、人人為我、敬老尊賢、克己讓人。這樣，大家才能真正振奮精神，鼓足幹勁，完成本世紀的重要任務。改變社會風氣與街道工作密切相關。要治理好上海這麼個特大城市，讓 1300 萬市民有一個安居樂業的環境，我們的各項工作還要進一步跟上。我們應該學習國外先進的城市管理經驗，但也應該看到我們社會主義的性質和發揚黨的優良傳統。不從這方面考慮，我們的城市就管不好。國外有些城市的物質文明比我們發達得多，但繁榮背後的陰暗面解決不了。所以，要真正把上海治理好，還是要靠黨的優良傳統和過去 40 多年來積累下來的經驗。工作要做得比五十年代更好。

現在上海基本上是穩定的，但我們也不能掉以輕心，各種不穩定的

＊這是朱鎔基同志在上海市街道工作會議上的講話。

因素還相當多。如對外來人員的管理，知青尤其是新疆知青回城問題以及自費就讀生問題，這些問題光靠市政府不行，還得靠街道，區別不同對象，有針對性地做工作。街道、里弄的治安工作是人民戰爭、無形的戰線。最近我們一再強調要綜合治理，就說明了街道、居委會工作的重要性。

上海基礎設施建設欠了幾十年的賬，比較落後。雖然上海目前的人民生活水平還是高於一般城市，但是交通堵塞、住房擁擠、環境污染，也比人家嚴重。這些問題可以通過搞房改逐步解決，我們要把舊區改造與新區建設結合起來，把棚戶區拆遷與市政建設結合起來。所以，現在我們提出要「打到外線去，挺進大別山」。棚戶區要成片地拆，讓居民都搬到環線兩側去。那裡空氣比棚戶區好，環線建成後交通也方便，然後在原地建一些商業用房。這樣連續搞幾年，上海的城市面貌就會有顯著改變。一個住房、一個交通，涉及的拆遷等工作都要依靠區、依靠街道做工作。動遷不能敲竹槓，否則再花幾十個億，環線也建不起來。因此，街道在上海的市政建設中也是能起很大作用的。

還有一個精神文明建設工作。現在大家都看到精神文明建設很重要。街道、居委會要把這方面的工作做到每一個家庭中去。加強社區文化建設，組織健康的文化活動，淨化環境，移風易俗，都要靠街道同志的努力。上海人口日趨老化，老年人越來越多，抓好敬老工作也很重要。還有居民之間的糾紛，扯皮打架，也要依靠街道做好調解工作。所以說，街道、里弄在精神文明建設中做了大量扎實的工作，否則，光靠條條發指示，沒有人去落實，不解決問題。這些都說明，街道工作是非常重要的，是城市建設、市政管理的基礎。搞好城市建設、管理，加強精神文明建設和社會治安、綜合治理工作，都要靠各區和街道的同志做十分細緻的工作。

第二，要多為群眾辦實事。最近發表的鄧小平同志題為《重要的是做

1990 年 7 月 1 日，朱鎔基到上海市徐滙區天平街道第十五人口普查登記站進行普查登記。

好經常工作》[1]的文章裡，以及最近他在上海視察時的講話中，都強調了要多辦實事。為群眾辦實事也是江澤民同志在上海工作時倡導和堅持的。如果我們不為群眾辦實事，就會脫離群眾。

這次辦區委書記研究班，我們去看了黃浦區的一些菜場。在八仙橋菜場時，我聽到群眾對菜場的供應還是比較滿意的，但也有人告狀。上海1300 萬人，有問題都找市長一個人怎麼行？我們辦了不少實事，說起來是我批的，但實際上都是區和街道的同志們做的。我們希望區、街道的領導

---

〔1〕《重要的是做好經常工作》，見 1991 年 3 月 10 日《人民日報》。

都把自己看作是「市長」，主動地去解決問題。這裡我特別要強調一下，街道的工作要當群眾工作去做，不要當機關工作去做。街道幹部是黨和政府聯繫群眾的紐帶，要真正沉下去，為居民群眾辦實事，少搞公文程式、迎來送往、形式主義。

第三，區縣、街道幹部要關心政治。江澤民同志最近在一個批語中提出，我們的幹部要關心關心政治了，絕不要金錢掛帥、麻木不仁。現在，我們有些領導幹部是哪裡有錢去哪裡，組織上調動他們的工作也不服從。我們不能忘記自己是黨員，我們在入黨時都宣過誓，要為黨和共產主義事業奮鬥終身。今後我們培養、選拔、考核幹部，首先要從政治立場上，從是否能全心全意為人民服務上去看一個幹部。那種以權謀私、搞特殊化的人，不能提拔到領導崗位上來。我們還是要提倡向雷鋒同志學習，做焦裕祿式的幹部，心裡時刻裝着 1300 萬上海人民。只有與群眾心連心，群眾才會跟我們前進。

同志們，你們的工作做好了，對改變上海的面貌，無論是市政還是精神文明建設，都會起很大的作用。你們的工作同完成上海的戰略任務密切相關。為此，我懇切地希望同志們拿出共產黨員的氣概來，繼續努力，開創街道工作的新局面。